KB267763

예수 그리스도 새 언약의 성취와 완성

D. M. Lloyd Jones를 꿈꾸는
괴짜의사 Dr. Araw의 요한계시록 장편(掌篇) 강의

예수 그리스도 새 언약의 성취와 완성

성경전체는 6대 언약으로 되어 있으며 그중 옛 언약이 아담언약, 노아언약, 아브라함언약, 모세언약, 다윗언약이라면 새 언약은 예수 그리스도의 언약을 가리킨다. 예수님의 초림을 새 언약의 성취라고 한다면 예수님의 재림은 새 언약의 완성이라고 한다.

요한계시록은 "예수 그리스도의 계시(계 1:1)"로서 밧모섬에 유배되어 있던 사도 요한에게 환상으로 보여주신 복음을 밝히 드러내는 정경이다. 그런 계시록은 두 사상으로 요약된다. 호 에르코메노스($\acute{o}\ \dot{\varepsilon}\varrho\chi\acute{o}\mu\varepsilon\nu o\varsigma$)와 마라나타($M\alpha\varrho\acute{\alpha}\nu\alpha\ \theta\acute{\alpha}$, מרנא תא, $\mu\alpha\varrho\grave{\alpha}\nu\ \dot{\alpha}\theta\acute{\alpha}$, מרן אתא 고전 16:22)이다.

1은 하나님(only God), 2는 증인의 수, 3은 하늘의 수, 4는 땅의 수, 5는 하늘의 증인의 수 혹은 은혜의 수, 6과 9는 사람의 수, 7과 12, 144는 언약, 약속, 맹세의 수, 8은 안식의 수, 10은 만수이다.

예수 그리스도
새 언약의

성취와 완성

이선일·이성진 지음

산지

어느 덧 2021년 초여름이 되었다.

세월은 거침없이 흐르고 있다. 가는 세월 잡을 수 없어 많이 아쉽다. 빠르게 다가오는 늙음을 저지할 수 없어 당황스럽다. 그렇게 세월은 말없이 흘러가고 있다.

돌이켜 보면 2019년이 지난 인생에서 가장 추웠던 것 같다.

유난히…….

적어도 내게는…….

2019년 여름, 일주일간 시드니에 목회자(시교협) 성경세미나를 인도하고 왔다. 아내와 함께. 그리고 며칠 후 아내는 암 진단을 받고 수술했으며 연이어 7개월 간 8차에 걸쳐 항암치료를 했다. 그리고 방사선 치료, 면역 치료 등등…….

치료가 끝날 무렵 COVID 19가 덮쳤다.

신천지 증거장막성전 등등…….

온 세상이 왁자지껄 너무 시끄럽다. 뭔가 모르게 허둥지둥 하는 듯 보였다. 정부도, 교회와 교회공동체도.

신앙인들의 암울한 미래가 염려되기 시작했다. 암흑 속을 걷는 듯한 느낌 속에 어느 것도 믿지 못하게 될 즈음 가까운 의동생의 엉뚱한 질문에 충격을 받았다. 그는 신천지에 빠져 있었던 것이다. 특히 엉터리 요한계시록에 몰두해 있었다. 그토록 똑똑하고 앞서가는 친구가…….

놀랐다. 당황스러웠다.

얼마 후 풀 타임 사역자의 계시록에 대한 무지를 보았다. 또 다른 사역자의 극단적 치우침도 보았다. 그동안 관심이 많았기에 계시록에 관한 여러 사람들의 여러 가지 담론을 들어왔다. 그런데 복잡하기 이를 데 없고 황당하기 이를 데 없는 해석들에 더하여 제각각이라는 사실에 더 놀랐다. 점점 더 혼란 속으로 빠져 갔다.

나는 지난날 세대주의적 관점에서 계시록을 보았던 적이 있다. 물론 지금은 개혁주의적 관점으로 완전히 돌아섰지만. 그렇다고 세대주의적 해석이 무조건 틀렸다고 생각지는 않는다. 다만 성경 말씀과 충돌이 많다는 것뿐. 나는 개혁주의를 지향하지만 그렇다고 하여 세대주의가 틀렸다고 생각하지 않는다. 그렇기에 나는 요한계시록을 묵시 혹은 계시적 관점으로 해석하지만 예언적 관점을 배제하지도 않는다.

나의 생각은 이렇다. 결론적으로 나는 개혁주의를 온전히 지향하기에 무천년설을 지지한다. 그렇다고 전천년설을 폄하하거나 세대주의자를 이단시하는 것까지는 반대한다라는 것이다.

계시록에 관한 십 수권의 책을 샀다. 그리고는 열심히 읽었으나 우선은 어렵고 마음에 와 닿지 않았다. 제시하는 일부 성경 구절은 나의 생각과도 달랐다. 많이 고민하다가 계시록 22장, 404구절을 순서대로 청년들에게 강의를 하듯 주석을 달기로 마음먹었다. 즉 이 글은 크리스천 청년들을 대상으로 하는 장편(掌篇) 주석이라는 것이다. 손바닥만한 지식의 '얕고 넓은 강의'라는 의미이다. 마치 장풍(掌風)의 허풍(虛風)처럼…….

미주에 참고도서를 밝히기는 했지만 주로 〈그랜드 종합주석〉 16권, 〈두란노 HOW 주석〉 50권, 리챠드보쿰의 〈요한계시록 신학〉, 이필찬의 〈요한계시록 어떻게 읽을 것인가〉와 〈신천지 요한계시록 해석 무엇이 문제인가?〉, 양형주의 〈평신도를 위한 쉬운 요한계시록〉, 〈게제니우스 히브리어 아람어 사전〉, 〈스트롱코드 헬라어 사전〉, 〈로고스 스트롱코드 히브리어 헬라어 사전(개역개정 4판)〉과 기타 도서 등등을 참고하며 진료실에 파묻혀 나의 생각을 첨삭했다.

또한, 성경 해석에 있어 문자를 잘 살피되 전후 맥락을 함께 읽고 왜 지금 이 사건을 그 부분에 기록했는지를 고민했다. 그리고는 말씀이 상징(symbolic)하고 의미하는 바나 예표(typological)하는 바를 추구했고 역사적 배경이나 문화적 배경, 계시록의 문학적 특징(계시, 예언, 서신), 인용하고 있는 구약의 성경들(사, 렘, 겔, 단, 12 소선지서)을 제시했다. 종국적으로는 성경의 원저자이신 성령님께 무릎 꿇고 아버지 하나님의 마음을 알게 해 달라고 간구했다.

그리하여 내가 이해하게 된, 동시에 독자들에게 권하고자 하는 계시록의 전체 내용을 큰 줄기로 다음과 같이 해석하기에 이르렀다.

　1장에서는 '다른 하나님, 한 분 하나님'이신 삼위일체 하나님을 염두에 둘 것을 강조했다. 이때 기능론적 종속성(functional subordination)과 존재론적 동질성(essential equality)을 잘 이해해야 한다.

　2-5장에서는 예수 그리스도의 계시를 밧모섬에서 환상을 통해 보았던 사도 요한의 서신을 통해 불완전한 지상의 교회(2-3장)에 대한 아버지 하나님의 마음 즉 칭찬과 책망을, 그런 다음 교회가 오매불망 그리워하는 완벽한 천상의 교회(4-5장)를 대조하며 보여주고 있다.

　특히 2-3장에는 지상의 교회를 상징하는 소아시아 일곱 교회를 향하신 아버지 하나님의 칭찬과 책망 혹은 징계를 보여주고 있다. 칭찬은 우리를 향한 아버지 하나님의 기대치이므로 종말(교회) 시대 동안 계속 그렇게 살아가면 될 것이다. 한편 책망은 징계를 의미하는데 이는 '회복을 전제한 체벌'로써 마치 부모가 자식을 양육하기 위해 드는 매질과도 같다.

4-5장에는 미래형 하나님나라인 천상의 완벽하고도 완전한 교회(예배당)에 먼저 가 있는 아름다운 교회들(성도들)의 예배 모습을 보여주고 있다. 4장에서는 창조주 하나님을 찬양하고 있는 것에 방점이 있다면 5장은 구속주 하나님을 찬양함에 방점이 있다.

한편 이 책을 읽는 내내 유의해야 할 것이 있는데 바로 '교회'라는 단어이다. '교회'를 말할 때에는 하드웨어 개념인 '예배당 혹은 교회공동체'와 소프트웨어 개념으로 성도인 '성전 된 교회' 둘 다를 의미한다는 것에 유념해야 한다. 더하여 에베소서 2장 20-22절의 말씀을 생각하며 교회론(ecclesiology)을 바르게 정립함이 필요하다. 그러므로 이 책을 읽는 동안 '교회'라는 단어를 접할 때마다 교회의 본질과 사명, 그리고 교회의 이중적 의미를 감안하고 이해해야 할 것이다.

6장에는 일곱 재앙 중 인 재앙을(첫째~여섯째), 8-9장에는 나팔 재앙을(첫째~여섯째), 16장에는 대접 재앙을 소개하며 종말 시대 동안 전 지구적으로 다양하게 섞여서 복합적으로 있게 될 반복적인 재앙들을 묘사하고 있다. 인 재앙, 나팔 재앙, 대접 재앙으로 갈수록 강도, 범위, 크기가 세어짐을 의미하는 것은 사실이나 그렇다고 하여 그것이 역사나 시간의 진행이나 순서를 의미하는 것은 아니라는 점을 명심해야 한다.

나는 인, 나팔, 대접 재앙을 동일한 '일곱 재앙'으로 보며 종말 시대 동안에 있게 될 다양한 재앙들을 반복 재현(progressive recapitulation)하여 여러 각도에서 보여주는 것으로 해석한다. 그러나 일정 부분 순서대로 진행되는 듯한 것도 사실이나 이는 시간적 순서라기보다는 묵시문학의 기법으로 수사학적 표현으로의 진행으로 본다.

교회 시대 혹은 종말 시대에 있게 될 일곱 재앙의 내용들은 구약의 토라, 네비임 중 예언서인 후선지서, 그리고 참고도서를 통해 나의 표현으로 재해석했다. 가능한 한 문자적으로 해석하거나 역사적 인물을 대입하거나 역사적 사건을 시간 순서대로 해석하는 것은 지양(止揚)했다. 특별히 나는 성경을 해석할 때 문자를 먼저 면밀하게 살피기는 하나 그 속에 담긴 아버지 하나님의 마음을 분별하는 것에 방점을 둔다. 그러므로 문자가 표현하는 것을 상상하거나 애써 그림으로 그려내려는 시도를 극히 절제한다. 또한 일곱 재앙에 관하여는 그것이 구체적으로 '무엇이며 언제, 어디에서 어떤 식으로 일어나느냐'라는 것보다는 역사의 주관자이신 하나님께서 '왜 일곱 재앙을 허락하셨느냐'에 방점을 두었다.

하나님께서 일곱 재앙을 허락하신 것은 불신자에 대하여는 백보좌 심판에 대한 경고요, 교회를 향하여는 거룩함에의 훈련과 힘들고 어려울 때 마라나타를 외칠 수 있게 하신 것, 그리고 소망(엘피스) 즉 '미래형 하나님나라에로의 입성과 영생'을 갖게 하기 위함이다.

그리스도인이든 불신자든 간에 모든 사람은 예외없이 교회(종말) 시대 동안 다 일곱 재앙을 겪게 된다. 이때 그리스도인들에게 소망을 주시며 용기와 위로를 주는 삽입장 혹은 막간장이 있는데 곧 7장, 10-11장, 15장이다. 더하여 교회(종말) 시대 동안 일곱 재앙을 겪으며 14장 12절, 13장 10절, 20장 4절을 붙잡고 인내할 것을 말씀해 주셨다.

특별히 7장에서는 인 맞은 자(4), 아무라도 능히 셀 수 없는 흰 옷 입은 큰 무리(9), 종려나무 가지를 들고 보좌 앞과 어린양 앞에 서서 큰 소리로 외칠 자(9-10), 어린양의 피에 옷을 씻어 희게 한 자(14)들은 '진노의 큰 날에 능히 설 수 있는 자들'이라고 말씀해 주시고 있다. 연약한 교회들을 향한 아버지 하나님의 지극한 배려이다. 성부하나님은 당면하게 될 일곱 재앙 가운데에서도 소망(미래형 하나님나라에로의 입성과 영생)을 붙들 것을 반복하여 말씀하고 있다.

10장에서는 사도 요한과 교회가 먼저 복음을 받아먹을 것을 말씀하셨다. 이는 복음을 정확히 알고 복음의 맛을 통해 그 감동을 전하라는 아버지 하나님의 마음이다.

11장에서는 그 복음을 두 증인, 두 감람나무, 두 촛대, 두 선지자로 상징된 진실된 교회들과 함께 동역하여 복음과 십자가로 살아가고 복음과 십자가를 자랑할 것을 말씀하셨다. 또한 종말 시대 동안 교회의 4대 역할 혹은 속성(증인, 감람나무, 촛대, 선지자)을 따라 교회는 '오직 복음'을 전하는데 힘써야 할 것도 말씀하셨다.

교회의 4대 역할 중 첫째, "증인"이란 예수 그리스도의 증인으로 살라는 것이며 둘째, "감람나무"란 풍성한 열매 맺는 삶을 살라는 것이고 셋째, "촛대"란 진리의 등대로 세상 속에서 빛으로 살아가라는 것이다. 마지막 넷째, "선지자"란 오직 말씀만을 대언하라는 것이다. 더하여 복음을 전함에 있어 수반되는 크고 작은 모든 종류의 안팎에서 맞닥뜨릴 핍박들은 종말 시대 동안에만 한시적이며 제한적인 것으로 이 모든 것들은 전적으로 하나님의 허용 범위 안에 있다고 하셨다. 그러므로 종말 시대를 지나는 동안 아무리 힘들고 어렵더라도 "말씀(하나님의 계명)과 예수 믿음"을 붙잡고 인내하라고 말씀하고 있다.

15장에는 16장의 대접 재앙을 말씀하시기 전에 "유리바다 가에 서서 하나님의 거문고를 가지고(유리바다 가와 거문고는 승리의 상징) 모세의 노래, 어린양의 노래"를 부르며 삼위하나님을 찬양하는 미래형 하나님나라에 먼저 간 교회인 성도들의 모습과 하늘의 증거장막 성전을 보여주셨다.

12-14장은 예수의 초림(성육신), 십자가 죽음과 부활, 승천, 재림 등 그리스도의 승귀(Ascension of Christ)와 함께 종말 시대 동안에 있을 일곱 재앙을 통해 삼위일체 하나님을 모방한 사단적 삼위일체가 교회들을 핍박하지만 종국적으로 그들은 심판 받게 될 것을 말씀하고 있다. 그러므로 이 부분은 성경전체의 요약이기도 하지만 계시록의 요약이자 핵심장이기도 하다. 한편 악한 세력들은 편가르기를 통해 사단나라에 속한 사람들에게는 "666"이라는 표(이름/소속, 소유의 의미/카라그마)를 준다. 물론 '그 표'는 구체적인 어떤 것(베리칩, 마이크로칩등)이 아니라 상징적인 것으로 '사단나라에 속했다'라는 의미이다. 반면에 교회들은 모든 불이익을 감수하며 "그 이마에 하나님과 어린양의 이름" 즉 표(스프라기스)를 받는다. 그럼으로서 교회들은 종국적으로 미래형 하나님 나라에서 "새 노래"를 부르게 된다.

세 장으로 구성된 핵심장을 통하여는 삼위일체 하나님이신 성부하나님의 인간을 향한 구속 계획, 성자하나님의 십자가 보혈과 부활을 통한 구속 성취, 성령하나님의 인치심과 주인되심, 미래형 하나님나라에로의 이끄심을 깊이 묵상할 수가 있다.

13장에서는 교회가 예수 그리스도를 증거하려 할 때 두 짐승(바다에서 나오는, 땅에서 올라오는)으로 상징되는 악한 세력으로부터 정치적, 종교적, 경제적, 물질적 등등 전방위적으로 핍박받게 될 것을 말씀하고 있다. 바다에서 나오는 짐승은 예수님을 흉내내고 있으며 땅에서 올라오는 짐승은 성령님을 흉내내고 있다. 이 악한 세력들은 세상에서 살아가는 사람들을 '갈라치기'하여 하나님과 사단, 어디에 속할 것인지(소속, 소유) 편가르기(계 13:16-18)를 하고, 세상(사단나라)에 속하여 표(카라그마, χάραγμα)를 받으면 매매 등 유익을 준다. 반면에 하늘에 속하게 되면 불이익을 당하게 한다.

14장 1절에는 '하늘에 속한 자'를 보여주고 있는데 그들의 이마에는 "어린양의 이름과 아버지 하나님의 이름"이 새겨진다. '이름'이란 소유 혹은 소속을 의미하며 하늘에 속한 자에게만 진정한 이름 즉 인(표, 스프라기스, σφραγίς)이 새겨진다. 하늘에 속한 자들은 종국적으로는 반드시 승리하게 되는데 15장에서는 그들이 "유리바다 가에 서서 하나님의 거문고를 가지고 모세가 불렀던 노래, 어린양을 찬양하는 노래"를 부르게 될 것이라고 말씀하고 있다.

16장에는 대접 재앙이 소개되어 있다. 6장의 인 재앙, 8-9장의 나팔 재앙, 16장의 대접 재앙 즉 각 재앙의 여섯 번째 재앙 후 일곱 번째 재앙이 끝남과 동시에 19장의 예수님의 재림이 있게 된다. 그리고 20장에는 승리주, 심판주, 만왕의 왕이신 재림의 예수께서 백보좌 심판을 행하실 것을 사도 요한에게 보여주셨다. 그 심판의 대상은 17-18장, 19장 17-21절, 20장 10-15절에 나오는 사단, 마귀, 귀신은 물론이요 짐승과 거짓 선지자, 그리고 생명책에 기록되지 못한 자(20:15)들 등등 모든 악한 세력임을 선명하게 말씀하고 있다. 이는(19:17-21) 에스겔 39장 17-20절까지에 보다 더 자세하게 기록되어 있다.

다시 17-18장은 대접 재앙 심판으로 특히 "큰 음녀" 즉 "큰 성 바벨론"을 본보기로 심판하실 것을 말씀하셨는데 이는 종교적, 정치적 세력과 경제적, 물질적 세력의 심판을 의미한다. 이들은 종말 시대 동안에 교회를 핍박했던 악한 세력들이다. 정치적, 종교적 악한 세력이란 17장의 큰 음녀를 가리키며 경제적, 물질적 악한 세력이란 18장의 큰 성 바벨론을 가리킨다.

20장에는 장차 재림하실 심판주이신 예수께서 "백보좌 심판"을 행하시는 것을 사도 요한에게 묵시로 보여주셨다.

21-22장에서는 미래형 하나님나라인 "거룩한 성 '새' 예루살렘"에서 12가지 보석처럼 아름다운 "거룩한 성 예루살렘" 곧 교회가 영생을 누리게 될 것을 보여주고 있다.

특히 21장 2절에는 반드시 존재하는, 장소 개념으로서의 미래형 하나님나라인 거룩한 성 '새' 예루살렘을 언급하며 이는 마치 신부가 남편을 위해 단장한 것 같이 최고로 아름다운 곳(장소)임을 살짝 암시해주고 있다.

한편 21장 9절 이하에는 미래형 하나님나라인 천국에서 살아갈 '교회(성도)'인 "거룩한 성 예루살렘"에 대해 말씀하고 있다. '교회(성도)'는 하나님의 영광의 광채를 받아 귀한 보석처럼 빛나고 벽옥과 수정같이 밝으며(계 21:11) 정금같고(21:18) 12보석 같은(계 21:21-22, 겔 28:13-14) 존재로 살아갈 것이라고 말씀하고 있다. '12보석'에서 '12(3x4)'는 약속의 수, 언약의 수, 맹세의 수, 완전수인데 이는 '다양한 지체(교회)들의 눈부시게 아름답고 지극히 조화로운 모습'을 상징하고 있다.

요한계시록 전체를 요약하여 표를 그리면 다음과 같다. (표 참고)

1:1 예수 그리스도의 계시(묵시) = 복음을 드러내는 책 (14:12)

삼위 하나님	교회	일곱 재앙: Why? 1)NC: 경고와 심판 2)C: 훈련과 소망			삽입장 소망 하나님의 위로			핵심장	적그리스도의 세력	예수 재림 이름	백보좌 심판	하나님 나라
1	2-5	인 재앙 1/4	나팔 재앙 1/3	대접 재앙 all	7	10-11	15	12-14	17-18	19	20	21-22
다른 하나님 한 분 하나님	2-3 지상 교회	6	8-9	16	인맞은 자	복음 작은 책 교회의 사명 역할	모세의 노래 어린양을 찬양하는 노래	그리스도의 승귀	17정, 종 큰 녀 18 경, 물 큰 성 바벨론	심판주 역사의 주관자 구속주	심판의 권세 세세토록 밤낮 괴로움 둘째 사망	거룩한 성 새예루살렘 거룩한 성 예루살렘 12가지 보석
	4-5 천상 교회	1 흰말 2 붉 3 검 4 청황 5 C인 핍박 순교 6 천체 자연계	1 우박 2 피 3 쑥 4 흑암	1 독종 2 피 3 피 4,5 회개X 6 개구리	예수의 4가지 이름과 의미 1)충신과 진실 2)자신만 아는 이름 3)하나님의 말씀 4)만왕의 왕, 만주의 주							

결국 계시록을 깊이 묵상하면 기독론(Christology), 교회론(Ecclesiology), 종말론(Eschatology)의 분명한 개념을 정립할 수 있게 될 것이다.

앞서 언급했듯이 2019년과 2020년을 보내면서 아내의 암 진단과 수술, 그리고 항암치료, 방사선 치료 등등을 겪으며 나는 잠시 무기력증에 빠지기도 했다. 그러다가 코로나 바이러스와 신천지 등등 상황이 급변하는 것을 보고는 다시 정신을 차렸다. 더 이상의 자기 연민(self-pity)이나 자기 안주(mannerism)에 빠지지 않으려고 열심히 환자를 진료하고 수술하는 가운데 시간을 쪼개어가며 더 열심히 글을 썼다.

2021년을 맞아 6개월째로 접어 들자 지금까지 〈복음은 삶을 단순하게 한다〉, 〈복음은 삶을 선명하게 한다〉, 요한계시록 주석(합본판)과 아울러 〈자칫하면 대충 살 뻔했다(1권, 개정증보판)〉, 〈자칫하면 어영부영 살 뻔했다〉, 〈유방암, 아내는 아프고 남편은 두렵다〉, 〈갈라디아서 주석〉, 〈요한복음 주석(출간예정)〉, 〈히브리서 주석(출간예정)〉, 로마서 주석(집필 중)〉, 사도행전 주석(집필 중), 창세기 주석(집필 중), 〈성경을 관통하는 핵심 대들보 4 기둥(집필 중)〉 〈통증, 의사도 아픈 것은 싫다(집필 중)〉 〈Dr. Araw가 그리워하는 하나님나라(집필 중)〉등이 쌓이게 되었다.

돌이켜보면 지난 날들이 꿈만 같다. 다시는 되돌아가고 싶지도 않고 되풀이하고 싶지도 않다. 물론 사람의 일이기에 누가 알 수 있으랴마는…….

"사람이 마음으로 자기의 길을 계획할지라도 그 걸음을 인도하는 분은

여호와시니라" _잠 16:9

함께 살아가는 이 땅의 교회들과 계시록을 궁금히 여기는 모든 사람에게, 특히 크리스천 청년들에게 비슷한 수준의 저자가 드리는, 이번에 개정하여 출판한 계시록 합본판 장편(掌篇) 주석을 자신있게 소개한다. 어눌한 표현과 문맥의 미숙함, 그리고 일천한 지식임에도 용감하게, 동시에 조심스럽게 선(線)을 넘지 않으려고 무진 애를 썼다.

언제 어디서나
나는 그저 디딤돌, 마중물의 역할이기를…….

오직 말씀!
다시 말씀으로 돌아가자!

이 책을 읽은 후 조금 더 깊이 알고자 한다면 뒤편에 참고도서를 많이 붙여 두었으니 필요한 책들을 잘 선택하여 꼭 구입하여 읽어 보라. 그러면 더욱 깊게, 그리고 넓게 '예수 그리스도의 계시'를 통한 삼위하나님의 마음을 알게 되리라 확신한다.

아울러 암 투병을 끝까지 의연하게 대처해 주었던 소중한 아내 김정미 선교사에게 감사와 사랑, 그리고 존중을 전한다. 아울러 외동딸 성혜와 사위 의현(갈라디아서 공저자)에게, 공저자인 큰아들 성진(요한계시록, 요한복음 공저자), 막내 성준에게 감사와 사랑을 전한다. 특히 합본판을 큰 아들 이성진전도사(침신대 M.Div)와 함께 공저하게 된 것이 무척이나 행복하다.

이 책이 나오기까지 함께해 준 나의 친구 조창인 작가, 산지의 김진미 대표, 가혜숙 작가(일러스트, 유튜브)에게 감사를 전한다. 추천사와 함께 따끔한 충고도 아끼지 않은 동역자들에게 감사를 전한다. 동시에 매번 책을 출간할 때마다 도움을 주었던 멘티들인 이선호 원장, 문지훈 원장, 정준호 교수, 양하준 변호사, 이영석 차장(현대중공업), 고정석 팀장(동구재활센터장), 박경대 & 나윤미부부(에이레네 대표), 이한솔 & 김세진원장부부(한솔연합내과), 박경란 교수, 이진욱 교수, 최영일 교수, 김창주 교수, 박재춘 교수, 문형환 교수, 목원 카리스팀(팀장 최용민 전도사), 침신 레마팀(팀장 이상욱 전도사), 그리고 성경연구모임그룹들(목회자그룹, 전문인그룹, 고신대의대 교수그룹) 등등에게도 감사를 전한다. 음으로 양으로 도움을 준 모두에게도 동일하게 감사를 전한다.

살롬!
오직 하나님께만 영광!

울산의 소망정형외과 진료실에서
Dr Araw 이선일
hopedraraw@hanmail.net

누가처럼 꼼꼼한 저자의 요한계시록 주석서

김기호 / 한동대학교 교수, 기독교 변증 사역 연구소장

추천사를 쓰기 위해서 보내온 요한계시록 주석 원고를 커피를 마시며 처음부터 차분하게 읽는 시간을 가졌다. 요한계시록을 바르게 이해하는 것은 크리스천들에게 필수불가결한 일이지만 결코 쉬운 일이 아니다. 주석서를 쓴다는 것은 더더욱 어렵다. 그럼에도 불구하고 저자가 개인적으로 고난의 시기 속에서 이루어낸 성과에 박수를 보낸다.

이단들이 요한계시록을 단골 메뉴로 삼고 한국 사회에 세력을 확장해 온 두 가지 이유가 있다. 첫째는 요한계시록 안에 있는 상징적 표현 때문에 자의적 해석과 왜곡을 하기가 쉽다. 이런 왜곡 과정은 교주를 손쉽게 재림 예수로 포장할 수 있다. 둘째는 한국 사회에 깊숙이 내재된 전통적인 샤머니즘 때문이다. 교주는 무당처럼 길흉화복을 미끼로 겁박하며 맹종하게 한다. 이런 한국 상황 가운데 저자의 요한계시록 주석은 한층 의미가 있다. 저자의 계시록 주석은 교회를 교회답게, 성도를 성도답게 하

려는 시도라는 점에서 더욱 더 그 의미가 크다.

저자는 개혁주의의 확고한 신념을 근간으로 종말에 대한 여러 견해 중 무천년설을 지지하되 다른 견해에 대해서도 열린 입장을 가지고 있다. 그리고 그러한 시각으로 요한계시록을 풀어가고 있다.

사실 이 추천사를 쓰는 나의 입장은 역사적 전천년설을 기반으로 하되 다른 견해들에 대해 역시 열린 자세를 가지고 있다. 우리는 그런 점에서 약간의 차이가 있다. 그러나 복음주의 신학과 신앙을 확고하게 붙들고 있다는 점에서는 동일하다.

미래는 하나님의 주권적인 영역이다. 미래와 종말에 대한 주석은 해석이다. 요한계시록 전체를 저자는 해박한 원어 실력을 바탕으로 여러 연구서적들을 참고하며 각 절을 정확하게 이해하며 풀어가고 있다. 그런 저자의 모습은 마치 누가복음과 사도행전을 기록한 사도 바울의 동역자로서 의사였던 누가처럼 꼼꼼하다. 저자 역시 정형외과 의사로서 의학박사이다.

누가처럼, 성령의 인도를 따르는 저자의 심정은 예수 그리스도의 교회에 대한 사랑과 한국교회에 대한 안타까움으로 가득하다. 고난의 시대를 견뎌내야 하는 현대의 크리스천들이 요한계시록에 대해 올바른 이해를 갖기 원한다면, 꼭 읽어보아야 하는 책으로 이 주석서를 강력하게 추천하는 바이다.

교회를 향한 하나님의 위로와 격려로 해석한 요한계시록

김범석 / 시드니순복음교회 담임목사

이선일 선교사님을 만나 교제한 지 9년이 지났다. 그때가 뉴질랜드 코스타에서였다. 그는 한국에서의 수술과 바쁜 진료 일정으로 밤 12시가 조금 넘어 집회 장소에 도착했다. 숙소에 짐을 던지기 바쁘게 밤새도록 청년들과 상담했었다. 그것이 이선일 선교사와 만났을 때의 첫 모습이었다.

지금도 그는 여전하다. 청년을 사랑하는 청년 사역자이며 성경 교사이다. 더 나아가 점점 더 말씀 속에 자신을 깊이 던져 생명수를 길러내어 수많은 청년들의 마음속에 생수를 붓고 있다. 그래서 감동과 동기부여(inspiration)를 뛰어넘어 영원히 변함없는 진리의 닻(anchor)을 청년들의 마음에 내려 진정한 변화와 흔들림이 없는 진실된 믿음으로 인도하고 있다.

이번에 저자로부터 원고를 받게 되었다. 그것은 〈그리스도 새 언약의 성취와 완성 1, 2권〉이라는 요한계시록 주석서였다.

요한계시록은 해석하는 사람과 관점 그리고 해석자의 삶의 경험에 따라 여러 가지로 해석이 가능해진다. 다양하다 못해 어지럽고 복잡하기까지 하다. 특별히 종말에 대한 예언적, 묵시적 내용들에 대하여는 어떤 신학적 렌즈를 배경으로 삼느냐도 중요하다. 그런데 이선일 선교사가 해석하고 있는 기초석은 1장에서도 밝혔듯이 개혁주의 신학의 배경이다. 저자는 종말 시대에 어떤 저주와 재앙이 어떻게 일어날 것인가가 아닌, 교회를 향한 하나님의 위로와 격려와 구원의 소망에 대한 이야기를 해석하고 있다. 그런 의미에서 이선일 선교사의 해석은 매우 성경적이다. 더 나아가 아내의 암 수술과 항암치료, 방사선치료 등의 어려운 상황 속에서 살아있는 말씀을 생생하게 경험하며 적용한 흔적들이 이 책에 묻어 있다.

그런 의미에서 이선일 선교사를 나는 무척 사랑하고 존경한다. 일독을 권한다.

내용이 명확하고 간결하게 정리되어 이해하기 쉬웠습니다

김철민 / CMF Ministries 대표

온 세상이 코로나19로 사회적 거리, 자가격리 등등 어수선한 가운데 본 선교회에서는 온라인 예배를 드리며 상담을 하고 있습니다. 특별히 "내 이름으로 일컫는 내 백성이 그들의 악한 길에서 떠나 스스로 낮추고 기도하여 내 얼굴을 찾으면 내가 하늘에서 듣고 그들의 죄를 사하고 그들의 땅을 고칠지라"(대하 7:14)는 말씀 따라 하나님과의 올바른 관계 회복을 갈망하며 회개하며 힘든 기간을 보내고 있습니다.

이 시기에 한 청년이 제게 요한계시록에 대한 질문을 했습니다. 계시록에 관한 짧은 성경 지식으로 설명을 해주어서인지 그 청년은 이해하는 것 같지 않았습니다. 다시 공부해야겠다고 생각하던 차에 저자가 계시록 주석을 보내주었습니다. 너무 반가워서 단숨에 읽었습니다. 내용이 명확하고 간결하게 요점정리 잘 되어있어 이해하기가 쉬웠습니다. 기독론, 교회론, 종말론의 분명한 개념을 확실하게 정립하게 되었습니다.

지난날 계시록은 단순히 어렵다고 생각하며 등한시했던 것을 회개했습니다. 성경 마지막 권의 중요성도 알게 되었습니다. 종말을 맞이하는 신앙 자세를 다시 점검, 다짐하게 되었습니다.

저자는 그동안 많은 책을 썼습니다. 의학박사이면서 히브리어 헬라어 원문을 살피며 성경을 연구하는 성경 교사입니다. 그동안 저자와 교제하며 한국을 방문하는 동안 그의 집을 방문하여 함께 삶의 순간들을 보내었던 아름다운 추억이 있습니다. 그는 청년들의 멘토이며 청년들을 많이 양육하였습니다. 그들과 동시대를 함께 살아왔고 그들에게 삶의 모범을 보여왔습니다. '오직 말씀'을 통해 올바른 신앙을 독려해 왔습니다.

저자는 글만 잘 쓰는 분이 아닙니다. 명강의로 코스타 등 청년 집회를 인도해 왔습니다. 특별히 남가주에 있는 우리 선교회에는 자비량으로 와서 하루에 15시간을 강행하며 열정적으로 말씀을 전해주었습니다. 그때의 성경공부시간은 우리 모두에게 잊을 수 없는 추억으로 남아 있습니다.

이 책을 집필하는 동안 사모님은 암 투병 중이었습니다. 아마 우리 선교사님 가정에 가장 어려운 시간이었을 것 같습니다. 그럼에도 불구하고 그 시기에 계시록 주석(1, 2권)을 쓸 수 있도록 하신 것은 하나님의 전적인 특별한 은혜입니다.

사모님께서 암 투병하는 기간 동안에 저도 함께 기도로 동참하였기에 이 책이 저에게는 더욱 큰 의미가 있습니다.

제게 신앙의 도전과 영적 성장의 큰 도움을 주신 선교사님께 감사드리며 이 책을 읽을 많은 분들에게도 동일한 신앙의 도움이 되리라 확신하며 이 책을 강추하는 바입니다.

평신도가 반드시 읽어야 할 책

박도윤 / 한국산업은행 차장, 청년 코치 사역

우스갯소리로 요한계시록은 평신도가 보면 안 되는 유일한 성경이라고 합니다. 그러나 이선일 선생님의 이 책을 보면, 요한계시록이야말로 모든 성도가 반드시 읽어야 하는 성경이라는 생각이 절로 샘솟습니다.

이 책을 읽으며 선생님께서 오랜 시간 축적해오신 말씀 사역의 경륜, 그 이면에 내재된 평생 식지 않으신 하나님을 향한 사랑과 충성이 이 책에 녹아있음을 느꼈습니다. 특히 이 책에는 요한계시록을 엉뚱하게 자의적으로 해석하며 상징과 예언의 혼동, 종말론의 현실적 전개 중심으로 풀이했던 많은 이단적 사설들에 빠지지 않도록 시대적 배경과 원문의 참된 의미, 다른 성경 본문 및 신학적 해석과의 상호 연계 등이 충실히 담겨 있습니다.

작금은 수많은 소리와 메시지들로 혼란스러운 시대입니다. 그런 가운데 이 책을 읽는 모든 분들에게 두아디라 교회에 예수님이 말씀하신 것처럼 우리에게 주신 복음을 끝까지 잡는(계 2:25) 역사가 있기를 소망합니다. 더하여 이 책을 덮는 순간 요한계시록 마지막 장의 고백이 모두에게 동일한 고백이 되기를 소망합니다.

"이것들을 증거하신 이가 가라사대 내가 진실로 속히 오리라 하시거늘 아멘 주 예수여 오시옵소서" _계 22:20

저와 같은 평신도에게 보석같은 길잡이가 될 것입니다

유승철 / 중국 충칭한인교회 안수집사, 북기은상 자동차 유한공사 이사
〈장벽을 넘으면 중국이 보인다〉 저자

지난 2011년, 중국 내륙에 위치한 충칭 시의 한인교회에서 이선일 원장님을 처음 만났습니다. 마치 친구끼리 대화하듯 편안하게, 하지만 결코 가볍거나 편협하지 않은 묵직한 삶의 궤적으로 성경의 메시지를 풀어내 주신 그날의 만남은 저희 부부에게 깊은 감동과 도전을 주었습니다. 그 후 신앙생활뿐 아니라 가정과 자녀교육에까지 영향을 주었습니다.

실은 이번에 추천사를 권유받고 이런저런 적지 않은 고민을 했습니다. 무엇보다, 보통의 평신도인 저에게 요한계시록 말씀은 문자적인 이해는 고사하고, 조심조심 또 조심해야 한다는 선입관으로 늘 엄두조차 내지 못했던 금기 영역이었기 때문입니다.

하지만 하나님께서는 본 주석서를 통해, 요한계시록에 담아 놓으신 창조주 하나님의 작정 -복음과 십자가 사랑의 위대한 결말과 새로운 시작 -을 물 흐르듯 받아들이게 해 주셨고, 현재와 미래의 하나님나라에 대한 강렬한 소망을 품게 해 주셨습니다.

하나님의 통치가 임한 나라를 향한 이선일 원장님의 순수한 사랑과 헌신이 브살렐의 손길처럼 섬세하고 기드온의 나팔처럼 담대히 선포되어있는 본 주석서는, 저와 같은 보통의 평신도들에게, 그날의 여호수아와 갈렙의 고백같이 하나님의 마음을 품은 보석 같은 길잡이가 될 것을 확신하며 강력히 추천합니다.

저자 요한의 취지에 맞게 주석한 책

이종삼 / 꿈의학교 명예교장, 꿈이있는교회 담임목사, 성경통독 인도자

이선일 박사님의 〈예수 그리스도 새 언약의 성취와 완성 1, 2〉은 요한 계시록을 주석한 책이며, 새 언약의 성취와 완성을 설명해 주는 책입니다. 지금까지 나온 요한계시록의 주석은 독자에게 소망과 위로와 격려를 주느냐? 아니면 미래에 대한 두려움을 갖게 하느냐로 나뉘어져 있습니다.

요한계시록은 예수 그리스도의 계시이며 사랑하는 제자 요한에게 두려워하지 말라고 위로하시며 종말 시대에 반드시 일어날 일들을 기록하게 한 말씀입니다. 예수님 때문에 은혜와 평강이 가득하고 우리를 지극히 사랑하셔서 그 피로 우리를 죄에서 해방시켜 주신 예수님이 구름 타고 오실 것을 말씀하시며 요한에게 반복적으로 점강적으로 동영상처럼 보여준 것을 편지로 작성한 책이 요한계시록입니다.

하나님은 세상을 사랑하셔서 독생자를 주셨습니다. 예수를 믿는 자마다 영생을 얻게 하셨습니다. 그런 삼위하나님의 마음을 소개하는 요한계시록을 주석하려면 본래의 취지에 맞게 소망과 위로와 격려를 받을 수 있도록 해야 합니다. 구약과 신약에 정통했던 요한에게 임하신 성경의 원저자이신 성령님께서 유기 영감으로 기록하게 하셨기에 주석 또한 구약과 신약을 전반적으로 이해하고 써야 합니다.

이 책은 그런 본래의 취지에 맞게 주석한 책입니다. 명확하고 구체적으로 한 절 한 절을 친절하게 명쾌하게 해석해 주고 있습니다. 현재와 미래 즉 종말 시대에 일어날 일곱 재앙들에 대해 두려워하는 자들에게 "마라나

타”가 진정 소망이 되고 기대가 되길 바라며 이 책을 적극 추천합니다.

처음부터 바르게 시작하는 가이드북

정성철 / 안양 중부감리교회 목사

최근에 점점 더 “요한계시록 읽어 볼까”라는 생각을 하곤 했다. 그러던 차에 저자의 원고를 접하게 되었다. 저자가 기술한 것처럼 계시록은 당시 핍박받는 초대교회 성도들에게 그리고 오늘의 우리들에게 한없는 위로와 격려, 소망을 주는 하나님의 말씀이다. 그런데 우리는 요한계시록을 읽으며 그 감격을 깊이 누리지 못하고 있다.

왜 그럴까? 아마 여기저기에서 들은 잘못된 정보들로 인해 계시록이 말하고자 하는 본질에서 벗어나 이미 충분히 애매하고 복잡해진 상태이기 때문일 것이다. 모든 것을 처음부터 바르게 시작하려면 가이드북이 필요하다. 요한계시록은 더욱 그렇다. 그것도 올바른 관점을 가지고 인도하는 책이 중요하다.

저자는 개혁주의 신앙을 바탕으로 한 성경 교사로서 이 책을 통해 우리에게 세심하게 세상의 수많은 정보들을 가지치기해 주고 있다. 먼저는 이 책을 찬찬히 읽어나가라. 그러면 핵심적인 부분이 반복되게 다가옴을 느끼게 될 것이다. 더 나아가 초대교회 성도들의 마음이 되어 성경을 읽으라. 그러면 위로와 용기가 솟아나고 예수 믿음이 회복될 것이다.

아내의 암 투병 중에 쓴 저자의 이 책은 인생의 고난으로 힘겨워하는 교회들을 소망의 길로 인도할 것이다. 그러기에 자신 있게 일독을 권한다.

계시록 주석을 통해 수많은 젊은이들이 주께 돌아올 것

천환 / 인천 예일교회 담임목사, 전임 고신 총회장

나는 수년 전에 KTX를 탔다가 그곳에 진열된 〈자칫하면 대충 살 뻔했다〉라는 책을 통해 이선일 박사를 알게 되었다.

그 후 이 박사와의 만남과 사역을 통해 궁창의 별과 같이 말씀의 불을 가진 자, 왕·제사장·선지자적 사명자인 것을 크게 알아가고 있다. 뿐만 아니라 시대의 참상을 통렬히 애통해하는 예레미야의 가슴과 눈물을 그에게서 보고 있다.

또한 기독교적 세계관과 성경적 가치관을 가지고 전 세계의 젊은이들과 다음 세대를 세우는 사도 바울의 영성과 선교의 비전을 잠시도 망설이거나 지체하지 않고 계속 중이시다. 지구촌 어디라도 영혼을 구원하여 제자 삼는 일을 위해서라면 달려 가시는 멈출 수 없는 사명 때문에……

코로나19로 꽉 막힌 세상에 먼저 본 하늘 영광과 장차될 미래를 활짝 열어줄 계시록 주석을 통해 방황하는 수많은 젊은이들이 주께 돌아와 춤추며 꿈꾸는 회복이 크게 기대된다.

자기 죽음을 통해 생명이 오고 자기희생을 통해 영광이 오게 됨을 이선일 박사의 삶을 통해 바라보는 행복이 내게 있다. 그런 이선일 박사의 삶을 고사 성어로 이렇게 표현하고 싶다.

'송한부개용(松寒不改容)' 소나무는 겨울이 춥다고 그 모습을 바꾸지 않는다.

이 땅의 모든 예수쟁이들이 한 번은 읽어야 할 필독서

하상선 / GEM(세계교육선교회) 대표, 마성침례교회 담임목사

30년 이상 목회자로 설교자로 살아오면서 가장 부담스러운 본문은 요한계시록이었다.

요한계시록(아포칼립시스 이오안누, $\dot{\alpha}\pi o\kappa\dot{\alpha}\lambda\upsilon\psi\iota\varsigma\ \dot{I}\omega\dot{\alpha}\nu\nu o\upsilon$)이란 하나님의 모든 계획을 하나님의 감동으로 밝혀내는 책이란 의미이다. 그럼에도 불구하고 아버지 하나님의 마음과는 달리 심각하게 오용되고 있다. 더 나아가 내용 또한 쉽게 접근하기 어렵게만 생각되어지고 있다.

지금까지 요한계시록은 많은 학자들로부터 다양한 해석들이 주장되어 왔다. 마틴 로이드 존스 목사는 과거주의적 해석, 미래주의적 혹은 세대주의적 해석, 역사주의적 해석으로 구분했다. 정통 신학자들은 점진적 병행원리로 2부 7편으로 나누어서 구성되었음을 전제로 계시록을 해석했다.

한편 이단 사이비 종파들은 상징적 해석을 통해 수많은 오류를 범하고 있다. 심지어는 거기에 현혹된 목회자들과 성도들이 주님의 계획과 뜻에서 점점 멀어져 가고 있는 현실이 마음 아프다.

이런 상황 가운데 누군가가 모든 목회자들과 평신도들에게 요한계시록에 대한 정확하고 쉬운 강해나 주석을 만들어 주길 내심 기대하고 기다렸

다. 그 와중에 이선일 박사께서〈[예수 그리스도 새 언약의 성취와 완성 1, 2〉이라는 제목으로 출간하게 되어 동역자로서 그저 기쁘고 감사하다.

본서는 개혁주의적 관점에서 풀어가며 몇 가지 흥미와 특징을 더해주고 있다. 첫째는 누구나 쉽게 이해할 수 있게, 주님이 반드시 다시 오신다는 대전제를 풀어내고 있다. 둘째는 문자적 해석을 돕기 위해 원어를 풀어서 정확한 해석을 돕고 있다. 셋째는 성서의 역사적, 문화적 배경(지리적 배경)을 통해 그동안 어렵게만 여겨왔던 계시록의 퍼즐을 쉽게 맞추어 가고 있다. 마지막으로 모든 성경 해석의 핵심은, 예수 그리스도 중심의 해석인데 이 또한 만족스러울 정도로 잘 맞추어 주었다.

이와 같은 이유로 본서는 이 땅의 모든 예수쟁이들이 한 번은 읽어야 할 필독서임을 확신하게 한다.

가만히 보면 정형외과 의사이기도 한 이선일 박사는 본인의 주장대로 진정 괴짜인 듯 보인다. 진료와 수술, 강의와 설교, 삶과 언행 등 어느 한 곳에도 빈틈이 없다. 독자의 마음을 감동시키고 예수님의 마음을 그대로 전염시키는 일에도 긍정적 의미의 괴짜 그 자체이다. 그런 이선일 박사는 사람들이 볼 때에는 괴짜처럼 보이기도 하나 우리 주님이 보실 때는 진정한 진짜이다.

〈예수 그리스도 새 언약의 성취와 완성 1, 2〉을 통해 이 땅의 모든 예수쟁이들이 진짜가 되었으면 좋겠다. 복음에 대해서 진짜가 되자. 삶에 있어서 진짜가 되자. 진리에 대해서 흔들림 없는 진짜가 되자. 그리하여 하나님의 마음을 시원케 할 수 있는 믿음의 동역자들이 점점 더 많아지기를⋯⋯.

설렘과 기대에 가득 찬 마음으로 마라나타를 외치며 마지막 책장을 넘긴다. 이 땅의 진실된 예수쟁이가 되길 소망하는 모든 이들에게 본서의 필독을 추천하면서…….

일러두기

_본문에 사용한 성경은 개역한글판으로 현재의 맞춤법을 무시하고 성경의 본문 그대로 인용했습니다.

_'하나님나라', '하나님언약', '하나님심판' '아버지 하나님', '사단나라'는 저자의 의도에 의해 일반적인 띄어쓰기 규칙을 적용하지 않은 하나의 명사로 취급했습니다.

_'어린 양'과 '어린양' 둘 다 맞는 표현이므로 양의 새끼는 '어린 양'으로, 예수님을 예표할 때는 '어린양'으로 구분해서 사용했습니다.

_성경이나 학자들의 의견에서 인용한 단어 및 문장은 큰따옴표로 처리하였습니다.

제1부

제2부

예수 그리스도 새 언약의 성취와 완성

D. M. Lloyd Jones를 꿈꾸는
괴짜의사 Dr. Araw의 요한계시록 장편(掌篇) 강의

제 1 부

예수 그리스도의 계시라 이는 하나님이 그에게 주사 반드시 속히 될 일을 그

종들에게 보이시려고 그 천사를 그 종 요한에게 보내어 지시하신 것이라

_요한계시록 1:1

볼지어다 그가 구름을 타고 오시리라 각 사람의 눈이 그를 보겠고 그를 찌른

자들도 볼 것이요 땅에 있는 모든 족속이 그로 말미암아 애곡하리니 그러하

리라 아멘 _요한계시록 1:7

구름 타고 오시리라(ὁ ἐρχόμενος, 1:1-20)
삼위일체 하나님 – 다른 하나님, 한 분 하나님

요한계시록은 당시 밧모섬에 유배되어 있던 사도 요한에게 환상을 통해 종말(초림~재림 전) 시대 동안에 일어날 일들을 묵시 혹은 계시(ἀποκάλυψις, nf, an unveiling, uncovering, revealing, revelation)로 보여주신 것이다. 그렇기에 "계시 혹은 묵시"가 실체라고 한다면 역사는 그 그림자이다.

성경의 원 저자이신 성령님은 고된 육체노동에 시달리고 있던, 채석장으로 유명한 에게해와 지중해가 만나는 곳 외딴 섬인, 밧모섬으로 찾아가 사도 요한에게 종말 시대 동안에 일어날 일들을 환상을 통해 보여주시면서 기록[1]하라고 명하셨다. 즉 요한계시록은 복음의 계시로 "예수 그리스도의 계시"이다. 이는 반드시 속히 될 일들인데 이 복음의 계시를 초대교

---

1 3대 영감(완전 영감, 유기 영감, 축자 영감)과 6대 속성(무오류성, 완전성, 충분성, 권위성, 명료성, 최종성)을 말한다.

회와 오고 오는 교회인 성도들에게 알게 해 주신 것이다.

기록 시기에 관하여는 여러 가지 설들이 많다. 사도 요한이 밧모섬으로 유배되기 전, 밧모섬에서, 혹은 유배되었다가 풀려나 에베소에서 본서를 [2]기록했다는 것 등등이다. 나는 황제숭배사상이 시작되어 꽃을 피운 도미티안 황제(11대 황제) 근간에 기록(AD 95년경)한 것으로 생각하고 있다.

요한계시록이라는 정경은 대부분의 크리스천들이 말세지말(末世之末)에 일어날 무시무시하고 엄청난 재앙을 시간순서로 기록하고 있는 책이라고 생각한다. 그러다 보니 사역자들도 그리스도인들도 정경 66권 중 알게 모르게 의도적으로 회피하는 부분이기도 하다.

모처럼 큰 마음먹고 성경을 처음부터 읽어 나가려는 그리스도인들에게 구약의 레위기가 암초로 작용한다면 신약의 요한계시록은 두려움의 대상이다. 그러나 레위기든 계시록이든 간에 실상을 알고 나면 너무나 쉽고 명료할 뿐 아니라 엄청난 금맥을 얻을 수 있다.

참고로 구약의 레위기는 1-16장까지는 제사 곧 예배에 관한 말씀이고 17-27장까지는 성결 즉 거룩과 거룩함에 대해 말씀하고 있다. 처음부터 복잡한 제사나 규례, 방법등등이 나오다 보니 제법 복잡하게 다가오기도 한다. 그러나 '다섯 기둥'으로 분류하여 읽어나가면 쉽기도 하지만 너무 재미있기도 하다. 그 다섯 기둥이란 7대 성막 기구, 7대 절기, 5대 제사, 5대 제물, 4대 제사방법이다.

---

2 양형주의 〈평신도를 위한 쉬운 요한계시록〉, p20과 How 주석 〈요한계시록 어떻게 설교할 것인가〉, p68 참고

'7대 성막 기구'란 모두 다 예수 그리스도를 예표하는 것으로 문, 번제단, 물두멍, 향단위의 향로, 떡상 위의 전병, 금 촛대를 가리킨다. 곧 구원의 문이신 예수 그리스도, 희생제물되신 예수 그리스도이자 동시에 대제사장이신 예수 그리스도, 생수이신 예수 그리스도, 중보자되신 예수 그리스도, 생명의 떡이신 예수 그리스도, 세상의 빛, 생명의 빛이신 예수 그리스도, 말씀이신 예수 그리스도이다.

'7대 절기'란 유월절, 초실절, 무교절, 오순절(맥추절, 칠칠절), 나팔절, 대 속죄일(욤 키푸르, 속죄의 날), 장막절(초막절)을 말한다.

'5대 제사'란 번제(burnt offering), 소제(meal offering), 화목제(peace or fellowship offering), 속죄제(sin or purification offering), 속건죄(quiet or trespass offering)를 말하며 소제를 제외하곤 모두 다 희생제물을 번제단 불에 태워 드리는 제사(화제, offering by fire)이다. '5대 제물'이란 소, 양, 염소, 비둘기, 곡식을 가리키며 '4대 제사방법'이란 요제(a wave offering), 거제(a heave offering), 번제(a burnt offering), 전제(a drink offering, 관제)를 말한다.

한편 요한계시록은 복음에 관한 말씀이기에 더욱 선명하고 쉽다. 그렇기에 1장 1절에서는 "예수 그리스도의 계시"라고 시작하고 있다. 구원자(쏘테르)이신 예수님은 성부하나님의 유일한 기름 부음 받은 자이신 그리스도(크리스토스), 메시야(마쉬아흐)이시다라는 것이다. 그 예수님은 초림의 구속주로 오셔서 십자가로 모든 것을 다 이루신 후 부활 승천하셨다. 이후 심판주, 승리주, 만왕의 왕으로서 반드시 재림하셔서 우리를 미래형 하나님나라 즉 "거룩한 성 새 예루살렘"으로 데려가시며 그곳에서 영생을 누리게 하신다. 계시록은 초림과 재림 사이의 '종말 시대 동안'에 겪게 될 '일곱 재앙'을 "예수 믿음과 하나님의 계명"을 붙들고 인내로 이겨 나가라고 말씀하고 있다.

결국 종말 시대를 지나는 동안 겪게 될 "일곱 재앙"이라는 환난과 고통에 대해 너무 놀라거나 두려워 말라고 하신다. 그 과정을 허락하신 분이 하나님이시기 때문이다. 그 과정은 교회로서 거룩함에의 훈련이며 소망에 대한 확신을 더하기 위함이다. 계시록의 일곱 재앙은 제한되고 유한된 인간인 교회에게 얼핏 무섭고 두려운 것은 사실이나 그것은 교회의 거룩함을 위한 하나님의 훈련과정(training process)이요 재림 예수에 대한 갈망(마라나타)의 증폭과 장차 주어질 소망을 굳게 다지기 위함이다. '소망'이란 '미래형 하나님나라에로의 입성과 영생'을 가리킨다.

한편 불신자들은 종말 시대 동안의 일곱 재앙을 겪으며 장차 그들이 받게 될 유황 불못 심판(둘째 사망, 영원한 죽음)에 대한 경고를 미리 듣고 보는 것이다.

다시 말하지만 교회든 불신자든 간에 종말(교회) 시대를 지나는 동안 일곱 재앙은 누구나 다 맞닥뜨리게 된다. 결코 피할 수 없다. 그러기에 교회는 종말 시대를 통과하며 "예수 믿음과 하나님의 계명"을 붙들고 (14:12) 인내하며 나아가야 한다.

그러다가 환난이 힘들어질 때마다 마라나타를 오매불망(寤寐不忘,

bear in mind all the time)하게 되기를…….

더 나아가 마지막 날에 반드시 오실 예수의 재림을 통해 하나님나라의 완성에 참여하게 되기를…….

1 예수 그리스도의 계시(고전 2:9-13, 히 1:1)라 이는 하나님이 그에게 주사 반드시 속히 될 일을 그 종들에게 보이시려고 그 천사를 그 종 요한에게 보내어 지시하신 것이라

요한계시록이라는 정경은 1장 1절에서부터 "예수 그리스도의 계시(Ἀποκάλυψις Ἰησοῦ Χριστοῦ)"임을 분명히 밝히고 있다. 즉 '복음의 계시'라는 의미이다. 그러므로 결코 무섭고 두려운 책이 아니다. 오히려 계시록을 통하여는 분명한 기독론(Christology)을 정립할 수 있다. 곧 '예수님은 누구신가, 왜 예수를 믿어야 하는가, 예수를 믿으면 어떻게 되는가'에 대한 명확한 답을 찾을 수 있다.

밧모섬에 유배되어 있던 사도 요한은 "하나님의 말씀과 예수 그리스도의 증거 곧 속히 될 일'을 환상으로 보았다(묵시 혹은 계시). 바로 '그 계시'를 천사가 지시한 그대로 기록(유기 영감, 완전 영감, 축자 영감)한 것이 요한계시록이다.

'계시 혹은 묵시(아포칼립시스, ἀποκάλυψις, nf)'적 관점이란 종말

시대 동안에 일어날 일들을 "하나님이 자기를 사랑하는 자들에게" 다양한 관점에서 여러 장면을 복합적으로 반복하여 보이신 것을 말한다. 고린도전서 2장 9-13절이나 히브리서 1장 1절은 이런 계시(묵시)에 대해 상세히 말씀하고 있다.

히브리서는 선지자들에게 "여러 부분과 여러 모양으로 보이셨다"라고 했고 고린도전서는 묵시 혹은 계시란 '하나님의 깊은 것'으로 "사람의 눈으로는 보지 못하고 귀로 듣지 못하며 마음으로도 생각지 못한다(고전 2:9)"라고 했다. 즉 계시는 "하나님의 영 외에는 아무도 알지 못하느니라(고전 2:11)"고 하셨기에 성령님이 가르치셔서 신령한 것을 분별하여 알게 하셔야만 가능하다라고 했다.

한편 "예언"의 헬라어는 프로페테이아(Προφητεία, nf, prophecy, prophesying; the gift of communicating and enforcing revealed truth)이다. 곧 '예언적 관점으로 본다'라는 것은 문자 그대로 해석하면서 역사의 인물이나 사건을 징조화(徵兆化)하여 순차적으로 보는 것을 말한다.

"반드시 속히 될 일"이란 계시록 1장 20절의 "일곱 별(교회)의 비밀"과 10장 7절에 의하면 "하나님의 비밀"을 가리키는데 이는 고린도전서 2장 6-12절, 에베소서 3장 6-12절, 로마서 1장 24-28절의 내용들을 함의하고 있다. 결국 구원의 수가 차기까지 복음이 전해져야 할 것과 때가 되면 예수의 재림을 통한 역사적 종말이 있을 것인데 그 때와 시기에 대한 비밀을 가리킨다.

한편 "반드시, 속히"라는 말은 때와 시기에 관한 것이라기 보다는 하나님 말씀의 신실함, 정확함을 의미한다. 더하여 유한된 인간의 관점에서의 시간은 무한하신 하나님의 관점에서의 시간과는 다름을 알아야 한다. 그렇기에 베드로후서(3:8)에서는 "주께는 하루가 천년 같고 천년이 하루 같다"라고 했던 것이다. 그러므로 "속히 될 일"이라고 한 것이다.

"그 종들에게 보이시려고"에서는 하나님의 종 아브라함에게 숫양을 통해(창 22:8,13, 요 8:56) 유월절 어린양(아일, 하나님이 자기를 위하여 친히 준비하시리라)이신 예수님을 보여주셨듯이 사도 요한에게도 계시를 통해 종말(초림~재림 전)과 종말의 끝날(최후 심판의 날, 그날, 마지막 날, 예수 재림의 날)에 일어날 일들을 보여주신다는 말씀이다.

2 요한은 하나님의 말씀과 예수 그리스도의 증거 곧 자기의 본 것을 다 증거하였느니라

"하나님의 말씀과 예수 그리스도의 증거"란 계시록 14장 12절에서는 "하나님의 계명과 예수 믿음($\tau\grave{\eta}\nu$ $\pi\acute{\iota}\sigma\tau\iota\nu$ $\mathrm{I\eta\sigma o\hat{\upsilon}}$, the faith of Jesus)"이라고 했다. '예수 믿음'이란 예수를 믿는 믿음 즉 복음을 말하며 '예수에 관한 믿음, 예수의 믿음'으로 해석하기도 한다. 1장 9절과 20장 4절에는 "예수의 증거와 하나님의 말씀"으로 묘사되어 있다.

3 이 예언의 말씀을 읽는 자와 듣는 자들과 그 가운데 기록한 것을 지키는 자들이 복이 있나니 때가 가까움이라

한 치 오차가 없으신 하나님의 말씀인 계시록을 "읽는 자, 듣는 자, 지키는 자는 복이 있다"라고 말씀하고 있다. 왜냐하면, 종말의 끝날은 가까워졌고 예수님은 반드시 재림하시기 때문이다. 물론 그날이 언제일지는 아무도 모른다. '그 때와 기한'은 성부하나님만 아신다(행 1:7). 우리는 그날이 언제인지, 재림의 예수님은 어디로 오시는지에 관심을 둘 것이 아니다. 전 우주적 재림(가견적 재림)이기 때문이다. 그러므로 우리는 '반드시 오실' 예수님을 맞이하기 위해 잘 '준비'하는 것이 필요하다. 언제 오시더라도 상관없이 '지금, 그리고 여기에서(now and here)' 하나님의 뜻(델레마 데우)을 따라 하나님께만 영광(Soli Deo Gloria)을 돌리며 살아가면 된다.

한편 당시 회당에서 읽는 '자'는 한 명이었기에 단수로 쓰였다. 반면에 듣는 '자들'과 지키는 '자들'은 여러 명이었기에 복수로 기술하고 있다. 또한, 당연히 읽는 자, 듣는 자보다는 지키는(실행하는) 자가(약 1:22-25, 요 14:21) 더 복이 있다.

"복"을 정확하게 이해하려면 복을 나타내는 히브리어 두 단어(바라크, 에쉐르)와 헬라어 한 단어(마카리오스)를 묵상하면 큰 도움이 된다. '바라크'는 '무릎을 꿇고 기도하다'라는 의미로 '기도하는 그 사람은 이미 복 받은 사람'이라는 것이다. '에쉐르'는 '똑바른 길을 걸어가다'라는 의미의 아쏴르에서 파생한 단어인데 '길이신 예수 그리스도를 믿은 사람은 이미 복 받은 사람'이라는 의미이다. 마카리오스는 '예수를 믿은 자는 이미 복 받은 자'라는 의미이다.

4 요한은 아시아에 있는 일곱 교회에 편지하노니 이제도 계시고 전에도 계시고 장차 오실 이와 그 보좌 앞에 일곱 영과

"일곱 교회에 편지하노니"라는 것은 사도 요한이 묵시 속에서 보았던 소아시아에 있는 일곱 교회를 향한 아버지 하나님의 칭찬과 책망의 마음을 편지에 써서 알린다라는 것으로 '7'이라는 언약의 숫자를 사용하여 지상의 모든 불완전한(미완성의) 교회들에게 아버지의 마음을 전한 것이다. 한편 일곱(7)은 히브리어로 쉐바(שֶׁבַע)라고 하는데 이는 쇠바(שָׁבַע, v, to swear)에서 파생된 말로써 '언약의 수, 맹세의 수, 약속의 수, 완전 수'를 말한다. 결국 사도 요한이 쓰고 있는 편지의 내용은 지상에 있는 모든 교회들을 상징한 아시아 일곱 교회들을 향한 성부하나님의 마음으로 반드시 이루어질 것이라는 의미이다.

"이제도 계시고 전에도 계시고 장차 오실 이"는 '성부하나님'을 말한다. 이는 헬라어로 아포 호 온 카이 호 엔 카이 호 에르코메노스(ἀπὸ ὁ ὢν καὶ ὁ ἦν καὶ ὁ ἐρχόμενος, from Him being and who was and who is coming/from Him who is, and who was, and who is to come)이다. 출애굽기 3장 14절의 "나는 스스로 있는 자(I am who am)"라는 의미인데 이사야 41장 4절에는 "이 일을 누가 행하였느냐 누가 이루었느냐 누가 태초부터 만대를 명정하였느냐 나 여호와라 태초에도 나요 나중 있을 자에게도 내가 곧 그니라"고 하시며 기능론적 종속성 상 당신은 성부하나님이심을 스스로 밝히셨다. 이사야 44장 1절에도 "나는 처음이요 나는 마지막이라"고 하셨다.

한편 "보좌 앞의 일곱 영"은 '성령 하나님'을 말한다. 즉 삼위일체 하나님이란 '다른 하나님, 한 분 하나님'이다.

계시록 5장 6절에는 "일곱 눈은 온 땅에 보내심을 입은 하나님의 일곱 영"이라고 하셨다. 그 성령님은 사도 요한을 통해 일곱 교회에 편지를 보냈던 것이다. 왜냐하면 주인되신 '성령님 안에서'만 교회 혹은 교회공동체는 든든히 서가기 때문이다. 에베소서 2장 20-22절은 친히 '모퉁이돌이 되신 예수(보혜사)'로 말미암아 '예수(보혜사) 안에서' 건물마다 연결되어 '성전이 되어간다' 라고 했다. 그러므로 "성령(또 다른 보혜사, 요 14:16, 26) 안에서" 하나님의 거하실 처소 즉 성전이 되는 것이다.

5 또 충성된 증인으로 죽은 자들 가운데서 먼저 나시고 땅의 임금들의 머리가 되신 예수 그리스도로 말미암아 은혜와 평강이 너희에게 있기를 원하노라 우리를 사랑하사 그의 피로 우리 죄에서 우리를 해방하시고

4-5절에서 사도 요한은 계시록을 통해 교회 된 우리들을 향한 삼위하나님의 마음을 전해주고 있다. 특히 소아시아에 있는 일곱 교회에 편지 형식의 말씀을 주시면서 당신의 마음을 진솔하게 밝히고 있다. 그 편지의 발신자는 "이제도 계시고 전에도 계시고 장차 오실" 성부하나님과 "그 보좌 앞에 일곱 영"이신 성령님과 또 "충성된 증인으로 죽은 자들 가운데 먼저 나시고 땅의 임금들의 머리"가 되신 예수 그리스도 즉 삼위일체 하나님이시다. 기능론적 종속성과 존재론적 동질성으로 '다른 하나님, 한

분 하나님'이신 삼위하나님이 발신자라는 의미이다.

그렇다면 수신자는 누구일까? 말할 것도 없이 일곱 교회로 상징된, 하나님의 자녀인 모든 교회(성도)들이다.

특히 5절은 '예수 그리스도의 삼중직 즉 왕, 선지자, 제사장'을 말씀하고 있다. "충성된 증인"이란 '선지자(신 18:18)'를, "죽은 자들 가운데서 '먼저 나시고' 즉 '맏아들'이 되게 하심(롬 8:29, 히 1:6)"이라는 것은 '제사장'을, "땅의 임금들의 머리가 되신(계 19:16)"이라는 것은 '왕'을 가리킨다.

그 예수님은 교회들이 매사 매 순간을 풍성한 은혜와 평강 속에 살아가길 원하신다. 여기서 평강(平康)이란 단순히 평화로움만을 의미하는 것이 아니라 하나님과의 '바른 관계와 친밀한 교제'를 가리킨다.

'평강'의 히브리어는 살롬(שׁלוֹם, nm, completeness, soundness, welfare, peace)이며 헬라어는 에이레네(εἰρήνη, nf)인데 이 단어에는 주요한 4가지 의미가 있다. 첫째는 하나님과의 하나 됨 즉 하나님과의 바른 관계이다. 둘째는 하나님 안에서만 안식을 누리며 하나님 안에서만 견고함을 얻을 수 있다라는 것이다. 셋째는 가시적인 복으로서의 번영(prosperity)이며 넷째는 평화, 화목, 평안함을 가리킨다.

하나님은 살롬(שׁלוֹם)을 통해 모든 교회들에게 풍성한 은혜(카리스, χάρις)를 허락하신다. 그 은혜로 인해 우리의 삶에는 넘치는 기쁨(카라, χαρά)과 그리 아니하실지라도의 절대 감사(유카리스테오, εὐχαριστέω)가 있게 된다.

이롬 회장 황성주 박사가 강조하는 '절대 감사'는 하나님과의 바른 관계(살롬) 속에서 은혜를 누리며 살아가는 사람만이 할 수 있는, 진정한 예수쟁이의 표징(sign)중 하나이다.

한편 은혜는 헬라어로 '카리스(χάρις, nf)'인데 여기에서 파생된 두 단어가 놀랍게도 카라(기쁨, χαρά, nf)와 유카리스테오(εὐχαριστέω, v, to be thankful/εὐχαριστία, nf, thankfulness/εὐχάριστος, adj, thankful)이다. 이는 시사하는 바가 크다. 즉 살롬을 통해 은혜를 받으면 우리의 삶에서는 그 은혜로 인해 기쁨과 감사가 넘쳐나게 된다라는 것이다.

성경에는 우리를 향한 '하나님의 뜻(델레마 데우, θέλημα Θεοῦ)'에 대해 직설적으로 말씀(살전 4:3, 5:16-18)하고 있다. 너희를 향한 나의 뜻은 이것이니 "너희의 거룩함이라", "항상 기뻐하라, 쉬지 말고 기도하라, 범사에 감사하라"이다. 그렇다면 제한되고 유한된 인간이 어떻게 '그렇게' 살아갈 수 있을까? 하나님의 뜻을 따라 살고 싶은 마음은 그리스도인이라면 누구에게나 다 있지만…….

이런 영적 신비(mystery, 뮤스테리온)를 풀려면 헬라어 원어들을 찾아보면 된다. 먼저 삼위하나님과 바른 관계(하나됨=영접+연합, 살롬)를 가지게 되면 하나님은 우리에게 풍성한 은혜(카리스)를 주신다. 그 은혜(카리스)는 우리로 하여금 넘치는 기쁨(카라)과 절대 감사(유카리스테오)로 이끌어간다. 결국 살롬으로 은혜를 누리게 되면 기쁨과 감사는 저절로 주어지게 되니 우리를 향한 하나님의 뜻, 곧 항상 기뻐하고 범사에 감사할 수 있는 것은 아주 쉬운 것이 된다. 즉 우리가 전혀 애쓰지 않아도 된다는 말이다.

그러면 "쉬지말고 기도하라"는 것은 어떠한가? 이 부분에 대한 하나님의 뜻은 더없이 쉽다. 왜냐하면 기도는 의무가 아니라 교회의 특권이기 때문이다. 인간은 본능적으로 특권 누리기를 좋아하기에 그야말로 쉽게 지속적으로 기도할 수가 있다. 결국 우리를 향하신 하나님의 뜻(델레마 데우)은 쉽고 가능하며 우리가 애쓰지 않아도 되는, 또 하나의 선물임을 알아야 한다.

바른 관계와 친밀한 교제인 샬롬 가운데 은혜와 평강을 허락하신 예수님은 우리를 지극히 사랑하셔서 당신의 피로 우리를 죄에서 해방시키셨다. 할렐루야! 그렇기에 로마서(8:1-2)는 "생명의 성령의 법이 죄와 사망의 법에서 우리를 해방시켰다"라고 했다. 갈라디아서(5:1)는 "우리로 자유케 하려고 자유를 주셨다"라고 했다.

"죽은 자들 가운데서 먼저 나시고(골 1:18)"라는 것은 '잠자는 자들의 첫 열매(고전 15:20)' 즉 '부활의 첫 열매'가 되셨다라는 것을 가리키며 "땅의 임금들의 머리가 되신"이라는 것은 "만물의 으뜸이요 교회의 머리(골 1:15-18)"라는 의미로써 '만왕의 왕, 만주의 주'라는 것을 가리킨다.

6 그 아버지 하나님을 위하여 우리를 나라와 제사장으로 삼으신 그에게 영광과 능력이 세세토록 있기를 원하노라 아멘

"그 아버지 하나님을 위하여"라는 것은 '성부하나님의 인간에 대한 구속 계획에 따라'라는 의미로써 예수님은 '아버지의 구속계획'을 '성취'하기 위해 이 땅에 오셨다라는 것이다. 그리하여 성육신하신 예수님은 우리의 수치와 저주를 몽땅 안고 십자가에 높이 달리셨다. 그 예수를 믿은 우리는 성령님을 주인으로 모신 성전, 즉 하나님나라(현재형)가 되었다.

부활하신 후 승천하시면서 예수님은 우리에게 '지상 대명령(great com-mandment, 마 28:19-20)'을 주시며 이 땅에서 우리를 '복음전파'를 위한 "왕 같은 제사장(벧전 2:9)"으로 삼으셨다. 고린도후서 5장 18-21절에서는 이런 제사장을 가리켜 "그리스도를 대신한 사신(ambassador)", "세상을 하나님과 화목하게 하는 직책을 맡은 자"로 묘사하고 있다.

구원자이신 예수님은 그리스도(Χριστός, nm, 크리스토스), 메시야(מָשִׁיחַ, nm, 마쉬아흐)이시다. 이는 '성부하나님의 유일한 기름 부음 받은 자(요 1:41, 4:25)'라는 의미이다.

신인양성의 예수님은 이 땅에 역사상 유일한 의인으로 오셔서 공생애 전까지 인성으로서의 모든 것을 일절 순종함으로 배우셨던 지극히 겸손하신 하나님이시다. 하나님이심에도 불구하고 예수님은 그렇게 온전히 '수동적 입장'을 취하셨다(히 5:5-10). 이를 메시야닉 신비(Messianic secret)라고 한다.

완전한 하나님이시자 하나님의 본체이신(빌 2:6) 예수님은 전혀 그럴 필요가 없었음에도…….

종국적으로 예수님은 AD 30년 중반에 성부하나님의 구속 계획을 성취하기 위해 우리의 수치와 저주를 몽땅 안고 십자가에 달리셨다. 다 이루셨던(테텔레스타이, 요 19:30) 것이다. 이후 예수를 믿은 우리는 나라와 제사장(벧전 2:9)이 되었다. '나라'란, 하나님나라를 말하는 것으로 현재형 하나님나라와 미래형 하나님나라로 나눌 수 있다.

현재형 하나님나라란 장소 개념이 아니다. 주권, 통치, 질서, 지배 개념으로 성령님을 주인으로 모신 곳은 그 어디나 하늘나라(눅 17:20-21)라는 것이다. 즉 예수를 믿은 우리는 몸 된 성전으로 우리 안에는 성령님이 주인으로 계시는데(고전 3:16-17) 그런 우리가 바로 현재형 하나님나라인 것이다. 더 나아가 예수 믿는 그 가정이 현재형 하나님나라이며 예수 믿는 사람들이 모인 교회 공동체가 현재형 하나님나라이다.

반면에 미래형 하나님나라란 반드시 존재하는 장소 개념이다. 비록 지금은 우리가 제한된 육신을 갖고 있기에 볼 수 없어 아쉽기는 하다. 그러나 미래형 하나님나라는 반드시 존재하는 장소이며 예수님의 재림 후 변화된 몸, 부활체로서의 우리가 반드시 가게 될(요 14:2-4) 천국이다. 기억할 것은 변화될 몸, 부활체(고전 15:42-44)로 미래형 하나님나라에 갈 것이기에 그 천국을 지금 우리가 느끼고 있는 장소처럼 상상하는 것은 곤란하다. 그때에는 시간과 공간의 개념이 지금과는 확연히 다를 것이기 때문이다.

그렇다고 하여 미래형 하나님나라가 장소 개념임을 애써 무시하는(시간적 이원론, 존재적 이원론, 공간적 이원론 등등) 학자들이 있는데 그 또한 너무 나간 것 같아 안타깝다. 그저 하나님 앞에서는 잘 모르는 것은 모른다고 대답하는 겸손함이 필요할 뿐이다.

예수님은 우리를 "나라와 제사장으로" 삼으셨다. 베드로전서 2장 9절에는 그런 우리를 가리켜 제사장과 왕의 권세를 동시에 가진 "왕 같은 제사장"이요 "거룩한 나라"라고 했다. 아멘 아멘 또 아멘이다. 그저 할렐루야이다.

영광과 능력의 예수님께만 영광!

오직 삼위하나님께만 세세토록 영광!이다.

이곳 1장 7절은 22장 20절과 더불어 계시록의 두 핵심 사상 중의 하나이다. 재림의 예수님은 반드시 오신다(ὁ ἐρχόμενος, 호 에르코메노스). 그것도 구름을 타고 오시겠다[3]라고 하셨다. 원래 '구름'이란 영광을 의미한다(출 16:10, 대하 5:13-14, 마 17:5, 단 7:13-14). 한편 "구름을 타고"라는 것은 '구름과 함께(with, עִם, clouds, עֲנָנֵי)'라는 의미이다. 이것은 비록 문예적 표현이기는 하나 그날에 구름을 타고 오시든 구름과 함께 오시든 무슨 상관이랴. 우리는 재림의 그날을 기다리며 오늘을 알차게 하나님의 뜻(델레마 데우, θέλημα Θεοῦ, 살전 4:3, 5:16-18)을 따라 '기쁨과 감사함으로, 쉬지 말고 기도함으로, 거룩함으로' 살아가면 되는 것이다.

사도행전 1장 11절에는 감람산에서 초림의 예수님이 부활 후 승천하시는 장면을 이렇게 묘사하고 있다. "갈릴리 사람들아 어찌하여 서서 하늘을 쳐다보느냐 너희 가운데서 하늘로 올리우신 이 예수는 하늘로 가심을 본 그대로 오시리라"고 하셨다. 이 구절에서는 구체적으로 '구름 타고 가셨다'라는 말이 없기에 반드시 구름을 타고 다시 오실지는 알 수 없다. 500여 형제들이 보는 데서 올리어 가시는데 '구름이 저를 가리웠다'라고 되어있다. 즉 그 예수님이 어떻게 올라가셨는지에 관하여는 구체적으로 말씀하지 않고 있는 것이다. 중요한 것은 승천하시는 예수님을 확실히 본

---

3 마 24:30,26:64, 막 13:26, 눅 21:27을 참고하라

것이다. 그러므로 교회는 예수께서 '왜 승천하셨을까? 어디로 승천하셨나? 왜 재림하시나?'에 대한 명확한 답을 가지고 있으면 된다.

이와는 달리 장차 '구름을 타고 오시겠다'라고 명확하게 말씀하신 곳이 있는데 마태복음(24:30, 26:64)과 마가복음(13:26), 누가복음(21:27)이다. 구약에도 '구름 타고 오시겠다'라는 문자적 표현이 다니엘서 7장 13절에 슬쩍 언급되어 있다.

"내가 또 밤 이상 중에 보았는데 인자 같은 이가 하늘 구름을 타고 와서"_단 7:13

"그때에 인자의 징조가 하늘에서 보이겠고 그때에 땅의 모든 족속들이 통곡하며 그들이 인자가 구름을 타고 능력과 큰 영광으로 오는 것을 보리라"_마 24:30

"~이후에 인자가 권능의 우편에 앉은 것과 하늘 구름을 타고 오는 것을 너희가 보리라 하시니"_마 26:64

"그때에 인자가 구름을 타고 큰 권능과 영광으로 오는 것을 사람들이 보리라"_막 13:26

다시 말하지만 구름을 타고 오시든 아니든 간에 그것이 무슨 대수이겠는가!⁴ '반드시 오실(ὁ ἐρχόμενος, 호 에르코메노스) 예수님'이 중요할

---

4 [다니엘 7:13] επι των νεφελων του ουρανου 하늘의 구름들 곁에, [마태 24:30] ἐρχομενον ἐπι τῶν νεφελῶν τοῦ οὐρανοῦ μετὰ δυνάμεως καὶ δόζης πολλῆς 큰 영광과 권능과 함께 하늘의 구름들 곁에 오는 것, [마가 13:26] ἐρχομενον ἐν νεφέλαις μετὰ δυναμεως πολλῆς καὶ δόζης 영광과 큰 권능과 함께 구름들 안에 오는 것, [누가 21:27] ἐρχομενον ἐν νεφελη μετὰ δυνάμεως καὶ δόζης πολλῆς 큰 영광과 권능과 함께 구름 안에 오는 것, [요한 계1:7] ἔρχεται ματὰ τῶν νεφελῶν
그가 구름과 함께 오시리라

뿐이다. 데살로니가전서 4장 16절에는 "주께서 호령과 천사장의 소리와 하나님의 나팔로 친히 하늘로 좇아 강림"하실 것을 말씀하셨다.

그 예수님은 전 우주적 재림과 가견적 재림, 승리적 재림, 완성적 재림, 신체적 재림, 인격적 재림, 돌발적 재림으로 이 땅에 오실 것이다.

그날에…….

반드시 오실 예수님이기에 재림 때에는 그를 찌른 자들도 볼 것이다. 그때에 교회는 기뻐서 눈물 흘릴 것이요 예수를 믿지 않은 불신자들은 후회하며 애곡하게 될 것이다.

8 주 하나님이 가라사대 나는 알파와 오메가라 이제도 있고 전에도 있었고 장차 올 자요 전능한 자라 하시더라

8절에서는 하나님께서 당신을 가리켜 "나는 알파요 오메가"라고 말씀하고 있다. 계시록 1장 17절에는 "처음과 나중"이라고 되어있고 21장 6절에는 "나는 알파와 오메가요 처음과 나중이라"고 하셨으며 22장 13절에는 "알파와 오메가요 처음과 나중이요 시작과 끝"이라고 하셨다.

이는 시작과 과정, 완성을 주관하시겠다(빌 1:6)라는 의지의 천명으로 '반드시 이룰 것'을 말씀하신 것이다.

출애굽기 3장 14절은 당신을 가리켜 "스스로 있는 자[5](I am who(that) I am, 에헤예흐 아쉐르 에헤예흐)"라고 말씀하셨다. 에헤예흐의 동사는 하아흐이며 아쉐르의 동사는 아솨르이고 그 명사는 '복'이라는 의미의 에세르이다. 즉 야훼 하나님은 스스로 있는 자이시며 길이요 진리요 생명이시고 '바른 그 길'을 걸어가는 자(아쉬레이 하이쉬, 시 1:1)에게 복(구원과 영생)을 주시는 분이라는 의미이다.

이 일에 알파와 오메가가 되셔서 시작과 완성을 반드시 이룰 것임을 천명하신 것이다. 그런 하나님을 출애굽기 34장 6절에는 "자비롭고 은혜롭고 노하기를 더디 하고 인자와 진실이 많은 분"이라고 기술하고 있다.

"이제도 있고 전에도 있었고 장차 올 자요 전능한 자"라는 것은 삼위하나님의 '영원성, 불변성, 절대성'을 의미하는 것이다. "전에도"라는 것은 '태초'를 가리키는 것인 바 우리가 알지 못하는 만세 전의 태초(아르케, 올람)가 있는가 하면 역사의 시작점인 태초(창세, 베레쉬트, 게네시스)가 있다.

요한계시록은 1장 1절에서 8절인 이곳 까지가 서론에 해당한다. 결론은 22장 6-21절까지이다. 결국 계시록을 크게 나누면 서론, 본론, 결론으로 나눌 수 있다.

---

5 출애굽기 3장 14절은 당신을 가리켜 "스스로 있는 자(I am who(that) I am, 에헤예흐 아쉐르 에헤예흐)"라고 하셨다. 에헤예흐(אֶהְיֶה, I am)의 동사는 하아흐(הָיָה, be)이며 아쉐르(אֲשֶׁר, who, that)의 동사는 아솨르(אָשַׁר, to go straight, go on, advance, 바른길을 걸어가다.)이고 명사는 에세르(אֶשֶׁר, happiness, blessedness, 복)이다.

9절에는 예수님 안에서 한 피 받아 한 몸 이룬 형제 된 사도 요한은 "예수의 환난($\theta\lambda\tilde{\iota}\psi\iota\varsigma$, nf, tribulation)과 나라($\beta\alpha\sigma\iota\lambda\varepsilon\acute{\iota}\alpha$, nf, kingdom, sovereignty, royal power)와 인내($\acute{\upsilon}\pi o\mu o\nu\acute{\eta}$, nf, endurance, steadfastness, pa-tient waiting for)에 동참"하는 자임을 밝히고 있다. '환난(Tribulation)'은 탈곡기라는 트리불룸(라틴어, Tribulum)에서 파생된 단어로 추수하는 기계 속에서 탈곡이 되듯 몹시 아프고 힘든 상태를 말하며 '인내'란 신앙의 정절을 위해 끝까지 버티고 굳게 서는 것을 말한다.

교회가 세상 속에서 살되 세상과 구별되게 거룩하게 살아가려면 '소망'을 붙들고 환난과 핍박을 통과해야만 한다(행 14:22, 롬 8:17). 그렇기에 야고보서 1장 2-4절은 "내 형제들아 너희가 여러 가지 시험(test, training, temptation)을 만나거든 온전히 기쁘게 여기라 이는 너희 믿음의 시련이 인내를 만들어 내는 줄 앎이라 인내를 온전히 이루라 이는 너희로 온전하고 구비하여 조금도 부족함이 없게 하려 함이라"고 말씀하셨던 것이다.

로마서 5장 3-4절에도 "우리가 환난 중에도 즐거워하나니 이는 환난은 인내를, 인내는 연단을, 연단은 소망을" 이루게 될 줄 앎이라고 말씀하고

---

6 신약을 잘 알려면 지중해의 4 섬을 잘 알아야 한다. 구브로섬, 그레데섬, 멜리데섬, 밧모섬이다. 〈복음은 삶을 단순하게 한다(2018)〉, 〈복음은 삶을 선명하게 한다(2019)〉, 이선일 지음, 더 메이커를 참고하라.

있다. 로마서 8장 17-18절에도 "자녀이면 또한 후사 곧 하나님의 후사요 그리스도와 함께한 후사니 우리가 그와 함께 영광을 받기 위하여 고난도 함께 받아야 될 것"이라고 하시며 "현재의 고난은 장차 우리에게 나타날 영광과 족히 비교할 수 없다"라고 말씀하셨다.

"나라"란 앞서 언급했던 하나님나라를 의미한다.

그리스도인이 된 교회인 우리는 지금 현재형 하나님나라를 살아가며 주님 다시 오실 때까지 복음과 십자가를 자랑함으로 현재형 하나님나라를 확장시켜 나가야 한다. 동시에 미래형 하나님나라에로의 입성과 영생이라는 '소망'을 갈망해야 한다.

이후 주님 오시면 우리는 미래형 하나님나라에서 부활체, 곧 영광스러운 몸, 신령한 몸, 강한 몸, 썩지 아니할 몸(고전 15:42-44)으로 삼위하나님과 함께 영원히 살아가게 될 것이다.

"참음"이란 인내[7](휘포모네, ὑπομονή, nf)라는 의미로써 우리를 위한 예수님의 그 고난에 동참할 것과 이후 종말 시대 동안에 일곱 재앙을 통과하며 어떤 고난이든지 "예수 믿음과 하나님의 계명"을 붙들고 인내함으로 이겨나가라는 말씀이다. 그리하여 사도 요한은 하나님의 말씀과 예수의 증거를 가지고 밧모섬에 유배되어서도 고난을 기꺼이 감당하였던 것이다. 교회 된 우리 또한 지금 다가온 그리고 앞으로 다가올 고난을 하나님의 계명과 예수 믿음으로 인내(계 14:12)하며 승리하며 나아가야 할 것이다.

---

7 인내라는 휘포모네는 endurance, steadfastness, patient waiting for라는 의미이다.

1장 10절부터 3장 22절까지 사도 요한은 첫 번째 환상으로 소아시아 일곱 교회를 향하신 아버지 하나님의 마음을 보게 된다. 그리고 4장 1절 에는 "이 일 후에 내가 보니"라고 하며 장면의 전환으로 두 번째 환상인 천상의 교회를 4-5장에서 보게 된다.

10절에서 사도 요한은 "주의 날 곧 주일"에 성령에 감동되어 "나팔 소리 같은" 하나님의 큰 음성을 듣게 된다. 그 음성을 들음으로 사도 요한의 믿음은 더욱 굳건하게 된다. "믿음은 들음에서 나며 들음은 그리스도의 말씀으로" 말미암기 때문(롬 10:17)이다.

11절에서는 듣고 본 바를 기록하여 "일곱 교회에 보내라"는 명령을 받 는다. 그것은 전 우주적 교회들을 상징하는 지상의 일곱 교회를 가리키며 그 서신에는 교회들을 향한 칭찬과 책망으로써 아버지 하나님의 마음이 담겨있다. 여기서 '책망'이란 '징계'(파이데이아, παιδεία, nf, training and education of children)를 말하며 이는 '회복을 전제한 체벌'을 가 리키는데 동사 파이듀오(παιδεύω, to train children)에서 나왔다. 즉 '징계 혹은 책망하다'라는 것은 '부모가 아이를 양육(훈련)하다'라는 의미 이다.

동사 파이듀오는 파이스(παῖς, nf, a child, boy, youth)에서 파생되

었다. 결국 징계는 하나님의 책망(히 12:5-13)이기는 하나 그 책망은 교회의 회복을 바라는 아버지 하나님의 마음인 것이다. 그러므로 우리는 징계 혹은 책망을 받게 되면 얼른 그 길에서 돌이키면 된다. 당연히 칭찬의 조건은 계속 그대로 가면 된다.

'일곱 교회'를 향한 편지는 '에베소, 서머나, 버가모, 두아디라, 사데, 빌라델비아, 라오디게아 교회 등 소아시아 지역의 일곱 교회(예배당, hard ware)'에 보낸 서신을 가리키는데 이는 그들을 택하셔서 교회(성도, software)로 살아가는 오늘날의 우리들에게 주신 말씀임을 알아야 한다.

12 몸을 돌이켜 나더러 말한 음성을 알아보려고 하여 돌이킬 때에 일곱 금 촛대를 보았는데 **13** 촛대 사이에 인자 같은 이가 발에 끌리는 옷을 입고 가슴에 금띠를 띠고 **14** 그 머리와 털의 희기가 흰 양털 같고 눈 같으며 그의 눈은 불꽃 같고 **15** 그의 발은 풀무에 단련한 빛난 주석 같고 그의 음성은 많은 물소리와 같으며 **16** 그 오른손에 일곱 별이 있고 그 입에서 좌우에 날 선 검이 나오고 그 얼굴은 해가 힘있게 비취는 것 같더라

12-16절에는 사도 요한이 하나님의 음성을 알아보려고 몸을 돌이켜 "일곱 금 촛대(일곱 교회)"를 보는 장면이 묘사되어 있다. 또한, 촛대 사이에는 인자 같은 이(예수)가 발에 끌리는 옷을 입고 가슴에 금 띠를 띠고 (대제사장, 통치, 교회의 머리는 예수님) 그 머리와 털의 희기가 흰 양털 같고 눈(영광, 순결) 같으며 그의 눈은 불꽃(통찰력) 같고 그의 발은 풀무에 단련(심판의 엄위성, 엄중성)한 주석(견고함, 든든함) 같고 그의 음성

은 많은 물소리(불가항력적인 예수님의 권능과 위엄을 나타내는 것으로
그날에 있게 될 최후심판을 알리는 거대한 음성을 말한다)와 같으며 그
오른손(절대적인 힘)에 일곱 별(성도, 교회)이 있고 그 입에서 좌우에 날
선 검(말씀; 심판-죽이다, 신원-살리다)이 나오고 그 얼굴은 해가 힘있게
비취는 것(삿 5:31) 같음을 보게 된다.

여기서 우리는 예수님의 모습을 통해 그분을 보다 더 잘 알게 된다(기
독론, Christology). "가슴, 머리와 털, 눈, 발, 음성, 오른 손, 입, 얼굴"
등은 예수님의 속성을 잘 드러내고 있는 단어들이다.

"얼굴은 해가 힘 있게 비취는 것 같더라"고 했는데 이 구절은 사사기 5
장 31절에 있는 드보라의 이야기에서 인용한 말이다. "촛대"는 교회를 의
미하며 교회의 머리이신 예수는 대제사장적 모습을 하고 있었다.

사도 요한은 그의 영광과 순결하심을 목도한다. 또한 말씀의 검으로 심
판하실 엄위하신 예수님의 얼굴은 '해처럼 밝게 빛나고 있었다'라고 말씀
하고 있다.

17절에 이르자 사도 요한은 예수님의 발 앞에 엎드러져 죽은 자처럼 고
꾸라지게 된다. 그러자 좋으신 예수님은 당신의 전능하신 "오른손"을 사
도 요한에게 살포시 얹는다. 따스한 위로와 함께 한결같이 보호해주실 것
을 확신시켜 주고 있다. 가만히 보면 요한은 정말 행복한 사람이다. 공생

애 동안에도 그는 예수님 곁에서 특별히 사랑을 받은 제자였다. 지금 계시록을 기록하는 순간도 그런 듯하다.

예수님은 따스하고 부드러운 음성으로 "요한아, 두려워 말라 나는 처음이요 나중(계 1:8, 21:6, 22:13)이라"고 말씀하시며 끝까지 너와 함께(에트의 하나님)할 것이고 너를 인도(나하흐의 하나님)해 갈 것은 물론이요 너와 동행(할라크의 하나님)할 것이라고 말씀하고 있다.

"오른손"이란 이사야 41장 10절, 시편 18편 35절, 요한복음 10장 28절에서 동일하게 말씀하시는 '우리를 붙드시는 하나님의 강한 손, 절대적인 힘'을 말한다.

18-20절에서는 예수님은 당신이 부활의 주님임을 다시 요한에게 확신시켜 주고 있다. "내가 전에 죽었었으나 이제는 살았다. 앞으로도 세세토록 살아있어 사망과 음부의 열쇠를 가지고 다스릴 것"이라고 말씀하고 있다. 장차 오실 예수 그리스도는 승리주, 심판주로서 만왕의 왕이요 만주의 주이시다.

네가 지금 보고 있는 "내 오른손의 일곱 별은 일곱 교회의 사자이며 일곱 촛대는 일곱 교회인데 너는 네 본 것과 이제 있는 일과 장차 될 일을 기록하라"는 명을 받게 된다. 행복한 명령이다.

일곱은 완전수이다. '일곱 별'의 '일곱'이나 '일곱 촛대'는 소아시아 일곱 교회를 가리키며 '별'은 사자이다. 즉 일곱 별은 '일곱 교회의 사자'를 말한다. 나는 일곱 촛대인 일곱 교회를 현재형 하나님나라로 해석한다. 사자는 천사, 교회, 성도, 어린양의 신부, 거룩한 성 예루살렘(계 21:9-10)으로 해석한다. 결국, '일곱 교회의 사자'인 "일곱 별"은 현재형 하나님나라를(혹은 현재형 하나님나라로) 살아가는 교회를 말한다.

한편 사자는 예수를 예표하는 미가엘(단 12:1-4, 계 12:7) 천사로 해석하기도 하지만 나는 예수와 연합된 교회(성도)들로 해석한다. 결국, 일곱 교회의 사자는 현재형 하나님나라를 살아가는 교회로서 지금은 불완전하기에 예수님의 오른손으로 보호받지만, 장차 미래형 하나님나라에서는 그리스도로 더불어 영원히 왕 노릇하게 될 자이다. 신과 방불한 자 곧 신령한 자(고전 15:44)로서 영생을 누린다는 것이다. 당연히 삼위하나님의 본체는 아니다.

돌이켜보면 사도 요한을 향하신 하나님의 사랑은 부럽다 못해 질투가 날 지경이다. 나지막하게 동시에 따스하게 부드럽게 조곤조곤 말씀하시는 전지전능하신 예수님이 1장의 전체를 통해 강력하게 느껴진다. 또한 '다른 하나님, 한 분 하나님'이신 삼위일체 하나님의 세미한 인도하심에 슬쩍 사도 요한의 자리에 자꾸만 나를 밀어 넣게 된다. 어느새 내가 사도 요한의 자리에 앉아있다. 그리고는 즐겁게 이 책을 쓰고 있다.

기록하라! 그리고 전하라!

하나님의 뜻(델레마 데우, $\theta\acute{\epsilon}\lambda\eta\mu\alpha\ \Theta\epsilon o\hat{v}$)을……

'복음과 십자가'로 살아가라!

- 증인의 삶으로!

'복음과 십자가'만 자랑하라!

- 선포의 삶으로!

'귀 있는 자는'의 '귀'란 성령의 세미한 음성을 잘 듣는 신령하고도 예민한 큰 귀를 가리킨다. 즉 마음의 할례(행 7:51)를 상징한다. 한편 '지혜(wisdom, sight)'란 히브리어로 '레브 쇼메아'인데 이는 하나님의 말씀을 잘 깨닫고 분별하는 머리(Hindsight, Insight, Foresight), 하나님의 음성을 잘 듣는 큰 귀(시 40:6), 열린 눈(영안), 하나님의 말씀에 민감하게 반응하는 지혜로운 마음(왕상 3:9)을 가리킨다

레마이야기 2
귀 있는 자는(지상의 교회, 2:1-22)

계시록 2-5장에는 소아시아 일곱 교회를 들어 쓰셔서 아버지 하나님의 지상 교회를 향한 마음을 사도 요한을 통해 예수 그리스도의 계시로 잘 드러내고 있다. 그중 4-5장이 장차 우리에게 주어질 완성된 천상의 교회 즉 미래형 하나님나라에서의 교회가 드리는 예배와 영생을 누리는 모습을 보여주신 것이라면 2-3장은 불완전한 지상의 교회를 향한 아버지 하나님의 칭찬과 책망에 대한 말씀이다.

특히 2-3장은 지중해의 거센 바람과 채석장으로 유명한 밧모섬에 유배되어 있던 사도 요한에게 소아시아 일곱 교회의 모습을 보여주시며 당신의 적나라한 마음을 드러내셨다. 때로는 칭찬하시며 기뻐하시고 때로는 책망하시며 당신께서 더 아파하시는 것을 볼 수 있다.

한편 책망이란 징계를 가리키는데 '징계'란 '회복을 전제한 채찍'으로 부모가 자식을 훈계하며 그 자녀가 다시 바른 길로 돌아오기를 바라는 아비의 심정이 담겨있는 단어이다.

특별히 2-3장에서는 "귀 있는 자는 성령이 교회들에게 하시는 말씀을 들을찌어다"라는 말씀을 일곱 번이나 반복하며 소아시아 일곱 교회 모두에게 동일하게 말씀하시고 있음에 주목해야 한다.

"교훈과 책망과 바르게 함과 의로 교육하기에 유익하니(딤후 3:16)"라는 말씀이 떠 오르는 순간이다. 그렇다. 성령님을 주인으로 모신 우리들은 그분의 말씀에 귀를 기울여야 한다. 그분의 말씀만이 앞서가게 해야 한다. 성령님보다 말씀보다 앞서가지 않도록 매사에 근신하고 정신차려야 할 것이다.

"그러므로 믿음은 들음에서 나며 들음은 그리스도의 말씀으로 말미암 았느니라" _롬 10:17

한편 세대주의자들은 계시록 2-3장의 소아시아 일곱 교회를 시대별로 나누어 초대교회는 사도 시대로 에베소 교회를, 속사도 시대는 순교 시대로 서머나 교회를, 로마 국교 시대는 버가모 교회를, 중세 암흑 시대는 두아디라 교회를, 종교개혁 시대는 사데 교회를, 선교 시대는 빌라델비아 교회를, 종말 시대는 라오디게아 교회라고 해석하지만 나는 참고 정도로만 여긴다.

1 에베소 교회의 사자에게 편지하기를 오른손에 일곱 별을 붙잡고 일곱 금 촛대 사이에 다니시는 이가 가라사대

2장 1절은 "오른손에 일곱 별을 붙잡고 일곱 금 촛대 사이를 다니시는" 예수님께서 에베소 교회의 사자(성도 혹은 교회)를 향해 말씀하시고 있다. 즉 에베소 교회 성도들을 향한 칭찬과 책망을 통해 동일하게 교회 된 오늘의 우리들에게 하신 말씀이다.

에베소 교회는 사도 요한 본인이 목회했던 곳이기도 하다. 에베소 (Ἔφεσος, nf)라는 말은 '바람직한'이라는 의미로 이곳은 최대의 상업 및 교통 중심지이자 항구도시였다. 에베소에는 그 유명한 아데미 신전과 두란노 서원이 있었다. 두란노 서원은 강연장으로 두란노 출신의 유명한 학자인 두란노(Tyrannus)의 소유이다. 사도 바울의 선교여행(PACER; Paul, Antioch of Syria, Corinth, Ephesus, Rome) 중 3차 선교여행의 메인 도시(main city)가 바로 에베소였다. 이곳 두란노 서원에서는 훗날 바울의 귀한 동역자가 될 걸출한 인물들이 많이 배출되었다. 그들 중 내게 깊은 인상을 주었던 인물 중 하나가 '두기고'이다.

두기고(Tychicus, 골 4:7, 딛 3:12)는 바울이 필요할 때에 항상 그 곁에 있었던 소중한 동역자였다. 그는 바울이 디도를 로마로 부를 때 디도가 사역하던 그레데섬으로 파송되어 사역을 감당했고(딛 3:12), 디모데를 로마로 부를 때에는 당시 디모데가 사역하던 에베소로 파송되었으며(딤후 4:12), 로마 감옥에 1차 투옥 시 만났던 빌레몬 집의 도망자 노예였던 오네시모가 잘 훈련됨으로 사람이 변하자 그와 함께 골로새에 있던 빌레몬의 집으로 가서 골로새 교회의 설립에 귀한 역할을 하기도 했다.

한편 에베소는 사상과 종교, 문화와 예술, 철학이 성행했던 곳이며 예수의 모친 마리아가 살다가 죽은 곳이기도 하다.

2-3절에서 예수님은 에베소 교회의 행위 즉 "수고와 인내" 뿐 아니라 "악한 자들을 용납지 아니한 것", 순회전도자행세를 하며 거짓된 것들을 전하고 다니던 거짓 선지자들을 드러낸 것을 구체적으로 칭찬하셨다.

"악한 자들"을 가리켜 사도행전 20장 28-30절에는 "흉악한 이리"라고 했다. 그들은 하나같이 자기를 좇게 하려고 어그러진 말을 했던 무리들이다. 디모데후서 2장 16-17절에는 "어그러진 말"을 가리켜 "망령되고 헛된 말과 독한 창질의 썩어져 감과 같은 말"이라며 질타하셨다. 그런 류의 말들은 종국적으로 '창자를 썩게 한다'라고 말씀하셨다.

이런 복잡한 상황 속에서도 에베소 교회는 예수의 이름을 위해 모든 역경을 잘 참고 견뎌냈다. 또한 그들은 게으르지 않고 신실했기에 많은 칭찬을 받았다.

4절에서는 에베소 교회가 예수님의 책망을 받는 장면을 보여주고 있다. "처음 사랑"을 버렸기 때문이다. 말씀으로 진리를 사수한 것은 칭찬이었으나 사랑을 내포하지 않고 아무 때나 지적질하는 것에는 책망을 하신 것이다. 즉 진리의 검인 말씀은 본질이요 삶의 기준과 원칙이기는 하나 그렇다고 하여 그 진리로 사람을 재단하며 죽이는 것은 '첫 사랑을 잃어버린 것'이라고 하셨다. 이는 율법(자기 의)과 사랑에 대해 찬찬히 묵상하면 좀 더 하나님 마음을 정확하게 읽을 수 있게 된다.

'율법'은 하나님께서 모세를 통해 신탁한 은혜로 주어진 말씀이며 '사랑'은 그 구약의 율법을 완성하신 예수 그리스도의 은혜와 진리(요 1:14, 17)로 주신 것이다. 그렇기에 요한복음 1장 16-17절은 "율법은 모세로 말미암아 주신 것이요 은혜와 진리는 예수 그리스도로 말미암아 온 것이라"고 하셨던 것이다.

한편 그리스도인들은 언어를 사용할 때 특히 신경을 써야 한다. 공자가언 육본편에는 다음과 같은 격언이 있다. "양약은 고구이나 이어병(良藥苦口而利於病)이요 충언은 역이이나 이어행(忠言逆耳利於行)이라." 말을 잘 가려서 쓰라는 것이다.

그리스도인들이 예쁘게 말하려면 필자 즉 'Dr Araw가 추천하는 언어의 4원칙'의 팁(TIP)을 참고하기 바란다. 3사 1언, 2청 1언, 1정 1언, 1적 1언이다. 즉 '3번 생각하고 1번 말하라, 2번 듣고 1번 말하라, 한 마디하더라도 바른 말을 하라, 바른 말이라도 시기가 적절하지 않으면 말하지말라'이다.

그러므로 순수했던 첫 사랑을 어디서부터 잃어버렸는지 잘 생각하여 그 "처음 행위"를 회복하라고 말씀하고 있다. "처음 행위"란 4절의 "처음 사랑"을 가리키는 것으로 에베소서 1장(3-14절)의 말씀을 가리킨다. 에베소 교회는 사도 요한이 밧모섬에 잡혀 오기 전 목회했던 곳이기도 하다. 교회는 마땅히 "그의 은혜의 영광을, 그의 영광을 찬미(엡 1:6, 14)"해야 하며 "그의 은혜의 풍성함(엡 1:7)"을 감사해야 하고 "그의 영광의 찬송(엡 1:12)"이 되어야 한다.

한편 모든 것을 판단함에 있어서 진리를 기준하는 것은 맞지만 거기에는 반드시 사랑이 전제되어야 함을 말씀하고 있다. 사랑 없이 진리라는 것을 명분삼아 상대를 재단하는 것에 경종을 울리고 있는 것이다. 사랑 없는, 날 선 '그' 행위를 회개치 않으면 "촛대를 옮기겠다"라고까지 말씀하고 있다.

그렇다고 하여 구원이 취소될 것이라는 말은 아니다. 에베소 교회를 향한 하나님의 책망은 '회개하고 돌이키라'에 방점이 있음을 알아야 한다. 다시 말하지만 '책망'은 회복을 전제한 체벌을 가리킨다.

당시 에베소 항구는 카이스테르강을 끼고 있었다. 매년 반복되었던 강의 범람으로 인해 자주 침전물이 쌓였다. 그럴 때마다 배가 정박할 수가 없어 항구를 옮겨야만 했다. 그런 당시의 에베소 상황을 빗대면서 만약 그런 행위를 회개치 않을 경우 항구를 옮기듯 촛대를 옮기겠다고 경고하신 것이다. 에베소 교회는 이런 환경에 자주 직면했기 때문에 '옮기겠다' 는 말에 정신이 번쩍 들었을 것이다.

다시 말하지만 이 구절의 "옮기리라"와 계시록 3장 16절의 "내치리라" 는 말씀은 앞서 언급했듯이 구원의 취소에 관한 말씀이 아니라 책망과 경고를 통한 신앙의 역동성을 권고한 말씀이다.

6 오직 네게 이것이 있으니 네가 니골라 당의 행위를 미워하는도다 나도 이것을 미워하노라

이 구절에는 계시록 2장 15절에서와 마찬가지로 "니골라당의 행위"에 대해 말씀하고 있다. '니골라 당의 행위'란 '백성을 이기는 자(victorious over the people), 백성을 집어 삼키는 자'라는 헬라어 니콜라오스(Νικόλαος, nm/Νικολαΐτη, nm, a Nicolaitan, a follower of Nicolaus)라는 말에서 나온 것으로 '종교를 자기 이익의 재료로 사용하는 자'를 가리킨다. 이는 니코스(νῖκος, nn, victory)와 라오스(λαός, nm, a people, characteristically of God's chosen people, first the Jews, then the Christians)의 합성어이다.

에베소 교회가 니골라 당의 행위를 미워한 것을 칭찬하시며 예수님도 그들을 미워한다고 말씀하고 있다. 니골라에 대하여는 버가모 교회에 보낸 서신에서 좀 더 언급하기로 하겠다.

7절에는 "성령이 교회들에게 하시는 말씀"을 잘 들으라고 기술하고 있다. 그렇다. 믿음은 들음에서, 들음은 그리스도의 말씀으로부터 난다(롬 10:17). 이기는 그에게는 하나님의 낙원에 있는 생명나무의 과실을 먹게 해주마 약속하셨다.

원래 그 생명나무의 과실은 에덴(기쁨)에서는 접근 금지였기에 죄를 지었던 인간은 에덴에서 쫓겨날 수밖에 없었다. 그러나 미래형 하나님나라에서는 오히려 사시사철 그 생명나무의 과실을 먹게 될 것이라며 에덴의 회복에 대해 계시록 22장 2, 14절은 말씀하고 있다.

지난날 실소를 금치 못했던 에피소드가 있다. 하루는 한 청년이 다가와 7절 하반절의 "생명나무의 과실을 주어 먹게"라는 부분을 읽다가 너무 짜증이 났다라고 하면서 씩씩거렸다. "주시려면 그냥 곱게 주실 것이지 하필이면 땅에 떨어진 것을 주워 먹게 하느냐"라는 것이었다. 처음에는 무슨 말인지 몰라 그냥 멍하니 있었다. 그 청년의 심오한 깨달음에 도달하지 못해 나는 잠시 동안 가만히 있었던 것이다. 나중에 안 사실이지만 '주어 먹게'를 '주워 먹게'로 알았다고 했다. 당시 청년은 인격적(Omni-personal)이신 하나님의 이중적 행위인 듯 보이는 그 일에 흥분을 감추지 못하고 있었던 것이다.

그 청년은 지난날 어려운 환경에서 자랐다. 감사하게도 예수를 알고 난 후 열심히 공부하여 궤도에 올랐다. 그가 가장 싫어하는 말 중 하나가 '없이 자란, 거지 같은, 빌어먹을, 주워 먹는' 유의 말들이었다. 자초지종을 잘아는 나는 그 청년을 보며 아픈 가슴을 움켜쥐어야 했다. 지금도 종종 그 청년이 생각나는데 그때마다 아프다.

"귀 있는 자는~ 들을찌어다"라는 문장은 2-3장에서만 일곱 번(2장 7, 11, 17, 29, 3장 6, 13, 22)이나 반복하여 나오는데 이는 우리를 향한 아버지 하나님의 애정 섞인 마음이다. 여기서 '귀'란 단순히 문자적인 '귀(ear)'를 가리키지 않고 사도행전 7장 51절에서 말씀하고 있는 '마음의 할례'를 말하는데 이는 성령님의 세미한 음성을 잘 들을 수 있는 신령하고도 예민한 큰 귀를 가리킨다. 소위 히브리어로 '지혜'를 가리킬 때 '레브(לֵב) 쇼메아(שֹׁמֵעַ)'라고 일컫는, 즉 민감하고도 지혜로운 마음(왕상 3:9), 영안과 함께 잘 듣는(שָׁמַע, to hear) 큰 귀(시 40:6)를 말한다.

8 서머나 교회의 사자에게 편지하기를 처음이요 나중이요 죽었다가 살아나신 이가 가라사대

8절에서는 "처음이요 나중이요 죽었다가 살아나신 이", 곧 예수께서 서머나 교회를 향해 말씀하고 있다. 즉 서머나 교회 성도들을 칭찬하시면서 교회 된 오늘의 우리들에게 당신의 마음을 드러내신 것이다.

'몰약(쓰다, 스뮈르나, Σμύρνα/σμύρνα, nf, myrrh)'이라는 의미를 지닌 항구도시였던 서머나 지역은 과학, 의술, 건축술이 대단히 뛰어났던 도시이다. 그곳에는 티베리우스(Tiberius) 신전이 있었고 황제숭배 사상이 처음으로 시작된 곳으로 그만큼 신앙적 박해가 심했던 곳이다.

서머나 교회는 순수한 신앙을 지키기 위해 안으로는 곤고함과 싸웠고 밖으로는 환난과 핍박, 재정적 궁핍등 온갖 불이익을 감당했다. 그야말로 삶 자체가 내우외환(內憂外患)이었다.

"환난"의 헬라어는 들립시스(θλῖψις, nf, persecution, affliction, distress, tribulation)인데 이는 '압박받다'라는 들리보(Θλίβω, v, to press, afflict)에서 파생된 것이다. 라틴어 트리불룸(Tribulum)에서 환난(Tribulation)이 나왔는데 이는 '탈곡기'라는 의미로 무거운 판에 돌이나 철로 된 뾰족한 것이 튀어나와 있어 곡식의 껍데기와 알갱이를 분리할 수 있게 만든 기계이다. 그렇게 모진 환난을 당했다는 의미이다.

당시 서머나교회는 황제숭배 사상이 처음 시작되던 곳이라 그만큼 핍박이 심했다. 그들은 "예수 믿음과 하나님의 계명"을 붙들고 외부로부터의 환난에 더하여 '곤고함'이라는 영적 육적 스트레스와 눌림 등 내면으로부터의 심한 압박을 동시에 견뎌야만 했다. 즉 그들은 정치적 압박, 경제적 불평등, 사회 문화적 환경의 핍박, 환난, 역차별, 심지어는 재산몰수(히 10:34)까지도 당하는 등 사회생활 전반에 있어 심한 압박을 받았던 것이다.

이는 2020년부터 시작된 한국교회에 대한 은근한 정치적, 사회적인 박해상황과 많이 유사해 보인다. 물론 서머나 교회와는 비교도 할 수 없지만……. 분명한 것은 이 모든 종류의 핍박들은 하나님께서 허락하셔서 일어난 것들임을 알아야 한다. 나는 이를 하나님의 '분노적 허용 혹은 진노적 허용(호 13:10-11)'이라고 명명한다. 즉 이런 허용을 하신 배경에는 하나님의 아픈 마음이 있음을 알아야 한다. 그렇다면 우리에게 여러가지 돌발 상황들이 닥치게 되면 가장 먼저는 그런 상황을 허락하신 아버지 하나님의 마음을 빨리 그리고 정확하게 읽어내는 데 주력해야 할 것이다.

나는 작금의 상황을 가만히 보다가 놀라운 사실을 발견했다. 이른바 한국 교회에 서서히 두 물줄기가 나뉘어져 감을 느끼게 된 것이다. 그것은 양과 염소, 참 믿음과 가짜 믿음, 알곡과 쭉정이를 가르시는 하나님의 손길이었다.

환난과 비슷하나 조금 다른 의미의 "궁핍"이라는 헬라어는 프토케이아(Πτωχεία, nf, beggary, poverty, des-titution)인데 이는 환난의 결과로 주어진 지독한 '가난'을 의미한다. 즉 올곧은 신앙을 지키려다가 실직, 재산 압류 등 경제적 제재를 통한 생활의 심한 어려움을 겪게 된 것을 가리킨다.

히브리서 10장 34절에는 이를 가리켜 "산업을 빼앗긴다"라고 당시의 실제적 상황에 대해 말씀하고 있다. 그러나 이런 환난이나 궁핍(종말 시대의 일곱 재앙을 가리킴)은 이 세상에 있을 잠시 동안인, 곧 종말 시대 혹은 교회 시대 동안에만 있는 한시적인 것이다. 그 기간을 통과하는 동안에 교회는 비록 물질적으로는 핍절하게 된다 할지라도 영적으로는 더욱 더 부요하게 될 것이다. 그렇기에 히브리서에는 "더 낫고 영구한 산업(10:34)"과 함께 "약속을 받고(10:36)" "큰 상을 얻는 줄(10:35)"을 확신하며 인내함으로 담대하게 "예수 믿음과 하나님의 계명"으로 나아갔던 의인들(교회들)을 칭찬하고 있다.

우리가 주의하고 긴장해야 할 것 중 하나는, 우리 주변에는 친절을 가장하는 적군들이 의외로 많다라는 사실이다. 그들의 정체는 실상은 "사단의 회(무리, 계 2:9)"이므로 우리는 그들에 대해 경계를 소홀히 하거나 그들과 굳이 친근하기 위해 노력할 필요가 없다. 오히려 매사 매 순간 긴장하고 근신해야 할 것이다.

10 네가 장차 받을 고난을 두려워 말라 볼찌어다 마귀가 장차 너희 가운데서 몇 사람을 옥에 던져 시험을 받게 하리니 너희가 십 일 동안 환난을 받으리라 네가 죽도록 충성하라 그리하면 내가 생명의 면류관을 네게 주리라

교회는 지난 날도 그리고 지금도 앞으로도 예수님의 재림 전까지는 한시적, 제한적으로 안팎으로의 고난과 핍박, 환난(일곱 재앙으로 나타남)을 당하게 되며 심지어는 옥에도 갇히게 될 터이나 그 기간은 일시적이고 짧은 기간 곧 종말 시대 혹은 교회 시대를 의미하는 "십 일 동안"임을 기억해야 할 것이다. "십 일 동안"이란 '하나님의 정하신, 허용하신 짧은 기간, 교회가 반드시 거쳐야 하는 기간(단 1:12, 14)'으로 그 기간을 지나는 동안 하나님은 환난을 감당케 하시든지 반드시 피할 길을 여실 것(고전 10:13)이다. 그러므로 교회는 종말 시대 동안에 "하나님의 계명과 예수 믿음"을 붙들고 인내(계 14:12)해야 할 것을 말씀하고 있다.

당시 서머나 감독이었던 폴리갑(Polycarpos, 69-155년)은 죽는 자리

에 이르기까지 충성됨으로 당당하게 신앙의 정절을 지킴으로 생명의 면류관을 얻었다. 이처럼 순교의 자리에까지 나아갈 우리 모두에게도 하나님은 동일하게 의의 면류관 즉 생명의 면류관을 약속하고 있다. 그런 교회는 '둘째 사망'의 해를 받지 않게 된다. 한편 교회인 우리가 점점 더 순교조차도 기꺼이 수용할 수 있는 것은 죽음 후 우리는 곧장 변화된 몸, 부활체로 변하여 미래형 하나님나라에로의 입성이 주어짐을 확신하기 때문이다.

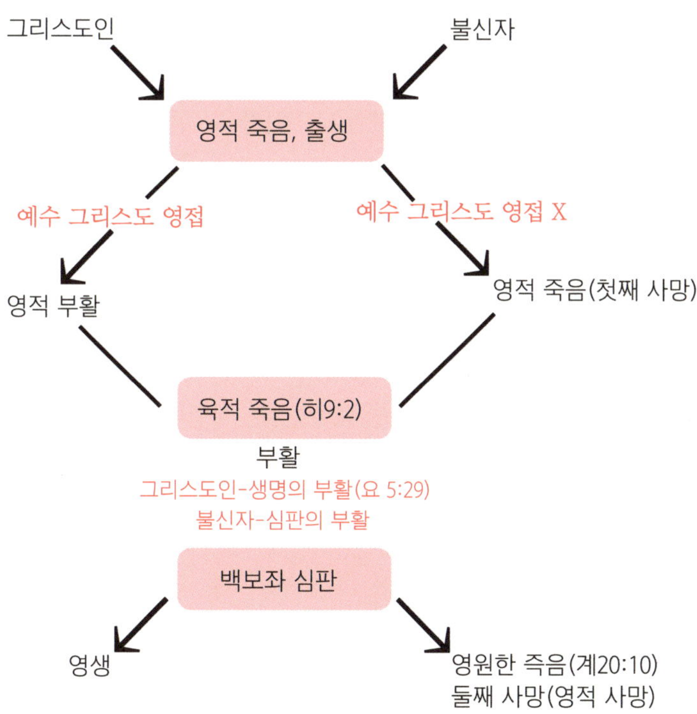

11 귀 있는 자는 성령이 교회들에게 하시는 말씀을 들을찌어다 이기는 자는 둘째 사망의 해를 받지 아니하리라

11절에는 성령님께서 "이기는 자는 둘째 사망의 해를 받지 아니하리라"는 약속을 하고 계신다.

'첫째 사망'이란 아담의 원죄 이래로 모든 사람은 출생 시 '영적 사망 혹은 영적 죽음' 상태로 태어나는 것을 가리키는 말이다. 반면에 '둘째 사망'이란 죽지도 않고 유황 불못에서 죽음보다 더한 고통을 당하는 '영원한 죽음'을 말한다. 이를 가리켜 계시록 20장 10절에서는 "세세토록 밤낮 괴로움을 당한다"라고 했다.

다시 말하지만 아담 이후로 모든 인간은 '연합과 대표의 원리'에 의거하여 태어나면서부터 '영적 사망 혹은 영적 죽음, 첫째 사망' 상태로 이 세상에 출생한다. 이후 그리스도인은 예수를 믿어 '영적 부활(첫째 부활)'에 참여하게 된다.

반면에 불신자들은 여전히 영적 사망, 첫째 사망, 영적 죽음 상태이다. 그런 후 모든 육신에게 "한 번 죽는 것은 사람에게 정하신 것(히 9:27)"이라고 하신 말씀을 따라 예외없이 모든 사람은 '육적 죽음'을 맞게 된다. 이후 예수님이 재림하시면 교회든 불신자든 모두가 다 부활체로 부활한다. 즉 의인도 악인도 모두 부활한다(요 5:29, 행 24:15)는 것이다.

"교회(의인)는 생명의 부활로, 불신자(악인)는 심판의 부활"이다(요 5:29). 그리고는 그리스도인의 경우 예수님의 백보좌 심판을 거쳐 영생을 얻게 된다. 반면에 불신자들은 영벌 곧 유황 불못의 심판인 영원한 죽음,

둘째 사망을 받게 된다. 그렇기에 불신자들은 이 땅에 '영적 죽음' 상태로 왔다가 '육적 죽음'을 맞은 후 예수님의 재림 시에 부활하여 예수님의 백 보좌 심판을 거쳐 '영원한 죽음'으로 이어지는 세 번의 죽음을 맞게 되는 것이다. 결론적으로 그리스도인은 두 번의 죽음(영적 죽음과 육적 죽음)이 있지만, 불신자들은 세 번의 죽음(영적 죽음, 육적 죽음, 영원한 죽음)을 맞게 된다.

	죽음	사망	생
그리스도인	1)영적 죽음 2)육적 죽음 3)영원한 죽음X	1)영적 사망 (첫째 사망) 3)둘째 사망 X	1)인생 2)중생 3)영생
불신자	1)영적 죽음 2)육적 죽음 3)영원한 죽음	1)영적 사망 (첫째 사망) 3)둘째 사망 O	1)인생 2)중생X 3)영생X

12 버가모 교회의 사자에게 편지하기를 좌우에 날 선 검을 가진 이가 가라사대

버가모 교회 성도들의 칭찬과 책망을 통해 교회 된 오늘의 우리들에게 하신 예수 그리스도의 계시이다. 이 구절에서는 예수님을 말씀으로 심판 하실 분 곧 '좌우'에 날 선 검(히 4:12), 말씀의 검(계 19:13, 15), 성령의 검 곧 하나님의 말씀(엡 6:17)을 가진 이로 묘사하고 있다. 여기서 '좌우'란 '심판 과 신원'을 가리킨다. '심판'에는 긍정적 의미의 '신원(vindication)'이 있는 가 하면 부정적 의미의 '심판(유황 불못 심판)'이 있다.

버가모[8](Πέργαμος, nf)는 퓌르고스(πύργος, nm)에서 파생된 것으로 '요새화 된' 혹은 '견고한 요새'라는 의미이다. 버가모 지역은 300m의 구릉(언덕) 지대에 세워진 성읍이기에 사방 어디에서나 신전을 볼 수 있었다. 황제숭배 사상이 시작된 곳이 서머나 지역이라면 황제숭배 사상의 꽃을 피운 도시가 바로 버가모 지역이다.

그렇기에 계시록을 기록한 시기는 대략 로마의 11대 황제 도미티아누스 시대(AD 51-96, 재위 81-96)로 추정된다. 이 지역에는 3개의 아우구스투스, 트라야누스, 칼리큘라 등 황제 신전과 5개의 제우스, 아데미, 디오니소스, 아스켈레피오스, 데메테르 신전 등의 우상 제단이 있었다. 2장 13절의 "사단의 위(권좌)"란 우상숭배 혹은 황제숭배를 위한 제단을 두고 한 말이다.

특별히 버가모 지역은 로마 정부로부터 자치권 즉 생사여탈권(사형집행권), 심판권을 부여받았던 로마의 행정 자치도시이기도 했다. 그러다 보니 자체적으로 법을 집행할 수 있었고 당연히 이 지역의 트레이드 마크는 심판을 상징하는 '정의의 검'이었다. 지금도 이 지역에서는 '정의의 칼'을 관광 상품으로 팔고 있기도 하다.

---

8 버가모(Πέργαμος, nf, Pergamum, a city of Mysia - 소아시아 북서 아나톨리아에 있던 고대 지방, an important city of the Roman province Asia)는 퓌르고스(πύργος, nm, a tower, fortified structure)에서 파생된 것으로 '요새화된' 혹은 '견고한 요새'라는 의미이다.

13 네가 어디 사는 것을 내가 아노니 거기는 사단의 위가 있는 데라 네가 내 이름을 굳게 잡아서 내 충성된 증인 안디바가 너희 가운데 곧 사단의 거하는 곳에서 죽임을 당할 때에도 나를 믿는 믿음을 저버리지 아니하였도다

버가모 지역에는 예수 이름을 굳게 잡은, 죽음도 불사했던 충성된 증인 "안디바"가 있었다. 그는 죽기까지 예수 믿음을 저버리지 않았다. 안디바의 헬라어는 안티파스(Ἀντίπας, nm, a Christian martyr of Pergamum)인데 이는 안티(ἀντί, over against, opposite)와 파테르(πατήρ, nm, (Heavenly) Father)의 합성어이다. 즉 세상적인 일에는 저항 즉 반대(ἀντί)하고 하늘의 아버지(πατήρ)를 붙잡는 일에는 목숨을 건다라는 의미로 그는 이름 값을 톡톡히 해냈던 멋진 순교자였다.

14 그러나 네게 두어 가지 책망할 것이 있나니 거기 네게 발람의 교훈을 지키는 자들이 있도다 발람이 발락을 가르쳐 이스라엘 앞에 올무를 놓아 우상의 제물을 먹게 하였고 또 행음하게 하였느니라 **15** 이와 같이 네게도 니골라 당의 교훈을 지키는 자들이 있도다

14-15절에는 버가모 교회가 책망을 받는 장면이 나온다. "발람의 교훈"과 "니골라당의 교훈"을 받아들인 것 때문이다.

발람 선지자는 모압왕이었던 발락을 가르쳐 이스라엘 앞에 올무를 놓아 이스라엘 백성들로 우상의 제물을 먹게 하였고 행음하게 했다. 그런 발람 선지자는 결국 미디안의 다섯 왕이 죽을 때 칼에 맞아 죽게 된다(민 31:8). 발람 선지자가 죽음을 당한 이유는 민수기 31장 16절에 나타나 있

는데 발람의 잔 꾀로 인해 이스라엘 자손이 브올의 사건(민 22:5)에 연루되어 여호와 진노로 이스라엘에 염병이 초래되었기 때문이다. 브올은 발람의 아비이다.

발람은 바알브올(בַּעַל פְּעוֹר, a Moabite god)에게 부속된(연합된, 복속된) 사건(25:3,5)과 미디안 족장(수르)의 딸 고스비('간교한 자'라는 의미)의 사건(민 25:18, 1-2)에 연루되어 여호와 앞에 죄를 범하여 죽음을 당했다. 당시 여호와의 진노는 여호와의 회중에 염병이 생겨 24,000명(고전 10:8, 23,000명)이 죽기에 이르렀다.

참고로 "바알브올"은 바알(בַּעַל, a heathen god)과 브올(פְּעוֹר, a mountain in Moab, also a god worshiped there)의 합성어로 벧브올에서 섬겨지던 '바알신'을 가리킨다. 즉 이스라엘 남자들이 바알제의에 참석 후 모압여인과 음행함으로 바알의 노예가 되어버린 것을 가리킨다(신 4:3, 시 106:28, 호 4:14).

한편 헬라어 발람[9](Βαλαάμ)은 히브리어로는 빌암(בִּלְעָם, a prophet)인데 이는 바르(בַּל, not, adv)와 암(עַם)의 합성어이다. 바르는 발라흐(בָּלַה)에서 파생되었다. 결국 발람은 백성을 타락시켜 '백성을 삼키는(이기는, 먹는) 자, 종교를 자기 이익의 재료로 삼는 자, 하나님보시기에 악한 자'라는 의미이다.

---

9 헬라어 발람(Βαλαάμ, an unrighteous prophet, son of Beor of Pethor on the Euphrates, a soothsayer in the Old Testament)은 이는 히브리어로 빌암(בִּלְעָם, a prophet)이며 바르(בַּל, not, adv)와 암(עַם, folk, men, nation, people)의 합성어이다. 바르는 발라흐(בָּלַה, to become old, wear out, consume, decaying, spend)에서 파생되었다. 결국 '발람'이란 백성을 타락시켜 '백성을 삼키는(이기는, 먹는) 자, 종교를 자기 이익의 재료로 삼는 자'라는 의미이다.

또한 니골라[10]는 니콜라이테스(Νικολαΐτης)를 말하는 것으로 니콜라오스(Νικόλαος, nm)에서 파생된 것으로 니코스(νῖκος, nn)와 라오스(λαός, n)의 합성어인데 이는 발람과 동일한 의미를 가지고 있다. 결국, 버가모 교회의 잘못은 발람의 교훈과 니골라당의 교훈을 받아들인 것인데 이는 예수님께서 '양을 먹이라'고 당부한 것과는 정반대로 양무리인 백성을 '먹어버린' 것과 종교를 자기의 이익의 재료로 삼은 것을 말한다.

16 그러므로 회개하라 그리하지 아니하면 내가 네게 속히 임하여 내 입의 검으로 그들과 싸우리라

이 구절에서는 '철저한 회개'를 촉구하고 있다. 그럼에도 불구하고 회개는 고사하고 발람의 교훈과 니골라당의 교훈으로 일관한다면 예수님의 입에서 나오는 "내 입의 검" 곧 "살았고 운동력이 있는 좌우에 날 선 말씀의 검"으로 신속히 동시에 철저하게 심판을 하시겠다고 말씀하고 있다.

버가모 지역의 특산품은 트레이드 마크인 '검'이었다. 이는 로마의 힘, 정의, 자긍심, 권력을 상징한다. 그들은 자신들이 마치 정의의 사도인 양 정의의 검을 가지고 있다고 자랑하며 하나님 앞에서 시건방을 떨다가 진정한 정의의 검이신 예수님의 '말씀의 검'으로 심판 받을 지경이 된 것이다.

---

10 헬라어 니콜라이테스(Νικολαΐτης, a Nicolaitan, possibly a follower of Nicolaus (a heretic at Ephesus)인데 니콜라오스(Νικόλαος, nm, Nicolaus, a Christian, probably not connected with the sect bearing the same name)에서 파생되었다. 이는 니코스(νῖκος, nn, victory)와 라오스(λαός, nm, (a) a people, characteristically of God's chosen people, first the Jews, then the Christians, (b) sometimes, but rarely, the people, the crowd)의 합성어로 발람과 동일한 의미이다.

17절은 "교회들에게 하시는" 성령님의 음성에 귀 기울일 것을 촉구하는 말씀이다. 듣고 믿음으로 결단한 후에 우리의 주인이 되신 성령님께 주권을 드리고 그분의 통치와 질서, 지배 하에 들어오게 되면 생명의 떡(요 6:32-33, 35, 41, 48, 50-51)인 "감추었던 만나"를 주고 "새 이름을 새긴 흰 돌"을 주겠다고 하신 것이다.

"새 이름"이란 14장 1절에 의하면 그 이마에 새겨진 인(스프라기스)을 가리키는 것으로 "어린양의 이름과 그 아버지의 이름"을 말한다. 한편 이름이란 '소속 혹은 소유'를 의미하는데 이름이 새겨진 자를 가리켜 하나님께 속한 자 즉 교회 혹은 성도라고 한다. 그들은 새 노래를 부를 자(14:3)로서 인 맞은 자(7:4)이며 흰 옷을 입은 아무라도 능히 셀 수 없는 큰 무리(7:9)를 가리킨다.

더 나아가 14장 4절에 의하면 "여자로 더불어 더럽히지 아니하고 정절이 있으며 어린양이 어디로 인도하든지 따라가는 자며 사람 가운데서 구속을 받아 처음 익은 열매로 하나님과 어린양에게 속한 자들"이다. 여기서 '여자'란 우상 혹은 세상을 가리킨다. 또한 14장 12절에는 "하나님의 계명과 예수 믿음을 붙잡고 인내한 성도들"을 가리키고 있으며 17장 14절에는 "부르심을 입고 빼내심을 얻은 진실한 자들"이라고 말씀하고 있다.

고대 운동경기에서는 승리한 자들에게 이름을 새긴 돌을 주었다. 소위 "흰 돌"을 주었는데 이는 '승리'를 상징한다. 사도행전 26장 10절에는 가편투표가 나온다. 고대 헬라에서는 재판 시에 배심원들이 흰 돌과 검은 돌 즉 두개의 돌을 사용했다. 유죄인 경우 검은 돌을, 무죄인 경우 흰 돌을 던졌다. 여기서 '흰 돌을 준다'라는 것은 '죄 용서'를 의미함과 동시에 '심판하는 권세를 준다'라는 의미가 있다. 그렇기에 계시록 20장 4절에는 죄 용서를 받고 구원받아 미래형 하나나라에 가서 보좌에 앉게 된 교회들이 "심판하는 권세를 받았더라"고 말씀하고 있다. 이는 심판의 권세를 행하며 예수 그리스도와 더불어 세세토록 왕노릇하게 될 것을 말씀하고 있다.

"받는 자 밖에는 그 이름을 알 사람이 없느니라"는 것은 '구원의 주권 영역은 하나님께만 있다'라는 것을 가리킨다. 이는 19장 12절의 "자기 밖에 아는 자가 없고"라는 예수님의 속성에서 보듯 그 섭리와 경륜은 무궁무진하다라는 것을 의미하기도 한다.

18 두아디라 교회의 사자에게 편지하기를 그 눈이 불꽃 같고 그 발이 빛난 주석과 같은 하나님의 아들이 가라사대

18절은 두아디라 교회 사자(성도)들의 칭찬과 책망을 통해 교회 된 오늘의 우리들에게 하신 말씀이다.

이 구절에서는 예수님을 "그 눈이 불꽃 같고 그 발이 빛난 주석과 같은 하나님의 아들"이라고 묘사하고 있다.

두아디라(Θυάτειρα, Thyatira, a city of the old district Lydia,

in the Roman province Asia)는 '성읍'이라는 뜻으로 이곳에서는 금속 세공술, 양모 방직, 피혁 가공, 염색산업이 발달했다. 또한, 이곳은 길드 (guild) 조합이 잘 갖춰진 산업도시였으며 교통의 요지이자 군사적 요충지이기도 했다.

버가모처럼 이곳에도 여러 신전이 있었는데 태양신을 모시는 아폴로 신전과 황제 신전, 미의 여신을 모시는 아데미 신전 등이다. 특히 이곳 두아디라 지역은 '제우스의 아들'인 아폴로 신전이 있었기에 '하나님의 아들'이라는 표현이 기술되어 있다. 이는 하나님의 아들 예수를 제우스의 아들 아폴로와 대조하고 있는 것이다.

참고로 최고급 옷감을 취급하던 자주 장사였던 루디아 댁(행 16:14)이 바로 이곳 두아디라 출신이다. '루디아'란 '리디아에서 온 여자'라는 뜻으로 이름이 아니라 출신이다. 즉 '부산 댁, 마산 댁' 등등의 경우처럼 '루디아 댁'이라는 말이다.

19 내가 네 사업과 사랑과 믿음과 섬김과 인내를 아노니 네 나중 행위가 처음 것보다 많도다

19절은 밧모섬에 있는 사도 요한을 통해 아버지 하나님의 두아디라 교회를 향한 칭찬의 마음을 보여주고 있다. 용두사미(龍頭蛇尾)의 에베소 교회와는 달리 두아디라 교회는 처음보다 나중 행위가 귀한, 소위 유종(有終)의 미(美)를 지닌 교회였다. 즉 아버지 하나님은 두아디라 교회를 향해 "사랑과 믿음과 섬김과 인내"를 칭찬하셨다.

한편 "사업"과 "나중 행위"는 같은 의미로 그 헬라어는 에르곤(ἔργον, nn, (from **ergō**, "to work, accom-plish") – a work or worker who accomplishes something. 2041 /*érgon* ("work") is a deed (action) that carries out (completes) an inner desire (intension, purpose))이다.

19절의 칭찬과 달리 20절에서는 책망을 하고 계시는데 그 이유는 "자칭 선지자라 하는 여자 이세벨"을 용납한 것 때문이다. 이세벨의 가르침이란 행음과 함께 우상의 제물을 먹게 한 것을 말한다. 여기서 '우상'이란 하나님보다 가치(value)와 우선순위(priority)를 앞세우는 모든 것을 말한다. 우리가 흔히 사용하는 단어 중에 '꽂히다'라는 말이 있다. 모든 생각이 온통 그쪽으로만 가 있는 것을 가리킨다. 나는 이것을 우상이라고 정의하고 있다. 참고로 우상이 대상의 문제라면 미신은 방법의 문제이다.

"이세벨"은 시돈(페니키아) 왕 엣바알(바알 제사장)의 딸로, 북 이스라엘의 7대 왕 아합의 아내이다. '엣바알'이란 Baal with us라는 의미이다. 이 구절의 거짓 여선지자 "이세벨"은 그 행실이 아합왕의 아내 이세벨과 닮았다하여 붙여진 상징적인 이름이다.

'이세벨의 가르침'의 내용을 좀 더 자세히 알려면 열왕기상 18장을 참찬히 들여다보면 그 실체를 알게 되는데 이는 오늘날의 교회 된 우리들에게는 화들짝 놀랄 말씀이다. 왜냐하면 우리는 알게 모르게 많은 부분에서 이세벨의 가르침을 따라 신앙생활을 하고 있기 때문이다. 이세벨의 가르침이란, 소위 예배를 드리기는 하나 그 대상이 하나님이 아닌 다른 모든 것을 말한다. 즉 하나님을 찬양하고 경배하는 대신 자신의 즐거움이나 욕구 해소, 감정의 카타르시스(κάθαρσις), 자신의 욕망, 탐심, 탐욕을 위해 예배드리고 기도하는 모든 것이 실상은 이세벨의 가르침이기 때문이다. 결국 '기복 신앙' 또한 이세벨의 가르침 중의 하나이다.

열왕기상 18장에는 바알과 아세라 선지자들이 자기 욕망의 달성을 위해 고함을 지르며 피가 철철 흐르기까지 칼과 창으로 습관적인 자해행위를 하며 신(神)을 협박하는 모습을 보여주고 있다. 오늘날 일부의 광적인 신앙생활이나 기독교를 기복신앙화하는 모습에서 쉽게 관찰되기도 한다.

참고로 '이세벨의 가르침(왕상 18:25-29)'을 조금 더 소상히 설명하면 다음과 같다. 첫째, "저희가 그 쌓은 단 주위에서 뛰놀더라"는 것은 바알 선지자들의 제무(祭舞, 제사 춤)를 말하는 것인데 이는 자기를 즐겁게 하는 행위로 오늘날 예배당 안에서 아무 생각없이 찬양과 율동을 하는 행위 또한 상당히 조심스러운 눈으로 점검하는 것이 마땅하다. 둘째로 "큰 소리로 부르고"라는 것은 자신이 만든 죽은 신을 큰 소리로 찾는 행위로 당시 바알 선지자들은, 죽은 신(神)이 섬기는 자들(바알 제사장들)을 따라다닌다고 생각했기 때문이다. 셋째로 "그 규례를 따라 피가 흐르기까지 칼과 창으로 그 몸을 상하게 하더라"고 했는데 이는 습관적으로 자해행위를 하며 신을 협박하는 행위이다. 그들은 처음에는 신을 향해 울부짖다가 머리를 풀어헤치고 광란의 춤을 춘다. 그러다가 팔을 물어뜯기도 하고 급기야는 칼로 자해행위를 한다. 그런 다음 넷째로 "진언"을 한다. 즉 주술적 예언으로 미친 듯한 예언(frantic prophetic sign)을 하는 것이다.

21 또 내가 그에게 회개할 기회를 주었으되 그 음행을 회개하고자 아니하는도다 22 볼찌어다 내가 그를 침상에 던질 터이요 또 그로 더불어 간음하는 자들도 만일 그의 행위를 회개치 아니하면 큰 환난 가운데 던지고 23 또 내가 사망으로 그의 자녀를 죽이리니 모든 교회가 나는 사람의 뜻과 마음을 살피는 자인 줄 알지라 내가 너희 각 사람의 행위대로 갚아주리라

21-23절은 "회개할 기회"를 주었으나 회개하지 않음(하나님이 가장 싫어하시는 것)으로 인해 그 결과 그들이 "침상에" 던져질 터이요 "환난 가운데" 던져지게 될 것을 경고하고 있다. 심지어는 "사망에" 이르게 될 것이라고 말씀하고 있다. 여기서 "사망"이란 영원한 죽음 혹은 둘째 사망(계 20:10)을 가리킨다. '침상'이란 고통의 침대(a bed of suffering)라는 의미이다.

James Moffatt[11]는 당시 소아시아에서 발견된 비문을 고찰한 결과 '침상'이란 '병상(病床)'을 의미한다고 했다. 결국, 회개치 않으면 질병뿐만 아니라 최악의 경우 자녀를 죽일 것이라고 하신 것이다. 여기서 '그의 자녀'란 영적으로 마귀에 속한 자, 마귀의 자녀(요일 3:8, 10) 즉 이세벨에 속한

---

11 신학자 제임스 모팻(1870-1944)은 Scottish theologian & graduate of Glasgow Univ.였다. 그는 Free church training college, Edinburgh theological seminary에서 공부했다.

자를 가리킨다.

　한편 모든 교회는 자기자신을 철저하게 점검함은 물론이요 자신의 내면의 뜻과 마음을 세미하게 살펴(요 14:26) 그 '행위'대로 갚으시는 하나님을 의식(면전의식)하면서 깨어 근신해야 할 것이다. 여기서 '행위'란 윤리 도덕적인 행위가 아니라 지은 죄를 회개치 않는 행위를 말한다.

24 두아디라에 남아 있어 이 교훈을 받지 아니하고 소위 사단의 깊은 것을 알지 못하는 너희에게 말하노니 다른 짐으로 너희에게 지울 것이 없노라

　24절은 두아디라에서 영지주의나 이세벨의 교훈을 받지 않고 신실하게 신앙생활을 하던 자들, 즉 이러한 것들을 알지 못하는 너희들에게 19절에서 말씀하셨던 "나중 행위 즉 사랑과 믿음과 섬김과 인내" 이외의 것들로 더 많은 짐은 지우지 않겠다고 말씀하고 있다.

　당시 만연했던 발람의 교훈, 니골라당의 교훈, 이세벨의 교훈 등은 모두 다 알게 모르게 영지주의의 영향을 받고 있었다. 원래 영지(靈智)란 '하나님에 대한 깊은 지식'을 가리키지만 이를 풍자적으로 표현하여 그것은 하나님의 깊은 지식이 아니라 실은 '사단의 깊은 것 혹은 사단의 심오한 사상'이라고 지적한 것이다. 한편 고린도전서 2장 10절에는 '사단의 깊은 것'의 댓구로 '하나님의 깊은 것'이라는 표현이 있는데 가만히 묵상해보면 창조주 하나님, 역사의 주관자 하나님, 심판주 하나님의 마음을 가깝게 느낄 수 있다.

25-29절에는 두아디라 교회에 남아있는 신실한 자들(교회)에게 예수님의 재림 때까지 주 안에서의 사랑과 섬김을 그치지 말고 인내하며 믿음을 굳게 붙잡고 이세벨의 교훈인 음행과 우상숭배를 멀리할 것을 말씀하고 있다. 그리하면 "만국을 다스리는 권세"를 주겠다라고 하셨다. 또한, 최후 심판의 날에는 악한 세력들을 "철장으로" 심판할 권세도 주시마 약속(20:4)하고 계신다. 아울러 "새벽 별을 주리라"고 하셨다.

"새벽 별"이란 민수기 24장 17절과 계시록 22장 16절에 의하면 '예수님'을 상징한다. 그렇기에 "새벽 별을 주리라"고 하신 것은 에트(함께하심, אֵת)의 하나님, 나하흐(인도하심, ἐξάγω, נָחָה)의 하나님, 할라크(동행하심, הָלַךְ)의 하나님의 임재(臨在, presence)를 허락하시겠다는 약속이다.

들을 귀 있는 자는 마음 문을 활짝 열고 그분의 세미한 음성에 귀를 기울여야 할 것이다. 왜냐하면 "믿음은 들음에서 나며 들음은 그리스도의 말씀으로 말미암았느니라(롬 10:17)"고 하셨기 때문이다.

교회	그리스도의 이름 (2-3장)	배경	칭찬	책망,경고,격려	이기는 자에게 약속 (2-3장)	약속의 성취 (21-22장)
에베소	오른손에 일곱 별을 가지신 분 ; 일곱 금촛대 사이를 거니시는 분(2:1)	촛대 사이에 인자 같은 이 (13) 네가 본 것은 내 오른손에 일곱 별의 비밀과 일곱 금 촛대 (20)	처음 행위: 수고, 인내, 악한 자 용납 X, 거짓 선지자 드러냄, 내 이름을 위해 견디고 게으르지 않음, 니골라당 미워함(2:2-3, 6)	처음 사랑 상실 -회복하라 회개X->촛대 옮김 (2:4-5)	낙원 생명나무의 과실 (2:7)	강 좌우 생명나무, 12과실 (22:2) 생명나무에 나아감(22:14) 이 책에 기록된 생명나무 (22:19)
서머나	처음, 나중, 죽었다가 살아나신 이 (2:8)	처음, 마지막 (17) 살아있는 자, 전에 죽었었노라(18)	환난, 궁핍 -부요 (2:9)	고난 두려워X 죽도록 충성 (2:10)	둘째 사망의 해 X(2:11)	둘째 사망이 그들을 다스리는 권세X(20:6) 다시 사망 X(21:4)
버가모	좌우에 날선 검을 가진 이 (2:12)	그의 입에서 좌우에 날선 검이 나오고(16)	사단의 위 -이름 굳게 잡음 충성된 증인 안디바(2;13)	발람, 니골라 교훈 (2:14-16) 회개X-> 하나님의 검으로 심판	그 돌 위에 새 이름 기록 (2:17)	그의 이름도 그들의 이마에 (22:4)
두아디라	눈:불꽃 발:빛난 주석 같으신 하나님의 아들(2:18)	눈:불꽃 발:풀무불에 단련한 빛난 주석(14-15)	나중 행위: 사랑, 섬김, 믿음, 인내 (2;19)	이세벨 용납 회개 기회 차버림(2:20-21) 회개X->환난 (2:22)	만국을 다스리는 권세(2:26) 철장(2:27) 새벽 별(2:28)	만국의 주, 만왕의 왕(19:16) 철장으로 만국을 다스릴 남자 (12:5) 광명한 새벽 별 (22:16)
사데	하나님의 일곱 영과 일곱 별을 가진 이(3:1)	일곱 영(4), 일곱 별은 일곱 교회의 사자 (20)	흰 옷:생명책	살았으나 죽음 온전X (3:1-2)	흰 옷(3:5) 생명책(3:5)	두루마기를 빠는 자들 복(22:14) 어린양의 생명책에 기록(21:27)
빌라델비아	열면 닫을 사람이 없고 닫으면 열 사람이 없는 다윗의 열쇠를 가지신 이 (3:7)	사망과 음부의 열쇠(18)	적은 능력으로 인내의 말씀을 지킴	면류관 하나님 성전의 기둥 새 이름	하나님 성전의 기둥(3:12a) 하나님의 이름 = 새 예루살렘의 이름과 새 이름(3:12b)	주 하나님 곧 전능하신 이와 어린양이 성전 (21:22) 이마에 이름 (22:4)
라오디게아	아멘, 충성, 참된 증인, 하나님의 창조의 근본이신 이 (3:14)	신실한 증인 (4) 나는 처음이요 마지막(17)		미지근(3:16) 착각(3:17) 열심, 회개하라(3:19)	보좌에 앉음 (3:21)	하나님과 그 어린양의 보좌가 그 가운데 (22:3) 그들이 세세토록 왕 노릇(22:5)

이기는 자는 이와 같이 흰 옷을 입을 것이요 내가 그 이름을 생명책에서 반드

시 흐리지 아니하고 그 이름을 내 아버지 앞과 그 천사들 앞에서 시인하리라

_요한계시록 3:5

이기는 그에게는 (지상의 교회)

앞서 계시록 2장에서도 언급했듯이 2-3장은 예수 그리스도의 계시로 밧모섬에 유배되어 있던 사도 요한을 통해 불완전한 지상교회를 상징하는 소아시아 일곱 교회를 통해 오늘을 살아가는 교회인 우리들에게 말씀해주신 아버지 하나님의 마음으로 칭찬이자 동시에 징계 혹은 책망이다.

'징계'는 헬라어로 파이데이아($\pi\alpha\iota\delta\varepsilon\acute{\iota}\alpha$, nf)이며 그 동사는 파이듀오($\pi\alpha\iota\delta\varepsilon\acute{\upsilon}\omega$, to train children)인데 이는 파이스($\pi\alpha\hat{\iota}\varsigma$, nf, nm, a child under training)에서 파생되었다. 징계란 '회복을 전제한 채찍'으로 모든 징계에는 부모가 자식을 훈계하며 다시 바른 길로 돌아오기를 바라는 '아비의 심정'이 담겨 있다.

2장이 에베소, 서머나, 버가모, 두아디라 교회를 향하신 아버지 하나님의 마음이라면 3장은 사데, 빌레델비아, 라오디게아 교회를 향한 아버지의 마음이다. 소아시아 일곱 교회 중 두 교회는 칭찬만 받았다. 곧 서머나와 빌라델비아 교회이다. 두 교회에 대한 차이점은, 전자는 환난을 통과

하며 "죽도록 충성하라(2:10)"고 했다. 반면에 후자는 "내가 또한 너를 지키어 시험의 때를 면하게 하리니(3:10)"라고 하셨다.

그렇게 하신 아버지의 마음은 잘 모르겠으나 나는 추측하고 있다. 곧 빌라델비아의 경우 소아시아 일곱 교회 중 가장 가난했다(3:8). 그러므로 이미 가난으로부터 고난을 받은 터라 환난의 때를 면케 해준 것이라 생각된다. 반면에 서머나의 경우 잘 사는 문명화된 도시였다. 그러므로 부유한 속에서 돌발상황으로 환난이 닥치더라도 훈련의 과정으로 알고 잘 극복하고 이겨나가라는 것이라 생각된다. 종국적으로는 '아버지의 마음'은 미래형 하나님나라에 가서 여쭈어 볼 일이다.

한편 앞장의 서두에서도 밝혔듯이 세대주의자들은 소아시아 일곱 교회를 시대별로 나누어 해석하고 있다.

초대교회 사도 시대(에베소 교회), 속사도 순교 시대(서머나 교회), 로마 국교 시대(버가모 교회), 중세 암흑 시대(두아디라 교회), 종교개혁 시대(사데 교회), 선교 시대(빌라델비아 교회), 종말 시대(라오디게아 교회) 등으로 나누지만 나는 참고 정도로만 여긴다.

3장 1절은 사데 교회 성도들을 향한 칭찬과 책망을 통해 교회 된 오늘의 우리들에게 하신 말씀이다.

"사데($\Sigma \alpha \varrho \delta \epsilon \iota \varsigma$, nf, Sardis, an ancient city of Lydia in the province of Asia)"는 루디아 왕국의 수도로 '남은 물건'이라는 뜻이다. 사데의 헬라어는 사르데이스($\Sigma \alpha \varrho \delta \epsilon \iota \varsigma$)이며 복수(plural)로 쓰였는데 그 이유는 사데 지역 근처에 위성도시가 많았음을 함의하는 것이다.

한편 사데는 지리적으로 헤르무스(Hermus)강과 트몰루스(Tmolus)산 사이의 계곡에 있었다. 그러다 보니 난공불락(難攻不落)의 천혜의 요새 지역이었다. 이 지역에는 양털 가공업, 염색업, 보석공예가 발달했고 최초로 금은 주화가 주조되었던 곳이기도 하다. 문명이나 문화가 앞서서 발달했던 만큼이나 부에 따른 사치와 부도덕은 더욱 심했다.

트몰루스(Tmolus) 산은 반인반수(半人半獸)이며 술의 신, 다산과 풍요, 기쁨과 광란의 신인 디오니소스(Dionysos, 로마신화의 Bacchus에 해당, therianthrope)신이 아끼던 포도원이 있던 곳이다. 그곳에는 디오니소스의 스승인 실레노스(Silenos)가 살고 있었는데 늘 술에 취해 허구한 날 마을을 헤집고 다니는 통에 농부들이 잡아서 당시 왕이었던 미다스(Midas)에게 데려갔다. 그러나 한때 디오니소스에 심취했던 미다스 왕은 단번에 디오니소스가 아끼는 그 실레노스를 알아보고는 오히려 디오니소스를 의식해 실레노스에게 10일간이나 밤낮 잔치를 베풀어 주었다.

어느 날 디오니소스가 그곳에 들렀다가 그런 사실을 알게 되었다. 디오니소스는 미다스 왕에게 후사하면서 소원을 말하라고 했더니 '손에 닿는 것을 황금으로' 바꾸어 달라고 했다. 여기에서 나온 말이 '미다스의 손(Midas touch)'이다. 그러나 이것이 '마이너스의 손(Minus touch)'이라는 것을 알기까지는 불과 얼마 걸리지 않았다. 한번 인생의 귀한 교훈으로써 우리에게 시사하는 바가 크다.

한편 사데 교회를 향하여는 일곱 교회를 예표하는 일곱 별을 가지신 하나님께서 그 교회를 향해 '살았다 하는 이름은 가졌으나 실상은 죽은 교회'라고 경고하셨다. 이는 사데 근처에 있던 공동묘지를 빗대어 말씀하신 것이다.

여기서 '죽다'라는 헬라어가 네크로스(Νεκρός, (a) adj: dead, lifeless, subject to death, mortal, (b) noun: a dead body, a corpse)인데 '생명(영생)이 없다'라는 의미로 예수를 믿지 않은 사람 즉 불신자의 결국인 영원한 죽음, 둘째 사망, 즉 유황 불못에의 영벌을 의미한다. 반면에 그리스도인의 죽음을 의미하는 다나토스(θάνατος)의 경우 육신적 죽음이 끝이 아니라 그 죽음은 '이동 혹은 옮김(아나뤼오, 딤후 4:6)'이며 영원 혹은 영생으로 들어가는 첫 관문(첫 발자국)이라는 것이다. '다나토스'의 뿌리는 드네스코(θάνατος/θνήσκω, the root of thanatos, 요 11:26, 빌1:21-23)이다.

한편 빌립보서 1장 23절과 디모데후서 4장 6절에는 그리스도인의 죽음인 다나토스를 '떠난다(departure)'라고 말씀하고 있다. 헬라어로는 아나뤼오(ἀναλύω, v)라고 하는데 이는 '이동, 옮김'이라는 의미이다. 정확하게 표현하면 '그리스도인의 죽음'이란 현재형 하나님나라에서 미래형 하나님나라에로의 '옮김 혹은 이동'이라는 것이다.

2-3절에서는 남은 자(remnant) 즉 교회들을 향해 "죽게 된 것을 굳게 하라"고 하시며 각성을 촉구하고 있다. 주님 다시 오실 때까지 "근신하며 각성하여 깨어 있으라(벧전 5:8)"는 말씀이다. 그런 사데 교회는 행위의 온전한 것이 없었기에 "살았다 하는 이름은 가졌으나 죽은 자로다(3:1)"라는 오명을 덮어쓰게 된 것이다. 즉 형태는 있으나 속 빈 강정마냥 '빈 껍데기'라는 것이다.

외형만 있고 본질은 없었다는 질책이다. 자기 의를 드러내는 행위는 많으나 은혜에 대한 감사는 없었다라는 것이다. 이런 모습을 가리켜 '믿음이 없는, 성도의 옳은 행실이 없는' 삶이라고 한다. 즉 "경건의 모양은 있으나 경건의 능력은 없는(딤후 3:5)" 삶을 가리킨다. 오늘날의 크기, 힘(권력과 명예), 숫자등 허세(虛勢)를 부리며 외형을 자랑하는 일부 교회의 모습과 오버랩된다.

그런 사데 교회를 향해 깨어 일어나서 처음 받았던 바른 복음의 진리를 회복하고 잘못된 것에서 회개하고 돌이키라고 말씀하고 있다. 그렇지 않으면 도적같이 임하여 엄정하게 심판하시겠다라고 말씀하고 있다. 이는

'돌발적 재림'을 통한 심판의 엄위성, 필연성을 말씀하신 것인데 그 역사적 배경을 알면 이해에 훨씬 도움이 된다.

난공불락의 요새였던 사데는 지난 날 '자신들은 결코 함락되지 않는다'라고 거들먹거리며 언제나 자신만만했다. 그러나 역사는 냉혹했다. 그들은 두 번이나 그것도 하루 만에 무참히 함락되었던 적이 있다. 바로 고레스 왕 때와 안티오쿠스 에피파네스 3세 때였다. 당시 적군의 특공대들은 야밤을 틈타 기습적으로 성벽을 기어올라 그 다음 날에 그토록 자신만만해 하던 사데 요새를 추풍낙엽(秋風落葉)처럼 무너뜨려 버렸던 것이다. 즉 "어느 시에 임할는지 네가 알지 못하리라"는 말씀 그대로 전혀 뜻밖에, 새벽에 도적같이 이르게 된 적의 특공대에 의해 무참히 무너졌던 역사를 두고 한 말이다.

4 그러나 사데에 그 옷을 더럽히지 아니한 자 몇 명이 네게 있어 흰 옷을 입고 나와 함께 다니리니 그들은 합당한 자인 연고라

4절에서는 하나님의 마음에 합한 남은 자를 가리켜 "흰 옷을 입은, 옷을 더럽히지 않은 자"라고 말씀하고 있다. 즉 그리스도인으로서의 명예 즉 '거룩함과 신앙의 정절'을 지킨 자들을 말한다.

'거룩함'으로 살아가는 것이란, 구별됨(set apart), 순수하고 정직함(purity & honesty), 알차게 세월을 계수하며 하나님의 뜻을 따라 살아가는 삶(Fulfill), 향기와 광채를 발하는, 진리의 등대로서 빛의 역할과 썩어져 가는 곳의 부패를 방지하는 소금의 역할을 감당하는 삶(perfume, shine)을 말한다.

또한 예수님의 성품인 온유와 겸손, 경건함 즉 바른 예배를 드리는 것, 선한 양심 곧 성령님께 지배되어진 양심으로 살아가는 것 등 상기 세 가지를 모두 아우르는 고상함(Loftiness)을 가리키며, 마지막으로 복음 선포와 더불어 복음과 십자가로 살아가고(증인) 복음과 십자가를 자랑하는 복음 전파의 삶을 '거룩함'으로 살아간다라고 일컫는다.

"흰 옷"이란 정결과 승리를 상징하기도 한다. 그들은 장차 미래형 하나님나라에서 하나님의 영광에 참여하며 그 영광을 받아 보석같이 빛나며 (계 21:11) 삼위하나님과 더불어 바른 관계와 교제 속에 그분 만을 경배하며 찬양하며 영생을 누리게 될 것이다. 21장 9절에는 "저희는 어린양의 신부가 되고 어린양은 저희의 신랑이 되실 것"이라고 말씀하셨다.

5 이기는 자는 이와 같이 흰 옷을 입을 것이요 내가 그 이름을 생명책에서 반드시 흐리지 아니하고 그 이름을 내 아버지 앞과 그 천사들 앞에서 시인하리라 6 귀 있는 자는 성령이 교회들에게 하시는 말씀을 들을지어다

5-6절에서는 "이기는 자는" 첫째, 정결과 승리의 상징인 "흰 옷"을 입을 것이요 둘째, "그 이름을 생명책에서 흐리지 아니하고" 셋째, "그 이름을 내 아버지 앞과 그 천사들 앞에서 시인"하므로 하나님과 천국의 공적인 자리에서 하나님나라에 합당한 자로 인정, 공표(마 10:32, 눅 12:8)될 것이라고 말씀하고 있다. 그러므로 교회 된 성도는 성령님의 음성에 민감하게 반응해야 함을 말씀하고 있다.

한편 정결과 승리의 상징인 "흰 옷"이 바로 '그리스도의 의의 옷'이요 '빛의 갑옷(롬 13:12-14)'이다. 갈라디아서(3:27)는 "누구든지 그리스도와 합하여 세례를 받은 자는 그리스도로 옷입었느니라"고 하셨다.

7 빌라델비아 교회의 사자에게 편지하기를 거룩하고 진실하사 다윗의 열쇠를 가지신 이 곧 열면 닫을 사람이 없고 닫으면 열 사람이 없는 그이가 가라사대

7절은 예수 그리스도의 계시를 통해 빌라델비아 교회 성도들을 칭찬하시면서 교회 된 오늘의 우리들에게 주신 "거룩하고 진실된, 다윗의 열쇠를 가지신 이, 열면 닫을 사람이 없고 닫으면 열 사람이 없는" 하나님의 말씀이다.

그분은 "다윗의 열쇠"를 가졌는데 "열면 닫을 사람이 없고 닫으면 열 사람이 없는" 분이시다. "다윗"은 그리스도의 왕권을 예표한다. 다윗의 집은 '그리스도의 왕국'을, 다윗의 열쇠란 '통치권 또는 주권'을 의미하는데 그런 "다윗의 열쇠를 가지신 이"가 바로 예수님이다. 결국, 예수님은 창조주시요 역사의 주관자이시며 장차 심판주로 오실 하나님이시다. 그 예수님은 '다른 하나님, 한 분 하나님'이신 기능론적 종속성과 존재론적 동질성을 만족하는 삼위일체 하나님이다.

빌라델비아[12]($\Phi\iota\lambda\alpha\delta\acute{\epsilon}\lambda\varphi\epsilon\iota\alpha$, nf)란 필라델포스($\Phi\iota\lambda\acute{\alpha}\delta\epsilon\lambda\varphi o\varsigma$, adj)

---

12 빌라델비아($\Phi\iota\lambda\alpha\delta\acute{\epsilon}\lambda\varphi\epsilon\iota\alpha$, nf, brotherly love, love of Christian brethren)란 필라델포스($\Phi\iota\lambda\acute{\alpha}\delta\epsilon\lambda\varphi o\varsigma$, adj, loving like a brother, loving one's brethren)에서 파생된 말로 필로스($\varphi\acute{\iota}\lambda o\varsigma$, adj, beloved, dear, friendly)와 아델포스($\acute{\alpha}\delta\epsilon\lambda\varphi\acute{o}\varsigma$, nm, a brother, member of the same religious community, especially a fellow-Christian)의 합성어로 '형제 사랑'이라는 의미이다.

에서 파생된 말로 필로스(φίλος, adj)와 아델포스(ἀδελφός, nm)의 합
성어인데 이는 '형제 사랑'이라는 의미이다.

이 지역은 소아시아 일곱 교회 중 가장 가난했던(3:8) 지역이었다. 설상
가상(雪上加霜)으로 이 지역은 AD 17년에 지진이 일어났고 뒤 이은 여진
으로 불안정한 생활을 하던 곳이었다. 이때 로마의 중앙정부는 재정을 지
원하여 이 지역에 새로운 도시를 건설했다. 그리하여 이 도시는 교통, 통
신, 전략의 요충지가 되었고 무역과 상업이 발달하게 되었다. 제2의 아테
네라고 불릴 만큼 우상숭배, 황제숭배가 극심했다. 게다가 교회에 대한
유대인들의 박해도 심했다. 그러나 빌라델비아 교회는 전혀 굴하지 않았
을 뿐만 아니라 진리이신 예수 그리스도를 배반치 않고(3:8) 끝까지 충성
했다.

빌라델비아는 로마 중앙정부의 재정 지원으로 재건된 도시였기에 한때
그 이름을 'New city of Caesar'라고 부르기도 했다.

8 볼찌어다 내가 네 앞에 열린 문을 두었으되 능히 닫을 사람이 없으리라 내가
네 행위를 아노니 네가 적은 능력을 가지고도 내 말을 지키며 내 이름을 배반
치 아니하였도다

8절은 그런 빌라델비아 교회 앞에 "열린 문을 두었다"라고 말씀하고 있
다. "열린 문"이란 요한복음 10장 7절에 의하면 '예수님' 혹은 '천국문
(Moffatt, Zahn, Rist)'을 가리킨다. 그 문은 예수님 외에는 "열면 닫을
사람이 없고 닫으면 열 사람이" 없다. 왜냐하면 예수님만이 "다윗의 열쇠

를 가지신” 그리스도, 메시야이며 구원자이시기 때문이다.

한편 예수님은 소아시아 일곱 교회 중 가장 가난했던, “적은 능력을 가지고도 내 말을 지키며 내 이름을 배반치” 아니하였던 빌라델비아 교회를 많이 칭찬하셨다.

9 보라 사단의 회 곧 자칭 유대인이라 하나 그렇지 않고 거짓말하는 자들 중에서 몇을 네게 주어 저희로 와서 네 발 앞에 절하게 하고 내가 너를 사랑하는 줄을 알게 하리라 **10** 네가 나의 인내의 말씀을 지켰은즉 내가 또한 너를 지키어 시험의 때를 면하게 하리니 이는 장차 온 세상에 임하여 땅에 거하는 자들을 시험할 때라

9-10절은 “자칭 유대인”이라고 하나 실상은 “사단의 회”인 거짓말하는 자들, 곧 땅에 거하는 자들(불신자들) 중 “몇을 네게 주어 저희로 와서 네 발 앞에 절하게” 함으로 주님의 우리를 사랑하시는 증표를 보여주시마 말씀하고 있다.

또한 “너를 지키어 시험의 때를 면하게 하리니”라고 하시며 “네가 나의 인내의 말씀을 지켰은즉”이라고 하셨다. 그렇기에 빌라델비아 교회는 서머나 교회와는 다른 방식으로 당신의 섭리와 경륜을 인도하여 가셨다. 반면에 계시록 2장 10절의 서머나 교회에는 “네가 장차 받을 고난을 두려워 말라 볼찌어다 마귀가 장차 너희 가운데서 몇 사람을 옥에 던져 시험을 받게 하리니 너희가 십 일 동안 환난을 받으리라”고 하셨던 것이다.

즉 “시험의 때”를 면하게 하신 빌라델비아 교회와는 달리 서머나 교회

는 환난을 겪도록 하셨던 것이다. 그 이유에 대하여는 우리가 다 알 수 없다. 하나님의 주권영역이기 때문이다. 하나님은 당신의 크신 섭리와 경륜으로 역사를 주관하시기에 우리가 그렇게 하신 이유에 대해 잘 알 수 없지만 아마도 신앙의 연단 과정을 조금 더 두신 것이라 생각된다.

사실 이런 경우를 맞닥뜨리게 되면 대부분의 그리스도인들은 당황한다. 그러나 하나님의 하시는 일, 즉 역사의 주관자이신 "하나님의 생각과 길"은 우리보다 훨씬 크고(사 55:8-9) 다르기에 당연히 우리가 다 알 수는 없다. 더구나 그분의 주권 영역임에랴……. 이러한 때 우리는 믿음으로, 비록 하나님의 의도를 잘 모르더라도 그분을 신뢰하며 나아가야 한다.

그렇다고 하여 빌라델비아 교회만큼은 종말 시대 동안에 일곱 재앙마저도 면케 해준다라는 의미가 아니다. 그 재앙 가운데서도 끝까지 보호해주시겠다라는 것이며 더 나아가 최후 심판의 때까지 반드시 보호하시겠다라는 의미이다.[13] 다시 말하면 시험을 '면케 해준다'라는 것은 그 시험을 '겪지 않는다'라는 것이 아니라 '시험은 거치되 끝까지 함께하셔서 그 과정을 잘 통과할 수 있도록 인도해주시고 보호해 주시겠다'라는 의미에 더 가깝다.

이것은 비단 빌라델비아 교회에만 국한된 말씀이 아니다. 즉 지상의 모든 교회를 향한 말씀으로 종말 시대 동안에 일곱 재앙을 잘 통과하여 승리할 수 있도록 '반드시' 보호해주시겠다라는 아버지 하나님의 약속인 것이다. 더 나아가 예수님의 재림 후 백보좌 심판대를 거치기는 하되 심판

---

13 그랜드 종합주석 16권, p724

이 아니라 신원(vindication)하여 주시겠다라는 약속의 말씀이기도 하다.

'땅에 거하는 자'라는 말 속에는 이중적 의미가 있다. 만세 전에 택정 되었으나 아직 복음을 듣지 못하여 땅에 거하고 있는 자가 있는가 하면 만세 전에 유기되어 '땅에 속한 곧 사단 나라에 속한' 자가 있다. 전자의 경우, 때가 되면 복음이 들려져 반드시 돌아오게 될 자(카데마이)를 가리킨다. 이 구절에서의 '땅에 속한 자'란 13장 14절의 카토이케오(κατοικέω, τοὺς κατοικοῦντας ἐπὶ τῆς γῆς, 투스 카토이쿤타스 에피 테스 게스)로 유기된 자 곧 불신자를 가리킨다.

11 내가 속히 임하리니 네가 가진 것을 굳게 잡아 아무나 네 면류관을 빼앗지 못하게 하라

11절의 "속히 임하리니"라는 것은 '돌발적 재림'을 의미한다. 그렇기에 언제 오실 지 모르나 반드시 오실, 재림의 예수를 기다리되 "하나님의 계명과 예수 믿음(계 14:12)"을 굳게 붙잡고 의의 면류관, 생명의 면류관을 빼앗기지 않도록 인내하며 선한 싸움을 계속 싸우라(딤후 4:7-8)고 말씀하시는 것이다.

참고로 예수님의 재림은 다음의 6가지로 나타난다. 가견적 혹은 전우주적 재림, 돌발적 재림, 승리적 재림, 완성적 재림, 인격적 재림, 신체적 재림이다.

12절에서는 "이기는 자는 내 하나님 성전의 기둥이 될 것"이라고 말씀하고 있다. 한편 하나님 성전의 두 기둥이란 역대하 3장 15-17절, 왕상 7장 21절에 의하면 야긴과 보아스를 말한다.

우편 기둥인 '야긴'이란 '저가 세우리라(말씀, יָכִין, He will establish)'는 의미로 이는 쿤(כּוּן, to be firm)에서 파생되었다. 반면에 좌편 기둥인 '보아스'는 '하나님의 능력이 여기에 있다(기도, בֹּעַז, quickness)'라는 의미이다. 이 좌우 두 기둥을 연결하면, 성도는 하나님의 말씀(우편 기둥, 야긴)으로 견고해지고 든든히 세워지며 하나님께 기도(좌편 기둥, 보아스)함으로 능력을 힘입어 흔들리지 않게 된다라는 의미이다. 결국, 교회인 우리가 종말(교회) 시대 동안 일곱 재앙을 겪을지라도 흔들리지 않고 견고하려면 '말씀과 기도'를 붙들어야(딤전 4:5) 함을 강조하고 있는 것이다.

한편 "성전 두 기둥"은 예수 그리스도의 십자가를 의미하기도 한다. 그러므로 "하나님 성전에 기둥이 되게 하리니"라는 것은 예수 그리스도와 함께 십자가(스타우로스)에 죽고 그 십자가로부터 다시 살아나는 것을 가리키기도 한다. 즉 예수님과의 연합, 하나됨(Union with Christ)을 내포하고 있다.

우편 기둥   좌편 기둥

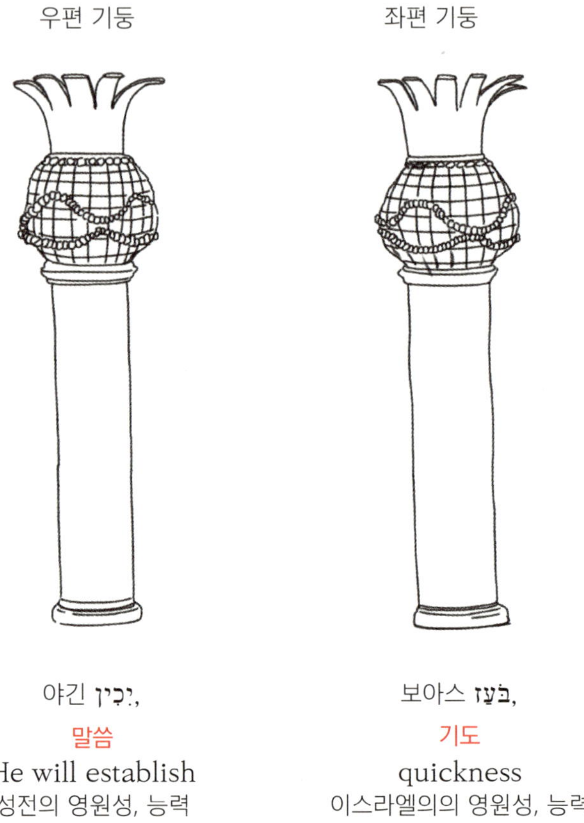

"그가 결코 다시 나가지 아니하리라"는 말씀에는 역사적 배경 (Historical background)이 있는데 이를 알면 이 구절은 더욱 쉽게 이해할 수 있다. 앞서 언급했듯이 빌라델비아 지역은 AD 17년에 엄청난 지진으로 도시가 완전히 파괴되었다. 게다가 지진 이후 잦은 여진으로 인해 고통을 받았는데 사람들은 땅이 흔들릴 때마다 당황하며 실내에 있다가 얼른 밖으로 뛰쳐나가곤 했다. 그런 상황에서 예수님은 네가 성전의 든든한 좌우 기둥이 되어 다시는 뛰쳐나가지 않아도 된다고 말씀해 주셨으니 이 얼마나 감격이었을까…….

또한 "하나님의 이름과 새 예루살렘의 이름과 나의 새 이름을 기록(7:3-4, 9:4, 14:1)해 주겠다"라고 하셨는데 이는 '하나님의 소유, 하나님의 소속'이 되게 하시겠다는 것으로 장차 미래형 하나님나라의 주인 되신 예수님께 속하여 함께 영원토록 왕 노릇 할 것을 상징적으로 나타낸 것이다.

13 귀 있는 자는 성령이 교회들에게 하시는 말씀을 들을찌어다

13절에서는 "귀 있는 자는~ 들을찌어다"라고 말씀하고 있다. 이는 2장 7, 11, 17, 29, 3장 6, 13, 22절에서도 동일하게 계속하여 반복되고 있는 구절이다. 여기서 "귀"는 사도행전 7장 51절에 의하면 '마음의 할례'를 의미한다. 즉 성령의 세미한 음성을 들을 수 있는 신령한 큰 귀를 의미한다. 그렇기에 큰 귀를 소유한 자를 가리켜 '지혜로운(레브 쇼메아) 자'라고 하는 것이다

14 라오디게아 교회의 사자에게 편지하기를 아멘이시요 충성되고 참된 증인이시요 하나님의 창조의 근본이신 이가 가라사대

14절은 라오디게아 교회 성도들을 향한 칭찬과 책망을 통해 교회 된 오늘의 우리들에게 하신 말씀으로 예수님을 가리켜 "아멘(사 65:16)이시요 충성되고 참된 증인이시요 창조의 근본이신 하나님"으로 묘사하고 있다. 여

기서 "근본"[14]이란 헬라어로 아르케(ἀρχή, nf)인데 이는 '창시자'라는 의미이다.

라오디게아[15](Λαοδικεία, nf)는 라오스(Λαός, nm)와 디케(Δίκη, nf)의 합성어로 '백성의 정의'라는 의미이다. 라오디게아는 수리아 왕 안티오쿠스 2세(Antoochus II)의 부인 라오디케(Raodice)의 이름을 따서 건설되었다. 이 도시는 히에라볼리 남쪽 10Km, 골로새 서쪽 16Km에 위치해 있었는데 물이 부족하다 보니 수로를 깔아 히에라볼리에서는 온천물을, 골로새에서는 냉수를 끌어와 사용했다. 로마 중앙정부의 지원 없이도 수로를 깔 수 있을 정도로 재정이 풍부한 도시였다. 또한 이 도시는 교통, 무역, 금융의 중심지였으며 면직과 모직 산업이 발달했다.

한편 AD 60년경에 지진이 일어나 도시가 완전히 파괴된 적이 있었다. AD 17년에 지진이 일어나 초토화가 되었던 빌라델비아가 로마 중앙정부의 지원으로 재건된 도시라면 라오디게아는 자력으로 재건된 도시이다. 그만큼 돈이 많았던 지역이다. 지금부터 2,000년 전에 안약 제조기술이 있었고 안약 제조 학교가 있을 정도였으며 돈이 얼마나 많았던지 식수를 위해 엄청난 공사비를 감당하며 수로를 깔았을 정도였다.

---

14 근본의 헬라어 아르케(ἀρχή, nf, (a) rule (kingly or magisterial), (b) plur: in a quasi-personal sense, almost: rulers, magistrates, (c) beginning, origin)'는 '창시자(ἀρχηγός, nm, originator, author, founder, prince, lead-er)'라는 의미이다.

15 라오디게아(Λαοδικεία, nf, Laodicea, a city in the Lycos valley in the Roman province Asia, near Colossae and Hierapolis)는 라오스(Λαός, nm, (a) a people, characteristically of God's chosen people, first the Jews, then the Christians, (b) sometimes, but rarely, the people, the crowd)와 디케(Δίκη, nf, (a) (originally: cus-tom, usage) right, justice, (b) process of law, judicial hearing, (c) execution of sentence, punishment, pen-alty, (d) justice, vengeance)의 합성어로 '백성의 정의'라는 뜻이다.

15절은 라오디게아 교회를 향해 차지도 덥지도 않은 것을 책망하고 있다. 즉 마실 물을 얻기 위해 골로새에서 수로를 통해 왔던 차가운 물처럼 아예 차든지, 히에라볼리에서 왔던 뜨거운 온천수처럼 뜨겁든지 하라는 말이다. 여기서 '차다'라는 것은 진리의 복음을 지적으로 냉철하게 받아들이고 본질은 단단히 붙잡으라는 의미이다. '뜨겁다'라는 것은 신앙의 열정으로 뜨거운 상태를 말한다. 이는 누가복음 24장 32절의 말씀과 연관된다.

결국 '차지도 덥지도 않다'라는 것은 세상에 속하여 적당히 타협하며 하나님과 세상에 한 발씩 양다리 걸치는 것을 말한다. 좀 더 적나라하게 표현한다면 하나님에 대해 무관심('사랑'의 반의어, antonym)한 상태를 말하는 것으로 하나님을 사랑하지도 싫어하지도 않는 어정쩡한 상태를 의미한다. 심지어는 간혹 하나님을 대적하는 것까지도 포함한다.

그래서 나온 말이 라오디게아 사람을 가리키는 영어 'laodicean(레이아더시안, 냉담한 사람)'이다. 이는 '신앙적으로나 하는 모든 일에 열정이 없는 사람, 매사에 미온적인 사람'을 가리키는 관용적 표현이다. 즉 라오디게아 교인들을 향한 질타는 그들의 세상적인 향락에의 누림 혹은 푹 빠짐과 더불어 미래형 하나님나라에의 입성 둘 다를 원하는 기복주의와 안일주의, 그리고 신앙적 기회주의를 책망하신 것이다. 이런 애매한 삶의 방식은 두 주인을 섬길 수 없다(마 6:24, 눅 16:13)라는 말씀으로 도전 받아야 할 것이다.

16절에서는 "미지근, 토하여 내치리라"등의 말씀을 하고 있다. 이는 석회가 다량 함유된 식어버린 온천물을 먹으면 오심(Nausea)과 구토(Vomiting)가 생기는 것을 두고 한 말이다. 앞서 언급했듯이 라오디게아에서 10Km나 떨어진 히에라볼리의 온천물을 수로를 이용해 끌어와 사용하다 보니 오는 도중에 식어버려 미지근하게 된 물을 마셔야만 하는데 이때 오심과 구토가 생기게 됨을 빗댄 것이다.

"내치리라"와 계시록 2장 5절의 "옮기리라"는 말씀은 앞서 언급했듯이 구원의 취소가 아니라 신앙의 역동성을 권고한 수사적이고 반어법적인 말씀이다.

17절은 부유한 도시에서 스스로 부자라고 뻐기며 살아가는 라오디게아 인들의 모습을 보여주고 있다. 그런 그들을 보며 너희는 실상 "곤고한 상태, 가련한 상태, 눈이 먼 상태, 벌거벗은 상태"라며 직설적으로 충격적인 말씀을 하시고 있다. 즉 물질적 부요함과 영적 부요함은 아주 다른 것임을 말씀하고 있는 것이다.

18 내가 너를 권하노니 내게서 불로 연단한 금을 사서 부요하게 하고 흰 옷을 사서 입어 벌거벗은 수치를 보이지 않게 하고 안약을 사서 눈에 발라 보게 하라

18절에서는 "불로 연단한 금(말 3:2-3, 슥 13:9, 벧전 1:6-7)"을 사서 부요하게 하고 "흰 옷"을 사서 입어 벌거벗은 수치를 보이지 않게 하고 "안약"을 사서 눈에 발라 보게 하라고 말씀하고 있다. 즉 영적으로 부요하게 하고 죄로 인한 수치를 보이지 않게 하며 바른 것을 보는 영안을 소유하라는 것이다.

이것을 다시 반복하여 강조하자면 다음의 3가지를 당부하신 것이다.

첫째, "불로 연단한 금"으로 부요하게 하듯 영적으로 부요한 사람이 되라는 것이다. 즉 시련(호 2:6, 담 혹은 가시)을 상징하는 '불'로 연단의 과정을 거쳐 정금이 되듯 하나님께만 집중하고 하나님의 훈련 과정을 소중히 여기라는 것이다.

둘째, "흰 옷을 사서 입으라"는 것은 모직물의 명산지였던 그 지역을 향해 '빛의 갑옷, 그리스도의 의의 옷'을 상징하는, 어린양의 피에 그 옷을 씻어 희게 한(계 7:14) '흰 옷'을 입으라는 것이다. 이는 정결함과 거룩함을 유지하여 최종적인 승리를 얻으라는 말씀이다.

셋째는 "안약을 사서 눈에 발라 보게 하라"는 것은 안약으로 유명한 그 지역을 향해 육신적 눈을 치료하듯 영안을 치료하여 영안이 열려져서 하

나님의 뜻을 정확히 분별함으로 신령한 것을 구별하라(고전 2:10-16)고 하신 것이다.

19 무릇 내가 사랑하는 자를 책망하여 징계하노니 그러므로 네가 열심을 내라 회개하라

19절에는 "사랑하는 자를 책망하여 징계하노니"라고 말씀하셨다. 얼핏 이해가 되지 않으며 당황스럽기도 하다. 그러나 징계는 체벌이 아니다. 징계는 회복을 전제한 책망이다. 그렇기에 징계를 통하여는 교회를 사랑하시는 아버지 하나님의 마음을 알 수가 있게 된다. 결국 하나님의 징계가 있게 될 때 머뭇거리거나 의기소침(意氣銷沈)해하지 말고 철저히 회개한 후에 더욱 열심을 내라는 것이다.

"징계하다"의 헬라어는 파이듀오[16]($\pi\alpha\iota\delta\epsilon\acute{\upsilon}\omega$, v)인데 이는 '부모가 아이를 바르게 양육하기 위해 책망하다'라는 파이스($\pi\alpha\widehat{\iota}\varsigma$, nf, nm)에서 파생되었다.

한편 "열심을 내라"는 헬라어는 젤로오[17]($Z\eta\lambda\acute{o}\omega$, v)인데 이는 '보다 뜨거워지라 더 열정을 내라'는 의미이다.

---

16 징계하다의 헬라어는 파이듀오($\pi\alpha\iota\delta\epsilon\acute{\upsilon}\omega$, v, to train children, to chasten, correct / (a) I discipline, educate, train, (b) more severely: I chastise)인데 이는 '부모가 아이를 양육하기 위해 징계하다'라는 파이스($\pi\alpha\widehat{\iota}\varsigma$, nf, nm, a child under training (strict oversight), emphasizing their ongoing development necessary to reach their highest (eternal) destiny)에서 파생되었다.

17 열심을 내다의 헬라어는 제로오($Z\eta\lambda\acute{o}\omega$, v, (a) intrans: I am jealous, (b) trans: I am jealous of, with acc. of a person; I am eager for, am eager to possess, with acc. Of a thing)인데 '보다 뜨거워지라 열정을 내라'는 의미이다.

20절은 그리스도인들이 자주 인용하는 구절 중 하나이다. 동시에 흔히 잘못 적용되는 구절이기도 하다.

먼저 이 구절은 모든 교회를 향한 말씀이기도 하지만 무엇보다도 라오디게아 교회 같이 미적지근하게 살아가는 성도들을 향해 즉각적인 회개를 촉구하시는 말씀이다. 동시에 회개 후에는 교회와 하나님, 교회와 교회 간의 친밀한 영적 교제의 회복을 간절히 원하시는 말씀이다.

더 나아가 예수님의 재림을 고대하며 언제 오시더라도 주님의 음성을 듣자마자 달려 나갈 준비가 되어 있어야함을 말씀하고 있다. 그 결과 주님과 "더불어" 먹게 될 것이다.

예수님은 오래 전부터 우리 마음의 문을 두드려왔고 현재도 두드리고 계신다. 이는 "서서"와 "두드리노니"의 헬라어 시제를 보면 알 수 있다. '서서'의 헬라어는 헤스테카(ἕστηκα, V-RIA-1S)인데 이는 현재완료형이고 '두드리노니'의 헬라어는 크루오(κρούω, V-PIA-1S)인데 이는 현재형이다. 예수님은 과거에서 현재까지 그리고 지금도 계속하여 두드리고 계신다라는 것이다. 우리를 향한 주님의 극진한 사랑에 죄송스럽고 그저 감사할 뿐이다.

특별히 이 구절은 누가복음 12장 35-40절의 말씀과 함께 묵상하면 바른 이해에 도움이 된다. 먼저는 집의 주인이 누구인지, 그리고는 "듣고 열면"의 해석을 두 단어로 볼 것이냐 한 단어로 볼 것이냐에 따라 해석은 판이(判異)해진다.

누가복음에는 명확하게 집 주인과 종을 구분하고 있다. 종이란 언제 올지 모르는 주인이 오기까지 깨어 있다가 그 "주인이 혼인 집에서 돌아와 문을 두드리면 곧 열어주려고 기다리는 사람(눅 12:36)"이라고 말씀하고 있다. 즉 집에 있는 사람은 주인이 아니라 집을 지키는 종이라는 것이다. 마찬가지로 이 구절에서도 주인은 문 밖에서 두드리고 계시는 예수님이시다. 그 예수님은 구원자이시고 구원의 주권 영역은 전적으로 하나님께 있다.

한편 이 구절에서 "듣고 열면"이라는 것은 '집 안에 있던 사람이 듣고 난 후 그 사람이 열면'이라는 의미가 아니다. 오히려 주님의 음성을 '들으면 열게 되어 있다'라는 것으로, 택정된 자는 주님의 음성, 즉 복음이 들려지면 복음을 받아들이게 되어 있다라는 것이다. 그러므로 복음의 주체는 주권적으로 들어오시는 예수님이시다.

그 예수님은 문고리가 없어서 못 들어오시는 것도 아니요, 내가 문을 열지 않아서 못 들어오시는 분도 아니다. 복음이 들려져서 문을 열어 주님께로 나아오는, 주인이신 예수를 영접하는 택정된 자에게 예수님은 뚫고 들어오시는 것(Intrusion)이다.

21 이기는 그에게는 내가 내 보좌에 함께 앉게 하여 주기를 내가 이기고 아버지 보좌에 함께 앉은 것과 같이 하리라

21절은 "이기는 그에게는" 하나님 보좌 우편에 앉으신 승리주 예수님

(히 1:3)과 함께 앉게(막 16:19, 계 20:4) 해주시마 약속하셨다. 3장 20절의 "더불어 먹고~더불어 먹으리라"이다. 예수님은 십자가 죽음 후 부활 승천하셔서 하나님 보좌 우편(히 1:3)에 계신다. '하나님 보좌 우편'이란 예수님이 '승리주 하나님이 되셨다'라는 의미이다. 이는 역사적 배경을 보면 더욱 쉽게 이해할 수 있다.

과거 로마제국의 황제는 영토 확장에 열을 올렸다. 그러다 보니 시시때때로 장군들을 출정시켜 전쟁을 통해 땅을 넓혀 나갔다. 전쟁에서 승리하고 돌아온 장군을 향해 황제는 열렬히 응원해주곤 했다. 드디어 승전한 장군이 사두마차(四頭馬車, a carriage-and-four)를 탄 채 황궁으로 들어서면 황제는 홀(笏, 지팡이)을 들고 장군을 자기 보좌 앞으로 불렀다. 그리고는 보좌 우편에 앉게 했다. '승리한 장군'이라는 의미이다.

22 귀 있는 자는 성령이 교회들에게 하시는 말씀을 들을찌어다

22절에서는 성령이 교회들에게 하시는 말씀에 귀 기울이는 자는 "들을 귀 있는 자"로 지혜로운 자라고 말씀하고 있다. "믿음은 들음에서 난다(롬 10:17)"라는 사실을 늘 명심해야 한다. 교회는 하나님의 말씀을 잘 분별하고 깨닫는 머리, 영적인 부분을 잘 캐치하고 가려서 볼 줄 아는 영안, 그분의 음성에 귀 기울이며 잘 듣는 큰 귀, 성령님의 음성에 민감하게 반응하고 예민하게 받아들이는 마음이 필요하다.

교회	그리스도의 이름 (2-3장)	배경	칭찬	책망,경고,격려	이기는 자에게 약속 (2-3장)	약속의 성취 (21-22장)
에베소	오른손에 일곱 별을 가지신 분 ; 일곱 금촛대 사이를 거니시는 분(2:1)	촛대 사이에 인자 같은 이 (13) 네가 본 것은 내 오른손에 일곱 별의 비밀과 일곱 금 촛대 (20)	처음 행위: 수고, 인내, 악한 자 용납 X, 거짓 선지자 드러냄, 내 이름을 위해 견디고 게으르지 않음, 니골라당 미워함(2:2-3, 6)	처음 사랑 상실 -회복하라 회개X->촛대 옮김 (2:4-5)	낙원 생명나무의 과실 (2:7)	강 좌우 생명나무, 12과실 (22:2) 생명나무에 나아감(22:14) 이 책에 기록된 생명나무 (22:19)
서머나	처음, 나중, 죽었다가 살아나신 이 (2:8)	처음, 마지막 (17) 살아있는 자, 전에 죽었었노라(18)	환난, 궁핍 -부요 (2:9)	고난 두려워X 죽도록 충성 (2:10)	둘째 사망의 해 X(2:11)	둘째 사망이 그들을 다스리는 권세X(20:6) 다시 사망 X(21:4)
버가모	좌우에 날선 검을 가진 이 (2:12)	그의 입에서 좌우에 날선 검이 나오고(16)	사단의 위 -이름 굳게 잡음 충성된 증인 안디바(2;13)	발람, 니골라 교훈 (2:14-16) 회개X-> 하나님의 검으로 심판	그 돌 위에 새 이름 기록 (2:17)	그의 이름도 그들의 이마에 (22:4)
두아디라	눈:불꽃 발:빛난 주석 같으신 하나님의 아들(2:18)	눈:불꽃 발:풀무불에 단련한 빛난 주석(14-15)	나중 행위: 사랑, 섬김, 믿음, 인내 (2;19)	이세벨 용납 회개 기회 차버림(2:20-21) 회개X->환난 (2:22)	만국을 다스리는 권세(2:26) 철장(2:27) 새벽 별(2:28)	만국의 주, 만왕의 왕(19:16) 철장으로 만국을 다스릴 남자 (12:5) 광명한 새벽 별 (22:16)
사데	하나님의 일곱 영과 일곱 별을 가진 이(3:1)	일곱 영(4), 일곱 별은 일곱 교회의 사자 (20)	흰 옷:생명책	살았으나 죽음 온전X (3:1-2)	흰 옷(3:5) 생명책(3:5)	두루마기를 빠는 자들 복(22:14) 어린양의 생명책에 기록(21:27)
빌라델비아	열면 닫을 사람이 없고 닫으면 열 사람이 없는 다윗의 열쇠를 가지신 이 (3:7)	사망과 음부의 열쇠(18)	적은 능력으로 인내의 말씀을 지킴	면류관 하나님 성전의 기둥 새 이름	하나님 성전의 기둥(3:12a) 하나님의 이름 = 새 예루살렘의 이름과 새 이름(3:12b)	주 하나님 곧 전능하신 이와 어린양이 성전 (21:22) 이마에 이름 (22:4)
라오디게아	아멘, 충성, 참된 증인, 하나님의 창조의 근본이신 이 (3:14)	신실한 증인 (4) 나는 처음이요 마지막(17)		미지근(3:16) 착각(3:17) 열심, 회개하라(3:19)	보좌에 앉음 (3:21)	하나님과 그 어린양의 보좌가 그 가운데 (22:3) 그들이 세세토록 왕 노릇(22:5)

우리 주 하나님이여 이 영광과 존귀와 권능을 받으시는 것이 합당하오니 주
께서 만물을 지으신지라 만물이 주의 뜻대로 있었고 또 지으심을 받았나이다

_ 요한계시록 4:11

다른 하나님, 한 분 하나님
창조주 하나님 찬양(천상의 교회)

2-3장에서는 예수 그리스도의 계시를 통해 지상에 있는 모든 불완전한 교회들을 상징하는 소아시아 일곱 교회의 삶, 그리고 삶으로 드리는 예배에 대해 밧모섬의 사도 요한을 통해 아버지 하나님의 칭찬과 책망의 마음을 보여주셨다. 그 예배 중에는 하나님이 기뻐하시는 열납의 예배(롬 12:1)가 있었는가 하면 "너희 중에 성전 문을 닫을 자가 있었으면 좋겠도다(말 1:10)"라는 유의 책망의 말씀도 있었다.

지금부터 언급할 4-5장에서는 향후 천상에 있게 될 완전하고도 완벽한 예배당[18](장소 개념, 거룩한 성 새 예루살렘)과 완성된 교회 곧 거룩한 성 예루살렘인 성도들의 이상적인 예배 장면을 밧모섬에 있는 사도 요한을

---

18 이는 장소 개념으로 미래형 하나님나라를 말한다. 계시록 21장에는 거룩한 성 새 예루살렘(2) 혹은 하나님의 장막(3)으로 기술하고 있다. 이와는 달리 성도 곧 어린양의 신부, 아내를 의미(9)하는 교회를 거룩한 성 예루살렘(10)으로 기술하고 있다. 미묘한 차이를 보라.

통해 환상으로 보여주시고 있다.

4장이 창조주 하나님을 찬양하는 것에 방점을 두었다면 5장은 구속주이신 예수님을 찬양하고 있으며 그 예수님은 참 하나님이심을 보여주고 있다. 동시에 4장과 5장은 '다른 하나님, 한 분 하나님'이신 기능론적 종속성과 존재론적 동질성의 삼위일체 하나님을 행간을 통해 드러내면서 그 삼위하나님을 찬양하는 미래형 하나님나라에서의 교회가 드리는 '천상의 예배 모습'을 보여주시고 있다. 이렇게 사도 요한을 통해 향후 있게 될 하늘 보좌와 함께 완성된 천상의 교회를 보여줌으로 아직은 불완전한 지상교회로 살아가야만 하는 교회 즉 하나님의 백성들이 일곱 재앙(인, 나팔, 대접)에서 실족하지 않도록 소망을 주신 것이다.

한편 일곱 재앙은 비록 통과하기에는 힘들고 어려운 것은 사실이나 그 모든 것은 한시적이며 제한적일 것을 말씀하고 있으며 전적으로 어린양의 지배 하에 있기에 "예수 믿음과 하나님의 계명"을 붙들고(14:20) 인내하며 극복해 나갈 것을 말씀하고 있다.

논란의 여지가 있기는 하나 4-5장을 통하여는 삼위하나님, 교회들(24장로), 천사장(4생물), 그리고 천군 천사들의 예배 장면의 '공간과 배치되어 있는 거리'를 통한 교회와 하나님과의 관계와 교제를 살짝 엿볼 수 있다. 분명한 것은 미래형 하나님나라에서는 부활체로서 신과 방불한 자로 살아가기에 시공을 초월한다는 사실이다. 그럼에도 불구하고 육신을 가지고 살아가는 현재적 시점으로 4-5장에서 보여준 하나님나라 예배장면을 동심원으로 나타내면 다음과 같다.

가장 중심에는 삼위일체 하나님이 계신다. 그 다음 가장 가까운 동심원에는 교회를 상징하는 24장로가 있다. 그 주위를 천사장을 상징하는 네 생물이 있고, 그 주위로 천군 천사가 있다. 삼위하나님의 가장 지근 거리에 '천사도 흠모하는' 교회인 우리들이 있음에 흐뭇한 미소를 짓게 된다. 다시 반복하지만 미래형 하나님나라라는 시공의 의미가 없음도 전제한다.

1 이 일 후에 내가 보니 하늘에 열린 문이 있는데 내가 들은 바 처음에 내게 말하던 나팔 소리 같은 그 음성이 가로되 이리로 올라오라 이 후에 마땅히 될 일을 내가 네게 보이리라 하시더라

4장 1절의 "이 일 후에"라는 것은 헬라어로 메타 타우타(Μετὰ ταῦτα, after these things)인데 이는 시간의 순서를 의미하는 것이 아니라 장면의 전환을 나타내는 말로 계시록에는 여러 번 반복되어 나타난다. 즉 계시록은 시간 순서로 쓰여진 것이 아니라 '종말'에 관한 다양한 장면들을 환상을 통해 반복적으로 복합적으로 다각도로 섞여져서 밧모섬의 사도 요한이 보게 된 것을 기록[19]한 것이라는 말이다.

"하늘에 열린 문이 있다"라는 것은 히브리적 사고로 이해해야 한다. 유

---

19 Progressive recapitulation(요점 되풀이, 요약, 개요), progressive repetition이라고 하며 점진적, 반복적, 점강적으로 종말에 대해 다각도로 보여주신 것을 사도 요한이 기록한 것이다.

대인들은 하늘의 어느 곳에 하나님(마 18:10, 사 66:1)과 천사들(마 24:36), 그리고 구원받은 성도들이 가는 곳(19:1)이 있으며 그곳을 3층 천으로 이해했다. 그런 그들은 2층 천에 창문이 있는데 그 창문이 열리면 3층 천이 보일 것으로 생각했다. 즉 그런 문화적 배경 하에 있던 사도 요한이기에 '하늘에 열린 문이 있다'라고 기록한 것이다.

"열린 문"이란 양의 문이신 예수 그리스도를 의미(요 10:7)하며 "하늘에 열린 문이 있다"라는 것은 미래형 하나님나라에 승리주 하나님이신 예수 그리스도가 계심을 가리킨다.

"이리로 올라오라"는 것은 세대주의자들의 주장대로 사도 요한이 실제로 하늘로 들리움(휴거)을 받은 것이 아니라 하나님께서 장차 될 일을 밧모섬의 사도 요한에게 하늘에 올라가서 직접 보듯 환상으로 보여주신(암 3:7) 것이라는 의미이다.

2 내가 곧 성령에 감동하였더니 보라 하늘에 보좌를 베풀었고 그 보좌 위에 앉으신 이가 있는데 3 앉으신 이의 모양이 벽옥과 홍보석 같고 또 무지개가 있어 보좌에 둘렸는데 그 모양이 녹보석 같더라 4 또 보좌에 둘려 이십사 보좌들이 있고 그 보좌들 위에 이십사 장로들이 흰 옷을 입고 머리에 금 면류관을 쓰고 앉았더라 5 보좌로부터 번개와 음성과 뇌성이 나고 보좌 앞에 일곱 등불 켠 것이 있으니 이는 하나님의 일곱 영이라 6 보좌 앞에 수정과 같은 유리 바다가 있고 보좌 가운데와 보좌 주위에 네 생물이 있는데 앞뒤에 눈이 가득하더라

2-6절은 성령에 감동된 사도 요한이 밧모섬에서 환상 중에 마치 "신부가 신랑을 위해 단장한 것같이(계 21:2)" 눈부시게 아름다운 미래형 하나님

나라에 있는 완성된 '천상의 교회(예배당)'와 그들의 예배를 보고 있는 것이다. 그 중앙에는 보좌가 있는데 그 위에 앉으신 성부하나님의 모양은 푸른빛이 나는 고운 옥인 벽옥과 홍보석(홍옥) 같다라고 했다. 그 보좌 주위에는 무지개가 둘러 있는데 마치 녹보석(emerald)같다라고 했다. 나는 이 부분에서는 문자적으로나 상징적으로나 어느 것으로 해석해도 무방하다는 생각이다.

한편 "무지개"는 하나님께서 허락하셨던 일방적 은혜 언약인 6대 언약 중 노아 언약(이중언약 즉 홍수 전 언약, 방주 언약과 홍수 후 언약, 무지개 언약)의 징표로 주신 것으로 '신실한 약속'을 상징하고 있다. 히브리어 케세트(קֶשֶׁת, nf, a bow, rainbow)는 '무지개, 활'등을 의미하는데 이는 코쉬(קוֹשׁ, v, to lay bait or lure, en-snare)에서 파생되었다. '무지개 언약'에서의 '무지개'란 활처럼 생긴 것으로 그 화살의 방향이 하늘의 하나님을 향하고 있다. 그렇기에 '무지개 언약을 주신 것은 '당신께서 목숨 걸고 약속을 지키겠다'라는 것을 상징한다. 이는 아브라함에게 목숨 걸고 일방적으로 약속하셨던 횃불 언약(창 15장)의 '그 약속'과도 같다.

롱맨(Tremper Longman)은 창세기의 무지개 언약은 하나님께서 인류가 땅에서 살아갈 수 있도록 환경을 보존해 주시겠다라는 약속이라고 했다. 그렇기에 창세기 9장 11절에는 다시는 홍수로 인간을 멸하지 않겠다라고 하셨고 창세기 8장 22절에서는 계절을 통해 자연스러운 생활 주기를 허락하겠다라고 말씀하신 것이라고 했다.

5절에는 "보좌로부터 번개와 음성과 뇌성이 나고"라고 말씀하셨는데 이는 성부하나님의 현현(출 19:16)을 말한다. 또한 그 보좌 앞에는 일곱 등

불 켠 것처럼 보이는 일곱 영이신 성령 하나님이 계심을 말씀하고 있다. 즉 보좌에 성부하나님과 성령 하나님이 계심을 보았다라는 것이다.

보좌 앞에는 '미래형 하나님나라'를 상징하는 "수정과 같은 유리 바다"가 있다라고 했다. 사도 요한은 보좌 앞과 보좌 우편에 삼위하나님의 보좌를 중심으로 동심원처럼 보이는 완성된 천상의 예배당 즉 미래형 하나님나라에서 교회들과 천사들이 자리하고 있는 것과 그들의 예배의 모습을 보고 있다. 시공을 초월한 미래형 하나님나라의 모습을 가만히 묵상해 보면 큰 은혜가 몰려옴을 느낄 수 있다.

한편 계시록 4장 4-6절과 5장 6-7, 11절을 읽어 내려가다 보면 마치 서로 다르게 묘사하고 있는 듯하여 간혹 혼란스러울 때가 있다. 다시 말하지만 미래형 하나님나라에는 시공(時空)의 의미가 없음을 염두에 두어야 혼란스럽지도 않고 쉽게 이해할 수 있다. 그럼에도 불구하고 완성된 '천상의 교회공동체(예배당)'인 미래형 하나님나라와 교회들의 예배에 대한 '동심원적' 선명한 개념정립은 지금 유한을 살아가는 우리에게는 '소망(엘피스)'이 되기에 한번쯤은 그려보는 것도 필요하다.

"24장로"는 천사도 흠모하는 하나님의 자녀인 우리 즉 교회를 가리킨다. "4생물"은 천사장을 말하며 그 주위에 천군천사가 위치하고 있다. 그러므로 일단 시공의 개념은 차치한 후 천상의 완성된 예배당과 교회들의 배치에 대한 동심원을 단순히 개념화하기 위해 그려본다면 다음과 같다.

가장 중심에는 삼위하나님이 계시는 하늘 보좌가 있다. '하늘 보좌'는 통치, 경영, 영광, 심판을 상징한다. 역사의 주관자 하나님은 시대를 막론

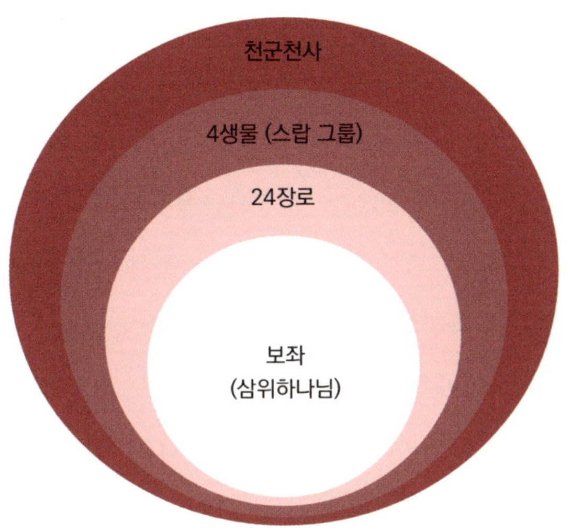

하고 선민인 이스라엘 백성들이 위기를 맞았을 때에나 절망 시에 '하늘 보좌'를 보여주시곤 했다. 이곳 계시록 4-5장에서 그렇게 하셨고 이사야 6장에서도 그렇게 하셨다. 계시록 19장에서도 역사의 주관자이신 하나님의 심판(2)과 통치(6)를 보여주고 있다.

하늘 보좌 주위에는 24보좌[20]가 있는데 이는 구원받은 온 성도 즉 교회를 상징하는 24장로들이다. 그들은 흰 옷[21]을 입었고 그 머리에는 금 면류관을 쓰고 있었다. 그 주위에는 4생물이 있었는데 이들은 천사장으로

---

20 24보좌와 그 위에 앉은 24장로는 구원받은 모든 성도인 교회를 가리킨다. 12지파인 유대인과 12사도인 헬라인을 의미한다.

21 흰 옷은 그리스도의 의의 옷(갈 3:27, 롬 13:14)으로 어린양의 피에 그 옷을 씻어 희게 한 것(7:14)이다. 동시에 로마서 13장 12절은 빛의 갑옷이라고도 했다.

서 그룹이나 스랍들이다. 천사장들 주위에는 많은 천군천사들이 둘러서 (5:11) 있었다(4:4-6, 5:6, 11). 필자인 내가 주목한 것은 천사장들보다 교회인 우리가 하나님의 보좌에 더 근접해 있었다라는 것이다.

내가 그렇게 해석[22]한 이유는 앞서 언급했듯이 우리는 하나님의 자녀이며 천사는 구원 얻을 후사, 즉 교회인 우리들을 섬기라고 창조한 피조물이기 때문이다. 노파심에서 사족(蛇足)을 달자면, 미래형 하나님나라에서는 시공(時空)의 의미가 전혀 없다라는 것이다. 그렇기에 지근거리 운운하는 것도 사실은 무의미하다. 그러나 하나님의 자녀 된 우리가 삼위하나님과 함께, 영원히, 가장 지근거리에서 바른 관계 속에 친밀한 교제를 하며 찬양과 경배를 드리고 그렇게 가까이에서 누리게 될 것을 보다 강조하고 픈 저자의 갈망을 표현하고 싶었을 뿐이다.

7 그 첫째 생물은 사자 같고 그 둘째 생물은 송아지 같고 그 세째 생물은 얼굴이 사람 같고 그 네째 생물은 날아가는 독수리 같은데 **8** 네 생물이 각각 여섯 날개가 있고 그 안과 주위에 눈이 가득하더라 그들이 밤낮 쉬지 않고 이르기를 거룩하다 거룩하다 거룩하다 주 하나님 곧 전능하신 이여 전에도 계셨고 이제도 계시고 장차 오실 자라 하고 **9** 그 생물들이 영광과 존귀와 감사를 보좌에 앉으사 세세토록 사시는 이에게 돌릴 때에

7-9절에서 사도 요한은 "사자 같고 송아지 같고 사람 같고 독수리 같은

---

22 양형주의 〈평신도를 위한 쉬운 요한계시록 1〉, 나의 해석은 양형주의 p215와 순서가 다르다.

4생물들(단 7:3-6, 겔 1:10, 10:14)"이 "거룩하다 거룩하다 거룩하다 주 하나님 곧 전능하신 이여 전에도 계셨고 이제도 계시고 장차 오실 자"에게 영광과 존귀와 감사를 드리는 장면을 보았다고 했다. 즉 천사장들은 밤낮 하나님의 속성인 거룩성, 전능성, 영원성에 대해 쉬지 않고 최상급으로 찬양하고 있다라는 것이다. 그들은 성부하나님을 향해 영광과 존귀와 감사는(4:9) 물론이요 창조의 능력도(4:11) 찬미하고 있다.

9절이 지극히 높으신 성부하나님께 '감사'를 드린 것이라면 11절은 그런 성부하나님의 전능하심을 '찬미'한 것이다.

10 이십사 장로들이 보좌에 앉으신 이 앞에 엎드려 세세토록 사시는 이에게 경배하고 자기의 면류관을 보좌 앞에 던지며 가로되 **11** 우리 주 하나님이여 영광과 존귀와 능력을 받으시는 것이 합당하오니 주께서 만물을 지으신지라 만물이 주의 뜻대로 있었고 또 지으심을 받았나이다 하더라

10-11절에서 사도 요한은 구원받은 모든 성도 즉 교회를 상징하는 "24장로들"이 미래형 하나님나라인 천상의 완성된 예배당에서 경배와 찬양을 드리는 장면을 보았다고 했다. 그들은 하나같이 세상에서 한번 인생을 치열하게 살며 "선한 싸움을 싸우고 달려갈 길을 마치고" 믿음을 지킨 후 "주 곧 의로우신 재판장" 되신 예수님이 주신 생명의 면류관 즉 "의의 면류관"을 쓰고 있었다(딤후 4:7-8). 그런데 그들이 막상 천국에 와 보니 의의 면류관을 쓰게 된 공로에 대해 사실상 자신들이 한 것은 하나도 없고 모든 것은 그분의 능력과 도움이었음을 알게 되었다. 얼굴이 화끈거려 더

이상 면류관을 쓰고 있을 수 없어 슬그머니 벗어서 하나님께 돌려드리는 (Walvoord[23]) 장면을 사도 요한은 보았던 것이다.

필자인 나는 이 말씀에서 큰 충격을 받았다. 내가 지금까지 사역하며 달려왔던, 이루었던, 모든 것은 전적인 하나님의 은혜였기 때문이다. 아무리 보아도 나 스스로의 힘으로 한 것은 하나도 없었다.

'전적인 하나님의 은혜!'

'나의 나 된 것은 하나님의 은혜로 된 것이니(고전 15:10)"

우리는 한번 인생을 살며 지금까지 각자의 영역에서 현재형 하나님나라를 위해 깨어지고 부서지더라도 한 조각 심장만 붙들고 열심히 충성해 왔다. '맡은 자에게 구할 것은 충성(고전 4:2)'이었기 때문이다. 그렇게 너나없이 유한되고 제한된 직선 인생을 살아가며 육신의 장막을 벗는 그날까지는 당연히 충성해야 한다.

충성되게 알차게 살아가려는 노력은 누가 뭐라고 하더라도 참으로 귀한 일이다. 문제는 그 일의 결과에 대한 공치사(功致辭, flattery, empty compilments)이다. 진실된 교회들이라면 모든 것이 내 힘과 노력이 아닌 전적으로 성령님의 능력으로만 가능했음을 인정해야만 한다. 이미 이룬 어떤 일들을 나의 땀과 눈물의 결과라고 한다면 그것은 온전한 착각일 뿐이다.

어떤 일이든지 우리가 땀과 눈물을 쏟은 것은 맞다. 그렇게 우리를 들어 쓰신 것은 맞지만 모든 것은 하나님이 하셨음을 흔쾌히 인정해야 한

---

23 John F. Walvoord(1910-2002)는 theologian, pastor, Dallas theological seminary의 총장(1952-1986)이다. 성경 지식 논평의 공동 편집자로 주로 종말론에 관한 30여 권의 저술이 있다.

다. 나의 열심으로 했다는 생각은 "자기 의'를 드러내는 것일 뿐이다. 그런 생각은 온전히 버려야 한다. 만약 자신의 힘으로 사역했다고 생각하는 사람이 있다면 그는 천국에 가서도 그 면류관을 하나님께 결코 돌려 드리지 않으려고 할 것이다.

다시 강조하지만 영광 받으실 분은 오직 삼위하나님뿐임을 명심해야 한다. 창조주 하나님은 만물을 지으셨고 역사의 주관자 하나님은 당신의 섭리와 경륜을 따라 만물을 당신의 뜻대로 이끌어 가신다. 장차 오실 승리주, 만왕의 왕이신 재림의 예수님은 백보좌 심판을 통하여 언약을 완성하실 것이며 새 창조를 통한 완전한 회복을 이루실 것이다.

"오직 하나님께만 영광!"

"Soli Deo Gloria!"

큰 음성으로 가로되 죽임을 당하신 어린 양이 능력과 부와 지혜와 힘과 존귀

와 영광과 찬송을 받으시기에 합당하도다 하더라 _ 요한계시록 5:12

다른 하나님, 한 분 하나님
구속주 예수님 찬양(천상의 교회)

앞서 4장에서 언급했듯이 2-3장은 지상에 있는 불완전한 교회들을 상징하는 소아시아 일곱 교회들의 삶, 그리고 삶으로 드리는 모든 예배를 향한 아버지 하나님의 마음으로 사도 요한을 통해 칭찬과 책망의 말씀을 주고 있다. 그 중에는 하나님이 기뻐하시는 열납의 예배(롬 12:1)가 있는가 하면 정반대로 차라리 "너희 중에 성전 문을 닫을 자가 있었으면 좋겠다(말 1:10)"라고 할 정도로 엉망으로 살아가는, 삶으로 드리는 예배에 대한 책망도 있었다.

한편 4-5장은 사도 요한을 통해 향후 천상에 있게 될 "거룩한 성 새 예루살렘"인 미래형 하나님나라(장소 개념)에서의 완전한 교회[24]들의 찬양

---

24 이는 장소 개념으로 미래형 하나님나라를 말한다. 계시록 21장에는 거룩한 성 새 예루살렘(2) 혹은 하나님의 장막(3)으로 기술하고 있다. 이와는 달리 성도 곧 어린양의 신부, 아내를 의미(9)하는 교회를 거룩한 성 예루살렘(10)으로 기술하고 있다. 미묘한 차이를 보라.

과 경배모습을 보여주고 있다.

4장이 창조주 하나님을 찬양하는 데 방점을 두었다면 5장은 구속주이신 예수님을 찬양하고 있으며 그 예수님만이 참 하나님이라고 말씀하고 있다. 또한, 사도 요한을 통해 하늘 보좌와 완성된 천상의 에배당 즉 거룩한 성 새 예루살렘과 거룩한 성 예루살렘인 교회들을 보여줌으로 아직은 불완전한 지상교회로 살아가야만 하는 하나님의 백성들이 일곱 재앙(인, 나팔, 대접)에서 실족하지 않도록 소망을 주셨다.

성경에서 '소망'이란 예수 그리스도를 통한 '미래형 하나님나라에로의 입성과 영생'을 말한다. 그래서 로마서 15장 13절은 "소망의 하나님" 즉 소망을 주시는 하나님으로 묘사하고 있다.

"소망의 하나님이 모든 기쁨과 평강을 믿음 안에서 너희에게 충만케 하사 성령의 능력으로 소망이 넘치게 하시기를 원하노라" _롬 15:13

'동심원적' 미래형 하나님나라 즉 완성된 예배당과 교회들의 모습에 대해 레마이야기 4에서도 밝혔듯이 이곳에서도 삼위하나님, 24장로, 4생물, 천군 천사의 '동심원적' 위치를 통해 하나님과의 바른 관계와 교제를 다시 한번 더 깊이 묵상하는 시간이 되길 바란다.

5장 1절에서는 사도 요한이 "보좌에 앉으신" 성부하나님의 절대적인 힘을 상징하는 "오른손에 책(두루마리)"이 있음을 보고 있다. 그 책은 안팎으로 쓰여 있고 일곱 인(봉인)으로 봉해져 있었다. 봉인된 이 책은 구약적 배경으로 보면 출애굽기 32장 15-16절의 "그 판의 양면 이편 저편에 쓰여진" 증거의 두 판을 가리키기도 하며 동시에 에스겔 2장 9-10절의 "안팎에 글 곧 애가, 애곡, 재앙"이 쓰여 있는 두루마리 책을 가리키기도 한다.

계시록 10장에서는 예수의 죽음과 부활로 인해 그 책의 봉인이 떼어지고 열리게 됨을 보여주고 있다. 그리하여 두루마리의 내용이 계시되는데 바로 '재앙과 심판'에 관한 것이었다. 즉 불신자에게는 진노와 심판을, 그리스도인에게는 승리와 구속으로 인한 구원 역사의 성취와 완성을 말씀하고 있다. 다시 말하면 그분의 오른손에 있는 책은 그리스도인에게는 하나님나라의 도래와 완성을 알려주는 복된 소식 즉 복음이 적힌 책이다.

다니엘서 12장 4, 9절에서 다니엘은 "마지막 때까지 이 말을 간수하고 이 글을 봉함하라"는 명령을 받는다. 이는 말씀이 훼손되거나 왜곡되지 않게 '말씀을 잘 보존하라'는 의미이다. 즉 계시록 12장 15절의 경우처럼 악한 세력이 일어나 말씀을 곡해하며 미혹하려 할 때에 복음 곧 진리인 말씀을 봉함하여 잘 보존하라는 명령인 것이다.

2-4절에서 사도 요한은 힘 있는 천사가 "누가 책을 펴며 누가 그 인을 떼기에 합당하냐"라고 외치는 모습을 보게 된다. 그 소리를 들은 사도 요한은 처음에 "하늘 위에나 땅 위에나 땅 아래에 능히 책을 펴거나 보거나 할 이"가 안 보이자 크게 울어버린다. 일순간 요한의 낙담이 교회(성도)의 낙담으로 이어지지만 곧 이어 5절에는 인을 떼시는 예수 그리스도로 인해 위로와 보상을 얻게 되는 장면이 주어진다. 이를 통해 우리는 예수님만이 역사의 주관자 하나님이며 심판주 하나님이라는 것을 알게 된다.

5절에서는 그런 사도 요한을 보며 먼저 구원받은 성도인 장로 중 하나가 "울지 말라"고 하면서 "유대 지파의 사자(창 49:9, 계 22:16) 다윗의 뿌리(사 11:1-10, 계 22:16)"인 예수께서 "이 책과 그 일곱 인"을 떼실 것이라고 말하고 있다. 그 후 사도 요한이 "보좌와 4생물과 장로들 사이"에 서 있는 "일찍 죽임을 당한 것 같은 어린양"이신 예수님을 보았는데 성령님과 성부하나님과 함께 계셨다.

5, 9절에서는 승리하신 어린양이 봉인을 떼실 것이라고 말씀하고 있다.

죽임을 당한 어린양은 십자가를 통해 승리하셨기에 봉인을 뗄 수 있다. 한편 세상적 관점에서는 지독한 역설인 '십자가 죽음이 곧 승리'라는 이 명제를 받아들이기가 어려울 수도 있다. 이는 종말 시대를 살아가는 교회인 우리가 어떤 관점으로 살아가야할 지를 말씀해주는 것이다. 교회에 있어서 승리적 삶이란, 세상의 관점과는 달리 십자가로 낮아지는 것이며 죽음으로 승리하는 것임을 알아야 한다.

포이스레스[25](Vern S. Poythress)의 말처럼 '영적 싸움의 승리는 정치적, 군사적 승리가 아니라 낮고 천한 십자가의 죽음으로 승리하는 것'이다. 즉 '지는 것으로 이기는 삶을 살라(고전 1:18-24, 고후 12:5-10)'는 말씀으로 이는 육신을 가진 우리의 기대와 상상을 훨씬 뛰어넘는 예수님의 승리 방정식이다.

"십자가의 도가 멸망하는 자들에게는 미련한 것이요 구원을 얻는 우리에게는 하나님의 능력이라" _고전 1:18

6 내가 또 보니 보좌와 네 생물과 장로들 사이에 어린 양이 섰는데 일찍 죽임을 당한 것 같더라 일곱 뿔과 일곱 눈이 있으니 이 눈은 온 땅에 보내심을 입은 하나님의 일곱 영이더라

6절은 5장 11절, 4장 4절과 동일하게 미래형 하나님나라를 상징하는

25　수학자(캘리포니아 공대, 하버드 대)이자 신학자(웨스트민스터, 케임브리지, 남아공 스텔렌보스대)이다. 그는 1976년부터 웨스트민스터 신학교에서 신약학 교수로 가르치며 신학 저널의 편집자로 섬기고 있다.

천상의 완성된 예배당과 교회의 예배 모습을 보여주고 있다. 나는 이런 미래형 하나님나라의 예배당과 교회의 모습을 4장에서 개념적으로 동심원을 그렸다. 가장 중심인 보좌에는 삼위하나님이 계시고 그 주위에는 교회들을 상징하는 24장로가, 그 다음은 천사장인 4생물이, 그리고는 천군 천사들이 둘러서 있다고 했다.

당연히 미래형 하나님나라는 시공의 구분이 없음을 염두에 두라고도 했기에 나는 이 구절을 해석한 Hendriksen[26]의 견해와 조금 다르다. 그는 가장 중심에 보좌 위에 계신 하나님이, 그 다음에 4생물이, 그리고 예수님이, 그 다음에 24장로들이 있다고 설명했다. 또한 양형주의 〈평신도를 위한 쉬운 요한계시록 1〉, p215의 순서와도 다르다. 이런 해석의 상이점은 '맞다 틀리다'로 판단하는 것보다는 독자들 개개인의 묵상에 있어 풍성함을 더해줄 수도 있기에 유연성(柔軟性, flexibility)이 있었으면 한다. 물론 본질에서 어긋난 이단이나 사이비의 엉뚱한 해석까지도 두둔하라는 것은 결코 아니다.

7 어린 양이 나아와서 보좌에 앉으신 이의 오른손에서 책을 취하시니라 8 책을 취하시매 네 생물과 이십사 장로들이 어린 양 앞에 엎드려 각각 거문고와 향이 가득한 금대접을 가졌으니 이 향은 성도의 기도들이라

---

26 William Hendriksen(1900-1982)은 기독교 개혁교회에서 사제 서품을 받았고 Professor, minister, writer이다. 그는 Calvin Theological Seminary의 신약학 교수(1942-1952)로 재직했다. 그는 신약성경 해설자 중 가장 선도적이고 가장 존경받는 사람들 중 하나로 알려져 있다.

7-8절은 밧모섬의 사도 요한에게 어린양이신 예수님이 "보좌에 앉으신" 성부하나님의 절대적 힘을 상징하는 "오른손에서 책(두루마리, 재앙과 심판, 5:1)"을 취하는 것을 보여주고 있다. 그러자 "4생물과 24장로들"이 예수님 앞에 엎드려 경배한다. 또한 거문고(하프)를 사용하여 찬양드리는 것을 보여주고 있다. 그리고 그들은 "성도들의 기도"를 상징하는 "향(시 141:2)이 가득한 금대접(8:3-4)"을 들고 중보자 되신 예수님(히 7:25, 롬 8:34)께 바치고자 다시 그분 앞에 엎드리고 있다.

9절에는 14장 3절, 15장 3절과 마찬가지로 하나님의 구원의 은총과 자비를 찬양하는 "새 노래"를 부르는 장면을 보여주고 있다. 특히 예수 그리스도의 영 단번(once for all, 영원성, 완전성, 지속성)의 완전한 구속 사역에 대한 찬양은 이전에는 볼 수 없었던 노래이기에 "새 노래"라고 칭하고 있다. 게다가 찬양을 받기에 합당하신 초림의 예수님은 화목 사역(화목제물)과 구속 사역(대속제물)을 하심으로 우리를 하나님나라 되게 하셨고 왕 같은 제사장을 삼으셨다. 그리하여 교회는 예수 그리스도로 인해 태초부터 영원까지 예수님과 더불어 함께 왕 노릇(3:21, 20:4) 하게 된 것이다. 그렇기에 교회만이 당연히 "새 노래"를 부를 수 있다.

2,000년 전 초림 때에 예수님은 인간의 역사 속으로 유일한 의인으로서 완전한 인간으로 직접 오셨다. 당시 메시야를 그토록 기다려 왔음에도 불구하고 영적으로 아둔하고 미련했던 세상은, 빛이신 예수를 알지 못했을 뿐 아니라 심지어는 적대시하기까지 했다.

예수는 그들에게 공생애를 통해 천국복음을 가르치시며 전파하셨고 병자를 치유하시며 메시야닉 사인(Messianic sign)을 드러내셨다. 공생애를 마치시며 예수님은 우리의 수치와 저주를 몽땅 안고 십자가에 달리셨다. 3일후 부활하시고 이 땅에 40일간 계시다가 승천하기까지 예수님은 그리스도시요 메시야이심을 확실히 보여주셨다.

향후 재림의 그날, 우리는 '예수 그리스도 새 언약의 완성'을 통해 모든 것을 선명하게 알게 될 것이다. 지금은 거울로 보는 것같이 희미하나 그때에는 얼굴과 얼굴을 대하여 볼 것이요(고전 13:12)…….

11 내가 또 보고 들으매 보좌와 생물들과 장로들을 둘러선 많은 천사의 음성이 있으니 그 수가 만만이요 천천이라 12 큰 음성으로 가로되 죽임을 당하신 어린 양이 능력과 부와 지혜와 힘과 존귀와 영광과 찬송을 받으시기에 합당하도다 하더라 13 내가 또 들으니 하늘 위에와 땅 위에와 땅 아래와 바다 위에와 또 그 가운데 모든 만물이 가로되 보좌에 앉으신 이와 어린 양에게 찬송과 존귀와 영광과 능력을 세세토록 돌릴찌어다 하니 14 네 생물이 가로되 아멘 하고 장로들은 엎드려 경배하더라

11-14절에는 수많은 천군 천사와 모든 만물이 예수님을 향해 "찬송과

존귀와 영광과 능력을” 돌리는 것을 밧모섬의 사도 요한이 보고 듣는 장면이 묘사되어 있다. 교회들은 “능력과 부와 지혜와 힘과 존귀와 영광과 찬송을 받으시기에 합당하다”라는 ‘새 노래’를 천상의 예배당 즉 미래형 하나님나라에서 큰 음성으로 올려드리고 있다.

‘수많은 천군 천사와 모든 만물’이란 천사장을 상징하는 4생물들, 교회들을 상징하는 장로들, 천군천사들 심지어는 하늘 위에와 땅 위, 땅 아래, 그리고 바다 위에와 그 가운데 거하는 모든 피조물들인 ‘만물들’을 가리킨다.

그들은 예수님의 7가지 속성을 찬양하고 있었는데 그 내용은 다음과 같다.

첫째는 ‘능력’인데 이는 헬라어로 뒤나미스[27]($\delta\acute{u}\nu\alpha\mu\iota\varsigma$, nf)라고 하며 그리스도의 신적 권능(고전 1:24)을 가리킨다. 둘째는 부(富)를 의미하는 헬라어 플루토스($\pi\lambda o\hat{u}\tau o\varsigma$, nm, nn, riches, wealth, abundance, materially or spiritually)인데 이는 그리스도의 전인적 충만(막 10:29-30)을 가리킨다. 셋째는 지혜를 의미하는 헬라어 소피아[28]($\sigma o\varphi\acute{\iota}\alpha$, nf)인데 이는 그리스도의 신적 통찰력(고전 1:24, 약 1:5)을 가리킨다. 넷째는 힘이라는 헬라어 이스퀴스[29]($\iota\sigma\chi\acute{u}\varsigma$, nf)인데 이는 예수 그리스도의 근본적이고도 본질적인 힘(눅 11:22)을 의미한다. 다섯째는 존귀라는 헬라어 티메

---

27 (a) physical power, force, might, ability, efficacy, energy, meaning (b) plur: powerful deeds, deeds showing (physical) power, marvelous works)라는 의미를 가진다.

28 wisdom, insight, skill (human or divine), intelligence라는 의미이다.

29 strength (absolutely), power, might, force, ability라는 의미이다.

(τιμή, nf, a valuing, a price, honor)인데 이는 '그리스도는 만왕의 왕이요 만주의 주(17:14, 19:16)이심'을 가리킨다. 여섯째는 영광이라는 헬라어 독사[30](δόξα, nf)인데 이는 창조주로서의 무한한 영광(요 1:14)을 가리키며 중의적인 의미를 가진다. 즉 '하나님께 찬양과 경배를 올려드린다'라는 의미 외에도 '하나님의 능력과 속성, 성품이 이 땅에 드러나는 것'을 가리킨다. 성부하나님의 영광은 예수 그리스도의 십자가 죽음과 부활로 나타났다. 그렇기에 예수님은 "하나님의 영광의 광채(히 1:3)"이시다.

마지막 일곱째는 찬송이라는 헬라어 율로기아(εὐλογία, nf, adulation, praise, blessing, gift)인데 이는 '예수 그리스도는 찬송 받기에 합당하신 분'이라는 말이다.

한편 14절의 "4생물이 가로되 아멘하고 장로들은 엎드려 경배하더라"는 것은 천상의 완성된 예배당에서의 교회의 예배 장면을 사도 요한이 보았다라는 것이다. 우리는 하나님께서 일곱 재앙의 환상 전에 사도 요한에게 4-5장을 통해 천상의 완전한 예배당과 교회를 보여주셨음에 주목할 필요가 있다.

즉 그리스도인 이든 불신자든 간에 모두가 다 일곱 재앙을 겪어야 하기에 그 재앙을 통과할 때 천상의 완성된 예배당과 교회를 생각하며 "예수 믿음과 하나님의 계명"으로 인내하며 이겨나가라(계 14:12)고 소망을 주신 것임을 알아야 한다.

교회가 삼위하나님을 찬양하고 경배하는 것은 그 분만이 창조주시요

---

30 opinion (always good in NT), praise, honor, glory / honor, renown; glory, an especially divine quality, the unspoken manifestation of God, splendor라는 의미이다.

역사의 주관자시요 심판주이시기 때문이다. 그런 삼위하나님은 교회에게 한결같이 당신의 사랑과 공의를 베푸신다. 그분은 좋으신, 신실하신 하나님이시다.

그들의 진노의 큰 날이 이르렀으니 누가 능히 서리요 하더라 _요한계시록
6:17

나 여호와가 말하노라 너희를 향한 나의 생각은 내가 아나니 재앙이 아니라
곧 평안이요 너희 장래에 소망을 주려 하는 생각이라 _예레미야 29:11

일곱 재앙($\dot{\epsilon}\pi\tau\acute{\alpha}\ \pi\lambda\eta\gamma\acute{\eta}$)
-인($\sigma\varphi\varrho\alpha\gamma\acute{\iota}\varsigma$) 재앙(1/4)

계시록의 요약장이자 핵심장인 12-14장을 제외한다면 6장부터 16장까지는 종말 시대에 있게 되는 일곱 재앙과 삽입장에 대한 내용이다. 6장이 인 재앙에 관한 것이라면 8-9장은 나팔 재앙을, 16장은 대접 재앙에 관한 것이다. 삽입장으로는 인 재앙과 나팔 재앙 사이에 7장을 허락하셨고 나팔 재앙 후 10-11장을, 대접 재앙 전(前) 15장을 삽입장으로 허락하셨다.

인 재앙, 나팔 재앙, 대접 재앙이라는 일곱 재앙은 모두가 다 동일한 것으로 전 지구적, 전 우주적으로 반복되어 복합적으로 일어나는 것들이다. 단, 어느 시기의 어느 지역이 인 재앙이라면 그 시기의 다른 지역은 나팔 재앙일 수 있고 또 다른 지역은 대접 재앙일 수 있다는 것이다. 물론 복합되어 나타날 수도 있다. 결국 일곱 재앙은 반복적으로, 복합적으로 일어나는 것으로 범위, 크기, 강도, 세기가 다를 뿐이다. 인 재앙 다음에 나팔 재앙, 그리고 대접 재앙이라는 시간적 순서가 아니다. 분명한 것은 일곱째 재앙 후에는 예수님의 재림이 있다라는 것이다.

그 시기와 때에 대한 권한은 성부하나님께만(행 1:7) 있다. 그러므로 일곱 재앙의 징조를 순서대로 나열하여 시간순서를 정하거나 그 징조에 대해 너무 세세히, 억지로 해석하기보다는 '왜' 그 일곱 재앙을 허락하셨는가에 주목해야 한다.

하나님께서 불신자와 교회에 일곱 재앙을 허락하신 것은 분명하다. 불신자에게는 백보좌 심판 즉 유황 불못 심판에 대한 경고로 허락하셨다. '유황 불못 심판'이란 둘째 사망 즉 영원한 죽음(계 21:10-15)을 가리킨다. 반면에 교회에게는 종말 시대 동안에 '예수 믿음과 하나님의 계명'을 붙들고 인내하면서 영적 성장과 거룩함에의 훈련, 소망을 더욱 견고히 붙들라고 허락하셨다.

교회의 '소망(ἐλπίς, nf, hope, expectation, trust, confidence/ (from elpō, "to anticipate, welcome") – properly, expectation of what is sure (certain); hope)'이란 '미래형 하나님나라에로의 입성과 영생'을 가리킨다.

결국 일곱 재앙을 허락하신 것은 우리를 향한 하나님의 뜻인 '거룩함'에의 훈련 과정이요 도구라는 것이다. 또한 그 과정을 지나며 힘들고 어려울 때 "내가 속히 오리라"고 하셨으니 마라나타 곧 "아멘 주 예수여 오시옵소서"를 외치라는 것이다. 결국 교회는 일곱 재앙을 통해 하나님나라의 도래(already~not yet)에 대한 갈망에의 증폭과 완성(거룩한 성 새 예루살렘)에 대한 확고한 소망을 갖게 되는 것이다.

결론적으로 종말 시대에 일어나는 크고 작은 모든 것들 즉 일곱 재앙은 하나님의 섭리 하에 일어남을 알아야 한다.

이를 '섭리 의식(providence)'이라고 한다.

다시 반복하지만 일곱 재앙($\varepsilon\pi\tau\acute{\alpha}$ $\pi\lambda\eta\gamma\acute{\eta}$, 헵타 프레게)이란 일곱 인 재앙, 일곱 나팔 재앙, 일곱 대접 재앙을 통칭하여 말하는 것으로 이들은 모두 '동일한' 재앙이다. 차이가 있다면 범위와 강도, 세기, 크기의 문제일 뿐이다. 즉 인($\sigma\varphi\varrho\alpha\gamma\acute{\iota}\varsigma$) 재앙은 1/4의 환난 심판을, 나팔($\sigma\acute{\alpha}\lambda\pi\iota\gamma\xi$) 재앙은 1/3의 환난 심판으로 국부적이기는 하나 보다 더 직접적인 심판을, 대접($\varphi\iota\acute{\alpha}\lambda\eta$) 재앙은 전면적이고도 철저한 최고조의 심판으로 모든(all) 역영에서 '쎄게' 환난 심판을 받는 것이다.

결국, 우리는 종말 시대를 지나며 일곱 재앙이 전 지구적, 전 우주적으로 복합적으로 반복되어 일어나는(6:12-17, 11:15-18, 14:14-20, 16:17-20, 19:11, 19:19-21) 것임을 알아야 한다. 그렇다고 하여 시간의 흐름과 함께 순서대로 재앙의 강도가 세어진다는 것은 아니다. 첫째에서 여섯째 재앙까지는 복합적으로 그리고 반복적으로 각 지역마다 강도의 변화가 있다가 종국적으로 일곱째 재앙 후에는 예수님의 재림이 있게 되는 것이다.

각 재앙의 첫째~넷째는 세상에 임하는 재앙의 시작을, 다섯째~여섯째는 조금 더 강화되어 견디기 힘들어지는 재앙을, 일곱째는 다음 장면을 향한 연결고리의 역할과 함께 최종적인 재앙을 나타낸다. 결국 첫째에서 여섯째까지의 재앙은 현재형 하나님나라를 살아가는 교회들의 영적 성장과 거룩함을 위해 허락하신 것이며 일곱째 재앙은 최종 목적지인 하나님나라의 완성, 즉 미래형 하나님나라에로 향하는 것이다. 이런 일곱 재앙은 불신자에게는 진노와 심판에 대한 메시지이며 교회들에게는 거룩함에의 훈련을 통과할 것과 소망을 보다 더 견고히 잡으라는 하나님의 마음이다.

유진 보링[31](M. Eugene Boring)은 인 재앙과 나팔 재앙의 여섯째와 일곱째 사이에 있는 막간(삽입) 부분을 다음과 같이 설명한다. 나의 표현 양식으로 바꾸어 말하고자 한다. 여섯째와 일곱째 '인 재앙'사이에 들어가 있는 막간(삽입)장인 계시록 7장에는 먼저 고난과 핍박을 통과하여 승리한, 천상에 있는 교회(24장로)들이 흰 옷을 입고 어린양과 더불어 찬양 즉 새 노래를 부르는 것을 보여주시며 '인 재앙'의 과정을 통과해야 하는 종말 시대(교회 시대) 동안에 두려워하지 말고 인내로 견뎌내며 담대함과 소망을 가지라고 했다. 즉 6장 17절의 "진노의 큰 날에 누가 능히 서리요"에 대한 명확한 답이다.

또한, 여섯째와 일곱째 '나팔 재앙'사이에 들어가 있는 막간(삽입)장인 계시록 10장에는 복음의 내용이 기록된 작은 책을 주시면서 먼저 먹고 맛을 누리라고 하신 후 11장에서는 교회로 상징된 "두 증인, 두 감람나무, 두 촛대, 두 선지자"에게 복음 전파(전도가 동일 문화권에 복음을 전하는 것이라면 선교는 타문화권에 복음을 전하는 것이다)에 올인해야 할

---

31 M. Eugene Boring은 Texas Christian Univ.의 I. Wylie Briscoe의 석좌교수이며 브라이트 신학교 은퇴 교수이다.

것을 명하고 있다.

그렇다면 왜? 16장의 대접 재앙 다음에는 삽입(막간)이 없을까? 그는 "대접 재앙은 하나님의 최종적인 진노와 재앙이기 때문"이라고 했다. 즉 마지막을 상징하는 처절한 대접 재앙 이후에는 예수님의 재림과 함께 백보좌 심판을 통해 그리스도인들은 새 하늘과 새 땅(미래형 하나님나라)에서 영생을, 불신자들은 유황 불못(미래형 지옥)에서 영원한 죽음인 둘째 사망의 해를 받게 될 것(시 73:17-20)이기 때문에 삽입장이 없다고 했다.

유진 보링의 해석이 도움을 준 것은 사실이나 노파심에서 다시 사족을 붙이고자 한다. 인 재앙, 나팔 재앙, 대접 재앙은 시간 순서가 아니다. 대접 재앙 후에 예수님의 재림이 있는 것이 아니라 '일곱째' 재앙 후에 예수님의 재림이 있는 것이다. 오늘 지금 순간에도 아니 내일에도 1/4의 환난(인 재앙)이나 1/3의 환난(나팔 재앙), 대접 재앙이 복합적으로 있을 수 있다. 그렇다고 하여 '종말의 끝'은 아니다. 그 마지막 날은 아버지 하나님만 아신다. 교회인 우리는 '종말의 끝'인 그날까지, 종말 시대 동안 일곱 재앙을 공히 심하게 때로는 덜 심하게 겪게 될 것이다.

결국 삽입(막간)된 부분을 통하여는 교회의 정체성과 사명을 일깨워 주시며 승리에 대한 소망을 주심과 동시에 교회가 어떻게 영적 싸움에 대처할 것인지를 큰 박수로 응원해 주고 있는 것이다. 그리하여 각 일곱 재앙의 마지막인 일곱째 재앙(인, 나팔, 대접)에 이르게 되면 재앙(심판)은 종결될 것을 말하고 있으며 일곱 재앙 모두는 다 한 목적지를 향하고 있다. 그 목적지는 바로 하나님나라의 완성이다.

6장 1절에서 사도 요한은 "어린양이 일곱 인 중의 하나" 즉 첫째 인을 떼는 장면을 보고 있다. 이는 어린양이신 예수님 만이 일곱 인을 떼실 수 있음을 가리킨다.

"우뢰소리"란 하나님의 심판을 선언하는 엄위하신 소리를 말한다. "오라"는 것의 대상이 누구인가에 대하여는 해석이 너무 분분하다. 그러나 그 다음 구절과 연결하여 보면 '말 탄 자'를 부르는 소리로 해석하는 것에 나는 줄을 섰다.

2절에는 흰 말이 나온다. 그 탄 자가 누구인지는 정확하게 알 수 없지만 싸움에서 "이기고 또 이기는" 연전연승의 그 무엇(겔 14:21, 짐승? 혹은 거짓 선지자?)일 것이다. 그는 무기로 활을 가졌고 머리에는 승리를 상징하는 면류관을 썼다. 마치 백마 타고 오시는 승리주, 심판주이신 재림의 예수님을 모방하려는 듯 보인다.

그러나 둘째 인에서 전쟁을 상징하는 '붉은 말'이 나오는 것을 보면 첫째 인의 백마 탄 자의 정체는 예수님이 아니라 예수를 흉내내는, 광명한 천사로 가장한 적그리스도임이 틀림없어 보인다. 그는 예수를 제대로 흉내 내려고 활이라는 무기를 가졌고 심지어 머리에는 면류관도 쓰고 있었다. 결국 백마를 탄 자는 19장 12, 15절에 언급된 '재림의 예수'를 비슷하게 흉내 내고 있는 것일 뿐이다.

이제 우리는 이 두 부분을 조심스럽게 비교하면서 조금 더 자세히 살펴보면 소소한 차이점으로 인한 다른 점을 발견할 수 있다.

먼저 19장에 나오는 승리주, 심판주이신 재림의 예수님이 가지고 있는 무기는 "검[32](칼, ῥομφαία, nf)"인데 반해, 6장에서 예수를 흉내 내고 있는 적그리스도의 무기는 "활(τόξον, nn)"이라는 것에 주목해야 한다. 둘째는 쓰고 있는 면류관 또한 6장의 적그리스도는 전쟁에서 승리한 사람이 쓰는 면류관[33]인 스테파노스(στέφανος, nm)인데 반하여, 19장의 만왕의 왕이신 재림의 예수님이 쓰신 것은 진정한 '왕권'을 상징하는 면류관인 디아데마(διάδημα, nn)이다. 결국, 6장에서 흰 말을 타고 있는 자의 정체는 누구인지는 확실하지 않으나 적그리스도로서 광명한 천사로 가장한 그 무엇임에 틀림없어 보인다.

한편 2-8절까지 나오는 네 말과 그 말을 탄 자들의 정체는 정확하게 알 수는 없으나 스가랴 1장 8-11절과 6장 1-11절을 참고하면 어느 정도 궁금증은 풀리게 된다. 그러나 '그들이 누구냐'라는 것보다 6장에 기록된 것이 '무엇을 의미하느냐'가 중요하며 더 나아가 그 재앙들을 '왜 허락하

---

32 무기의 차이는 19장에서 재림의 예수님은 검(칼, ῥομφαία, nf, a long Thracian sword; "a sword, scimitar")인데 반하여 6장에서 흉내 낸 적그리스도는 활(τόξον, nn, a bow)이다.

33 면류관의 차이는 19장에서 재림의 예수님은 만왕의 왕 즉 왕권을 상징하는 면류관인 디아데마(διάδημα, nn, a royal crown, a narrow filet encircling the brow," a "kingly ornament for the head" (R. Trench, 78)인데 6장에서 흉내 낸 적그리스도는 전쟁이나 경기에서 승리 후 쓰는 면류관인 스테파노스(στέφανος, nm, properly, a wreath (garland), awarded to a victor in the ancient athletic games (like the Greek Olympics); the crown of victory))이다.

셨는가'에 주목해야 할 것이다.

우리는 성경을 해석할 때 역사적 사건이나 사람을 대입하여 시간적 순서로 풀려는 시도나 징조를 통한 앞으로의 전개 과정을 수수께끼 풀 듯하기보다는 '하나님께서 하시고자 하는 말씀의 의도'에 초점을 두어야 한다. 그 일이 예견된 그 시점에 일어나든 아니든 간에 교회는 "예수 믿음과 하나님의 계명"을 붙들고 인내하며 나아가면 된다. 안 일어나면 더 감사이며 일어나더라도 돌파하면 되는 것이다. 교회는 그저 매사 매 순간 하나님의 뜻을 따라 하나님의 기쁨으로 살아가면 되는 것이다.

결국 교회가 종말 시대의 한 자락인 자신들의 한번 인생 동안에 해야할 일은 복음을 전파하는 것뿐이다. 그렇기에 '복음과 십자가로' 살아가고 '복음과 십자가만' 자랑하며 살아가는 것이 가장 중요하다. 즉 증인으로서의 삶과 더불어 그들이 듣든지 아니 듣든지 때를 얻든지 못 얻든지 "예수는 그리스도라 가르치기와 전도하기(행 5:42)"를 쉬지 않으며 살아가면 되는 것이다.

	인 재앙(1/4)	나팔 재앙(1/3)	대접 재앙(All)
첫째	백마, 활, 면류관 (6:2)	피 섞인 우박과 불 -땅, 수목, 푸른 풀 (8:7) 애굽에 내린 우박 재앙 (7, 출 9:13-25)	땅 -독한 종기(헌 데) (16:2) 애굽에 내린 독종 재앙 (6, 출 9:8-12)

3 둘째 인을 떼실 때에 내가 들으니 둘째 생물이 말하되 오라 하더니 **4** 이에 붉은 다른 말이 나오더라 그 탄 자가 허락을 받아 땅에서 화평을 제하여 버리며 서로 죽이게 하고 또 큰 칼을 받았더라

3-4절에는 사도 요한이 둘째 인 떼는 것을 듣고 보는 장면이 묘사되어 있다. 둘째 인을 떼자 '전쟁'을 의미하는 "붉은 말"을 탄 자가 '큰 칼(영향력, 대량 살육)'을 받고 나와 '화평을 제하여 버리고(분쟁)' '서로 죽이게(전쟁)' 했다. 이는 나라와 나라, 민족과 민족 간의 살육과 분쟁을 의미하는 것으로 종국적으로는 전면전이 일어나 어마어마한 영향을 끼칠 대량 살육을 예표하고 있다.

	인 재앙(1/4)	나팔 재앙(1/3)	대접 재앙(All)
둘째	붉은 말-전쟁 (6:3-4)	불붙는 큰 산과 같은 것 -바다가 피로, 생물, 배(8:8-9) 애굽에 내린 피 재앙 (1, 출 7:14-25)	바다가 피로 -모든 생물 폐사 (16:3) 애굽에 내린 피 재앙 (1, 출 7:14-25)

5 세째 인을 떼실 때에 내가 들으니 세째 생물이 말하되 오라 하기로 내가 보니 검은 말이 나오는데 그 탄 자가 손에 저울을 가졌더라 **6** 내가 네 생물 사이로서 나는 듯하는 음성을 들으니 가로되 한 데나리온에 밀 한 되요 한 데나리온에 보리 석 되로다 또 감람유와 포도주는 해치 말라 하더라

5-6절에서는 셋째 인을 뗀 후 기근과 흉년을 상징하는 "검은 말"을 탄

자가 나오는 것을 사도 요한이 보고 있다. 그는 손에 "저울"을 가지고 있었다. '저울'이란 기근, 흉년, 심판을 상징하는 것(겔 4:16-17)으로 당시 한 데나리온은 노동자 하루 품삯으로 밀은 12되, 보리는 그 세 배인 36-40되를 살 수 있었다.

결국 "한 데나리온에 밀 한 되요 보리 석 되"라는 것은 지독한 인플레이션을 가리키는 것으로 평시 가격 대비 12배가 폭등하게 될 것을 말씀하고 있다. 결국 기근으로 인해 식량이 부족하여 곡식의 무게를 달아야만 하는(겔 4:9-11) 상황을 상징하고 있는 것이다. 기근이 얼마나 심했든지 "한 데나리온에 겨우 밀 한 되, 보리 석 되" 밖에 살 수가 없었다는 것이다. 당시 유대인들의 주식(主食)은 밀과 보리, 포도주와 감람유였다. 당시 뜻하지 않게 흉년이 들면 감람나무와 포도나무를 뽑아 버리고는 대신 밀과 보리를 심기도 했었다고 한다.

한편 "감람유와 포도주는 해치 말라"고 하셨다. "해치 말라(ἀδικέω, to do wrong, act wickedly)"는 것은 곧 최악의 기근은 아니며 부족하나마 어느 정도의 식량이 남아있음을 내포하고 있는 것이다. 가만히 생각해보면 기근의 원인이 인간의 탐욕에 기인한 것임을 유추할 수가 있다. 점점 더 누구는 '인삼 뿌리'를, 누구는 '무(혹은 무우, radish) 뿌리'를 먹는 식(式)의 빈부격차가 존재할 것과 갈수록 중산층이 사라지게 되는 양상을 예고하고 있는 것이다. 이러다 보면 결국에는 자족(自足)하지 못하여 '조금만 더, 좀 더'라는 탐심에 의해 상대적 기근과 궁핍이 만연하게 될 것이다.

	인 재앙(1/4)	나팔 재앙(1/3)	대접 재앙(All)
셋째	검은 말-기근 (6:5-6)	횃불 같이 타는 큰 별 -강, 물샘, 물 1/3이 쑥이 됨 (8:10-11)	강과 물 근원 -피(16:4-7) 이유? 성도, 선지 자의 피 값 -하나님의 공의 애굽에 내린 피 재앙 (1, 출 7:14-25)

7 네째 인을 떼실 때에 내가 네째 생물의 음성을 들으니 가로되 오라 하기로 **8** 내가 보매 청황색 말이 나오는데 그 탄 자의 이름은 사망이니 음부가 그 뒤를 따르더라 저희가 땅 사분 일의 권세를 얻어 검과 흉년과 사망과 땅의 짐승으로서 죽이더라

7-8절에서는 넷째 인을 떼니 그 이름이 "사망"으로 의인화하고 있는 '청황색 말을 탄 자'가 나왔다. 이는 그 탄 자가 '누구인가'라는 것보다는 그 '내용'에 방점이 있음을 알 수 있다. 결국 첫째 인에서 넷째 인까지 그 탄 자는 인 재앙의 내용을 가리키는 것이다.

"청황색($\chi\lambda\omega\varrho\acute{o}\varsigma$, pale green, pale)"이란 잿빛 혹은 암갈색을 가리키는 데 죽은 시체의 색깔을 의미한다. 사망[34]이라는 다나토스($\theta\acute{a}\nu\alpha\tau o\varsigma$, nm)는 전염병, 질병, 온역(겔 5:12, 14:21, 대상, 21:11-12, 눅 21:11)을 의미한다.

---

34 사망이란 다나토스($\theta\acute{a}\nu\alpha\tau o\varsigma$, nm, physical or spiritual death; (figuratively) separation from the life (salva-tion) of God forever by dying without first experiencing death to self to receive His gift of salvation)로서 온역(전염병)을 뜻한다.

‘온역’이란 작금의 바이러스(Virus), 박테리아(Bacteria), 기생충 (Parasite)등 온갖 전염병을 말하며 향후 이름 모를 수많은 균들이 출현하게 될 것을 상징하고 있다. 그 ‘사망’의 뒤를 ‘음부’가 따랐는데 ‘사망, 음부’란 이중적 의미로 단순히 ‘육적인 죽음’을 의미하기도 하나 동시에 죽은 후 ‘영 벌의 저주 아래 놓이게 되는 상태’를 일컫기도 한다.

전염병으로 인한 ‘육적인 죽음’은 교회든 불신자든 간에 가리지 않고 누구에게나 다 올 수 있다. 교회는 육신적 죽음을 통과 후 미래형 하나님 나라에 들어가지만 불신자의 경우 육적인 죽음 후 ‘음부, 영벌의 저주 아래 놓이게’ 되어 ‘영원한 죽음’ 곧 둘째 사망인 유황 불못에 들어가게 될 것을 상징하고 있다.

“청황색 말을 탄자가 땅 1/4의 권세를 얻어 첫째 인 재앙에서 넷째 인 재앙까지의 내용인 “검과 흉년과 사망과 땅의 짐승”으로 죽이는데 이는 에스겔 5장 12절, 14장 21-23절, 누가복음 21장 11절에서 언급된 4가 지 재앙과 비교 분석해 보면 쉽게 이해할 수가 있다.

“검과 흉년과 사망”은 계시록 6장 4, 5, 8절에서 언급된 것이고 “땅의 짐승”은 2절에서 그리스도를 흉내 낸 적그리스도를 의미하는데 그들은 진리를 희미하게 하며 말씀을 왜곡시켜 버린다. 그런 그들에 의해 세상은 미혹되어 땅은 영육 간에 병적 상태가 되고 종국적으로는 파멸에 이르게 된다.

	인 재앙(1/4)	나팔 재앙(1/3)	대접 재앙(All)
넷째	청황색 말 –사망 –음부가 그 뒤를 따름 전쟁(검), 기근(흉년) 땅의 짐승(거짓 선지 자)(6:7-8)	해, 달, 별–1/3 어둠 낮, 밤 1/3 애굽에 내린 흑암 재앙 (9, 출 10:21-23)	해–사람을 불태움 (16:8-9) 하나님 이름 비방 회개X & 영광X(9)

9 다섯째 인을 떼실 때에 내가 보니 하나님의 말씀과 저희의 가진 증거를 인하여 죽임을 당한 영혼들이 제단 아래 있어

9절에서는 다섯째 인을 떼니 하나님의 말씀과 예수 증거를 인해 순교를 당한 영혼들이 "제단 아래"에 있는 것을 사도 요한은 보게 되었다. 이는 복음으로 인해 순교를 당하기까지 교회가 고통받게 될 것을 상징하고 있는 것이다. 결국, '종말의 끝'으로 갈수록 복음으로 인해 환난과 핍박은 더 심해질 것이며 순교자 또한 점점 더 늘어갈 것이라는 말이다. 동시에 그 수가 차기까지 계속적인 박해와 죽음이 있을 것이라고 말씀하고 있다.

그렇기에 현실을 살아가는 교회들에게는 종종 이해할 수 없는 어리둥절한 일들이 제법 일어난다. 당황스러운 것은 어떤 일을 당하기 전에 하나님은 교회를 미리 도와 주시기도 하나 대부분은 그 일을 감당하게 하시는 경우가 훨씬 더 많다라는 점이다.

지난 날 나는 특별히 이런 부문에서 많이 힘들어했다. 그런 와중에 다니엘서는 나의 힘듦을 한층 더 증폭시키곤 했다. 다니엘 3장 19-23절에는

다니엘이 불 속에 들어가도록 허락하는 사건이 기술되어 있다. 또한 6장 16-17절에는 다니엘이 사자굴에 던짐을 당하는 사건도 있다. 만약 내가 하나님의 입장에 있었다면, 다니엘이 아예 불에 들어가지도 사자굴에 던져짐을 당하는 것도 미리 막아줄 것 같은데…….

오랜 세월 고민을 했다. 그 부분의 해석은 머리로는 잘 알고 있었으나 그렇게 하시는 하나님을 마음으로 이해하기도 가슴으로 받아들이기도 어려워서 속상했다. 60의 중반에 이르러서야 겨우 하나님의 뜻을 걸음마 수준으로 받아들이고 있다.

분명한 것은, 우리 모두는 다 종말 시대를 지나는 동안 누구나 예외 없이 재앙을 겪게 된다라는 점이다. 육신의 장막을 벗는 그날에는 완전히 자유롭게 될 것이다. 그러므로 한번 인생 동안에 일곱 재앙을 피하려 하지 말고 임마누엘 하나님과 동행하며 "하나님의 계명과 예수 믿음"을 붙들고 인내하며 나아가야 할 것이다. 다니엘서를 통해 내게 주신 레마이다.

즉 역사의 주관자이신 하나님은 종말 시대를 지나는 동안 우리를 환난으로부터 면케 해주는 것이 아니라 우리가 잘 견뎌내고 통과할 수 있도록 (7:14)[35] 함께하시고 인도하시며 때로는 도움을, 때로는 보호하시는 것이 당신의 뜻이라는 것이다.

"세상에서는 너희가 환난을 당하나 담대하라 내가 세상을 이기었노라"

"제자들의 마음을 굳게 하여 이 믿음에 거하라 권하고 또 우리가 하나

---

35 come from이 아니라 come out of great tribulation으로 환난을 경험 않게 한다는 말이 아니라 환난을 겪으나 이기고 나올 수 있도록, 승리할 수 있도록 역사하시겠다는 의미이다.

님나라에 들어가려면 많은 환난을 겪어야 할 것이라 하고"_행 14:22

레위기 4장 7절에는 희생제물인 흠 없는 수송아지의 피를 향단 뿔에 바른 후 나머지는 번제단 아래에 뿌리는 장면을 보여주고 있다. 그 피는 2,000년 전 우리를 위해 희생제물이 되신 예수 그리스도를 상징한다. 동시에 예수의 피로 구원을 얻은 교회인 우리도 복음을 전하다가 피 흘리는 순교까지도 각오해야 함을 의미하고 있다.

10 큰 소리로 불러 가로되 거룩하고 참되신 대주재여 땅에 거하는 자들을 심판하여 우리 피를 신원하여 주지 아니하시기를 어느 때까지 하시려나이까 하니

10절에는 순교자들이 "거룩하고 참된 대주재"이신 하나님께 신원해달라며 외치고 있다. 심판과 달리 신원[36](vindication)이라는 헬라어는 에크디케오(ἐκδικέω, v)인데 이는 '보복'의 개념이 함의(含意)되어 있다. 순교자들은 하루빨리 땅에 거하는 자들 즉 땅에 속한 자들(3:10, 11:10, 13:12, 14:6, 17:8)인 악한 영과 그의 추종 세력들을 심판함으로 보복해달라고 외치고 있는 것이다. 여기서 '보복'이라는 말은 복수(앙갚음, revenge, vengeance, נְקָמָה, nf / נָקָם, nm ⟨- נָקַם, v)라기보다는 '하나님의 하나님 되심'을 나타내 주시고 '악한 세력이 더 이상 기승을 부리지 못하게 해 달라'는 의미이다.

36　심판과 달리 신원(vindication)은 에크디케오(ἐκδικέω, v, to vindicate, to avenge / to dispense jus-tice, carrying a judgment completely through, i.e. with all that is appropriate to it)로서 교회를 위한 하나님의 보복이다.

11 각각 저희에게 흰 두루마기를 주시며 가라사대 아직 잠시 동안 쉬되 저희 동무 종들과 형제들도 자기처럼 죽임을 받아 그 수가 차기까지 하라 하시더라

11절에는 그들에게 흰 옷(롬 13:12,14, 갈 3:27) 즉 "흰 두루마기"를 주시며 예수님의 재림을 통한 하나님나라의 완성의 때까지 잠시 기다리라고 하셨다. '흰 옷'이란 "흰 두루마기(계 6:11), 빛의 갑옷(롬 13:12), 그리스도의 의의 옷(롬 13:14), 맑고 빛난 세마포(계 15:6), 빛나고 깨끗한 세마포(계 19:8), 희고 깨끗한 세마포(계 19:14)"를 가리키는 것으로 '정결, 의로움, 승리'를 상징한다.

	인 재앙(1/4)	나팔 재앙(1/3)	대접 재앙(All)
다섯째	순교자들의 기도 신원 위한 탄식 (6:9-11)	첫째 화-황충, 어둠 (9:1-11) 애굽에 내린 흑암 재앙 (9, 출 10:21-23) 애굽에 내린 메뚜기 재앙 (8, 출 10:12-20)	짐승의 보좌-어둠 애굽에 내린 흑암 재앙 (9, 출 10:21-23) 고통-혀 깨뭄 고통, 종기->Q을 훼방, 회개X(11) (16:10-11)

12 내가 보니 여섯째 인을 떼실 때에 큰 지진이 나며 해가 총담 같이 검어지고 온 달이 피 같이 되며 **13** 하늘의 별들이 무화과나무가 대풍에 흔들려 선 과실

12-16절에는 여섯째 인을 떼니 천재지변(天災地變)이 일어나게 되는 것을 밧모섬의 사도 요한은 두려움과 떨림으로 보고 있다. 천재지변(天災地變)이란, 하늘(cosmos)의 징조인 해와 달, 별 등 우주의 파괴 즉 천체의 대격변과 함께 하늘(sky)과 산과 섬 등 자연재해 즉 자연계의 대격변이 동시에 일어나는 것을 말한다. 이는 구약과 신약의 모든 심판들을 배경[37]으로 하고 있다. 특히 12-13절은 마태복음 24장 29절의 말씀과 상통하고 있다. 가만히 보면 여섯째 인 재앙은 나팔 재앙과 대접 재앙, 그리고 출애굽 전의 10가지 재앙과 서로 상호 보완하면서 설명하고 있는 것을 볼 수 있다.

한편 천재지변이 일어나자 "임금들, 왕족들, 장군들, 부자들, 강한 자들, 각 종과 자주자"인 일곱 부류의 땅에 거하는 모든 사람들(일곱 부류)이 "보좌에 앉으신" 하나님과 어린양 예수님의 진노가 두려워 "굴과 산 바위틈"에 숨어들려고 한다. 그뿐 아니라 심지어는 차라리 "산과 바위"에 깔려 죽는 것이 낫겠다라고 외치는 것을 보게 된다. 이는 이사야 2장

---

37 구약(사 13:10, 13; 24:1-6, 17-23; 34:4; 겔 32장, 32:6-8; 호 10:8; 욜 2:10, 30-31, 3:15-16; 합 3:6-11)과 신약(막 13:24-25; 마 24:29)을 배경으로 했다. 이 필찬 교수의 〈요한계시록 어떻게 읽을 것인가〉 p132 재인용

19-21절과 시편 139편 7-8절의 말씀을 배경으로 하고 있다.

	인 재앙(1/4)	나팔 재앙(1/3)	대접 재앙(All)
여섯째	우주(해, 달, 별) 및 세상(하늘, 산, 섬) -큰 지진 땅에 거하는 자 -일곱 (6:12-17) 누가 능히 서리요	둘째 화 -유브라데 결박 4천사 -사람 1/3 죽이기로 준비된 자 & 그들 입 ->불, 연기, 유황 유브라데(9:13-21) (9:12-21) 회개치 아니하고 오히려 우상에게 절하고 회개치 아니하더라	큰 강 유브라데 -말라붙음 -동방에서 오는 왕들의 길 유브라데 (16:12-16) 개구리 같은 세 더러운 영 (용, 짐승, 거짓 선지자의 입) 16:12-16 개구리(16:12-16, 2, 출 8:2-6, 2)

17 그들의 진노의 큰 날이 이르렀으니 누가 능히 서리요 하더라

"누가 능히 서리요"에 대한 답은 7장 9절이하이다. 그리고는 8장 1절의 일곱째 인 재앙으로 연결된다.

17절에서는 "진노의 큰 날"이 이르게 되면 하나님 앞에 어느 누구도 설 자가 없게 됨을 알려주고 계신다. 과연 '누가' 거룩하신 하나님 앞에 설 수 있을까?

'감히'…….

그런데 좋으신 하나님은 당신 앞에 당당히 설 수 있는 길을 허락하셨

다. 히브리서 4장 14-16절과 에베소서 3장 12절에 의하면, "예수를 믿음으로" 의롭다 칭함을 얻어 하나님 앞에 "당당히 나아갈 수 있게" 된다라고 말씀해 주셨다.

한편 "진노의 큰 날"이란 진노의 '그' 큰 '그' 날이라는 의미로 헬라어로는 "헤 헤메라 헤 메갈레 테스 오르게스(ἡ(the) ἡμέρα(day) ἡ(the) μεγάλη(great) τῆς(of the) ὀργῆς(wrath)"이다. 이는 여호와께서 맹렬히 심판하시는 마지막 날인, 하나님께서 정하신 최후 심판의 '그(ἡ, the)' 날을 가리킨다. 동일한 의미로 구약에서는 '여호와의 날'이라고 반복하여(사 13:6, 겔 13:5, 욜 2:11, 습 1:14) 말씀하셨다. 결국, 최후 심판의 '그' 날이 되기까지 종말 시대 동안에 이런 일곱 재앙을 허락하신 아버지 하나님의 마음을 아는 것이 가장 중요하다. 그런 하나님의 마음은, 교회들에게는 거룩함에의 훈련과 마라나타를 외치게함과 소망을 갖게하기 위함이요 불신자들에게는 심판에 대한 경고이다.

일곱째 인 재앙이 있기 전, 삽입장인 7장을 주신 것은 종말 시대의 일곱 재앙인 진노의 날에 조차도 "인 맞은 자" 즉 교회에게는 확실한 구원과 영적 싸움에서의 분명한 승리를 말씀으로 보증해주신 것이다.

"나 여호와가 말하노라 너희를 향한 나의 생각은 내가 아나니 재앙이 아니라 곧 평안이요 너희 장래에 소망을 주려 하는 생각이라"_렘 29:11

"내가 사망의 음침한 골짜기로 다닐지라도 해를 두려워하지 않을 것은 주께서 나와 함께하심이라 주의 지팡이와 막대기가 나를 안위하시나이다"_시 23:4

결론적으로 종말 시대를 통틀어 일곱 재앙을 피할 수 없는 교회인 우리는 다음의 3가지를 늘 기억해야 할 것이다.

첫째, 믿음의 주요 또 온전케 하시는 이 예수를 바라보자(히 12:2)!

둘째, 어제나 오늘이나 영원토록 동일하신 삼위하나님을 바라보자(히 13:8)!

마지막으로, 오직 하나님께만 영광 즉 Soli Deo Gloria! 이다.

144,000이란 영적 이스라엘인 교회의 숫자로 흰 옷 입은 아무라도 셀 수 없는 큰 무리를 상징하는 것이다.

진노의 큰 날에 누가 능히 서리요
-인 맞은 자 144,000

앞서 6장에서 언급했듯이 계시록의 요약장이자 핵심장인 12-14장을 제외한다면 6장부터 16장까지는 종말 시대 동안에 있게 되는 일곱 재앙과 삽입장에 대한 내용이다. 6장이 인 재앙에 관한 것이라면 8-9장은 나팔 재앙을, 16장은 대접 재앙에 관한 것이다. 삽입장은 인 재앙과 나팔 재앙 사이에 7장을 허락하셨고 나팔 재앙 후 10-11장, 16장의 대접 재앙 전의 15장을 삽입장으로 허락하셨다.

인 재앙, 나팔 재앙, 대접 재앙이라는 일곱 재앙은 모두가 다 동일한 것으로 전 지구적, 전 우주적으로 반복되어 일어나는 것들인데 어느 시기의 어느 지역이 인 재앙이라면 그 시기의 다른 지역은 나팔 재앙일 수 있고 또 다른 지역은 대접 재앙일 수 있다는 것이다. 결국 일곱 재앙은 반복적으로, 복합적으로 일어난다는 것이다. 인 재앙 다음에 나팔 재앙, 그리고 대접 재앙이라는 시간적 순서가 아니라는 것이다. 그러다가 일곱째 재앙 후에는 예수님의 재림이 있다. 그 시기와 때에 대한 권한은 성부하나님께만(행 1:7) 있다. 그러므로 일곱 재앙의 시기나 내용들을 너무 세세히, 억지로 해석하기보다는 '왜' 그 일곱 재앙을 허락하셨는가에 주목해야 한다.

하나님께서 불신자와 교회에 일곱 재앙을 허락하신 것은 분명하다. 불신자에게는 백보좌 심판 즉 유황 불못 심판에 대한 경고로 허락하셨다. '유황 불못 심판'이란 둘째 사망 즉 영원한 죽음(계 21:10-15)을 가리킨다. 반면에 교회에게는 종말 시대 동안에 '예수 믿음과 하나님의 계명'을 붙들고 인내하면서 영적 성장과 거룩함에의 훈련, 마라나타를 외치라는 권고, 확고한 소망을 더욱 견고히 붙들라고 허락하신 것이다.

교회의 '소망(ἐλπίς, nf, hope, expectation, trust, confidence/ (from elpō, "to anticipate, welcome") – properly, expectation of what is sure (certain); hope)'이란 '미래형 하나님나라에로의 입성과 영생'을 가리킨다. 즉 일곱 재앙을 허락하신 것은 우리를 향한 하나님의 뜻인 '거룩함'에의 훈련 과정이요 도구라는 것이다. 그러므로 교회는 일곱 재앙을 통해 하나님나라의 도래(already~not yet)에 대한 갈망과 거룩한 성 새 예루살렘 즉 하나님나라의 완성에 대한 소망을 갖게 되는 것이다. 결론적으로 종말 시대에 일어나는 크고 작은 모든 것들 즉 일곱 재앙은 하나님의 섭리 하에 일어나는데 이를 '섭리 의식(providence)'이라고 한다.

다시 반복하지만 일곱 재앙(ἐπτά πληγή, 헾타 프레게)이란 일곱 인 재앙, 일곱 나팔 재앙, 일곱 대접 재앙을 통칭하여 말하는 것으로 이들은 모두 동일한 재앙이다. 차이가 있다면 강도의 문제일 뿐이다. 또 하나의 차이점은 인($\sigma\varphi\varrho\alpha\gamma\iota\varsigma$) 재앙은 강도, 범위, 크기, 세기에 있어서 1/4의 환난 심판을, 나팔($\sigma\acute{\alpha}\lambda\pi\iota\gamma\xi$) 재앙은 1/3의 환난 심판으로 국부적이기는 하나 보다 더 직접적인 심판을, 대접($\varphi\iota\acute{\alpha}\lambda\eta$) 재앙은 전면적이고도 철저한 심판으로 모든(all) 역영에서 '쎄게' 환난 심판을 받는 것이다.

결국, 우리는 종말 시대를 지나며 일곱 재앙은 전 지구적, 전 우주적으로 복합적으로 반복되어 일어나는(6:12-17, 11:15-18, 14:14-20, 16:17-20, 19:11, 19:19-21) 것을 알 수 있다. 시간의 흐름과 함께 순서대로 재앙의 강도가 세어지는 것이 아니다. 첫째에서 여섯째 재앙까지는 복합적으로 그리고 반복적으로 지역마다 강도의 변화가 있다가 종국적으로 일곱째 재앙 후에는 예수님의 재림이 있게 된다라는 것이다.

각 재앙들 사이에 들어있는 삽입(막간)된 부분을 통하여는 교회의 정체성과 사명을 일깨워 주시며 승리에 대한 소망을 주심과 동시에 교회가 어떻게 영적 싸움에 대처할 것인지를 큰 박수로 응원해 주고 있다. 이에 관하여는 앞서 6장에서 언급한 유진 보링[38](M. Eugene Boring)의 견해를 참고하면 된다.

삽입(막간)장인 7장에서는 '인치심을 받은 144,000명'으로 상징된 교회가 각자의 정체성과 사명을 인식하며 매사 매 순간 어떤 각오로 영적

---

38 M. Eugene Boring은 Texas Christian Univ.의 I. Wylie Briscoe의 석좌교수이며 브라이트 신학교 은퇴 교수이다.

싸움에 대처할 것인지를 말해주고 있다. 또한 미래형 하나님나라 곧 완성된 천상의 예배당(교회공동체)과 교회(성도)들의 찬양도 보여주시며 확고한 '소망'을 채워주고 계신다. 그리고 7장 후반절(13-17)에는 재앙의 시대를 통과해야 할 교회를 보다 더 견고케 해주시기 위해 문답 형식을 통한 메시지를 주시고 있다.

	인 재앙(1/4)	나팔 재앙(1/3)	대접 재앙(All)
막간 (삽입)	7장(1-17) 144,000 인 맞은 자 흰 옷 입은 셀 수 없는 무리	10장-작은 책=복음 10:1-11 11장-교회(두 증인, 두 감람나무, 두 촛 대, 두 선지자) 11:1-14	12-14장 초림, 죽음, 부활, 승천, 재림 바다에서 올라오는 짐승 땅에서 올라오는 짐승 15장-모세의 노래, 어린양의 노래
일곱째	고요함(8:1) 금 향로(향-향연+성 도의 기도) ;하나님 앞(상달) 향로+제단의 불 ->땅에 쏟음 ->우레, 음성, 번개, 지진	셋째 화 11:15-19 하늘에 큰 음성(15) 24장로(16) 하늘-하나님의 성전 열림-하나님의 언약 궤-번개, 음성들, 뇌성, 지진(19)	공기-큰 지진 우박 이루었도다(게고넨 16:17 Γ γονεν<-γ νομαι to come into being, to happen, to become) 큰 성바벨론 -진노의 포도주 잔 (19) (16:17-21) 애굽에 내린 재앙 (7, 출 9:13-25)

7장 1절은 "이 일 후에 보니"라는 말로 시작되고 있는데 이는 사도 요한이 본 환상에 대한 시간 순서가 아니라 종말 시대 동안에 있을 장면의 전환을 가리키는 것으로 계시록에 자주 반복되어 등장하는 문구이다. 즉 일곱 재앙은 전 지구적으로 일어나지만 복합적으로 반복되어 일어난다라는 것을 가르쳐주는 것이다.

한편 6장 17절에서 "진노의 큰 날에 설 자가 누구리요"라는 물음에 7장은 "인 맞은 성도들" 즉 "손에 종려 가지(승리)를 들고 보좌 앞과 어린 양 앞에 서서 새 노래를 찬양"하게 될, "아무라도 셀 수 없는 흰 옷 입은 큰 무리들"이 진노의 큰 날에 당당히 설 수 있다고 말씀하고 있다.

한편 하나님의 통치 하에서 허용된 부분까지 제한적으로 일하는 "네 천사(7:1-2, 9:14)"가 "땅 네 모퉁이"에 서서 "땅의 사방의 바람을 붙잡아 바람으로 하여금 땅에나 바다에나 각종 나무에 불지 못하게" 하는 것을 사도 요한이 보고 있다. 여기서 "땅의 사방의 바람"이란 계시록 6장 2-8절의 '네 말 탄 자들'과 9장 14절의 '큰 강 유브라데에 결박한 네 천사'인데 이들은 스가랴 6장 1-5절에 의하면 '네 말 탄 자들 혹은 하늘의 네 바람'이다. 즉 그들은 "온 세상의 주 앞에 모셨다가 나가는 천사들(슥 6:5)'을 가리킨다. 동시에 '바람'은 '하나님의 진노 혹은 심판'을 상징(시 83:13)하기도 한다.

결국 하나님의 통치 하에 있는 네 천사가 하나님의 진노 혹은 심판을 행할 네 천사를 붙잡아서 심판을 막는 모습을 보여주고 있다. 그리고 "땅

의 네 모퉁이”라고 한 것은 당시 지구가 평평하다고 생각했던 고대인들의
관점에서 표현한 것인데 이는 ‘지구의 끝’을 의미한다.

2 또 보매 다른 천사가 살아 계신 하나님의 인을 가지고 해 돋는 데로부터 올
라와서 땅과 바다를 해롭게 할 권세를 얻은 네 천사를 향하여 큰 소리로 외쳐 **3**
가로되 우리가 우리 하나님의 종들의 이마에 인치기까지 땅이나 바다나 나무
나 해하지 말라 하더라

2-3절에는 예수 그리스도의 사역을 예표하는 천사 혹은 예수 그리스도
를 상징하는 “다른 천사(계 10:1)”가 “하나님의 인을 가지고” 하나님의 ‘은
혜와 영광을 상징’하는 “해 돋는 데“인 ‘동쪽(겔 43:1-2, 창 2:8, 수 1:15)’으로
부터 올라와서 땅과 바다를 해롭게 할 권세를 얻은 네 천사(1, 2)를 향해
큰 소리로 외치길 “우리가 우리 하나님의 종들의 이마에 인(7:4, 14:1,
22:4, 겔 9:4-6)치기까지 땅이나 바다나 나무나 해하지 말라”고 했다.

여기서 ‘인’이란 헬라어로 스프라기스[39]($\sigma\varphi\rho\alpha\gamma\acute{\iota}\varsigma$, nf)인데 이는 ‘일반
문서, 소유물, 노예문서 등에 대한 소유권 혹은 보호의 보증’을 나타내는
용어로 이는 마치 본인 소유의 동물 가죽에 찍는 화인(火印)과도 같은 것
이다. 한편 하나님의 인(표) 맞은 자(7:4, 14:1, 22:4)와 짐승의 인(표) 맞
은 자(13:16-18, 14:9, 20:4)를 구분해야 한다. 본래 인(표 혹은 이름)이

---

39 인의 헬라어는 스프라기스($\sigma\varphi\rho\alpha\gamma\acute{\iota}\varsigma$, nf, a seal, signet ring, the impression of a seal, that
which the seal attests, the proof / an etched (engraved) object pressed into soft wax or clay to
seal a document (letter)인데 소유권 혹은 보호의 보증을 나타내는 용어이다. 이는 동물의 가죽에
화인(火印)을 찍어 소유를 나타내는 것이다.

란 단어에는 '소속 혹은 소유'라는 의미가 담겨 있다.

짐승의 표 혹은 인은 헬라어로 카라그마($\chi\acute{\alpha}\varrho\alpha\gamma\mu\alpha$, 13:16)라고 하는데 이는 땅에 속한 자들(카토이케오, 13:14, 사단나라에 속한 사람들)이 받는 것이다. 반면에 하나님의 인(표 혹은 이름)은 헬라어로 스프라기스($\sigma\varphi\varrho\alpha\gamma\acute{\iota}\varsigma$)라고 하는데 이는 하늘에 속한 자들이 받는다. '받는다'라는 것은 어디에 무엇인가를 새긴다든지 무엇인가를 몸 안으로 주입한다라는 의미가 아니라 소속, 소유라는 의미이다.

인(표)을 치는 생생한 장면은 에스겔서 9장에 잘 나타나 있다. 즉 "예루살렘의 가증한 일 곧 죄로 인해 탄식하며 우는 자의 이마에 표하라"고 말씀하시는 에스겔서 9장 4-6절을 배경으로 하고 있다. 이때 '인 혹은 표'는 히브리어로 타브(תּו, nm, a mark)라고 하는데 그 히브리어(תּ) 알파벳 글자모양이 '+(십자가)에 달리신 예수의 형상'처럼 보이는 것은 우연이 아니다. 그것은 바로 갈라디아서 6장 17절의 교회들의 몸에 새겨져 있는 예수의 흔적($\sigma\tau\acute{\iota}\gamma\mu\alpha$, nn)을 말한다. 한편 '인치심'은 에베소서 1장 13절, 4장 30절에서도 말씀하신 것으로 '성령님의 확실한 보호'를 의미하기도 한다.

또한 "인치기까지 ~해하지 말라"는 것은 맹렬한 심판의 재앙을 지연시키기 위한 것으로 그 이유는 마지막 한 사람까지라도 하나님의 만세 전에 택정된 백성들을 구원하기 위함(벧후 3:9, 마 24:21-22, 요 6:39)이다.

4 내가 인 맞은 자의 수를 들으니 이스라엘 자손의 각 지파 중에서 인 맞은 자들이 십 사만 사천이니

4절에는 "인 맞은 자의 수 144,000"이 나온다. '누가 인을 맞을 것인가'에 대하여는 에스겔서 9장에 의하면 "예루살렘 성 안에서 가증한 일을 행하는 것을 보고 탄식하여 우는 자"라고 했다. 이때 '몇 명이나 맞을 것인가'에 대한 답은 계시록(7:4)이 밝히고 있다. 인 맞은 자의 수는 "이스라엘 자손의 각 지파 중"에서 144,000명이 될 것이라고 말씀하셨다.

이때 '이스라엘 자손'이라 함은 혈통적 유대인이 아니라 영적 이스라엘 즉 교회를 의미하는데 이는 계시록 7장 9절의 "아무라도 능히 셀 수 없는 큰 무리"를 가리킨다. 즉 144,000이란 영적 이스라엘인 교회의 숫자로, '흰 옷 입은 아무라도 셀 수 없는 큰 무리'를 상징한다. 결국, 144,000이란 궁극적으로 구원 받게 될 모든 하나님의 백성 즉 교회들을 지칭하는 상징적인 숫자이다.

한편 3은 하늘의 수이며 4는 땅의 수이다. 그러므로 7, 12, 144는 완전수, 언약의 수, 약속의 수, 맹세의 수이다. 10은 만수로서 '많다'라는 의미이고 10X10X10=1,000은 '엄청 많다'라는 의미이다.

다시 3X4=12, 12X12=144, 10X10X10=1,000으로 즉 144,000이라는 숫자는 땅의 수와 하늘의 수가 곱해진 것(12)에 더하여 12지파와 12사도를 상징하는 신약과 구약 즉 유대인과 이방인 모두를 지칭하는 144에다 1,000은 만수인 10의 최상급(10X10X10=1,000)으로 하나님의 택정 교리에 따라 주신(허락하신) 믿음으로 구원 받기로 작정된 '엄청 많은 수'를 의미한다.

결국 계시록 7장의 인 맞은 자의 수는 육적 이스라엘 자손을 의미하는 것이 아니라 영적 이스라엘인 '엄청 많은' 교회(성도)의 수를 의미하고 있다.

이는 하나님께서 아브라함에게 하신 자손의 약속(창 13:16, 15:5, 22:17, 26:4)을 통해서도 확인할 수 있다. 자손이란 '믿음으로 말미암아 의롭게 된 자들'인데 이는 갈라디아서(3:7, 9, 29)에서 명확하게 말씀하고 있다.

5 유다 지파 중에 인 맞은 자가 일만 이천이요 르우벤 지파 중에 일만 이천이요 갓 지파 중에 일만 이천이요 6 아셀 지파 중에 일만 이천이요 납달리 지파 중에 일만 이천이요 므낫세 지파 중에 일만 이천이요 7 시므온 지파 중에 일만 이천이요 레위 지파 중에 일만 이천이요 잇사갈 지파 중에 일만 이천이요 8 스블론 지파 중에 일만 이천이요 요셉 지파 중에 일만 이천이요 베냐민 지파 중에 인 맞은 자가 일만 이천이라

'믿음으로 말미암아 의롭게 된 자들(갈3:9, 7, 29)'이 진정한 이스라엘의 영적 자손임을 보여주시려고 계시록 7장 5-8절은 혈통적으로 유대인의 지파를 장자부터 순서대로 구분하여 기록했던 민수기의 분류와는 의도적으로 다르게 기록하고 있다.

민수기(1:1-46)와 계시록(7:5-8)의 차이점을 보면, 민수기는 육적 장자인 르우벤부터 시작하고 계시록은 영적 장자인 유다 지파부터 시작한다. 헬라어는 순서에 중요한 의미가 있음을 놓치지 않아야 한다. 또한 민수기와 달리 계시록에는, 들어가지 말아야 할 레위 지파가 들어가 있고 에브라임 지파 대신 요셉 지파가 들어가 있으며 단 지파는 아예 빠져 있다. 결국 민수기의 지파에 대한 기록이나 순서와는 다르게 계시록에서는 의도적으로 지파들을 바꾸거나 누락 혹은 첨가함으로써 둘의 차이를 드러내고 있다.

결국 사도 요한은 계시록을 기록하며 기독론적인 관점에서 민수기를 재해석하고 있는 것이다.

9-12절은 "보좌 앞과 어린양 앞에 서서" 흰 옷을 입고 승리를 상징하는 "종려 가지"를 든 셀 수 없는 큰 무리가 "구원하심이 보좌에 앉으신 우리 하나님과 어린양에게 있도다"라고 외치는 장면을 사도 요한은 보고 있다. 또한 미래형 하나님나라에 먼저 가 있던 교회들인 24장로들과 천사장인 그룹(Cherub) 혹은 스랍(Seraph)을 상징하는 네 생물들과 주위에 섰던 천군 천사들은 보좌에 엎드려 하나님께 경배하여 가로되 "아멘 찬송과 영광과 지혜와 감사와 존귀와 능력과 힘이 우리 하나님께 세세에 있을지로다 아멘"이라고 외치고 있는 것을 보게 된다. 한편 '7'은 완전수인데 "찬송, 영광, 지혜, 감사, 존귀, 능력, 힘"등 일곱 가지로 하나님을 찬양하고 있는 것은 그들이 하나님께 '최고의 찬양과 경배'를 드렸음을 의미한다.

13-14절에는 장로 중 하나가 사도 요한에게 "이 흰 옷 입은 자들이 누구며 또 어디서 왔느뇨"라고 묻고 있다. 당시 문답법은 묵시문학에서 즐겨 사용하는 기법 중 하나였다. 그렇게 묻던 장로는 사도 요한의 답을 기다리지 않고 얼른 답하기를, 그들은 "큰 환난"을 '이기고 나온' 자들로서 "어린양의 피에 그 옷을 씻어 희게 한 자들"이라고 말해주고 있다.

'환난에서 나왔다'라는 것은 환난을 '이기고 나왔다'라는 의미인데 이는 환난을 면케 해 준 것이 아니라 환난을 '극복하고 나왔다'는 것으로 come from이 아니라 come out of(ἐκ) great tribulation을 가리킨다.

또한 '그 큰 그 환난으로부터'라는 것으로 그 헬라어는 '에크 테스 들립세오스 테스 메가레스 (ἐκ(out of) τῆς(the) θλίψεως(tribulation) τῆς(the) μεγάλης(great))'이다. 가만히 보면 관사(the)가 붙어 있는 것을 알 수 있다. 그렇기에 일차적으로는 전천년설자들이 주장하는 '대환난'을 지칭하는 것으로도 해석할 수 있다. 그러나 실상은 교회(종말) 시대 동안의 반복적이고도 복합적인 일곱 재앙을 통한 '크고 작은 모든 환난'을 의미한다. 여기서 우리는 일곱 재앙의 경우, 의인이든 악인이든 모두가 겪게 된다는 사실을(겔 14:12-20, 슥 14:1-8, 6:1-8) 잊지 말아야 한다.

15-17절은 이사야 49장 10절, 25장 8절, 에스겔 34장 23절을 배경으로 하고 있다. 그들은 어린양의 피에 그 옷을 빨아 희게 한 자들로서 "하나님의 보좌 앞"에 있게 되고 또 그의 성전에서 "밤낮 하나님을 섬기게(찬양하게)" 될 것이라고 말씀하고 있다. 동시에 보좌에 앉으신 하나님은 그들을 "장막으로" 덮으셔서 보호(hovering)해 주심으로 그들은 "다시 주리지도 아니하며 목마르지도 아니하고 해나 아무 뜨거운 기운에 상하지도 않게" 된다. 더하여 "보좌 가운데 계신 어린양이 저희의 목자(시 23편, 겔 34:23)"가 되셔서 그들을 "생명수 샘(22:1)으로 인도"하실 것이다. 또한 하나님은 "저희 눈에서 모든 눈물을 씻어 주실" 것이다.

보좌에 앉으신 분은 성부하나님과 어린양이신 예수님이다. 당연히 성령님도 함께 계신다. 기능론적 종속성과 존재론적 동질성의 삼위일체 하나님이시기 때문이다. 계시록(1:10. 4:2, 17:3, 21:10)은 "성령에 감동하여($\dot{\varepsilon}\nu$ $\Pi\nu\varepsilon\dot{\upsilon}\mu\alpha\tau\iota$, 엔 프뉴마티)"라는 문구를 통해 보좌에 앉으신 '다른 하나님, 한 분 하나님'이신 삼위일체 하나님을 항상 전제하고 있다. 이것은 논리적으로나 상식적으로는 설명 불가능한 삼위일체 하나님에 대한 신비(mystery)이다.

동방교회인 에티오피아 정교회는 3개의 각각 다른 보좌를 그림으로 그려 삼위하나님을 세 분 하나님으로 이해하고 있다. 나는 '다른 하나님이시자 한 분 하나님'으로 믿고 있다. 그렇기에 각각 3개의 보좌에 앉으신 삼위하나님을 그림으로 표현하는 것에는 동의하지 않는다. 다른 하나님, 세 분 하나님으로 오해할 소지가 있기 때문이다.

　17절의 '어린 양이 목자가 되신다'라는 말에서 우리는 논리의 모순됨에 일순간 당황하기도 한다. 왜냐하면 '어린 양과 목자'는 전혀 어울리지 않는 댓구이기 때문이다. 상식적으로 어린 양은 목자의 보호를 받아야 한다. 또한, 일반적으로 목자의 바로 뒤에는 경험 많은 가장 큰 양이 따르고 그 뒤를 이어 순서대로 양들이 무리를 이루고 맨 뒤쪽에는 가장 어린 양이 행렬에 따라붙는다. 그렇기에 '어린 양이 저희의 목자가 되사'라는 말에는 약간 어리둥절할 수밖에 없다.

　그러나 이는 삼위일체 하나님의 '관계의 문제'를 염두에 두면 쉽게 이

해할 수가 있다. 어린양이신 예수님은 성부하나님의 유일한 기름 부음 받
은 자 곧 그리스도, 메시야로 '유월절 어린양'으로 이 땅에 오셨다. 그러
나 인간과의 관계에 있어서 어린양이신 예수님은 우리를 미래형 하나님
나라로 인도하실 목자이시다. 그러므로 예수님은 어린양이자 목자이다.
그런 예수님은 지금도 앞으로도 영원히 교회들의 눈에서 모든 눈물을 씻
어 주실 것이다. 할렐루야!

15절에 "밤낮 하나님을 섬기매"에서의 '섬긴다'의 헬라어는 라트류오
(λατρεύω, v, I serve, especially God, perhaps simply: I worship)
인데 이는 '찬양하다'라는 의미 외에도 '교제 가운데 영광 중에 함께하다'
라는 의미도 있다. 즉 우리는 미래형 하나님나라에서 삼위하나님과 교제
하며 그분의 영광에도 참예하게 될 것이라는 말이다.

또한 "우리 위에 장막을 치시리니"라고 하셨는데 "장막"이란 성막으로
서 하나님의 임재를 상징한다. 그렇기에 성도들을 '장막으로 쳐 주신다'
라는 것은 우리와 늘 함께하시는 에트의 하나님, 항상 앞서가시며 인도하
시는 나하흐의 하나님, 뒤에서 밀어주시며 동행하시는 할라크의 하나님
께서 영원토록 교회를 돌보아 주시겠다라는 의미를 담고 있다.

향연이 성도의 기도와 함께 천사의 손으로부터 하나님 앞으로 올라가는지라

천사가 향로를 가지고 단 위의 불을 담아다가 땅에 쏟으매 뇌성과 음성과 번

개와 지진이 나더라 _요한계시록 8: 4-5

레마이야기 8

일곱 재앙($\dot{\epsilon}\pi\tau\dot{\alpha}\ \pi\lambda\eta\gamma\dot{\eta}$)
-나팔($\sigma\dot{\alpha}\lambda\pi\iota\gamma\xi$) 재앙(1/3)

다시 반복하여 언급하지만 계시록의 요약장이자 핵심장인 12-14장을 제외한다면 6장부터 16장까지는 종말 시대 동안에 있게 되는 일곱 재앙과 삽입장에 대한 내용이다. 6장이 인 재앙에 관한 것이라면 8-9장은 나팔 재앙을, 16장은 대접 재앙에 관한 것이다. 삽입장은 인 재앙과 나팔 재앙 사이에 7장을 허락하셨고 나팔 재앙 후 10-11장, 대접 재앙 전인 15장을 통해 다시 삽입장을 허락하셨다.

인 재앙, 나팔 재앙, 대접 재앙이라는 일곱 재앙은 모두가 다 동일한 것으로 전 지구적, 전 우주적으로 반복되어 일어나는 것들이다. 단, 어느 시기의 어느 지역이 인 재앙이라면 그 시기의 다른 지역은 나팔 재앙일 수 있고 또 다른 지역은 대접 재앙일 수 있다는 것이다. 결국 일곱 재앙은 반복적으로, 복합적으로 일어난다. 인 재앙 다음에 나팔 재앙, 그리고 대접 재앙이라는 시간적 순서가 아니라는 것이다. 그러다가 일곱째 재앙 후에는 예수님의 재림이 있으며 그 시기와 때에 대한 권한은 성부하나님께만 (행 1:7) 있다. 그러므로 일곱 재앙의 시기나 내용들을 너무 세세히, 억지로 해석하기보다는 '왜' 그 일곱 재앙을 허락하셨는가에 주목해야 한다.

하나님께서 불신자와 교회에 일곱 재앙을 허락하신 것은 분명하다. 불신자에게는 백보좌 심판 즉 유황 불못 심판에 대한 경고로 허락하셨다. '유황 불못 심판'이란 둘째 사망 즉 영원한 죽음(계 21:10-15)을 가리킨다. 반면에 교회에게는 종말 시대 동안에 '예수 믿음과 하나님의 계명'을 붙들고 인내하면서 영적 성장과 거룩함에의 훈련, 마라나타를 외치라는 권고, 확고한 소망을 더욱 견고히 붙들라고 허락하셨다.

교회의 '소망(ἐλπίς, nf, hope, expectation, trust, confidence/ (from elpō, "to anticipate, welcome") – properly, expectation of what is sure (certain); hope)'이란 '미래형 하나님나라에로의 입성과 영생'을 가리킨다.

즉 일곱 재앙을 허락하신 것은 우리를 향한 하나님의 뜻인 '거룩함'에의 훈련 과정이요 도구라는 것이다. 그러므로 교회는 일곱 재앙을 통해 하나님나라의 도래(already~not yet)에 대한 갈망과 하나님나라의 완성(거룩한 성 새 예루살렘)에 대한 소망을 갖게 되는 것이다. 결론적으로 종말 시대에 일어나는 크고 작은 모든 것들 즉 일곱 재앙은 하나님의 섭리 하에 일어난다. 이를 '섭리 의식(providence)'이라고 한다.

다시 반복하지만 일곱 재앙(ἑπτά πληγή, 헾타 프레게)이란 일곱 인 재앙, 일곱 나팔 재앙, 일곱 대접 재앙을 통칭하여 말하는 것으로 이들은 모두 동일한 재앙이다. 차이가 있다면 강도, 범위, 크기, 세기의 문제일 뿐이다. 또 하나의 차이점은 인($\sigma\varphi\varrho\alpha\gamma\iota\varsigma$) 재앙은 그 강도나 크기, 시기, 범위에 있어서 1/4의 환난 심판을, 나팔($\sigma\alpha\lambda\pi\iota\gamma\xi$) 재앙은 1/3의 환난 심판으로 국부적이기는 하나 보다 더 직접적인 심판을, 대접($\varphi\iota\alpha\lambda\eta$) 재앙은 전면적이고도 철저한 심판으로 모든(all) 역영에서 '쎄게' 환난 심판을 받는 것이다.

결국, 우리는 종말 시대를 지나며 일곱 재앙이 전 지구적, 전 우주적으로 반복되어 일어나는(6:12-17, 11:15-18, 14:14-20, 16:17-20, 19:11, 19:19-21) 것을 알 수 있다. 그렇다고 하여 시간의 흐름과 함께 순서대로 재앙의 강도가 세어진다는 것은 아니다. 첫째에서 여섯째 재앙까지는 복합적으로 그리고 반복적으로 지역마다 강도의 변화가 있다가 종국적으로 일곱째 재앙 후에는 예수님의 재림이 있게 되는 것이다.

각 재앙의 첫째~넷째는 세상에 임하는 재앙의 시작을, 다섯째~여섯째는 조금 더 강화되어 견디기 힘들어지는 재앙을, 일곱째는 다음 장면을 향한 연결고리의 역할을 하면서 반복적, 복합적으로 일어나게 된다. 또한 일곱 재앙은 4+3의 구조로 첫 네 재앙과 뒤의 세 재앙으로 나누어 해석하면 도움이 된다. 결국 첫째에서 여섯째까지의 재앙은 현재형 하나님나라를 살아가는 교회들의 영적 성장과 거룩함을 위해 허락하신 것이며 일곱째 재앙은 최종 목적지인 하나님나라의 완성, 즉 미래형 하나님나라로 향하는 것이다. 이런 일곱 재앙은 불신자에게는 진노와 심판에 대한 메시지이며 교회들에게는 거룩함에의 훈련을 통과할 것과 소망을 보다 더 견고히 잡으라는 하나님의 마음이다.

이제 시작하는 8-9장에는 일곱 재앙 중 나팔 재앙을 보여주고 있다. 심판의 범위, 크기, 강도, 세기에 있어 1/3의 심판인 것이다. 이런 재앙에도 불구하고 9장 20-21절에는 살아남은 자들이 "회개치 아니하고 우상에게 절하는" 것을 볼 수 있다. 아버지 하나님의 아픔이 절절이 느껴진다.

그러자 10장에서는 복음이 담긴 작은 책을 주시는데 먼저 먹고는 그 복된 소식 즉 복음을 열방에 전하라고 말씀하고 있다. 먼저는 사도 요한 자신이 복음을 맛보고 그를 잘 기록하여 교회에게 전하고, 교회들 또한 복음을 맛본 후 열방에 전할 것(10:11)을 명하고 있다. 복음이란 "입에는 꿀 같이 다나 배에서는 쓰다(10:10)"라고 했다. 즉 복음의 기쁜 소식을 들으면 그 복음으로 인해 들리는 자에게는 당연히 달다. 그러나 그 복음으로 살아가고 그 복음을 자랑하는 일은 만만치 않기에 '쓰다'라고 하셨던 것이다.

11장은 복음 전파의 사명을 사도 요한의 동역자 된 두 증인 즉 진실된 교회들에게 명하고 있다. 여기서 '두 증인, 두 감람나무, 두 촛대, 두 선지자'는 모두 동일하게 '진실된 교회'를 지칭한다. 그들이 종말 시대에 할 일은 복음과 십자가로 살아가고 복음과 십자가를 자랑하는 일뿐이다.

그렇기에 또 하나의 교회였던 바울은 갈라디아서 6장 14절에서 예수 그리스도 즉 "복음과 십자가 외에는 아무것도 자랑치 않겠노라"고 했던 것이다. 고린도전서 2장 2절에는 "예수 그리스도와 그의 십자가에 못 박히신 것 외에는 아무것도 알지 아니하기로 작정하였음이라"고 했다. 나 또한 그렇게 살려고 몸부림쳐 왔고 지금도 앞으로도 그렇게 살아가려고 몸부림칠 것이다.

8장 1절에는 일곱째 인을 떼는데 "하늘이 반시 동안 고요했다"라고 묘사하고 있다. 바야흐로 하나님의 완전한 시간, 즉 반(半)이 아니라 '온전한 하나(1/2+1/2=1)'가 시작됨을 알리는, 폭풍 속의 고요함(dramatic pause) 혹은 폭풍전야를 의미하고 있다.

바빌로니아 탈무드[40]에 의하면, '하늘에서 천사들은 밤 동안에는 하나님을 찬양하지만, 낮 동안에는 하나님께서 그들을 침묵시키신 후 땅에서 무릎 꿇는 이스라엘의 기도를 들으신다'라고 한다. 즉 '반시 동안 고요했다'라는 것은 이 땅 위의 모든 교회들의 기도를 들으신 후 고요한 침묵 뒤 당신의 때에 당신의 방법으로 행하실 아버지 하나님의 반응(응답) 즉 '다음 행동까지의 기간'으로 나는 해석한다. 결국, 이 구절에서 우리는 성도들의 기도를 귀하게[41] 여기시고 만족스럽게 흠향하시는 아버지 하나님의 교회를 향한 마음을 느낄 수 있다.

결국 일곱째 인 재앙이란 악한 세력에 대한 최후 심판과 하나님나라의 완성으로 향하는 것이다. 전자의 경우 홍해에서 애굽 군대를 심판(시 76:6-9)하시던 하나님은 계시록 18장 21-23절에서 큰 성 바벨론을 처절하게 심판(계 18:21-23)하시며 악한 세력들을 멸하시는 것을 보여주셨다. 후자의 경우는 19장의 "할렐루야" 찬양이다. 곧 심판주 하나님, 역사의 주관자

40　이필찬 교수의 〈요한계시록 어떻게 읽을 것인가〉의 p150-151 재인용. 유대의 율법학자들이 사회의 모든 사상들, 즉 율법, 전통적 습관, 축제, 민간전승에 대해 구전, 해설한 것을 집대성한 것으로 AD 4C 말경에 편찬한 팔레스타인 탈무드 혹은 예루살렘 탈무드와 AD 6C 경 편찬한 바빌로니아 탈무드의 2가지가 있다.(두산백과, 네이버 지식백과)

41　R. H. Charles가 말한 것으로 이필찬 교수의 책 p151에서 재인용

하나님, 구속주 하나님을 찬양하는 미래형 하나님나라를 보여주셨다. 한편 "일곱째 인을 떼실 때에 하늘이 고요"한 것은 심판주이신 엄위하신 하나님(합 2:20)의 존전(尊前)에 섰기 때문이다.

	인 재앙(1/4)	나팔 재앙(1/3)	대접 재앙(All)
막간 (삽입)	7장(1-17) 144,000 인 맞은 자 흰 옷 입은 셀 수 없는 무리	10장-작은 책=복음 10:1-11 11장-교회(두 증인, 두 감람나무, 두 촛 대, 두 선지자) 11:1-14	12-14장 초림, 죽음, 부활, 승천, 재림 바다에서 올라오는 짐승 땅에서 올라오는 짐승 15장-모세의 노래, 어린양의 노래
일곱째	고요함(8:1) 금 향로(향-향연+성 도의 기도) ;하나님 앞(상달) 향로+제단의 불 ->땅에 쏟음 ->우레, 음성, 번개, 지진	셋째 화 11:15-19 하늘에 큰 음성(15) 24장로(16) 하늘-하나님의 성전 열림-하나님의 언약 궤-번개, 음성들, 뇌성, 지진(19)	공기-큰 지진 우박 이루었도다(게고넨 16:17 Γ γονεν<-γ νομαι to come into being, to happen, to become) 큰 성바벨론 -진노의 포도주 잔 (19) (16:17-21) 애굽에 내린 재앙 (7, 출 9:13-25)

2절에서는 "하나님 앞에 선 일곱 천사가 일곱 나팔을 가진 것"을 사도 요한이 보게 된다. "내가 보매"의 헬라어는 카이 에이돈(καὶ εἶδον)으로서 '또 내가 보매'라고 해석해야 한다. 즉 8장 1절과 2절은 다른 내용이라는 의미이다. 그러므로 일곱째 인 재앙의 내용은 1절에 담겨 있다.

유대인들은 '7 천사장'의 개념을 가지고 있었다. 참고로 일곱 천사란, 우리엘(무저갱 지배, 에녹 1서 19:1, 20:2), 라구엘, 미가엘(단 10:21), 라파엘, 사리엘, 가브리엘(단 9:21), 예레미엘(위경 에녹 1서 20:2-8)을 말한다. 그런데 그 중 미가엘(단 10:21)과 가브리엘(단 9:21)은 종말의 끝날에 중요한 역할을 감당하는 천사장임을 감안하면 상기 언급한 일곱 천사 중 다섯은 천사장이 아닌 듯하다.[42]

3-4절에는 천사가 "제단 곁에 서서 금 향로를 가지고" 많은 향으로 상징된 "성도의 기도들(5:8)"를 담아 "보좌 앞 금단(향단)"에 드리는 것을 사도 요한이 보고 있다.

"향연(향+연기)이 올라갔다"라는 것은 '연기가 성도의 기도(향, 5:8)와

42　그랜드 종합주석 16, 성서교재간행사, 1993의 p793 재인용

함께 하나님 앞으로 올라갔다'라는 의미이다. 이는 하나님이 성도의 그 기도를 받으셨다는 신적 수용[43](divine acceptance)을 의미한다. 결국 기도는 하늘 아버지의 섭리와 인간의 역사를 연결하는 첩경이라는 것이다. 그렇기에 성도들의 기도는 역사를 움직이는 열쇠(key)인 것이다. 향연이란 '향과 연기'라는 것으로 고대 사회에서는 제사를 올릴 때 향과 함께 연기를 피워서 올렸다고 한다.

한편 성소 안의 휘장 앞에 있던 금향단 위에는 금 향로가 놓여있었는데 향로에서는 계속 향연이 피어올랐다. 끊임없는 향연이란 성도들의 지속적인 기도를 의미한다. 구약시대에 하나님과 사람 사이에서 중보자 역할을 하던 대제사장은 일 년에 한 번 지성소에 들어갈 때 이 금 향로를 가지고 들어갔다. 하나님 앞에서 혹시라도 고백하지 못한 죄가 드러나면 죽을 수 있기에 그 연기 뒤에 숨어 죽음을 면키 위함이기도 했다. '연기'란 중보기도를 의미하며 이는 중보기도가 죽을 목숨을 살린다라는 의미이다. 동시에 하나님께 지속적으로 올리는 기도의 향연이 너무나 귀하다는 것을 내포하고 있다.

5 천사가 향로를 가지고 단 위의 불을 담아다가 땅에 쏟으매 뇌성과 음성과 번개와 지진이 나더라

5절은 3-4절에 묘사된 '성도의 기도들에 대한 하나님의 응답'이다. 즉

---

43 이필찬 교수의 〈요한계시록 어떻게 읽을 것인가〉, 2019(개정 2판 2쇄), p153-154 재인용

천사가 금 향로를 가지고 번제단에서 '숯불(연기)'을 취한 후 그 금 향로 위에 성도의 기도(5:8)인 '향'을 담아 보좌에 계신 하나님께 올렸다. 그 후 천사가 다시 향로에 번제단의 불을 담아 '하나님의 진노'를 땅에 쏟아 버린다. 그랬더니 뇌성과 음성과 번개와 지진이 일어났다. 이는 하나님의 임재와 함께 하나님의 심판을 상징하고 있다.

6 일곱 나팔 가진 일곱 천사가 나팔 불기를 예비하더라

6절에서는 사도 요한이 일곱 인 재앙 후 일곱 나팔 재앙이 임하게 될 것을 보고 있다. 인 재앙과 달리 나팔 재앙의 콘텐츠의 경우에는 문자적 으로 해석해도 될 듯하나 적절하게 상징과 모형도 섞어 나누고자 한다.

'나팔'은 구약(사 27:13, 욜 2:1, 습 1:16, 슥 9:14)에서 '여호와의 날을 선포'하 는 데 사용되었다. 특히 전쟁(군사 모집, 진군 명령 시, 대적 몰살 시) 시 에나 위험한 일에 대한 경고, 거룩한 절기(레 23:24)를 알릴 때, 안식일, 왕 의 등극, 위대한 사람의 죽음, 기쁨을 동반한 예배, 하나님의 임박한 심판 의 때에 나팔을 사용했다. '그날'은 교회에게는 회복의 날, 승리의 날이지 만 불신자들에게는 하나님의 경고로 임박한 종말론적 진노의 날 혹은 최 후심판의 날을 가리킨다.

7 첫째 천사가 나팔을 부니 피 섞인 우박과 불이 나서 땅에 쏟아지매 땅의 삼분 의 일이 타서 사위고 수목의 삼분의 일도 타서 사위고 각종 푸른 풀도 타서 사

7절은 첫째 나팔 재앙으로, '땅에 피 섞인 우박과 불이 쏟아졌다'라고 말씀하고 있다. 이는 출애굽 전에 있었던 일곱 번째 재앙(출 9:23-26)과 동일한 재앙이다. 에스겔 38장 22절에 의하면, 계시록의 첫째 나팔 재앙이 출애굽 전의 재앙보다 훨씬 더 심할 것을 경고하셨다. 나팔 재앙이란, 인 재앙의 1/4 심판보다 좀 더 강도는 강해지고 범위는 넓어진 '일곱 재앙'을 말하며 세기나 크기에 있어서 1/3의 심판을 의미한다.

"땅과 수목과 풀"에서 '땅'은 죄악 세상을, '수목'은 권세자들을, '풀'은 민초(백성)들을 의미한다.

	인 재앙(1/4)	나팔 재앙(1/3)	대접 재앙(All)
첫째	백마, 활, 면류관 (6:2)	피 섞인 우박과 불 -땅, 수목, 푸른 풀 (8:7) 애굽에 내린 우박 재앙 (7, 출 9:13-25)	땅 -독한 종기(헌 데) (16:2) 애굽에 내린 독종 재앙 (6, 출 9:8-12)

8 둘째 천사가 나팔을 부니 불붙는 큰 산과 같은 것이 바다에 던지우매 바다의 삼분의 일이 피가 되고 **9** 바다 가운데 생명 가진 피조물들의 삼분의 일이 죽고 배들의 삼분의 일이 깨어지더라

8-9절은 둘째 나팔 재앙으로, "불붙는 큰 산과 같은 것이 바다에 던지

우매 바다의 1/3이 피가 되고 바다에 생명 가진 피조물의 1/3이 죽고 배의 1/3이 파선"되는 것을 사도 요한이 목도하고 있다. 이는 출애굽 전의 첫 번째 재앙을 연상시킨다.

"바다"는 열방을, "생명 가진 피조물"은 인간과 생물들을, "배"는 도시 즉 인간 문명이나 인간 사회를 의미한다.

	인 재앙(1/4)	나팔 재앙(1/3)	대접 재앙(All)
둘째	붉은 말-전쟁 (6:3-4)	불붙는 큰 산과 같은 것 -바다가 피로, 생물, 배(8:8-9) 애굽에 내린 피 재앙 (1, 출 7:14-25)	바다가 피로 -모든 생물 폐사 (16:3) 애굽에 내린 피 재앙 (1, 출 7:14-25)

10 세째 천사가 나팔을 부니 횃불 같이 타는 큰 별이 하늘에서 떨어져 강들의 삼분의 일과 여러 물 샘에 떨어지니 **11** 이 별 이름은 쑥이라 물들의 삼분의 일이 쑥이 되매 그 물들이 쓰게 됨을 인하여 많은 사람이 죽더라

10-11절은 셋째 나팔 재앙으로, "쑥"이라는 이름을 가진 "횃불같이 타는 큰 별"이 하늘에서 강들의 1/3과 여러 물 샘에 떨어지는 것을 사도 요한은 보았다. 그랬더니 강들과 여러 물 샘의 1/3이 쑥이 되어 쓰게 됨으로 많은 사람들이 죽는 것을 목도하고 있다.

"횃불같이 타는 큰 별"이란 교권주의(clericalism)로 나타난 종

교의 권력자, 세상의 권력자, 인본주의(humanitarianism or anthropocentrism)자, 이단 사상을 전하는 거짓 선지자 혹은 교주, 교조주의(dogmatism)자 등등을 가리킨다. 혹자는 하나님의 심판을 상징하는 '자연계의 도구'라고 보기도 한다.

"쑥"은 예레미야 9장 15절, 23장 15절이나 예레미야 애가 3장 19절에 의하면 '비애, 슬픔, 멸망'을 의미한다고 한다. '강이나 물 샘에 임한 재앙'이란 '제반 산업기반'이 무너지고 '비즈니스'가 위축되는 광범위한 재난을 가리킨다. 문자적으로 해석하더라도 강과 샘물이 쑥으로 오염되어 마실 수 없게 되므로 '고통' 속에서 죽게 될 것을 가리키는데 이 또한 가능한 해석이다. 또한 하나님의 말씀을 상징하는 '물'을 혼잡케 하여 종국적으로 '영혼'을 죽게 만드는 것으로도 해석할 수 있겠다.

	인 재앙(1/4)	나팔 재앙(1/3)	대접 재앙(All)
셋째	검은 말-기근 (6:5-6)	횃불 같이 타는 큰 별 -강, 물샘, 물 1/3이 쑥이 됨 (8:10-11)	강과 물 근원 -피(16:4-7) 이유? 성도, 선지자의 피 값 -하나님의 공의 애굽에 내린 피 재앙 (1, 출 7:14-25)

12 넷째 천사가 나팔을 부니 해 삼분의 일과 달 삼분의 일과 별들의 삼분의 일이 침을 받아 그 삼분의 일이 어두워지니 낮 삼분의 일은 비췸이 없고 밤도 그

러하더라

12절은 넷째 나팔 재앙으로, "해, 달, 별들의 1/3이 침을 받아" 해와 달과 별들의 1/3이 어두워져 버렸다. 이는 천체의 이상 현상으로 '천체의 대 격변(激變)'을 보여주는 것이다. 또 다른 한편으로는 이단 세력이 '진리를 가리우는 것'으로도 해석할 수 있다. 그러나 출애굽기 10장 21-22절이나 마태복음 24장 29절로 보아 '우주적 대 격변 현상'일 가능성이 더 많다. 이는 여섯 번째 인 재앙의 내용이기도 하다.

	인 재앙(1/4)	나팔 재앙(1/3)	대접 재앙(All)
넷째	청황색 말 –사망 –음부가 그 뒤를 따름 전쟁(검), 기근(흉년) 땅의 짐승(거짓 선지자)(6:7-8)	해, 달, 별–1/3 어둠 낮, 밤 1/3 애굽에 내린 흑암 재앙 (9, 출 10:21-23)	해–사람을 불태움 (16:8-9) 하나님 이름 비방 회개X & 영광X(9

13 내가 또 보고 들으니 공중에 날아가는 독수리가 큰 소리로 이르되 땅에 거하는 자들에게 화, 화, 화가 있으리로다 이 외에도 세 천사의 불 나팔 소리를 인함이로다 하더라

13절에서 사도 요한은 "공중에 날아가는 큰 독수리"를 보았는데 그들이 "땅에 거하는 자들에게 화, 화, 화를 선포"하는 장면을 보고 있다. 이는 앞의 첫째 나팔 재앙에서 넷째 나팔 재앙까지보다 더 극심하게 될 재

앙 심판의 '크기와 세기, 범위와 강도'를 말해주는 것이다. 동시에 이후 연이어 다섯, 여섯, 일곱 번째 나팔 재앙이 계속하여 있게 될 것을 예고하고 있다. 남은 세 나팔 재앙을 가리켜 "불 나팔"이라고 했는데 이는 재앙의 '임박성'과 함께 재앙의 '강도와 세기'를 말한 것이다.

한편 "독수리"는 하나님의 인도와 보호하심(출 12:13, 19:4, 신 32:11, 창 1:2), 그리고 심판(호 8:1, 신 28:49)을 이중적으로 함의(含意)하고 있다. 즉 교회는 나팔 재앙 속에서도 인도와 보호하심을 받게 되지만 땅에 거하는 자 즉 사단나라에 속한 자인 불신자(κατοικέω, v, to inhabit, to settle, 계 11:10, 13:8, 14)들은 종국적으로 유황 불못 심판에 처하게 될 것을 함의하고 있다.

한편 복음과 십자가에는 '구원과 심판'이라는 이중적 의미가 들어있다. 왜냐하면 '복음과 십자가'를 받아들인 땅에 거하는 자들(계 14:6, 카데마이)이나 교회는 구원이지만 그를 거부한 불신자(계 11:10, 13:8, 14, 카토이케오)는 심판이기 때문이다.

히브리어에 라하프(רָחַף, hovers)라는 단어가 있는데 이는 '날개로 너풀거리며 감싸다. 보호하다'라는 뜻이다. 창세기 1장 2절과 신명기 32장 11절에 동일하게 쓰였다. 이는 출애굽기 12장 13절의 '넘어가다(파사흐, פָּסַח)'라는 단어와 동일한 의미이다. 즉 인방에 어린양의 피가 발라져 있으면 그 피가 그들을 보호하고 감싸기에 죽음의 천사들은 그 집을 넘어가게(유월절, Passover) 된다. 바로 성령님의 운행하심(창 1:2)이다.

나팔 재앙은 교회든 불신자든 간에 종말 시대를 살아가는 모든 이에게 닥칠 것이다. 그러나 교회는 그 재앙을 두려워할 필요가 없다. 왜냐하면 일곱 재앙은 성도들의 거룩함을 위한 훈련(연단, training)의 과정 (process, 도구)이기 때문이다. 또한 교회는 그 과정 가운데에서 독수리 날개로 보호(넘어가다, 감싸다)해 주시겠다고 말씀하셨기 때문이다. 그렇 기에 종말 시대 동안 일곱 재앙을 겪게 되더라도 하나님나라에로의 인도 하심과 하나님나라의 완성으로 가는 과정이기에 세상이 두려워하는 것과 는 달라야 함을 말씀하신 것이다.

그러므로 교회 된 성도는 하나님의 뜻(델레마 데우)인 '복음 전파'를 통해 현재형 하나님나라를 확장하면서 현재의 고난을 견디어 나가되 "예수 믿음과 하나님의 계명"을 붙잡고 미래형 하나님나라를 소망하며 살아가야 한다. 한편 불신자에게는 마치 '독수리가 먹이를 덮치듯 심판하겠다' 라는 경고의 의미도 담고 있다.

	인 재앙(1/4)	나팔 재앙(1/3)	대접 재앙(All)
다섯째	순교자들의 기도 신원 위한 탄식 (6:9-11)	첫째 화-황충, 어둠 (9:1-11) 애굽에 내린 흑암 재앙 (9, 출 10:21-23) 애굽에 내린 메뚜기 재앙 (8, 출 10:12-20)	짐승의 보좌-어둠 애굽에 내린 흑암 재앙 (9, 출 10:21-23) 고통-혀 깨묾 고통, 종기->Q을 훼방, 회개X(11) (16:10-11)

이 재앙에 죽지 않고 남은 사람들은 그 손으로 행하는 일을 회개치 아니하고

오히려 여러 귀신과 또는 보거나 듣거나 다니거나 하지 못하는 금, 은, 동과

목석의 우상에게 절하고 또 그 살인과 복술과 음행과 도적질을 회개치 아니

하더라 _요한계시록 9: 20-21

일곱 재앙($\epsilon\pi\tau\alpha\ \pi\lambda\eta\gamma\eta$)
-나팔($\sigma\alpha\lambda\pi\iota\gamma\xi$) 재앙(1/3)

회개치 아니하고 오히려 우상에게 절하고 회개치 아니하더라

8-9장에서는 밧모섬의 사도 요한에게 일곱 재앙 중 나팔 재앙을 보여주고 있음을 앞서 언급했다. 이는 출애굽 전에 보여주셨던 10가지 재앙과 그 내용이 유사하다.

	요한계시록의 재앙	출애굽 전 10 재앙
나팔 1	땅, 수목, 푸른 풀 (8:7)	재앙 7 우박
나팔 2	불붙는 큰 산과 같은 것 -바다, 생물, 배 (8:8-9)	
나팔 3	횃불같이 타는 큰 별-강, 물샘, 물-1/3 쑥(8:10-11)	재앙 1 물이 피로 변함
나팔 4	해, 달, 별-낮, 밤 1/3	재앙 9 암흑
나팔 5	첫째 화-황충 (9:1-11)	재앙 8 메뚜기
나팔 6	둘째 화-유브라데 결박 4천사 1/3 죽임(9:12-21) 회개치 아니하더라	재앙 10 장자의 죽음
나팔 7	셋째화 (11:15-19) - 종말의 끝 (말세지말, 그날)	

그렇기에 나팔 재앙의 경우 문자적으로 해석해도 무방하다. 한편 에스겔서(38:22)에 따르면, 종말 시대에 있을 계시록의 나팔 재앙이 한층 더 심하다고 했다.

8장이 첫째 나팔 재앙에서 넷째 나팔 재앙까지를 보여준 것이라면 9장은 다섯째 나팔 재앙에서 여섯째 나팔 재앙까지의 사도 요한이 본 것을 기록하고 있다. 그리고 15-16장의 일곱째 나팔 재앙에서는 일곱 대접 재앙을 소개하고 있다. 이 모든 것은 인, 나팔, 대접 재앙의 시간 순서를 말하는 것이 아니라 일곱 재앙 가운데 인 재앙보다는 나팔 재앙이, 나팔 재앙보다는 대접 재앙이 강도와 범위에서 훨씬 크며 이런 일곱 재앙은 전 지구적으로 일어나되 각 지역마다 혼재되어 복합적으로 나타남을 가리킨다. 종말 시대 동안에 나타날 '일곱 재앙'에 대해 밧모섬의 사도 요한은 '장면의 전환'을 통해 하나 하나 보고 있는 것이다.

이후 각 재앙의 일곱째 재앙 후에는 동일하게 심판주이자 승리주이신 예수님의 재림이 있을 것을 말씀하고 있다. 즉 '마지막 그날'에는 더 이상 이 세상을 향한 하나님의 긍휼하심은 없게 된다. 최후 심판만 있을 뿐이다.

나팔 재앙을 겪은 후에도 계시록 9장 20-21절에는 택정된 자 중 아직 복음을 듣지 못해 여전히 땅에 거하는 자(14:6, $\kappa\acute{\alpha}\theta\eta\mu\alpha\iota$, to be seated)들이 있는데 그들은 나팔 재앙 이후에도 "회개치 아니하고 오히려 우상에게 절하고 회개치 아니하더라"고 말씀하고 있다. 세상에 거하는 자 중에 하나님의 은혜로 만세 전에 택정된 자들을 부르기 위해 사도 요한은 복음이 적힌 작은 책을 받게 된다. 이는 베드로후서 3장 9절과 요한복음 6장 39절에 대한 약속의 말씀이기도 하다. 결국 10장에서는 사도 요한에게 복음의 내용이 담긴 작은 책을 주셔서 복음을 먼저 받아먹은 후 그 맛을 알고(입에는 달다) 그 복음으로 일곱 재앙을 이겨내며 그 복음을 전파하는 일에 힘듦과 어려움(배에는 쓰다)이 있다고 할지라도 인내하며 올인할 것을 명하신 것이다.

그런 후 11장에서는 "두 증인" 된 '진실된 교회들'과 함께 복음 전파의 사명을 감당할 것을 명하고 있다. "두 증인(3), 두 감람나무(4), 두 촛대(4), 두 선지자(10)"는 모두 '진실된 교회'를 지칭하는 것으로 그들이 종말 시대에 할 일은 '복음과 십자가로 살아가고 복음과 십자가만 자랑하는 일(갈 6:14, 고전 2:2)' 뿐이다.

9장 1-11절에서는 사도 요한에게 다섯째 나팔 재앙을 보여주고 있다. 먼저 9장 1절에서 사도 요한은 "하늘에서 땅에 떨어진 별 하나"가 무저갱의 열쇠를 '받는 것을' 본다.

여기에서 '떨어지다'라는 헬라어는 핍토($\Pi\iota\pi\tau\omega$, v, fall under (as under condemnation), fall prostrate)인데 이는 '타락하다'라는 뜻으로 부정적 의미가 내포되어 있다. 결국, "떨어진 별(사 14:12, 눅 10:18)"이란 하나님의 심판의 도구로 사용된 사단[44]을 의미한다. 그가 무저갱[45] 열쇠를

---

44 타락한 천사를 말한다. 유대인들은 '7 천사장'의 개념을 가지고 있었는데 무저갱을 지배하는 천사를 우리엘(무저갱 지배, 에녹 1서 19:1, 20:2)로 생각했다. (그랜드 종합주석 16, 성서교재간행사, 1993의 p793)

45 무저갱의 헬라어는 아뷔소스($\check{\alpha}\beta\upsilon\sigma\sigma\sigma\varsigma$)인데 boundless, bottomless, the abyss, unfathomable depth, an especially Jewish conception, the home of the dead and of evil spirits라는 의미이다. 히브리어로는 테홈(תְּהוֹם, 창 1:2, 7:11, 시 105:9, 107:26) 혹은 스올(שְׁאוֹל, nf, underworld (place to which people descend at death), 욘 2:2, 롬 10:7)이다. 사단과 타락한 천사들의 잠정적인 거처(계 9:1-2, 11:7) 혹은 감옥(계 17:8, 20:1,3)을 의미한다.

'받았다'라고 했는데 이는 사단이 지옥의 권세를 '가졌다'라는 의미가 아니다. 종말 시대 동안 한시적, 제한적으로 가짜인 교회들을 솎아내고 핍박하고 미혹하여 함께 지옥에 갈 것과 종말 시대를 살아가는 진짜 교회들을 향하여는 혼란케 하면서 그들을 흔들 권세를 제한적으로 그리고 한시적으로 '받았다'라는 의미이다. 그러다 보니 구태여 5절과 10절에는 '종말 시대'라는 의미의 "5개월"이라는 한시적이고 제한된 기간을 말씀하신 것이다.

	인 재앙(1/4)	나팔 재앙(1/3)	대접 재앙(All)
다섯째	순교자들의 기도 신원 위한 탄식 (6:9-11)	첫째 화-황충, 어둠 (9:1-11) 애굽에 내린 흑암 재앙 (9, 출 10:21-23) 애굽에 내린 메뚜기 재앙 (8, 출 10:12-20)	짐승의 보좌-어둠 애굽에 내린 흑암 재앙 (9, 출 10:21-23) 고통-혀 깨묾 고통, 종기->Q을 훼방, 회개X(11) (16:10-11)

1 다섯째 천사가 나팔을 불매 내가 보니 하늘에서 땅에 떨어진 별 하나가 있는데 저가 무저갱의 열쇠를 받았더라

사도 요한은 계시록 9장과 20장에서 거의 비슷해 보이나 조금은 차이

가 있는 다른 장면을 보게 된다. 먼저 9장 1절에는 "무저갱의 열쇠를 받았더라"와 "하늘에서 땅에 떨어진 별 하나가"라고 되어 있다. 반면에 20장 1절에는 "무저갱 열쇠와 큰 쇠사슬을 그 손에 가지고"와 "하늘로서 내려와서"라고 되어 있다. 미미하지만 이 둘의 차이는 엄청나다. 즉 "받은, 떨어진"이라고 기록된 9장 1절에서의 존재는 사단이나 사단의 사역을 예표하고 상징하는 천사를 의미하고 있다. 반면에 "가지고, 내려와"라고 기록된 20장 1절은 예수 그리스도의 사역을 예표하고 상징하는 천사를 가리킨다.

2절에는 무저갱을 여니 그 구멍에서 큰 풀무의 "연기 같은 연기"가 올라오매 해와 공기가 그 구멍의 연기로 인하여 "어두워졌다"라고 했다. 이는 종말의 끝으로 갈수록 '사단의 악한 영향력이 극심해질 것'을 가리키고 있다. 한편 '연기 혹은 구름'이란 원래 '하나님의 영광, 하나님의 임재'를 상징하는 긍정적 의미를 가지고 있다. 그러나 2절의 "연기 같은 연기"라는 것은 진짜 '연기'가 아니라 '연기'를 비슷하게 흉내내는 '가짜 연기'라는 의미로 '진리를 희미하게 하는 모든 사상(주의, ~ism)'을 말하는 것이다. 결국 "연기 같은 연기"란 '하나님의 영광을 가리는 모든 것들'을 가리킨다.

"해와 공기"는 '진리 혹은 말씀'을 의미한다. 즉 "해와 공기가 그 구멍

의 연기로 인하여 어두워지며”라는 것은 마지막 날이 다가올수록 진리의
말씀인 복음은 사단의 악한 세력에 의해 희미해지고 왜곡될 수 있게 됨을
경고하고 있는 것이다.

3절에서는 사도 요한이 “황충이 연기 가운데로부터 땅 위에 나와 전갈
의 권세와 같은 치명적인 권세를 받은 것”을 보고 있다.

“황충”은 메뚜기(대하 7:13)를 가리키는데 이들은 ‘떼로 몰려다니며 모든
것을 황폐케 해버리는 특성’을 가지고 있다. 최근 아프리카와 중앙아시
아를 덮친 메뚜기 떼를 상상해보면 이해가 잘 될 것이다. 그러나 이 구절
에서의 ‘황충’은 ‘사단의 하수인들’을 가리키는 것으로 ‘사단의 영향력’을
의미한다. 마치 황충이 떼로 몰려다니며 식물을 갉아먹는 짓을 하는 것이
사단의 하수인인 악한 세력들의 하는 짓과 비슷하다라는 것이다.

또한 그날이 가까울수록 이단 사이비가 기승을 부리게 될 것을 예표하
기도 한다. 결국 황충 같은 악한 세력들로 인해 말씀에 취약한 성도들은
미혹되어 피폐하게 되면서 점점 더 영적 기갈에 시달리게 될 것이다. 그
렇기에 아모스 8장 11절은 “양식이 없어 주림이 아니며 물이 없어 갈함
이 아니요 여호와의 말씀을 듣지 못한 기갈이라”고 말씀하셨던 것이다.

결국 사도 요한에게 ‘사단의 하수인들’을 상징하는 “황충”이라는 메뚜
기를 보여준 것은 그들의 속성이나 사단의 속성이 비슷함을 깨우쳐 주기

위함이다. 이는 마치 들판에 메뚜기들이 나타나 푸른 것들을 싹쓸이하듯 사단이 연약한 영혼들을 싹쓸이하는 것과 유사함을 드러낸 것이다. 메뚜기의 특성에 대해 좀 더 자세한 이해를 하려면 구약 성경 사사기 6장 5절과 아모스 7장 1-2절을 찬찬히 읽어보면 도움이 될 수가 있다.

4 저희에게 이르시되 땅의 풀이나 푸른 것이나 각종 수목은 해하지 말고 오직 이마에 하나님의 인 맞지 아니한 사람들만 해하라 하시더라

4절에서는 황충에게 "땅의 풀이나 푸른 것이나 각종 수목은 해하지 말고 오직 이마에 하나님의 인 맞지 아니한 사람들만 해하라"고 하는 장면을 사도 요한에게 보여주고 있다. 이 부분은 문자적 해석도 가능하겠으나 상징적으로 해석하는 것이 더 적절할 듯하다. 왜냐하면 "해하라"고 하신 것은 단순한 메뚜기로 인한 자연 재해라기보다는 '하나님께서 허락하신 재앙'으로 해석하는 것이 더 적절해 보이기 때문이다. 더 나아가 "오직 이마에 인 맞지 아니한 사람들만 해하라"고 한 이유는, 이마에 인 맞은 그리스도인은 하나님께서 직접 보호하실 것을 전제하고 있기 때문이다. 즉 일곱 재앙은 하나님의 허용 범위 안에서만(고전 10:13, 욥 1:6-12, 2:1-6) 한시적으로 제한적으로 사단에게 허락하셨음을 의미한다.

그러므로 종말 시대의 한 부분을 살아가며 교회가 겪게 되는 모든 재앙은 거룩함에의 훈련과 연단(벧전 4:12)을 위해, 마라나타를 외치라고, 동시에 하나님나라의 도래와 완성에 대한 갈망을 위해 하나님께서 악한 세력들에게 한시적으로 허락하신(계 11:2) 것임을 알아야 한다. 모든 교회는 말씀을 통해 그런 아버지 하나님의 마음을 정확히 알고 "하나님의 계명과 예수 믿음을 붙잡고 인내함(계 14:12)"으로 극복하고 이겨 나가야 할 것이다.

한편 하나님께서 사단의 하수인으로서 악한 세력으로 상징된 "황충"에게 '인 맞지 않은 사람만 해하라'고 하신 이유가 무엇일까? 그들은 하나님으로부터 유기된, 예수 그리스도의 구원 밖에 있는 사람들이기 때문이다. 반면에 인 맞은 사람인 교회는 하나님께서 끝까지 보호하시기에 결코 건드릴 수 없다는 것을 대조하여 보여주신 것이다.

5 그러나 그들을 죽이지는 못하게 하시고 다섯 달 동안 괴롭게만 하게 하시는데 그 괴롭게 함은 전갈이 사람을 쏠 때에 괴롭게 함과 같더라 6 그날에는 사람들이 죽기를 구하여도 얻지 못하고 죽고 싶으나 죽음이 저희를 피하리로다

5-6절에는 '이마에 인 맞지 않은 사람만 5개월 동안 괴롭히되 "죽이지는 못하게" 했다'라고 묘사하고 있다. 그런 그들의 고통은 마치 "전갈이 사람을 쏠 때에 괴롭게 함과 같았다"라고 했다.

"5개월"이란 문자적으로 다섯 달로 해석한다면, 유대력으로 볼 때 메뚜기가 창궐하는 4월에서 8월까지를 말한다. 또한, 창세기 7장 24절의 노아 홍수 때에 비가 내려 물이 땅에 창일했던 기간인 150일로도 해석 가능하다. 한편 상징적으로 해석하면 하나님이 허용한 '짧은 기간인 5개월'을 가리킨다. 상징적인 해석을 통해 우리는 좋으신 하나님께서 '재앙의 수위와 정도, 기간'까지도 당신의 섭리 속에 세미하게 결정하신 후 역사를 주관하심을 볼 수 있다.

이 기간 동안에 불신자들은 너무 괴로워 차라리 죽기를 구했으나 죽을 수조차 없었다. 한편 불신자는 3번 죽는다. 영적 죽음(영적 사망, 첫째 사망), 육적 죽음(히 9:27), 영원한 죽음(둘째 사망, 계 20:10)이다. 이는 교회들의 삶과 죽음, 그리고 영생 즉 영원에 대한 깊은 통찰력을 준다. 왜냐하면 교회들은 2번(영적 죽음, 육적 죽음) 죽기 때문이다.

6절에서의 "죽음이 저희를 피하리로다"라는 것은 계시록 20장 10절에서의 "세세토록 밤낮 괴로움을 당하리라"는 의미로 이를 가리켜 '영원한 죽음 곧 둘째 사망'이라고 한다. 불신자들의 백보좌 심판 후 받게 될 '영벌'을 예고하는 말씀이기도 하다.

또한 하나님은 종말 시대를 살아가는 불신자에게도 비록 환난 가운데 두시기는 하나 그렇다고 하여 사단이 그들의 생명을 앗아가는 것까지는 허용치 않으신다. 오히려 살아생전에 '땅에 거하는 자(카데마이)'에게 복음이 들려지게 하여 '돌아올 기회'까지 주신다. 물론 이 부분은 하나님의 섭리인 '선택과 유기'교리는 염두에 두고 이해해야 나의 말에 오해가 생기지 않게 될 것이다.

최악의 경우는 계시록 9장 20-21절에서 보게 된다. 나팔 재앙에 살아남은 그들 2/3는 하나님이 주신 기회를 걷어 차버리고 "회개치 아니하고 오히려 ~ 우상에게 절하고 ~ 회개치 아니하더라"로 고집부리는 것을 볼 수 있다. 사도 요한에게 보여주신 이런 장면은 교회인 오늘의 우리들에게 시사하는 바가 아주 크다. 특별히 우리는 우상숭배와 함께 죄를 짓고도 회개치 않는 얼핏 가볍게 보이는 그런 일들에 보다 더 민감하고 또 민감해야 할 것이다.

7-10절에서는 사도 요한이 본 황충의 모양이 묘사되어 있다. 황충은 '군마 같고 금 면류관 비슷한 것을 썼고 사람의 얼굴 같고 여자의 머리털 같은 머리털이 있고 사자의 이빨, 철흉갑 같은 흉갑, 병거와 많은 말들이 전장으로 달려 들어가는 소리 같고, 전갈과 같은 꼬리와 쏘는 살이 있다'라고 했다. 즉 하나님의 심판의 도구로 사용된, 사단의 하수인인 황충은 강한 힘, 즉 지혜가 아닌 잔꾀, 미혹될 만큼의 매력, 튼튼한 방어력, 치명적인 독으로 종말 시대 동안에 인간을 힘들게 할 것이라고 말씀하고 있다. 결국 그들은 세상에 거하는 자들 중 불신자들(카토이케오)에게 고통을 가하면서 자신의 편에 확고하게 줄을 세울 것이다. 동시에 교회들에게도 고통을 가하면서 그들의 영혼과 육을 쉴 새 없이 흔들 것이다. 그러나 교회는 "예수 믿음과 하나님의 계명"을 붙들고 인내함으로 거뜬히 돌파해 나가야 할 것이다.

11절에는 사도 요한이 본 '무저갱의 사자인 사단과 그의 하수인인 귀신
과 악한 세력'을 묘사하고 있다. 개중 우두머리인 사단의 이름[46]은 히브리
어로는 아바돈(אֲבַדּוֹן, Ἀβαδδών, 히브리 음역)인데 '파괴'라는 의미이다.
동사 아바드(אָבַד)에서 파생되었다. 그 헬라어인 아폴뤼온(Ἀπολλύων,
nm)은 헬라의 신 아폴로(Apollo)를 가리킨다.

한편 "무저갱의 사자(the angel of the Abyss)"는 하나님의 심판의 도
구로 사용된 천사를 가리킨다. 바로 출애굽기 11-12장의 "애굽 가운데
처음 난 것 즉 바로의 장자로부터 맷돌 뒤에 있는 여종의 장자까지와 모
든 생축의 처음 난 것을 죽였던(출 11:5)" 천사이다. 한편 출애굽기 11장
4-7절을 문자 그대로 해석하면 마치 하나님께서 애굽인들을 직접 죽이신
듯 보이기도 하나 실상은 하나님의 도구로 사용된 천사 즉 무저갱의 사자
를 사용하셨다. 결국 '하나님의 직접적인 심판'이라는 것은 하나님의 섭
리와 경륜을 따라 이루어지는 것으로 무저갱의 천사를 도구로 사용하여
치심을 상징한 것이다.

---

46 사단의 이름은 히브리 음으로 아바돈(אֲבַדּוֹן, Ἀβαδδών, Abaddon, Destroyer (i.e. Destroying
Angel) or place of destruction (personified))인데 동사 아바드(אָבַד, to perish)에서 파생되었다. 헬
라 음으로는 아볼루온(Ἀπολλύων, nm, "a destroyer", Apollyon, the angel of the abyss)이다.

12절에는 다섯째 나팔 재앙을 의미하는 첫째 화가 지나고 이어 여섯째와 일곱째 나팔 재앙인 둘째 화, 셋째 화가 이를 것을 말씀하고 있다. 여기서 '지나갔다'라는 것은 환상에 대한 장면의 전환이지 시간적 순서를 의미하는 것이 아니다. 즉 교회가 종말 시대 동안에 겪게 될 일곱 재앙은 인, 나팔, 대접 재앙처럼 그 강도나 범위에 있어서 혼재되어 있다라는 것이다. 동시에 전 지구의 각 지역마다 그때그때 교회가 처한 사정은 인 재앙일 수도 있고 나팔 재앙 혹은 대접 재앙일 수도 있다라는 의미이다.

그러나 교회가 분명하게 알아야 할 것은 반복된 재앙이 극심해질수록 예수 재림의 때가 가까웠음을 알고 깨어 근신해야 할 것이라는 점이다. 결국 언제 오실 지에 관해 관심 가질 것이 아니라 언제 오시더라도 상관없이 "하나님의 계명과 예수 믿음"을 붙들고 오늘을 인내하며 견뎌 나가야 할 뿐이다.

세대주의자들처럼 이 시점의 재앙은 인 재앙이기에 그 다음은 나팔 재앙이 그리고 그 다음은 대접 재앙의 순서이므로 얼마 뒤에 예수 재림이 있을 것이라는 소리에 너무 지나치게 관심을 갖지 말았으면 한다. 이런 상황이 극단적으로 치닫게 되면 시한부 종말론이나 조건부 종말론에 빠져 '오늘, 지금'을 손 놓아버리게 된다. 농담 한자락을 풀자면, 인생들에게는 꼭 갖고 싶은 '3 금'이 있는데 먼저는 '황금(gold)'이다. 누가 황금을 싫어하랴. 그러나 황금보다 더 좋은 것이 있다. 바로 '현금(cash)'이다. 그러나 인생에게 가장 좋은 최고의 것은 '지금(now and here)'이다. '지금'을 놓치지 말고 알차게 사용하는 풍성한 인생이 되라.

13 여섯째 천사가 나팔을 불매 내가 들으니 하나님 앞 금단 네 뿔에서 한 음성이 나서

13절에는 사도 요한이 여섯째 나팔 재앙으로 "하나님 앞 금단 네 뿔에서 한 음성이 나는 것"을 들었다고 묘사하고 있다. "금단"이란 계시록 8장 3절에서 말씀하신 "보좌 앞 금단"을 가리키는 것으로 이는 성소에 있는 3가지 성막 기구 중 하나인 '향단'을 말한다. 향단 위의 향로에는 '향'이라는 '성도의 기도'가 모이게 되는데 그 향은 천사들의 손에 의해 하나님 앞에 바쳐지게 된다(계 8:4).

한편 하나님의 능력과 권세를 상징하고 있는 "네 뿔"에서 음성이 났다라고 했는데 이는 모든 교회들의 기도(6:9-10, 8:3-5)에 대한 하나님의 응답하심을 의미하고 있다.

	인 재앙(1/4)	나팔 재앙(1/3)	대접 재앙(All)
여섯째	우주(해, 달, 별) 및 세상(하늘, 산, 섬) -큰 지진 땅에 거하는 자 -일곱 (6:12-17) 누가 능히 서리요	둘째 화 -유브라데 결박 4천사 -사람 1/3 죽이기로 준비된 자 & 그들 입 ->불, 연기, 유황 유브라데(9:13-21) (9:12-21) 회개치 아니하고 오히려 우상에게 절하고 회개치 아니하더라	큰 강 유브라데 -말라붙음 -동방에서 오는 왕들의 길 유브라데 (16:12-16) 개구리 같은 세 더러운 영 (용, 짐승, 거짓 선지자의 입) 16:12-16 개구리(16:12-16, 2, 출 8:2-6, 2)

14-15절에서는 "큰 강 유브라데에 결박한 네 천사를 놓아주라"는 명령을 사도 요한이 듣고 있다. 이들은 앞서 6장 2-8절의 '네 말 탄 자들'과 7장 1절의 '땅의 사방의 바람'을 가리키며 스가랴 6장 1-5절의 '하늘의 네 바람 곧 온 세상의 주 앞에 모셨다가 나가는 것'을 가리킨다.

"큰 강 유브라데"라는 것은 다음의 3가지를 상징하고 있다. 첫째는 '하나님을 대적하는 악한 세력의 총칭(렘 51:60-64, 사 8:6-8)'으로 '하나님의 심판에 사용될 도구'를 상징하고 있다(사 8:7, 렘 2:18, 13:4, 46:10, 51:63). 둘째는 '영적 전쟁에 의해 초래될 참담하고 참혹한 죽음의 재앙지 혹은 영적 전쟁의 격전지'를 상징하기도 한다. 셋째는 계시록 16장 16절의 아마겟돈 전쟁이나 20장 8절의 곡과 마곡의 전쟁이 상징하는 것처럼 '영적 전쟁'을 가리킨다.

한편 "결박한 네 천사"라는 것은 사람 1/3을 죽이기로 예비된 자들로서(15) 하나님의 심판의 도구를 가리키고 있다. 이들은 하나님의 때가 되기까지 결박을 당해 있을 악한 천사들을 가리킨다. 여기서 사람을 죽이기로 예비한 네 천사의 '4'라는 숫자는 '동서남북'을 의미하는데 이는 '모든 방향에서 밀어닥칠 그들 공격의 광범위함과 맹렬함'을 상징하고 있다.

16절에는 유브라데 강가에 묶인 네 천사의 수하에 있는 마병대의 숫자가 "이만 만"이라고 언급되어 있다. 이는 '많다'라는 의미로 '큰 전쟁'을 암시한다. 동시에 종말 시대 내내 있게 될 '수많은 영적 전쟁'을 의미하기도 한다. 역사적 배경을 통해 해석하면, 파르티아 군대의 위협에 대한 로마인들의 병적인 두려움[47](paranoic Roman fear)을 가리킨다고 한다.

17-19절에는 사도 요한이 환상 가운데 "말과 그 탄 자들을 보게 되었다"라고 말씀하고 있다. "말들의 머리는 사자 머리 같고"라는 것은 '기동성, 용맹성, 파괴력'을 상징한다. "그 입에서는 불과 연기와 유황이 나왔고 불빛, 자줏빛, 유황빛 흉갑을 입고" 있는 것을 보았다고 했다.

가만히 보면 모두가 다 붉은 계통임을 알 수 있다. 이는 전쟁으로 초래

---

47   이필찬 교수의 〈요한계시록 어떻게 읽을 것인가〉, 2019(개정 2판 2쇄), p162 재인용

될 엄청난 재난을 상징하는 것으로 다섯째 나팔 재앙과는 비교가 안될 정도로 훨씬 더 가공할 위력이라는 것이다. 계시록 9장 5절의 다섯째 나팔 재앙은 사람을 괴롭게만 했지만 계시록 9장 18절의 여섯째 나팔 재앙은 사람을 죽이기까지 했다.

19절에는 "그 말들의 힘이 입과 꼬리에 있다"라고 했다. 다섯째 나팔 재앙에서의 황충은 그 힘이 꼬리에(19:10) 있었는데 반하여 여섯째 나팔 재앙에서는 꼬리뿐만 아니라 입에도 있다(19:19)라고 묘사되어 있다. 이 또한 다섯째 나팔 재앙에 비해 여섯째 나팔 재앙이 훨씬 더 가공할 위력임을 보여주고 있는 것이다.

"그 꼬리는 뱀 같고 또 꼬리에 머리가 있어"라는 것은 간교함으로 인해 많은 사람이 미혹될 것이라는 의미이다. 역사적 배경에 의하면, 당시 고대 이란 왕국이었던 파르티아 마병들은 정말 잘 싸웠고 용감무쌍했다고 한다. 그들은 자기들이 타고 다니는 말들의 꼬리를 뱀처럼 꼬아 상대를 공포와 두려움에 빠지게 했다고 한다. 결국 여섯째 나팔 재앙을 통하여는 강력한 파괴력으로 사람들이 처절한 죽임을 당하게 될 것과 미혹하는 교묘한 속임수에 넘어가 영육 간에 많은 사람들이 죽게 될 것을 사도 요한을 통해 보여주고 있다.

20 이 재앙에 죽지 않고 남은 사람들은 그 손으로 행하는 일을 회개치 아니하고 오히려 여러 귀신과 또는 보거나 듣거나 다니거나 하지 못하는 금, 은, 동과 목석의 우상에게 절하고 21 또 그 살인과 복술과 음행과 도적질을 회개치 아니하더라

20-21절에서는 나팔 재앙 후 '살아남은 자들'이 끝까지 "회개치 아니하고 오히려 우상에게 절하면서" 하나님이 싫어하는 패악질을 골라가며 패역을 일삼는 것을 사도 요한에게 보여주고 있다. 이 구절은 우리에게 시사하는 바가 아주 크다. 왜냐하면 하나님의 크신 은혜로 살아남은 우리 또한 만만치 않은 삶을 살아가고 있기 때문이다.

"회개치 아니하고 오히려 ~우상에게 절하고 ~회개치 아니하더라"

그리하여 10장에서는 사도 요한과 교회들에게 복음이 적힌 작은 책을 주셔서 먼저 '그' 맛을 보게 한다. 사도 요한은 그 작은 책을 받아서 먹었다. 그랬더니 "내 입에는 꿀 같이 다나 먹은 후에 내 배에서는 쓰게 되더라(계 10:10)"고 고백한다. 교회들에게 복된 소식인 복음의 참된 '그' 맛은 일일이 평가해서 무엇하랴! 그러나 복음을 전함에 있어서 현실 속으로 다가가다 보면 전혀 예기치 않았던 돌발상황을 제법 많이 만나게 된다. 왜냐하면 복음이 적힌 작은 책에는 "애가, 애곡, 재앙의 말이 기록(겔 2:10)"되어 있기 때문이다. 즉 '복음'에는 이중적 의미가 들어있어 교회들에게는 소망을 주지만 불신자들에게는 심판을 경고하고 있음을 알아야 한다. 그러므로 주변의 상황과 환경에도 불구하고 복음으로 살아가고 복음을 자랑하는 일 자체는 그리 만만치 않은 것이다.

"네 배에는 쓰나 네 입에는 꿀 같이 달리라(계 10:9)"

결국 나팔 재앙을 통해 사도 요한과 교회에게 주신 아버지 하나님의 마음은 마지막 '그날'까지 환난과 핍박에도 불구하고 복음과 십자가로 살아가며 복음과 십자가를 자랑하라는 것이다.

내가 천사에게 나아가 작은 책을 달라 한즉 천사가 가로되 갖다 먹어버리라

네 배에는 쓰나 네 입에는 꿀 같이 달리라 하거늘 _요한계시록 10: 9

아, 펴 놓인 작은 책, 복음
-입에는 다나 배에는 쓰다

계시록에는 독특하게 삽입장(막간장)이 세 부분 있는데 7장, 10-11장, 15장이다. 7장은 여섯째 인 재앙과 일곱째 인 재앙 사이의 막간(삽입)장으로 나팔 재앙 전에 나온다. 그리고 10-11장은 여섯째 나팔 재앙과 일곱째 나팔 재앙 사이의 막간(삽입)장으로, 재앙을 겪은 후에도 회개는 고사하고 여전히 우상에게 절하는 모습에 '땅에 거하는 자' 중에 만세 전에 택정된 자들(카데마이)을 부르기 위해 복음이 적힌 작은 책을 사도 요한에게 주며 진실된 교회들(두 증인, 두 감람나무, 두 촛대, 두 선지자)과 함께 복음을 전하라고 하신다.

한편 '거하다'라는 의미의 헬라어 두가지를 구분해서 묵상하면 성경 이해에 큰 도움이 된다. 첫째는 '카토이케오(κατοικέω, v, I dwell in, settle in, am established in (permanently), inhabit, 계 13:14)'라는 헬라어인데 이는 '땅에 속한 자, 사단나라에 속한 자 즉 불신자

(τοὺς κατοικοῦντας ἐπὶ τῆς γῆς)'라는 의미이다. 반면에 '카데마이 (Κάθημαι, v, to be seated, 계 14:6)'라는 헬라어는 '지금은 땅에 거하고 있으나 창세 전에 성부하나님으로부터 택정된 자'이기에 복음이 들려지면 하나님께로 돌아올 자, 즉 택자(ἐπὶ τοὺς καθημένους ἐπὶ τῆς γῆς)라는 의미이다. 그러므로 나는 불신자의 경우 '카토이케오'라고 간단하게 고유명사화하여 명명해왔고 복음을 듣지 못해 세상에 거하다가 복음을 듣고 교회가 된 경우에는 '카데마이'라고 명명했다.

15장은 대접 재앙 전에 주신 삽입장으로 어떤 재앙이 있더라도 두려워 말 것은 교회는 "모세의 노래, 어린양의 노래(계 15:3)"를 부르게 될 자들이기 때문이라는 것이다.

삽입장인 7장에는, 6장에서 계시해주신 무시무시한 첫째 인 재앙에서 여섯째 인 재앙까지의 환난과 고통을 종말 시대 동안에 겪는다 할지라도 "그 이마에 어린양과 하나님의 인 맞은 자(7:3-4, 14:1)"인 교회는 진노의 날에 능히 서게 되는 것은 물론이요 "흰 옷을 입고 손에 종려 가지를 들고 보좌 앞과 어린 양 앞에 서서(7:9)" "새 노래(14:3)"를 부르게 될 것을 말씀해주고 있다. 고난을 잘 통과하도록 소망을 주신 것이다.

한편 10장은 인 재앙보다 그 강도와 범위가 큰 나팔 재앙에도 불구하고 '세상에 거하는 자들'이 여전히 어긋나가는 것(회개치 않고 우상을 숭배하는 등등)을 보고 하나님은 사도 요한과 교회가 그 세상을 향해 복음 전파의 사명을 감당하되 교회가 먼저 복음의 참된 '맛'을 본 후 복음으로 살아나서 '그' 참된 복음을 전하라고 하셨다.

15장은 재앙에 있어서 그 범위와 강도가 가장 '쎈' 16장의 대접 재앙 전에 주신 삽입장으로 종말 시대 동안에 전 지구적으로 일곱 재앙이 복합적, 반복적으로 올 것이나 교회는 '두려워 말라'고 하신다. 왜냐하면 그들은 종국적으로 "유리바다 가에 서서 하나님의 거문고를 가지고 하나님의 종 모세의 노래, 어린 양의 노래를 부를 것(15:2-3)"이기 때문이다.

결국 막간(삽입)장을 '어떻게 해석할 것인가'라는 것은 전체 계시록의 흐름을 이해하고 해석하는 데 아주 중요한 열쇠가 된다. 막간장을 주신 이유에 대해 두란노 How 주석[48]을 참고하여 나의 글로 표현하면 다음과 같다.

첫째, 하나님의 섭리와 경륜 속에 살아가고 있는 교회들에게 하나님나라에의 '소망' 즉 거룩한 성 새 예루살렘에의 입성과 영생을 재확인시켜 주기 위함이다.

둘째, 예수의 초림으로 주권, 통치, 질서, 지배 개념의 현재형 하나님나라는 이미 도래(already~not yet)된 것과 예수님의 재림으로 향후 완성될 장소 개념의 미래형 하나님나라의 완성을 알려주기 위함이다.

셋째, 종말 시대를 지나는 동안, 전 지구적인 복합적이고도 반복적인 일곱 재앙을 겪는 교회를 격려하고 위로함은 물론이요 장래에 대한 소망을 주기 위함이다.

48　요한계시록 어떻게 설교할 것인가, 두란노 How 주석 50, 두란노 아카데미, 2012(11쇄), p323

넷째, 종말 시대 동안에 교회가 사단과 악한 영적 세력들에게 하나님께서 허용하신 범위 안에서 제한적 한시적으로 핍박을 받게 될 것이지만 종국적으로는 교회가 반드시 승리할 것을 보여주신 것이다.

	인 재앙(1/4)	나팔 재앙(1/3)	대접 재앙(All)
막간 (삽입)	7장(1-17) 144, 000 인 맞은 자 흰 옷 입은 셀 수 없는 무리	10장-작은 책=복음 10:1-11 11장-교회(두 증인, 두 감람나무, 두 촛 대, 두 선지자) 11:1-14	12-14장 초림, 죽음, 부활, 승천, 재림 바다에서 올라오는 짐승 땅에서 올라오는 짐승 15장-모세의 노래, 어린양의 노래
일곱째	고요함(8:1) 금 향로(향-향연+성 도의 기도) ;하나님 앞(상달) 향로+제단의 불 ->땅에 쏟음 ->우레, 음성, 번개, 지진	셋째 화 11:15-19 하늘에 큰 음성(15) 24장로(16) 하늘-하나님의 성전 열림-하나님의 언약 궤-번개, 음성들, 뇌성, 지진(19)	공기-큰 지진 우박 이루었도다(게고넨 16:17 Γ γονεν<-γ voμαι to come into being, to happen, to become) 큰 성바벨론 -진노의 포도주 잔 (19) (16:17-21) 애굽에 내린 재앙 (7, 출 9:13-25)

10장 1-2절은 다시 장면 전환을 통해 밧모섬에 있는 사도 요한에게 보여주신 묵시로 일곱째 나팔 재앙 전을 묘사한 것이다. 사도 요한은 "구름을 입고 하늘에서 내려오는 힘센 다른 천사"를 보았는데, 그 머리 위에는 "무지개(4:3)"가 있고 얼굴은 "해(1:16)" 같고 발은 "불기둥(1:15)" 같았다라고 했다. 여기서 '힘센 천사'란 예수 그리스도를 상징하며 그리스도의 사역을 예표하는 천사(7:2)로 해석할 수 있다.

"구름을 입었다"라는 것은 앞서 언급했듯이 '그리스도의 현현(顯現, Theophany)'이 아니라 예수의 명령을 받든 천사가 신적 영광을 입고 나타난 것을 말한다.

"무지개(4:3, 겔 1:28)"는 언약의 징표로서 '하나님의 신실하심과 자비하심'을, 얼굴이 "해" 같고(1:16)라는 것은 '하나님의 영광과 거룩'을, 그 발은 "불기둥" 같으며(1:15)라는 것은 '하나님의 영광과 권능'을 의미한다.

그의 오른발은 바다를, 왼발은 땅을 밟고 있었는데 그 손에는 펴 놓인, '복음'이 적혀 있는, 작은 책이 들려져 있었다. 그 내용이란 에스겔 2:9-3:3절에 나타난 '애가, 애곡, 재앙'을 말한다.

'애가, 애곡, 재앙'이 복음이라는 것은 '복음의 이중적 의미'를 알아야만 이해할 수 있다. 세상을 향해 던지는 '복음 선포'는 교회에게는 진정한 복된 소식이지만 유황 불못 심판을 예고하는 불신자들에게는 재앙이요 애가요 애곡인 것이다. 또한 작은 책은 복음이 적힌 책인데 이는 다니엘서 12장 4-13절의 말씀으로 일곱(나팔) 재앙으로 세상의 악한 세력은 유황 불못의 심판을 받고 교회는 신원 됨으로 영생을 누리게 되는 구속의 내용이 담겨 있다.

더하여 10장에서 언급된 작은 책이란, 5장 1절에서는 인봉 되어져 있던 '그' 책(5:1)을 가리키는 것으로 '예수 그리스도의 복음'이 계시되어 있었다. 즉 종말 시대 동안에 일곱 재앙을 통해 겪게 될 '애가, 애곡, 재앙'이 담겨 있었다.

앞서 언급했지만 그 어마무시한 내용들이 '복음(Good News)'인 것은 교회를 향하신 아버지의 마음 때문이다. 결국 교회는 한시적이고 제한적인 일곱 재앙을 겪기는 하지만 "예수 믿음과 하나님의 계명"으로 그 재앙의 과정을 '반드시' 통과하게 될 것이며 그를 통해 보다 더 확고한 소망(엘피스)을 허락해 주시기에 복된 소식인 것이다.

복음이 전 지구적으로 열리게(드러나게, 전파되게) 된 것은 예수님의 십자가 죽음과 부활을 통해 닫혔던 그 책의 봉인이 열려진 때문이다.

"작은 책(10:2)"이란 헬라어로는 비블라리디온(βιβλαρίδιον, 10:2, 9, 10) 혹은 비블리다리온(βιβλιδάριον, a little papyrus roll, 10:2)이라고 하는데 둘 다 혼용해서 쓴다. 이는 '책(5:1)'이라는 의미로 쓰인 또 다른 헬라어 비블리온(βιβλίον, nn, a papyrus roll, 5:1)과는 그 크기 면에서 약간 다른 것을 가리킨다.

그래서 일부 학자들은 5장과 10장의 책은 '서로 다르다' 라고 주장하기도 한다. 그러나 상기 헬라어 단어들은 크기에 관계없이 큰 책이나 작은 책 둘 다에 혼용되어 쓰이기도 한다. 그러므로 나는 계시록 5장의 책과

10장의 작은 책은 동일[49]하다라고 해석한다.

참고로 요한복음 21장 15절에 나오는 '양'의 헬라어는 구분이 있어 보인다. 왜냐하면 '어린 양'이라고 쓸 때에는 아르니온(ἀρνίον, nn, a little lamb)을, 다 자란 '큰 양'을 가리킬 때에는 아렌(ἀρήν, nm, a lamb, sheep)을 사용하기 때문이다. 즉 요한복음은 '양'을 명확히 구분하고 있으나 계시록에서는 '책'을 혼용하여 쓰고 있다라는 것이다.

한편 작은 '그' 책 안에는 복음의 내용이 담겨 있었는데 현재형 하나님나라가 '이미(already)' 도래된 것과 '장차(not yet)' 미래형 하나님나라의 완성에 관한 것이었다. 현재형 하나님나라와 미래형 하나님나라 사이에는 종말 시대가 있는데 이때 겪게 될 일곱 재앙이 바로 '애가, 애곡, 재앙'이라는 것이다.

한편 Holtzmann에 의하면 그 작은 책의 내용은 11장 이하의 내용이라고 했는데 나는 이 해석에 공감한다. 특히 나는 12-14장의 내용을 말하는 것으로 해석한다.

그리스도인은 종말 시대를 통과하며 누구나 다 크고 작은, 다양하고도 복합적인 전 지구적인 일곱 재앙을 겪는다. 각 지역적으로 반복적, 복합적으로 맞닥뜨리게 될 일곱 재앙을 거뜬히 통과하려면 "예수 믿음과 하나님의 계명(14:12)"을 붙들어야만 한다. 즉 교회는 '복음' 그 자체인 '그리스도의 승귀(Ascension of Christ)'를 붙들고 살아가야 한다.

한편 불신자들은 인 재앙, 나팔 재앙, 대접 재앙인 일곱 재앙의 심판을

---

49 이필찬 교수가 옮긴 〈요한계시록 신학, 리챠드 보쿔〉, 2013(초판 7쇄), p123-124 재인용, 〈요한계시록 어떻게 읽을 것인가〉 이필찬, 성서유니온 2019(개정 2판 2쇄), p166

통과하며 때마다 시마다 '유황 불못 심판, 둘째 사망, 영원한 죽음'에 대한 최후 심판의 경고음을 듣기에 두려울 수밖에 없다. 그런 그들은 종국적으로 최후 심판의 날에 애곡하고 또 애곡하게(1:7, 겔 2:10) 될 것이다.

한편 "바다와 땅"은 '온 세상'을 지칭한다.

3 사자의 부르짖는 것 같이 큰 소리로 외치니 외칠 때에 일곱 우뢰가 그 소리를 발하더라 **4** 일곱 우뢰가 발할 때에 내가 기록하려고 하다가 곧 들으니 하늘에서 소리 나서 말하기를 일곱 우뢰가 발한 것을 인봉하고 기록하지 말라 하더라

3-4절에서는 하늘에서 "사자의 부르짖는 것 같이" 큰 소리로 외칠 때에 "일곱 우뢰"가 그 소리를 "발했다"라고 사도 요한은 기록하고 있다. 즉시 사도 요한이 일곱 우뢰가 발한 것을 기록하려고 하자 하늘(1:19)에서 소리 나서 말하기를 "일곱 우뢰가 발한 것을 인봉하고 기록하지 말라" 고 하셔서 '그만두었다' 라고 말씀하고 있다.

"사자의 울부짖는 것 같은 큰 소리(호 11:10, 암 3:8)"와 "일곱 우뢰 소리"는 반복된 동일한 묘사로 '하나님의 완전하신 위엄'을 의미한다.

사도 요한의 묵시 혹은 계시를 가만히 묵상하다 보면, 하나님은 어떤 부분은 '인봉하지 말고 드러내기 위해 기록하라'고 하셨고 어느 부분은 '인봉하고 기록지 말라'고 하심을 볼 수 있다.

결국 교회인 우리는 하나님의 말씀대로 '가라면 가고 서라면 서는' 것이다. '하나님이 침묵하면 우리도 침묵'해야 한다. 하나님이 그렇게 말씀하시면 우리 또한 상황과 환경에 관계없이 큰 소리로 외쳐야 한다. 언제

어디서 건 무슨 일이든지 하나님보다 앞서가서는 안된다. 말씀이 앞서가게 하라, 성령님보다 앞서지 말라.

역사의 주관자 하나님은 다니엘에게도(12:4) "마지막 때까지 이 말을 간수하고 이 글을 봉함하라"고 하셨기에 그 또한 그렇게 살다가 하늘나라로 갔다. 그 하나님은 또한 다메섹에서 AD 35년에 바울을 부르셔서 이방인의 전도자로 파송하시며 그들에게 복음을 전하라고 보내셨다. 그런 그는 사도로서의 부르심 대로 살다가 하늘나라로 갔다. 나 또한 성경교사, 의료선교사, 청년사역자로 부르셨다. 그렇게 살아왔고 그렇게 살다가 하늘나라로 가려 한다.

'언제 예수님이 오실까', '그때의 징조는 무엇일까', '지금은 어느 시기에 해당하며 지금의 그 사건은 무엇이고 그 사건 뒤에는 또 어느 사건이 초래될까' 등등……. 이런 궁금증에는 관심을 끄자. 재림의 때와 기한도 억지로 알려고 하지 말고 그날까지 하나님의 뜻을 따라 살기 위해 말씀을 가르쳐 주시고 생각나게 하시는 성령님의 인도하심을 따라 가자.

하나님의 계시, 말씀을 통한 그분의 섭리와 경륜은 오로지 하나님의 주권에 달려있음을 알아야 한다. 그러므로 교회인 우리는 하나님의 선하심을 의지하기만 하면 된다. 몰라도 되는 것은 모르면 된다. 알아야 하는 것이라면 애써 알아가는 것이 우리에게는 최상이다. 그러므로 우리의 할 일은 계시하신 부분은 바르게 해석하고 계시하지 않은 부분은 억지로 풀려고 하지 말아야(벧후 3:16-17, 1:20) 하는 것이다.

5-7절에는 "바다와 땅을 밟고 섰는 천사가 하늘을 향해 오른 손을 들고" 영원한 자존자이신 "세세토록 살아있는 자"를 향해 맹세하고 있는 것을 사도 요한은 보고 있다. 즉 하늘과 그 가운데 있는 물건, 땅과 그 가운데 있는 물건, 바다와 그 가운데 있는 물건을 창조하신 하나님만이 창조주 하나님, 역사의 주관자 하나님, 심판주 하나님이심을 인정하며 오른손을 들고 맹세하고 있는 것이다.

연이어 예수의 재림과 최후 심판을 알리는 일곱째 나팔이 울려 퍼질 때 하나님의 비밀[50]이 그 종 선지자들에게 전하신 "언약 즉 복음과 같이 이루리라"고 말씀하고 있다. 즉 예수님의 재림을 통한 하나님의 구원의 완성과 예수님의 최후 심판의 날이 도래하여 미래형 하나님나라가 완성될 것을 의미한다.

"하나님의 비밀"이란 고린도전서 2장 6-12절에서는 "비밀한 가운데 있는 하나님의 지혜로 만세 전에 정하신 하나님의 깊은 것, 하나님께서 우리에게 은혜로 주신 것들"이라고 했다. 에베소서 3장 6-12절에서는

---

50 하나님의 비밀은 하나님의 구원 계획(고전 2:6-7, 엡 3:9, 골 1:26) 또는 그리스도의 재림, 사단과 악한 세력의 몰락과 심판, 교회의 영생 등 하나님의 모든 경륜(Charles)을 말한다. 그랜드 종합주석 16, p820

"영원부터 만물을 창조하신 하나님 속에 감취었던 비밀의 경륜"으로 "영원부터 우리 주 예수 그리스도 안에서 예정하신 뜻"이라고 했다. 골로새서 1장 24-28절에서 "하나님의 비밀"은 "너희 안에 계신 그리스도시니 곧 영광의 소망"이라고 했다.

한편 "그 종 선지자들"이란 고린도전서 4장 1절, 아모스 3장 7절의 "하나님의 비밀을 맡은 자"를 가리킨다. "이루리라"는 것은 레위기 26장 12절, 예레미야 31장 33절, 에스겔 11장 19-20, 스가랴 3장 8절, 계시록 21장 1-4절을 가리키는 것으로 "그들은 내 백성이 되고 나는 그들의 하나님이 되리라"는 것이다.

이 부분은 에스겔서 2장 9절에서 3장 3절까지와 거의 비슷한 내용으로 밧모섬에 있는 사도 요한에게 환상으로 주신 말씀이다.

하늘로서 음성이 들리길 "바다와 땅을 밟고 섰는 천사의 손에 펴 놓인 책(10:2, 5:1절의 인봉한 책, 내용은 겔 2:9-3:3)"을 가지라 하기로 사도 요한은 그 천사에게 나아가 "작은 책을 달라"고 했다. 그러자 그 천사는 책을 주면서 "갖다 먹어버리라 네 배에는 쓰나 네 입에는 꿀 같이 달리라”고 말했다. 책을 받은 사도 요한은 그 책을 먹었는데 “입에는 꿀 같이 다나 먹은 후에 내 배에서는 쓰게 되더라”고 했다.

즉 사도 요한이 복음이 기록된 작은 책을 받아먹었더니 그 맛으로 인해 기뻤으나 그 내용[51]의 어마무시함과 동시에 복음으로 살아가고 복음을 자랑하는 일에는 힘들고 괴로웠다는 것이다. 결국, 복음의 말씀이 달기는 하나 복음대로 살아가는 것이나 복음을 세상에 자랑하는 것에는 핍박이 뒤따른다는 것을 가리킨다.

이를 가리켜 일단의 학자들은 복음과 십자가로 살아가고 복음과 십자가를 자랑함에는 ‘달콤함과 쓰라림(sweet-and-sour)’, ‘기쁨과 부담(joy-and-burden)’이 함께 있을 것[52]이라고 표현하기도 했다.

히브리서 기자(12:2, 13:13) 또한 예수님이 앞장서서 먼저 그 길을 분연(奮然)히 걸어 가셨으니 우리 또한 모든 것을 떨치고 일어나 복음을 들고 세상으로 나아감이 마땅하다라고 했다.

11 저가 내게 말하기를 네가 많은 백성과 나라와 방언과 임금에게 다시 예언하여야 하리라 하더라

11절에서는 하나님께서 사도 요한에게 세상을 향해 복음을 전할 것

---

51 복음 즉 복된 소식이란, 그리스도인에게는 어린양 예수를 믿어 구원을 얻어 미래형 하나님나라에서 영생을 누리게 되는 복된 소식을 말하며 불신자에게는 환난과 두려움이요 종국적으로는 최후 심판을 통한 유황불 못의 영원한 죽음을 말하는 이중적 함의로서 무서운 소식이다.

52 요한계시록 어떻게 설교할 것인가, 두란노 How 주석 50, 두란노 아카데미, 2012(11쇄), p328

을 명령하고 있다. 사도 요한에게 주신 사명의 내용은 다음과 같다. 그것은 "많은 백성과 나라와 방언과 임금에게 다시 예언하여야 하리라"는 것이었다. 즉 복음이 기록된, 펴 놓인 작은 책을 네가 먼저 맛보고 복음을 만방에 전하라는 것이었다. 여기서 "예언하여야 하리라"는 것은 '복음(22:7)을 전파하라'는 의미이다.

내가 나의 두 증인에게 권세를 주리니 저희가 굵은 베옷을 입고 일천 이백

육십 일을 예언하리라 이는 이 땅의 주 앞에 섰는 두 감람나무와 두 촛대니

_요한계시록 11: 3-4

교회
-두 증인, 두 감람나무, 두 촛대, 두 선지자

11장 1-13절까지의 전반부에는 모두 다 동일하게 진실된 교회를 예표하는 "두 증인, 두 감람나무, 두 촛대, 두 선지자"에 관해 반복되게 말씀하고 있다. 동시에 교회는 예수님의 탄생(성육신), 십자가 수난과 죽음, 그리고 부활, 승천, 재림을 따라가야 한다라고 말씀하고 있다. 이는 '그리스도의 승귀'를 붙들고 먼저는 옛 자아를 죽여 자기를 부인한 후 자기 몫에 태인 십자가를 지고 주님을 따르는 삶을 살아내야 함을 말씀하고 있다. 그런 교회는 반드시 승리 즉 예수의 재림 후 부활체로 영생하게 될 것을 말씀하고 있다.[53]

11장에서 말씀하고 있는 '두 증인 이야기'의 경우 너무 한쪽으로 치우쳐서 문자적으로(literally) 해석하거나 풍유적으로(allegorically) 해석하

---

[53] How 주석 50, p337

는 것은 곤란하다. 나는 11장의 전반부에서 언급된 '진실된 교회'를 상징하는 상기 4가지의 단어들 즉 두 증인, 두 감람나무, 두 촛대, 두 선지자를 '교회의 4대 역할'로 해석한다.

첫째, "두 증인"이란, 교회는 종말 시대를 살아가며 예수 그리스도의 신실한 '증인으로서의 삶'을 살아야 한다라는 의미이다. '증인으로서의 삶'이란 예수 그리스도의 증인으로 살아가는 것과 예수는 그리스도라 가르치기와 전도하기 곧 복음 선포를 쉬지 않는 삶을 가리킨다.

둘째, "두 감람나무"란, 교회는 유한되고 제한된 한번 직선 인생 동안 '풍성한 열매 맺는 삶'을 살아야 한다라는 의미이다. '풍성한 열매'란 로마서의 말씀대로 "하나님을 위하여 열매(7:4), 거룩함에 이르는 열매(6:22)"로서 성령의 열매(갈 5:22-23)를 가리킨다.

셋째, "두 촛대"란, 교회는 '세상의 빛과 진리의 등대 역할'을 감당하며 살아야 한다라는 의미이다. '빛'이라는 것은 어둠을 몰아내고 어둠을 밝히는 등대 역할이다. 그 밝음을 위해 당연히 뜨거운 열은 감당해야만 한다. '진리'라는 것은 길이요 생명이신 예수 그리스도를 가리킨다. '오직 예수'이다.

넷째, "두 선지자"란, 교회는 세상을 향해 '하나님의 말씀 즉 오직 말씀(Sola Scriptura)'만을 대언하며 살아야 한다라는 의미이다. 데살로니가전서(4:3)는 "말씀과 기도로 거룩하여짐"이라고 하셨다. 기독교는 행위 종교가 아니다. 말씀의 종교이다. "사람이 떡으로만 살 것이 아니요 하나님의 입으로 나오는 모든 말씀으로 살 것이라(마 4:4, 신 8:3)."

한편 11장 14-19절까지의 후반부는 일곱째 나팔 재앙에 관해 말씀하고 있다. 일곱째 나팔 재앙에 대한 선포는 '하나님나라의 도래와 완성'을 알리는 것이다. 그렇기에 '재앙'이라는 말은 뭔가 약간 어색하기도 하다. 왜냐하면, 이 부분은 화(禍)에 관한 내용보다는 '하나님을 찬양'하고 하나님이 행하실 '심판의 정당성'을 찬양'하고 있으며 16장에서 행할 '일곱 대접 재앙의 정당성과 당위성'을 말씀하고 있기 때문이다.[54]

한편 일곱 재앙에 있어서, 대접 재앙은 인 재앙이나 나팔 재앙보다 그 범위나 강도 면에서 최고도에 달하는 것이다. 결국 그 재앙들은 시간적 순서가 아닌 장면의 전환으로 종말 시대 동안에 전 지구적으로 반복적으로 또한 복합적으로 일어나는 것들이다. 단지 각 지역적으로 그 범위나 강도, 크기와 세기가 다를 뿐이며 일곱 재앙은 과거에도 있었고 지금도 앞으로 예수님의 재림 때까지는 계속 있을 것들이다.

중요한 것은 일곱 재앙 중 '일곱째' 재앙(인, 나팔, 대접)은 모두 다 종말 시대의 끝, 즉 최후 심판의 시작을 알리는 것으로 '하나의 목적지'를 향하고 있다. 결국 예수 그리스도의 재림으로 역사적 종말을 고한 후 최후 심판을 통해 '새 창조' 즉 '새 하늘과 새 땅', '신천신지', '거룩한 성 새 예루살렘'에서 12가지 보석처럼 아름답고 다양한 거룩한 성 예루살렘으로 살아갈 것을 보여준 것이다.

54　그랜드 종합주석 16, p828-835

11장 1-2절에는 사도 요한에게 당시 길이를 측정하는 '자'로 쓰였
던 "지팡이 같은 갈대"를 주며 '성전 안 마당'인 "하나님의 성전 곧 성
전 안의 성소(나오스, naos, nm, a temple)와 성전의 핵심 장소인 제
단($\theta\upsilon\sigma\iota\alpha\sigma\tau\acute{\eta}\varrho\iota o\nu$, nn, an altar)과 그 안에서 경배하는 자들인 교회
들($\pi\varrho o\sigma\kappa\upsilon\nu\acute{\epsilon}\omega$, v, I go down on my knees to, do obeisance to,
worship)을 척량하라"고 하셨다.

여기서 "척량"은 '보호와 파괴'라는 이중적 의미를 담고 있는데 이 구절
에서는 '보호'로 해석해야 한다. 이는 에스겔의 패턴[55]을 따르는 것이다.
즉 '선지적 사역을 위임받은(겔 3장) 후 그 다음에 메시지를 구현'하는, 상
징적 행위를 말하는 것으로 이를 가리켜 '상징적 선지적 행위'라고 한다.

"지팡이 같은 갈대"라는 것은 헬라어로는 칼라모스[56]($\kappa\acute{\alpha}\lambda\alpha\mu o\varsigma$, nm)
라고 하며 히브리어로는 카네흐(겔 40:5, קָנֶה, nm)인데 이는 '척량을 위
한 도구'를 가리킨다.

'척량'은 2가지 경우에 시행하는데 너무 낡아서 '파괴'(삼하 8:2, 왕하 21:13,

---

55 〈요한계시록 어떻게 읽을 것인가〉, 이필찬, 2019(개정 2판 2쇄), p173-174, 이는 symbolic
prophetic action으로 왕상 22:11, 사 8:1-4, 렘 27:2-28:16, 겔 24:3-13을 참조하라

56 헬라어 칼라모스($\kappa\acute{\alpha}\lambda\alpha\mu o\varsigma$, nm, a reed; a reed-pen, reed-staff, measuring rod)와 히브리어
카네흐(겔 40:5, קָנֶה, nm, a stalk, reed)는 척량을 위한 도구를 말한다.

사 34:11, 렘애 2:8, 암 7:7-9)후 다시 지으려 할 때와[57] 멋지게 지은 것을 '보호'(삼하 8:2, 사 28:16-17)하기 위해서이다. 이중적 의미를 갖는 이 '척량'이라는 단어는 결국 '하나님의 섭리'를 이루어 가고 완성해 가실 것을 함의하고 있다. 참고로 "척량"이란 자로 길이를 재는 것이라면 '측량(survey)'은 여러가지 도구를 이용해 길이, 부피, 무게를 재는 것으로 그 범위가 훨씬 넓은 것이다. 즉 '측량'이 '척량'보다 종합적이고 포괄적인 개념이라는 말이다.

"성전 밖 마당은 척량하지 말라"고 하신 것은 '성전 된(고전 3:16-17) 교회'의 외적인 삶 즉 '세상 속에서의 삶, 종말 시대 동안 겪게 될 일곱 재앙은 피할 수 없을 것'이라는 의미이다.

하나님은 종말 시대 동안에 교회가 일곱 재앙을 겪도록 한시적, 제한적으로 악한 세력들에게 권세를 부여하셨다. 이를 11장에서는 '이방인에게 주었은즉'이라고 말씀하셨다. 즉 '성전 밖 마당은 척량하지 말라'고 하신 것은 하나님의 허용 범위 안에서 한시적으로 이방인에게 '짓밟히게 될 것'을 말하며 곧 '종말 시대 동안에 일곱 재앙을 겪게 되는' 것을 의미한다. 그렇기에 세상은 교회를 상징하는 '거룩한 성'을 종말 시대를 상징하고 있는 "마흔 두 달 동안" 짓밟을 것이라고 말씀하고 있다. 즉 종말 시대에 한시적인 기간 동안은 교회가 박해와 고통을 당할 것(딤후 3:1-13, 살후 1:4-8, 단 8:11-14)이라는 말이다.

---

57 벨사살 왕 때 벽에 나타나서 손가락으로 썼던 글(단 5:24-28)이 "메네 메네 데겔 우바르신"이었다. '척량하고 또 척량해도 부족하다'라는 의미로 이후 벨사살 왕은 '척량'의 두 가지 의미 중 '파괴' 뜻에 맞게 죽음을 맞는다.

성전은 중심되는 안쪽으로부터 순서대로 바깥쪽으로 성소, 제사장의 뜰, 이스라엘(유대인)의 뜰, 여인의 뜰(the Court of women), 그리고 이방인의 뜰로 구분된다. 바로 '여인의 뜰'에 그 유명한 헌금함이 놓여 있다(요 8:20, 막 12장, 눅 21장). Mishna에 의하면 13개의 헌금함이 놓여있는데 개중 9개는 율법이 정한 것이고 4개는 임의로 내는 헌금함이라고 한다.

이방인의 뜰을 제외한 모든 부분을 '성전 안 마당'이라고 하며 이는 '교회(성도)의 믿음과 구원'을 의미하기도 한다. 즉 '성전 안 마당'인 '교회의 믿음과 구원'은 하나님께서 반드시 끝날까지 보호해 주시겠다라는 말이다.

한편 맨 바깥쪽의 이방인의 뜰은 성전 바깥 뜰로서 '성전 밖 마당'이라고 하는데 이 부분은 보호하지 않겠다고 하셨다. 이는 성전 된 교회의 '세상 속에서의 삶'을 의미하는데 앞에서 언급한 종말 시대인 42개월[58] 동안은 교회의 거룩함과 마라나타의 외침과 하나님나라의 도래와 완성을 소망하도록 하기 위해 악한 세력들의 일시적, 제한적 권세에 내어 주었으므로 예수님의 재림 전까지는 교회가 그들에게 한시적으로 고통과 핍박을 받게 될 것이라는 말이다.

리챠드 보캄 교수의 말을 나의 식으로 표현하고자 한다.

---

58 42개월은 1260일, 삼 년 반, 사흘 반, 한 때 두 때 반 때(단 7:25, 12:7)와 동일하게 종말 시대를 의미한다. 특히 마흔두 달은 이스라엘이 광야에서 42번 진을 친 사건(민 33:5-49)을 연상케 한다. 한편 다니엘서(8:14, 9:24-27, 12:11-12)의 서로 다른 복잡한 숫자의(2300주야=1150일, 주야=하루, 70이레, 69이레, 7이레, 62이레, 한 이레, 그 이레의 절반, 1290일, 1335일) 해석이 서로 제각각인데 이 또한 종말 시대(초림~재림 전)를 상징한다.

'성전 안 마당'은 성령님을 주인으로 모신 현재형 하나님나라 즉 교회인 성도를 의미하며 '성전 밖 마당'은 그런 교회인 성도가 종말 시대의 한 부분 동안 육신을 입고 세상 속에서 살아가며 일곱 재앙을 겪게 되는 것을 가리킨다. 여기에 already~not yet을 적용하면, 예수 그리스도의 죽음과 부활로 이미(already) 이루어진 '현재형 하나님나라'라는 교회는 반드시 그리고 끝날까지 주인 되신 성령께서 보호하시겠다는 것이다. 반면에 아직(not yet)의 경우에는 종말 시대에 한번 인생을 살아가며 한시적으로 권세를 받은 악한 세력에게 '일곱 재앙'을 상징하는 '교회의 외적인 세상 속에서의 박해'는 교회의 '거룩함에로의 훈련'을 위해 허용하시겠다라는 의미이다.

3-6절에서는 종말 시대 동안에 악한 세력에게만 권세를 주는 것이 아니라 "두 증인"인 교회에게도 권세를 주겠다고 하셨다. 그런데 '그 권세'는 악한 세력에게 준 세상적인 것, 초월적인 기적 같은 것이 아니라 "굵은 베옷을 입고" 고난과 핍박 가운데서도 굴하지 않고 종말 시대 내내 '복음(예언, 10:11, 11:6, 22:7)을 전하며 선지자적 사명을 감당할 권세'라고 하셨다. 그렇기에 '교회'에게 주신 권세는 세상의 권세와는 완전히 다른 차원의 것이다.

"권세 혹은 권능"의 헬라어는 엑수시아(ἐξουσία, nf)인데 이는 내면의 본질을 의미하는 우시아(ουσία, εἰμί, v, I exist, I am)와 엑스(ἐξ, from out of)의 합성어이다. 연결하면 교회에 주신 '권세 혹은 권능'이란 내면의 본질에서 나오는 권능으로 '복음의 힘'을 말하는 것이다. 물리적인 세상의 힘을 말하지 않는다.

3절의 "두 증인"과 4절의 "이 땅의 주 앞에 섰는 두 감람나무(슥 4:3, 11-14, 스룹바벨, 예수아)와 두 촛대"는 모두 다 '진실된 교회(기름 발리운 자, 온 세상의 주 앞에 모셔 섰는 자)'를 지칭한다. 이들은 자신을 해하려는 세력에게 입(말씀인 복음)의 불(진노, 심판, 왕하 1:10, 렘 5:14)로 그들을 심판하는 권세를 받았다. 왜냐하면 복음은 힘이 있어 그 복음을 받아들이면 구원과 영생이요 거절하면 유황 불못 즉 사망(죽음)이기 때문이다.

또한 교회는 "하늘을 닫아 그 예언을 하는 날 동안 비 오지 못하게" 했던 엘리야의 권능(왕상 17:1, 18:1)과 "물을 변하여 피 되게 하는"등 모세가 행했던 기적 같은 권세(출 7:14-25)도 받았다. 여기서 교회가 받은 "권세나 권능" 등은 초자연적인 기적이 아니라 때를 얻든지 못 얻든지 그들이 듣던지 아니 듣던지 힘 있는 말씀(말씀 선포권)으로, 복음으로, 세상을 심판하는 권세를 가리킨다.

한편 '둘(2, two)'이라는 것은 문자적인 2(two)가 아니라 '증거의 진실성 혹은 진정성'을 의미하는 최소단위(신 19:15, 17:6, 민 35:30)를 말하는 것이다.

":굵은 베옷"은 '슬픔과 회개'를 위한 복장[59]을 상징하고 있는데 이는 다가올 최후 심판을 앞두고 회개를 촉구함과 동시에 세상 죄에 대한 연대책임을 의미하고 있다.

7 저희가 그 증거를 마칠 때에 무저갱으로부터 올라오는 짐승이 저희로 더불어 전쟁을 일으켜 저희를 이기고 저희를 죽일 터인즉 8 저희 시체가 큰 성 길에 있으리니 그 성은 영적으로 하면 소돔이라고도 하고 애굽이라고도 하니 곧 저희 주께서 십자가에 못 박히신 곳이니라

---

59 〈요한계시록 어떻게 읽을 것인가〉, 이필찬, 2019(개정 2판 2쇄), p180-181, 창 37:34, 삼하 3:31, 왕하 21:27, 대상 21:16, 느 9:1, 렘 4:8, 마 11:21, 18:16, 눅 10:1, 행 5:32, 13:2, 15:39, 요 5:31-32, 8:17, 고후 13:1, 히 10:28, 딤전 5:19를 참조하라

11장에는 "저희"라는 단어가 계속 반복되어 나타나는데 이는 모두 다 '교회'를 지칭한다. 7-8절에서는 저희(교회)가 '그날'이 다가옴에 따라 복음 증거를 마칠 즈음에 "무저갱으로부터 올라오는 '그' 짐승(단 7장)"이 전쟁을 일으켜 저희(교회)를 이기고 저희를 죽일 것(단 7:21)이라고 했다. 이는 종말 시대 동안에 있게 될 수많은 영적 싸움에서 하나님의 허용 범위 하에서 한시적, 제한적으로 당하게 될 교회의 핍박과 순교를 의미(계 6:9)한다.

종말 시대 동안에 일곱 재앙을 통해 핍박과 순교를 당하게 되는 교회들의 시체가 "큰 성", 곧 종교적으로 도덕적으로 타락한 악한 세속 도시를 상징하는 바벨론을 나타내는, '소돔과 애굽' 길에 널브러지게 된다. "소돔과 애굽"이란 "예수께서 십자가에 못 박히신 곳"인 세상 혹은 바벨론을 상징한다. 이는 내내 교회들이 종말 시대 동안에 세상에서 겪게 될 환난과 핍박, 심지어는 예수처럼 죽기까지의 고난을 상징한다. 그러나 이 모든 것은 주권자 하나님의 허용 범위 안에서만 한시적으로 일어나는 것이다.

9절에는 세상에 속한 사람들이 그들(교회들)의 시체를 "사흘 반 동안을 목도하며 무덤에 장사하지 못하게" 하는 것을 사도 요한이 보았다고 했다. 유대인들의 통념상 그들은 시체를 곧장 장사 지내지 않으면 그 영혼이 하늘로 가지 못하고 시체 곁에서 사흘까지 머무는 것으로 생각했다.

그렇기에 유대인들은 곧장 장사 지내지 못하는 것을 가장 경멸과 수치, 저주로 여겼다. 결국 세상에 속한 사람들이 순교 당한 교회들을 장사하지 못하게 막으면서 교회들의 시체를 보며 마음껏 '조롱했다'라는 것을 가리킨다.

10절의 "두 선지자"역시 "두 증인, 두 감람나무, 두 촛대"와 마찬가지로 진실된 교회를 예표하고 있다. 교회인 '두 선지자'는 '오직 복음'을 선포함으로 땅에 거하는 자들 즉 불신자들을(카토이케오, τοὺς κατοικοῦντας ἐπὶ τῆς γῆς, those dwelling on the earth) 향해 최후 심판에 대한 경고를 날렸다. 불신자들은 진실된 교회가 선포하는 복음을 들으며 괴로워할 수밖에 없었다. 왜냐하면 복음은 받아들이면 구원이지만 거절하게 되면 유황 불못 심판이기 때문이다.

결국 교회인 '두 선지자'는 땅에 거하는 자들(불신자)을 향해 복음을 선포함으로 최후 심판에 대한 경고를 하자 그들이 듣고 괴로워했다라는 의미이다. 즉 교회가 복음을 선포함으로 저들(땅에 거하는 자들, 불신자, 카토이케오)의 죄를 드러내어 버리자 유황 불못 심판을 받게 될 그들은 괴로웠다라는 것이다. 그렇게 복음을 전하던 교회가 죽게 되자 이번에는 땅에 거하는 자(불신자, 카토이케오, τοὺς κατοικοῦντας ἐπὶ τῆς γῆς, those dwelling on the earth)들이 고소해하며 저희(교회)의 죽음을 즐거워하고 기뻐하며 자축까지 하고 있다.

이 구절에서의 삼일 반[60]은 "마흔 두 달(2), 일천 이백 육십 일(3), 사흘 반(9)"과 마찬가지로 '종말 시대'를 상징하고 있다. "삼일 반 후"라는 것은 예수의 재림 때를 가리키는데 그날에 하나님께로부터 생기($\pi\nu\epsilon\hat{\nu}\mu\alpha$, nn, wind, breath, spirit)가 그들(교회) 속에 들어갔더니 부활체(고전 15:42-44)로 살아나매(겔 37:5,9,10,14 둘째 부활, 일어서다, $\ddot{\iota}\sigma\tau\eta\mu\iota$, to make to stand, to stand) 땅에 거하는 자들(불신자, 카토이케오, $\tauο\grave{\upsilon}\varsigma$ $\kappa\alpha\tau οικ ο\hat{\upsilon}\nu\tau\alpha\varsigma$ $\dot{\epsilon}\pi\grave{\iota}$ $\tau\hat{\eta}\varsigma$ $\gamma\hat{\eta}\varsigma$, those dwelling on the earth) 즉 교회의 죽음을 목도하며 즐거워하던 자들(9-10)은 두려움에 쌓이게 된다.

원래 "생기"는 하나님이 사람을 창조하실 때 불어넣으신 생명력(창 2:7, 루아흐)을 가리킨다. 아담 이래로 죄를 지어(연합과 대표의 원리) 영적 죽음 상태로 태어난 인간은 "나의 신이 영원히 사람과 함께 있지 아니하리니(창 6:3)"라는 말씀을 따라 생기 즉 루아흐를 상실했다. 그러나 예수를 믿으면 영적 부활(첫째 부활)과 더불어 내주 성령으로 인해 생기(성령, 루아흐)가 회복될 뿐 아니라 이미 우리 안에 들어와 계신다.

---

60 〈요한계시록 어떻게 읽을 것인가〉, 이필찬, 2019(개정 2판 2쇄), p189-190, 삼일을 삼 일반으로 변형시킨 것을 묵시적 변형(apocalyptic modification)이라고 하며 삼 일반은 다니엘서의 삼 년 반을 변형한 것이다. 그러므로 삼일 반이라는 것은 예수님의 죽음에서 부활까지의 삼일과 두 증인의 증언 기간인 삼 년 반이 조합된 것이다.

그렇다면 "삼일 반 후에" 즉 최후의 날에 교회에게 다시 들어오는 생기는 어떻게 해석해야 할까? 결국 "삼일 반 후에 하나님께로부터 생기가 저희 속에 들어가매"라는 것은 그리스도의 재림 후에 '둘째 부활'에 참여하는 것을 상징적으로 나타낸 것이다.

"생기가 저희 속에 들어가매 저희 발로 일어서니"라는 것은 에스겔 35장(5, 7, 10, 14)을 배경으로 한 말씀이다. '생기'의 헬라어는 프뉴마 조에스(πνεῦμα ζωῆς, the Spirit of life)인데 이는 '생명의 바람'이라는 의미로 진리의 영이신 성령님을 가리킨다.

12 하늘로부터 큰 음성이 있어 이리로 올라오라 함을 저희가 듣고 구름을 타고 하늘로 올라가니 저희 원수들도 구경하더라

12절은 교회가 부활체로(고전 15:42-44) 부활한 후 하늘로부터 "이리로 올라오라"는 음성을 듣고 "구름을 타고 하늘로" 올라가는(ἀναβαίνω, v, to go up, ascend) 것을 저희 원수들이 지켜보게 됨을 사도 요한은 증거하고 있다.

"구름"이란 대게 하나님의 능력, 영광과 승리, 현현(출 16:10, 19:9, 16, 24:15-16, 34:5, 레 16:2, 민 10:12, 11:25, 16:42, Johnson)을 의미한다. 그렇기에 예수님은 구름을 타고 부활(행 1:9)하셨고 구름을 타고 오시마(계 1:7) 약속하셨다.

"교회가 듣고 구름을 타고 하늘로 올라가니"라는 것은 둘째 부활에 참여한 교회들이 영광과 승리가운데 미래형 하나님나라에로 들어가게 됨을 상징한 것이다.

13절에서는 사도 요한이 환상을 통해 "그 시에 큰 지진이 나서 성 1/10(창 28:22, 레 27:30, 32)이 무너져 7,000명이 죽는" 것을 보고 있다. 성 1/10이란 '전부를 대표하는 하나'로 십일조의 개념에서 나온 듯 보인다. 즉 최후 심판을 받게 될 '모든 성'으로 여기서 '성'이란 거룩한 성 예루살렘으로 교회를 가리킨다.

7,000이란 '7x10x10x10'으로 하나님의 유기 가운데 "지진"이라는 하나님의 진노에 의해 심판을 받고 버림받게 될 많은 수를 가리킨다. 혹자는 당시 예루살렘 인구(7만 명)의 1/10인 '7,000명'을 인용한 것이라고 한다[61]. 이는 역사적 고증 정도로만 이해해도 될 듯하다.

한편 이 구절의 '죽은 사람이 칠천'이라는 숫자는 열왕기상 19장 18절에서 언급된 '살아남은 자 칠천(7,000명)'과 좋은 대조를 보여주고 있다. 열왕기상에서는 구원받아 살아남은 곧 신원을 받은 자가 칠천이고 계시록은 심판을 받아 죽은 자가 칠천이다. 이는 예수님의 재림 후 백보좌 심판을 통해 신원과 심판이 반드시 있게 될 것을 가리킨다. 왜냐하면 '7'은 언약의 수, 약속의 수, 맹세의 수, 완전수를 의미하기 때문이다.

열왕기상의 구원받은 숫자 7,000을 계시록의 심판받은 숫자 '7,000'으

---

61 〈요한계시록 어떻게 읽을 것인가〉, 이필찬, p193-194, 재인용

로 전환한 것은 다분히 의도적으로 보인다. 이는 심판을 받는 대상을 제한하려는 것으로 학자들은 이를 가리켜 "제한된 파괴"[62]라고 한다. 이와 비슷한 경우는 6장에서의 인 재앙의 경우 심판의 대상이 1/4이라는 숫자로 제한된 것, 8장의 나팔 재앙의 경우 심판의 대상이 1/3로 제한된 것 등이다. 이 또한 "제한된 파괴"를 의미하는 것이라고 볼 수 있다.

더하여 나는 예수님의 재림 후 백보좌 심판을 통해 심판과 신원이 될 최종적인 숫자는 '하나님의 주권 영역 속에 정하신 수'로 해석한다. 왜냐하면 '7,000'이란 하나님께서 만세 전에 택정과 유기를 통해 정하신 '7(seven, 세바, 쇄바 즉 언약)'이라는 언약의 수와 '10x10x10=1,000' 즉 '많다'라는 의미의 '만수'로 해석하기 때문이다.

한편 "그 남은 자들"이란 나는 카토이케오와 카데마이 둘 다로 본다. 전자(카토이케오, 사단나라에 속한 자, $\tau o\grave{v}\varsigma\ \kappa\alpha\tau o\iota\kappa o\hat{v}\nu\tau\alpha\varsigma\ \dot{\epsilon}\pi\grave{\iota}\ \tau\hat{\eta}\varsigma\ \gamma\hat{\eta}\varsigma$, those dwelling on the earth)의 경우 끝까지 회개치 않고 하나님의 권능만을 인정하는 자들로서 유황 불못 심판을 두려워하는 자들이다. 후자(카데마이, 14:6, $\kappa\acute{\alpha}\theta\eta\mu\alpha\iota$, $\tau o\grave{v}\varsigma\ \kappa\alpha\theta\eta\mu\acute{\epsilon}\nu o\upsilon\varsigma\ \dot{\epsilon}\pi\grave{\iota}\ \tau\hat{\eta}\varsigma\ \gamma\hat{\eta}\varsigma$, those dwelling on the earth)는 회개하고 하나님께로 돌아와서 하늘의 하나님께 영광을 돌리고 있는 자들이다. 그들은 창세 전에 하나님의 택정함을 입은 자들로서 비록 세상에 거하며 살기는 했지만 복음을 듣고 난 후 하나님께로 돌아온 자들이다. 그리하여 '하늘에 속한 자'가 된 그들이 하늘의 하나님께 영광을 돌렸다라는 것이다.

62　limited destruction이라고 하는데 이는 〈요한계시록 어떻게 읽을 것인가〉, 이필찬, p193, 재인용

'경외(敬畏, phallic awe)'라는 독특한 단어가 있는데 두려움(fear)과 공경(존경, reverence)이라는 서로 반대되는 두 단어의 합성어이다. 교회는 하나님을 '경외'해야 한다. 두려워할 줄 알아야 하고 동시에 공경할 줄 알아야 한다. 일반적으로 '두려움'이 너무 앞서면 존경은 고사하고 공포의 대상이 되고 만다. 그렇기에 하나님에 대한 과반(過半)의 두려움은 사랑의 하나님이 아니라 채찍을 휘두르는 무서운 하나님으로 느끼게 될 수도 있다.

더 큰 문제는 친밀을 가장한 '무시, 경시'이다. 하나님과의 친밀을 너무 앞세우다 보면 하나님을 너무 쉽게 편하게 여기게 된다. 그러다 보면 매너리즘에 빠져 우리도 모르는 사이에 하나님을 무시하는 우(遇)를 범할 수도 있다. 교회인 우리는 그런 빈틈을 없애고 하나님을 온전함으로 '경외'해야 할 것이다.

14 둘째 화는 지나갔으나 보라 셋째 화가 속히 이르는도다

이로써 둘째 화 즉 여섯째 나팔 재앙은 지나갔고 마지막 일곱째 나팔 재앙 즉 셋째 화를 예고하고 있다. '일곱째 나팔 재앙'인 "셋째 화"는 15-19절 말씀의 내용으로, '그리스도의 심판 권세의 크심과 그 심판의 정당성'에 관한 것이다. 이는 대접 재앙이 있기 전 언급된 '하늘의 복'에 대해 말씀하신 것이다. 재앙이라기에는 약간 어색한 부분이기도 하다. 그러나 대접 재앙이라는 극도의 심판이 예고되어 있기에 셋째 화라고 하는 것이 틀린 말은 아니다.

오해하지 말아야 할 것은 나팔 재앙 후에 대접 재앙이 있다는 것이 시간적 순서가 아니라 '일곱 재앙'의 내용을 말하는 것임을 명심해야 한다. 즉 1/4의 심판인 인 재앙이 있는 가하면 1/3의 심판인 나팔 재앙도 있고 극도의 심판인 대접 재앙도 있을 것인데 종말 시대 동안에 반복적으로 복합적으로 있게 된다라는 의미이다.

15 일곱째 천사가 나팔을 불매 하늘에 큰 음성들이 나서 가로되 세상 나라가 우리 주와 그 그리스도의 나라가 되어 그가 세세토록 왕 노릇하시리로다 하니 **16** 하나님 앞에 자기 보좌에 앉은 이십사 장로들이 엎드려 얼굴을 대고 하나님께 경배하여 **17** 가로되 감사하옵나니 옛적에도 계셨고 시방도 계신 주 하나님 곧 전능하신 이여 친히 큰 권능을 잡으시고 왕 노릇하시도다 **18** 이방들이 분노하매 주의 진노가 임하여 죽은 자를 심판하시며 종 선지자들과 성도들과 또 무론대소하고 주의 이름을 경외하는 자들에게 상 주시며 또 땅을 망하게 하는 자들을 멸망시키실 때로소이다 하더라 **19** 이에 하늘에 있는 하나님의 성전이 열리니 성전 안에 하나님의 언약궤가 보이며 또 번개와 음성들과 뇌성과 지진과 큰 우박이 있더라

15-19절은 일곱째 나팔 재앙으로 '그리스도의 심판 권세의 크심과 그 심판의 정당성'에 관해 찬양하고 있다. 이는 '재앙'으로 보기에는 약간 어색하다. 그러나 일곱째 인 재앙 속에 일곱 나팔 재앙이 있듯(8:1-6) 비록 일곱째 나팔 재앙의 내용이 그렇다 하더라도 그 안에 일곱 대접 재앙(16장)을 담고 있기에 그냥 '일곱째 나팔 재앙'이라고 해도 무방하다.

15절에서는 "일곱째 천사가 나팔을 불매 하늘에 큰 음성들이 나서 가

로되 세상 나라가 우리 주와 그 그리스도의 나라가 되어” 세세토록 왕이신 예수님을 선포하고 있다. 재림의 예수님은 심판주이시며 동시에 승리주, 만왕의 왕이시다. 결국 새 하늘과 새 땅은 하나님의 나라로서 존재론적 동질성과 기능론적 종속성을 만족하는 삼위하나님이 영원토록 왕노릇하실 미래형 하나님나라를 가리킨다.

16-17절에서는 미래형 하나님나라에 먼저 간 교회들인 24장로들이 삼위하나님께 경배하여 가로되 “옛적에도 계셨고 시방도 계신, 즉 영원 자존하신 주 하나님 곧 전능하신 이여 친히 큰 권능을 잡으시고 왕 노릇하옵소서”라고 화답하고 있다. 17절에서는 1장 4, 8절, 4장 8절에서의 ‘장차 오실’이라는 문장이 의도적으로 누락(16:5)되어 있음을 알 수 있다. 이는 미래의 사건이 지금 성취되어 이미 ‘완성’된 것이라는 의미이다.

18절에서는 모든 불신 세력들인 이방이 분노하여 하나님을 대적하자 백보좌 심판을 통한 주의 진노가 죽은 자들, 즉 불신자(카토이케오, τοὺς κατοικοῦντας ἐπὶ τῆς γῆς, those dwelling on the earth)들과 사단과 악한 세력들인 “땅을 망하게 하는 자들”에게 임했다. 반면에 “종 선지자들과 성도들과 또 무론대소하고 주의 이름을 경외하는 자들”에게는 “상”을 주셨다. ‘상’이란 구원과 영생을 말한다. 이 구절은 시편 2편을 잘 해석하고 있다.

19절에는 “하늘에 있는 하나님의 성전(성소, 나오스, ναός, nm. 〉 성전 히에론, ἱερόν, nn)이 열리니 성전(성소) 안에는 하나님의 언약궤”가 보였다고 했다. 이는 ‘언약은 반드시 이루어질 것’임을 암시하고 있는 것이다. 한편 헬라어 나오스(ναός, nm)는 성소를 가리키는 것으로 요한복음 2장 19-21절에는 예수께서 성전 된 자기 육체라고 하셨다. 반면에 건물로서의 성전은 히에론(ἱερόν, nn, 요 2:14)인데 하드웨어적인 돌덩어리를 가리킨다. 이를 통해 우리는 46년 동안(BC 20-AD 26년)에 거의 완성(종국적으로는 AD 63년에 완성)된 헤롯 성전을 두고 "이 성전을 헐라 내가 사흘 동안에 일으키리라"고 하신 예수님의 말씀(십자가 죽음과 부활)을 정확히 해석할 수 있다.

사도 요한은 "번개와 음성들과 뇌성과 지진과 큰 우박(4:5, 8:5, 16:21)"이 있더라고 기록하고 있다. 이는 하나님의 '위엄'과 '심판'을 의미하는데 여기서는 후자인 '심판'으로 해석함이 마땅하다. 즉 이후로 일곱 대접 재앙 심판의 임박성과 범위, 강도, 크기, 세기를 예고하고 있는 것이다.

예수 그리스도 새 언약의 성취와 완성

D. M. Lloyd Jones를 꿈꾸는
괴짜의사 Dr. Araw의 요한계시록 장편(掌篇)강의

제 2 부

내가 또 들으니 하늘에 큰 음성이 있어 가로되이제 우리 하나님의 구원과 능

력과 나라와 또 그의 그리스도의 권세가 이루었으니 _요한계시록 12:10

그리스도의 승귀(Ascension of Christ)
예수님의 초림(성육신), 죽음과 부활, 승천, 재림

계시록 전체의 핵심장이자 요약장은 12-14장인데 이를 한 다발로 묶어 쉽게 이해하려면 각 장을 두 부분인 전반부와 후반부로 나누는 것이 좋다.

12장의 전반부는 대략 1-6절까지로 그리스도의 승귀에 대한 것이고 후반부는 7-17절까지인데 성부하나님을 모방한 "큰 용, 옛 뱀, 사단, 마귀, 온 천하를 꾀는 자"가 종말 시대 동안에 한시적, 제한적인 권세를 받아 교회를 핍박하는 내용이다.

13장의 전반부에는 1-10절까지로 성자예수님을 모방한 "바다에서 나온 짐승"이 나오고 후반부인 11-18절까지는 성령하나님을 모방한 "땅에서 올라온 짐승"이 나온다. 즉 13장에 등장하는 "두 짐승"은 성자 예수님과 성령님을 흉내하고 있는 강한 권세를 가진 적 그리스도의 세력(요일 2:22, 마 24:24)을 가리킨다. 이들 사단적 삼위일체(Satanic Trinity)는 종말 시대 동안에 교회를 핍박한다. 그들은 종국적으로는 편가르기를 시도하여 사단나라에 속하게 되면 "666"이라는 표(카라그마)를 주어 매매를 하게 하는 등 세상 속에서 편리와 이익을 줌으로 그렇게 잠시 동안 육신적으로 살다가 하나님의 진노의 포도주를 마시게 되고(14:10), 진노의 포도주 틀에 던져지게 되고(14:19), 불과 유황으로 고난을 받으며(14:10), 밤낮 쉼을 얻지 못하게(14:11) 된다.

반면에 하나님나라에 속하여 "그 이마에 어린양의 이름과 그 아버지의 이름(14:1)"의 표(스프라기스)를 받으면 종말 시대 동안에 핍박과 함께 불이익을 준다. 그러나 교회의 결국은 완전한 승리인데 이는 14장의 전반부에서 말씀하고 있다.

14장의 전반부는 대략 1-13절까지로 스프라기스를 받은 교회는 '사단적 삼위일체'의 집요한 공격에도 불구하고 하나님의 은혜와 보호하심 속에 "예수 믿음과 하나님의 계명을 붙들고(14:12)" 인내하며 이겨냈던, "땅에서 구속함을 얻은 십 사만 사천 인(14:3)"이 미래형 하나님나라에서 새 노래를 부르게(14:3) 될 뿐 아니라 진정한 안식의 복과 함께 저희 수고를 그치고 쉬게(14:13) 된다.

후반부인 14-20절까지는 예수님의 최후 심판을 통해 교회는 신원(14-16)을, 불신자는 유황 불못 심판, 둘째 사망의 해를 받게 된다(17-20). 그들은 '영원한 죽음' 가운데 던져져서 "세세토록 밤낮 괴로움(계 20:10)"을 당하게 될 것이다.

한편 12-14장은 계시록의 요약장이기도 하지만 동시에 정경 66권의 요약이기도 하다. 왜냐하면 하나님언약의 성취인 예수 그리스도의 초림과 다시 오실 예수님의 재림 즉 언약의 완성을 아우르고 있기 때문이다. 초림에서 재림 전까지를 상징하는 종말 시대 동안에 일곱 재앙과 더불어 한시적, 제한적 권세를 받은 사단적 삼위일체에게 핍박을 받으나 신앙의 정결을 끝까지 지켰던 교회는 진정한 승리인 복을 누리게 된다.

12 장에서는 "여자가 아들을 낳으니~그 아이를 하나님 앞과 그 보좌 앞으로 올려가더라(5)"는 말씀에 주목해야 한다. 이 말씀에는 놀랍게도 '그리스도의 승귀(Ascension of Christ)'가 함의되어 있는데 예수님의 성육신, 십자가 수난과 죽음, 부활, 승천 후 하나님의 보좌 우편에 승리주 하나님으로 앉으심(막 16:19, 행 1:9, Plummer), 그리고 재림까지 포함되어 있다. 특히 "낳으니"와 "올려가더라"의 두 단어를 나지막하게 읊조리다 보면 점점 더 아드레날린이 솟구치게 됨을 경험할 수 있다.

'낳다'의 헬라어는 겐나오($\gamma\varepsilon\nu\nu\acute{\alpha}\omega$, v, to beget, to bring forth/$\tau\acute{\iota}\kappa\tau\omega$)인데 시편 2편 7절과 사도행전 13장 33절을 통해 유추해보면, 그 단어에는 '출생과 함께 죽음, 부활, 승천'까지도 광범위하게 함의되어 있다.

또한 재림이 함의되어 있는 '승천' 곧 '올리어 가다'의 헬라어는 하르파조($\dot{\alpha}\varrho\pi\acute{\alpha}\zeta\omega$, v, to seize, catch up, snatch away)인데 이는 수동적 의미($\dot{\eta}\varrho\pi\acute{\alpha}\sigma\theta\eta$, 헤르파스데, was caught up)로 고린도후서 12장 2절의 "셋째 하늘로 이끌려 간($\dot{\alpha}\varrho\pi\alpha\gamma\acute{\varepsilon}\nu\tau\alpha$, 하르파겐타, having been caught up)"이라는 구절과 데살로니가전서 4장 17절의 "구름 속으로 끌어 올려($\dot{\alpha}\varrho\pi\alpha\gamma\eta\sigma\acute{o}\mu\varepsilon\theta\alpha$, 하르파게소메다, will be caught away)"에

모두 다 동일한 수동적 의미로써의 '승천'이 들어있음에 주목해야 한다. 즉 이 모든 것의 주체는 기능론적 종속성 상 성부하나님이라는 것을 알 수 있으며 수동적 의미가운데에는 성부하나님의 보호하심까지도 함의(含意, implication)되어 있다. 그렇기에 하나님의 백성된 교회들도 당연히 하나님의 주권 하에 인도와 보호를 받게 될 것을 말씀하고 있다.

다시 강조하지만 '그리스도의 승귀(Ascension of Christ)'라는 것은 예수님의 탄생(초림, 성육신), 예수님의 십자가 수난과 죽음, 그리고 부활, 예수님의 승천을 함의하는 것인데 나는 예수님의 재림까지도 포함하여 해석한다. 첫 네 부분이 언약의 성취라면 마지막 한 부분인 예수님의 재림은 언약의 완성에 해당한다.

하나님이신 예수님의 성육신과 우리 죄의 대가지불을 위한 십자가 수난과 죽음, 그리고 죽음을 이기시고 부활하신 그 소망으로 인해 초대교회 공동체가 탄생되었다. 교회와 공동체는 종말 시대를 살아가며 일곱 재앙을 겪게 된다. 즉 '붉은 용'으로 상징되는 사단과 '두 짐승과 땅에 속한 자들'로 상징되는 그의 추종세력들에게 하나님의 허용 범위 안에서 한시적, 제한적으로 핍박을 받게 된다.

그렇게 종말 시대를 살아가야하는 교회는 "예수 믿음과 하나님의 계명을 붙잡고(계 14:12)" 인내로 견디며 미래형 하나님나라 입성과 영생이라는 '소망(엘피스)'을 바라보며 나아가야 한다. 때(마지막 날)가 되면 승리주이자 심판주이신 만왕의 왕 예수님은 반드시 재림하셔서 최후 심판인 백보좌 심판을 하실 것이다. 그날, 교회는 최종 승리(신원, 영생)를, 사단과 마귀 그리고 악의 추종세력들은 처절한 유황 불못 심판 즉, 둘째 사망(영원한 죽음, 계 20:10)을 받게 될 것이다.

12장은 전반부와는 달리 후반부에는 성부하나님을 모방하고 있는 "붉은 용"의 교회에 대한 집요한 핍박, 그에 따른 교회의 피폐한 삶, 그런 교회를 인도하시고 보호하시는 하나님의 역사를 보여주고 있다. 한편 12장 12절의 "땅과 바다"는 17장 15절의 '열방(17:15) 즉 백성과 무리와 열국과 방언들'을 의미한다.

1 하늘에 큰 이적이 보이니 해를 입은 한 여자가 있는데 그 발 아래는 달이 있고 그 머리에는 열 두 별의 면류관을 썼더라

12장 1절에는 "하늘에 큰 이적"이 있는 것을 밧모섬의 사도 요한이 환상을 통해 보고 있다. "그 발 아래에는 달"이 있었고 "그 머리에는 열 두 별의 면류관"을 쓴 "해를 입은 한 여자"가 있다고 했다. "해"는 예수님을, "여자"는 교회인 성도들을 가리킨다. 그런 교회 된 우리는 지금 주인 되신 성령님을 모시고 현재형 하나님나라를 살아가기에 존재론적 동질성이신 예수님으로 인해 이미 하늘의 영광의 권세를 누리며 살아가고 있는 것이다. 동시에 장차 '영생'을 누리게 될 미래형 하나님나라에서도 예수님으로 인해 영광을 누리며 살아갈 것이다.

일부에서는 '교회'를 상징하고 있는 "여자"를 마리아라고 해석하기도 한다. 문자적으로 보면 그럴 수도 있겠으나 나는 동의하지 않는다. 그러나 '마리아'라는 단어에 담긴 뜻을 묵상해보면 은혜스러운 부분과 흥미 있는 부분이 동시에 있기는 하다.

"마리아[63](Μαρία, nf)의 히브리어는 미르암(מִרְיָם)이며 메라야흐(מְרָיָה)와 같은 말로 아람어(히브리어) 마라(מָרָה, v)에서 파생되었다. 한편 성경에는 '세상에서 쓴 맛을 본 사람'이라는 의미를 가진 '마리아'가 많이 등장(마 28, 막 16, 눅 24, 요 20)한다. 특히 그런 마리아들은 유독 예수님의 십자가 주위에서 많이 관찰된다. 이를테면, 막달라 마리아(눅 8:2, 7:37-50), 작은 야고보와 요셉의 어머니 마리아, 세베대의 아들들(야고보와 요한)의 어머니 마리아(예수님의 이모), 예수의 어머니 마리아, 마르다의 동생 마리아 등이다.

예수님은 십자가 죽음을 통해 그런 마리아들의 아픔과 고통, 수치와 저주의 모든 죄를 다 짊어지셨다. 십자가 보혈로 다 이루신 후(다 이루었다, 테텔레스타이) 삼 일만에 죽음을 이기시고 부활하셨다. 이를 연결하여 해석하면, 예수를 믿으면 죽음에서 부활로, 마라에서 나오미로, 쓴 물이 달게 되며 괴로움이 희락이 된다라는 것을 의미한다. 할렐루야!

"해를 입었다"에서의 '해'는 예수 그리스도의 영광스러운 모습(1:16, 마

---

63 마리아(Μαρία, nf, Mary, the name of several Christian women)라는 이름은 성경에 많이 등장한다. 미리암(Miriam)이라고도 한다. 마리아는 (a) the mother of Jesus, (b) of Magdala, (c) sister of Martha and Lazarus, (d) wife of Cleopas, (e) mother of John Mark, (f) a Christian woman in Rome)인데 히브리어 미르암(מִרְיָם, a sister of Aaron, also a man of Judah)에서 파생되었다. 이는 메라야흐(מְרָיָה, an Israelite priest)와 같은 말로 아람어(히브리어) 마라(מָרָה, v, to be contentious or rebellious, bitter, 패역하다, 쓰다, 심히 악하다, 민 20:10, 출 15:23, 룻 1:20)에서 파생되었다.

17:2)을 상징하며 "입었다"라는 것은 '품다, 모시다'라는 의미로 교회를 상징하는 '여자'가 '예수님을 주인으로 모셨다'라는 것을 의미한다.

"달"이란 시간, 때, 계절의 '변화'를 상징한다. "그 발 아래는 달이 있고"에서 '달을 밟고 있다'라는 것은 '변치 않음'을 의미하는 것으로 교회로 상징되고 있는 여자는 '변치 않는 언약 백성'이라는 의미이다.

"그 머리에 열 두 별의 면류관을 썼더라"에서 "별"이란 '언약의 자손(창 15:5)'을 상징하고 '12(3x4)'라는 숫자는 '구약의 12지파와 신약의 12사도'를 상징하는 것으로 언약의 수, 맹세의 수, 충만수 혹은 완전수를 가리키며 '면류관'이란 승리를 상징한다. 즉 완전하고도 충만한 언약의 자손, 즉 예수님을 주인으로 모신 택함 받은 언약 백성인 교회는 재앙 가운데서도 반드시 승리하게 될 것이라는 의미이다.

한편 "해, 달, 별"은 모두 '자손(창 15:5)'을 상징하는 묵시문학의 형태이다. 또한 시편 8편 3-6절, 89편 35-37절에 의하면 '다윗의 후손으로 오신 예수님'을 의미하기도 한다. 그렇기에 "해를 입은 여자"라는 것은 '예수를 품은 교회, 예수를 모신 교회'를 가리킨다. '교회'란 '영적 이스라엘, 시온'과 같은 말로 예수의 천상적 영광을 소유한 '언약 백성들'이다.

결국 "그 발 아래는 달이 있고"라는 것은 교회는 '변치 않는 언약 백성'이라는 의미이고 "그 머리에는 열 두 별의 면류관을 썼더라"는 것은 하나님의 택정하심 속에 구원받은 자손인 교회는 그날에 반드시 면류관을 쓰게 될 것 곧 승리할 것을 말씀하고 있는 것이다.

2 이 여자가 아이를 배어 해산하게 되매 아파서 애써 부르짖더라

2절에서는 사도 요한이 교회인 여자가 "아이를 배어 해산하게 되매" 심히 아파하며 부르짖는 것을 보고 있다. 이 구절은 해석의 어려움을 한층 더하는 부분이다.

"여자가 아이를 배어 해산하다"라는 부분을 해석하기 위해서 종종 성경은 '해산하기 위해 진통하는 여인'을 영적 이스라엘인 교회 혹은 시온으로 상징하고 있음에 주목해야 한다. 이사야 26장 17절은 교회인 우리가 주의 앞에서 마치 "잉태한 여인'이 산기가 임박하여 구로하며 부르짖는 것 같다 라고 말씀하고 있다. 66장 7-9절에서는 "임신(pregnancy)케 하신 분도 해산(delivery)케 하는 분도' 여호와이심을 말씀하고 있다. 요한복음 16장 21절에는 여자가 해산이 임박하면 고통으로 인해 근심하나 "아이를 낳으면" 그 고통을 다시 기억하지 않는다고 말씀하고 있다. 결국 복음의 주체이신 초림의 예수님이 오시면 기뻐할 것을 말씀한 것이다.

한편 "여자가 아이를 배어"라는 것은 '교회가 예수님을 주인으로 모셨다'라는 의미이다. "해산하게 되매"라는 것은 마치 산모가 아이를 자궁에서 분만함으로 이 세상에 파송 혹은 드러내듯이 주인으로 모셨던 예수를 세상에 드러내며 복음의 주체이신 예수님을 세상에 전하는 것을 가리킨다. "아파서 애써 부르짖더라"는 것은 복음을 전함에 있어서 교회들이 당하게 될 핍박과 어려움이 있을 것을 예고 하는 것이다. 예수를 믿는 교회는 세상으로부터 당연히 핍박을 당하게 되어 있다.

한편 "아이"는 창세기 3장 15절의 원시 복음에서 약속하신 '여인의 후손'을 가리킨다. 최초의 원시복음은 역사의 시간이 흐르며 요셉의 꿈^{(창}

37:9)으로 이어지고 이는 다시 야곱의 유언(창 49:8, 10)으로 성취되고 유다의 후손인 다윗 언약, 즉 나단의 신탁(삼하 7:12-14, 16)으로 나타나게 된다. 다윗의 아들인 솔로몬은 히브리어로 살롬인데 이는 '평강의 왕 예수 그리스도'를 상징한다. 그러므로 성경은 반복적, 점진적으로 아이, 아들에 관해 말씀하고 있는 것이다. 한편 미가서 5장 2-6절에는 '예수가 이스라엘(교회)을 살리기 위해 이 땅에 오실 것'을 말씀하셨다.

3절에는 "하늘에 또 다른 이적"이 보였는데 '일곱 머리, 열 뿔 가진 큰 붉은 용이 그 머리에 일곱 면류관을 썼다'라고 기록하고 있다. "큰 붉은 용"이란 '옛 뱀, 사단, 마귀(12:9, 20:2-3)를 가리키는데 이들은 강하고 잔인하며 불 같은 속성을 지니고 있는 세력이다. 그렇기에 "일곱 머리, 열 뿔"을 가졌다고 했다. 이는 다니엘서 7장 7-24절을 인용한 것으로 '일곱 머리'란 통치권을, '열 뿔'이란 힘과 권능을 가리킨다.

한편 '7과 10'은 모두 완전수 혹은 만수로서 종말 시대(교회 시대) 동안 일곱 머리, 열 뿔 달린 붉은 용이 한시적으로 하나님으로부터 권세를 받은 후 교회가 제한적으로 핍박과 환난을 당하게 될 것을 말씀하고 있다.

한편 '일곱 머리, 열 뿔 가진 큰 붉은 용'은 5장 6절의 '일곱 눈과 일곱 뿔'을 가진 '그리스도(성령님)'를 흉내 내고 있는 것이다. 여기서 우리는 모방과 흉내의 명수인 사단을 다시 한번 더 생각하게 된다.

4절에서는 큰 붉은 용의 꼬리가 "하늘 별 1/3을 끌어다가 땅에 던지더라"고 기록하고 있다. 그 용은 "해산하려는 여자 앞에서 그 여자가 해산하면 그 아이를 삼키고자"하는 것을 사도 요한은 보고 있다. 일촉즉발(一觸卽發)의 순간이다. 이런 위기의 순간은 사단의 사주를 받은 악한 세력이 교회를 '삼키려 했던 사건' 등 성경의 여러 곳에서도 비슷하게 보여주고 있다. 아브라함의 아내 사라를 뺏으려던 바로와 이삭의 아내 리브가를 뺏으려던 아비멜렉으로부터 하나님은 급하게 '개입'하셔서 그들의 횡포를 막고 '보호'하셨다.

"하늘 별"은 천사들 즉 교회를 가리킨다. 주목할 부분은, 땅에 떨어진 하늘 별은 전부가 아니라 '1/3'이라는 제한된 수라는 점이다.

한편 하나님의 '개입과 보호'는 역사를 통해 면면히 볼 수 있다.

유다의 세 아들 중 두 아들이 속절없이 죽어 나가자 '유다의 후손으로 오시마 약속'했던 하나님의 언약은 바야흐로 어긋날 상황에 이르고 말았다. 이때 인간의 상상을 뛰어넘는 하나님의 '개입'을 보게 된다. 하나님은 유다의 며느리 다말을 통해 그 약속을 이루셨던 것이다.

잘 살아보려고 모압 땅으로 이민을 갔던 여인 나오미는 그곳에서 남편과 결혼했던 두 아들이 속절없이 죽자 일순간 당황한다. 모든 것을 포기하고 고향 땅으로 되돌아 가고자 했다. 그때 모압 여인이었던 며느리 룻은 그의 시어머니 나오미를 따라 자신의 고향과 민족을 버리고 낯선 땅 예루살렘행을 결심한다. 그렇게 하나님의 약속은 모압 여인이었던 나오미의 며느리 룻을 통해 이루어지게 하셨다. 룻은 전혀 예상 밖의 여리고성의 기생, 라합의 아들 보아스를 통해 다윗을 낳게 된다.

남자아이를 낳으면 '바로' 죽이라는 '바로'의 명령을 '바로' 지혜롭게 피해 간 히브리 산파들에게서도 하나님의 개입을 볼 수 있다.

다윗을 죽이려고 정예부대 3,000명을 풀어 악착같이 쫓아다녔던 사울왕으로부터도 신실하신 하나님은 다윗을 '보호'하셨다.

하만의 간교한 흉계로 이스라엘 민족은 일촉즉발의 몰살(沒殺) 위기에 몰렸던 적이 있었다. 하마터면 민족이 사라질 뻔한 그때에 그들을 살려내기 위해 '죽으면 죽으리라'는 결단으로 실행에 옮겨 당당하게 나아갔던 에스더와 그의 삼촌 모르드개가 있었다. 하나님은 그들을 사용하셔서 '개입과 보호'를 통해 이스라엘 백성들을 살려주셨던 것이다.

창세기 3장 15절에는 여자와 그 후손인 '아이의 이야기'가 나온다. 예레미야(51:34)와 에스겔서(29:3)에는 '용 혹은 악어의 이야기'가 있다. 마태복음(2:13-18, 21:33-46)에는 헤롯왕이 '아기로 오신 예수'를 죽이려는 이야기가 있고 포도원 농부들이 주인이신 하나님의 '아들인' 예수 그리스도를 죽이려 하는 이야기가 있다. 이로 보건대 성경은 과거, 현재, 미래를 통틀어 '교회를 핍박하는 사단의 꼬리가 확실히 존재함'을 드러내고 있다.

분명한 것은 그리스도의 발꿈치만 상하게 할 뿐이다. 이는 '교회를 완전하게 멸망시키지 못한다'라는 것을 의미한다. 즉 종말 시대 동안에는 하나님께서 허락하신 범위 안에서 한시적, 제한적으로 '사단의 꼬리'에 의해 교회가 핍박을 받을 것이라는 말씀이다.

"땅에 던져진 하늘 별"은 1/3이라는 한정된 숫자로 '미혹된, 자기 처소를 떠난(유 1:6), 타락한, 범죄한 천사들(벧후 2:4)'을 상징한다. 결국 2/3는 하나님의 '개입과 보호'하심을 입게 되는 천사들, 즉 교회들을 가리킨다. "사단의 꼬리"라는 것은 '속임수와 거짓말'을 상징하며 그 꼬리에 의해 땅에 떨어진 미혹된 천사들 즉 미혹된 교회의 숫자가 한정된 수인 1/3이라는 것이다.

5 여자가 아들을 낳으니 이는 장차 철장으로 만국을 다스릴 남자라 그 아이를 하나님 앞과 그 보좌 앞으로 올려가더라

5절에서는 "여자가 아들(υἱός, nm, a son, descendant)을 낳았다"라고 말씀하고 있다. "아들"이란 "철장으로 만국을 다스릴 남자(ἄρσην, adj, male, man, 계 2:26-27, 11:18, 20:4, 시 2:9)"로 예표 된 예수 그리스도를 가리킨다.

"그 아이를 하나님 앞과 그 보좌 앞으로 올려가더라"고 했는데 이 말씀에는 '그리스도의 승귀(Ascension of Christ)'가 함의(含意)되어 있다. 즉 예수님의 죽음과 부활, 승천 후 하나님의 보좌 우편에 승리주 하나님으로 앉으심까지를 포함한다(막 16:19, 행 1:9, Plummer)라고 했다. 나는 부활 후 승천하신 예수님은 그날에 반드시 재림하실 것이기에 '그리스도의 승귀'의 내용 안에 재림까지를 포함한다.

한편 이 구절에서는 "낳다"와 "올리어 가다"라는 말에 주목해야 한다.

먼저 '낳다'라는 헬라어 겐나오($\gamma\varepsilon\nu\nu\acute{\alpha}\omega$, v, to beget, to bring forth/$\tau\acute{\iota}\kappa\tau\omega$)'를 보면 약간 혼란스럽기도 하다. 왜냐하면 마치 여자가 아이를 낳자마자 그 아이가 하늘로 올리어 간 듯하기 때문이다. 그러나 시편 2편 7절과 사도행전 13장 33-35절, 이사야 55장 3절, 시편 16편 10절을 통해 유추해보면, '낳다'라는 헬라어 겐나오에는 '출생과 함께 죽음, 부활, 승천'까지도 광범위하게 함의되어 있음을 알 수 있다.

'올리어 가다'의 헬라어는 하르파조($\dot{\alpha}\varrho\pi\acute{\alpha}\zeta\omega$, v, to seize, catch up, snatch away)인데 이는 수동적 의미이다. 고린도후서 12장 2절의 "셋째 하늘로 이끌려 간"이라는 구절과 데살로니가전서 4장 17절의 "구름 속으로 끌어 올려"에 해당하는 헬라어가 모두 다 동일한 수동적 의미로 사용되었음에 주목해야 한다. 즉 이 모든 것의 주체는 기능론적 종속성상 성부하나님이라는 것이며 수동적 의미 가운데에는 성부하나님의 보호하심까지도 함의(含意, implication)되어 있다. 그렇기에 하나님의 백성된 교회들도 당연히 하나님의 주권 하에 인도와 보호를 받게 될 것을 말씀하고 있다.

더하여 '아이($\tau\acute{\varepsilon}\kappa\nu o\nu$, nn), 아들($\upsilon\acute{\iota}\acute{o}\varsigma$, nm), 남자($\ddot{\alpha}\varrho\sigma\eta\nu$, adj)'라는 단어를 반복하여 기술한 것은 '강조'적 의미와 함께 마치 '아이가 부모에게 의지하듯' 비록 하나님의 본체이신 예수(빌 2:6)라 할지라도 당신을 드러내거나 애써 증명하려 하지 않고 아버지 하나님을 의지하며 성부의 뜻을 충성되게 행하시는 것을 드러내기 위함이다. 그렇기에 이 단어들은 성부하나님의 유일한 기름부음 받은 자로서 그리스도, 메시야이신, 독특한(unique) 아들, 독생자 예수와 성부하나님과의 관계 즉 기능론적 종속성을 함의하고 있다.

한편 "여자가 아들을 낳으니 이는 장차 철장으로 만국을 다스릴 남자"라고 하였다. 여기서 "철장(시 2:9), 아들(시 2:7), 남자(사 66:7)"는 그리스도 메시야이신 초림의 예수님이시자 장차 재림하실 승리주, 심판주, 만왕의 왕이신 예수님을 말한다.

6 그 여자가 광야로 도망하매 거기서 일천 이백육십일 동안 저를 양육하기 위하여 하나님의 예비하신 곳이 있더라

6절은 교회로 상징된 "그 여자가 광야(왕상 17:1-7)로 도망하매 거기서 1,260일 곧 종말 시대(12:14, 한때 두 때 반 때)" 동안에 양육을 받으며 "하나님의 예비하신 곳"에서 지내게 된다. "하나님의 예비하신 곳"이라는 말에서는 출애굽 1세대의 광야 사건(출 16장, 17:1-7)이 떠오른다. 동시에 엘리야를 살리셨던 요단 앞 그릿 시냇가에서의 까마귀 사건(왕상 17:1-7)도 연상된다.

"광야"와 "예비하신 곳"이란 문자 그대로 해석하여 '장소적 개념'으로 이해할 수도 있으나 나는 각각 '광야 같은 인생'과 '보호와 인도'를 상징하는 것으로 해석한다. 즉 교회는 종말 시대를 살아가며 '광야 같은 삶'을 살게 되지만 성령님의 '보호하심과 인도하심'과 함께 "가르치시고 생각나게 하시는 성령님(요 14:26)"의 직접적인 양육을 받게 될 것을 함의하고 있다.

한편 그 다음에 계속되고 있는 7-12절까지는 여자가 용의 핍박을 받게 되는 내용(12:13~) 사이에 들어간 구절들이다. 특히 7-9절까지는 하늘

전쟁에서의 승리와 패배를 대조하며 보여주고 있다. 미가엘과 그의 사자들은 용과 그의 사자들과 싸워 그들을 하늘에서 쫓아내어 버린다. 그리하여 용과 그의 사자들은 땅으로 내어 쫓김을 당한다. 뒤이어 10-12절까지는 하늘에서 미가엘과 그의 사자들의 승리에 대해 노래하는 장면을 보여주고 있다.

7 하늘에 전쟁이 있으니 미가엘과 그의 사자들이 용으로 더불어 싸울쌔 용과 그의 사자들도 싸우나 **8** 이기지 못하여 다시 하늘에서 저희의 있을 곳을 얻지 못한지라 **9** 큰 용이 내어 쫓기니 옛 뱀 곧 마귀라고도 하고 사단이라고도 하는 온 천하를 꾀는 자라 땅으로 내어 쫓기니 그의 사자들도 저와 함께 내어 쫓기니라

7-9절에는 "하늘에 전쟁"이 있는데 미가엘과 그의 사자들이 용으로 더불어 싸워 용과 그의 사자들이 이기지 못하고 하늘에서 있을 곳을 얻지 못해 "땅으로 쫓겨남"을 보여주고 있다. 큰 용의 이름이 바로 "옛 뱀, 마귀(디아볼로스, 고소자, 비방자), 사단(히브리어와 헬라어 사탄의 음역은 동일하다), 온 천하를 꾀는 자(사단의 속성)"이다. 이외에도 '공중 권세 잡은 자(엡 2:2), 계명성(사 14:12)'으로도 불린다.

참고로 사단이 '언제 땅(the earth, land, $\gamma\hat\eta$, nf)으로 쫓겨났느냐 혹은 쫓겨나느냐'라는 것에서 '땅'의 의미와 그 '시기'에 관해 의외로 관심이 많고 그 해석은 더 분분(紛紛)하다. 여럿이 한데 뒤섞여 어수선하지만 나는 그다지 관심이 없다. 내가 확신을 갖는 것은, 사단과 악한 영의 세력들은 예수님의 재림 후 백보좌 심판대에서 유황 불못으로 들어가게 되며

"둘째 사망의 해"를 받게 될 것이라는 사실이다.

그럼에도 불구하고 다니엘 12장 1절에 따르면, 그 '시기'의 경우 첫째는 최후 심판의 날일 것으로 생각되며 둘째는 예수님의 재림이 임박한 때로 볼 수도 있을 듯하다. 만약 사단이 땅으로 쫓겨날 시기가 전자의 최후 심판의 날이라면 '땅'은 '유황 불못'을 의미하게 될 것이다. 그러나 후자의 예수님의 재림이 임박한 때라면 '땅'은 '공중 권세 잡은 사단이 거하는, 하늘(heaven, οὐρανός, nm)과 땅 사이의 '공중(계 8:13, mid-heaven, the zenith, μεσουράνημα, nn)'을 의미할 것으로 보인다.

한편 '용'이라는 동물은12지지(地支)의 12동물의 장점을 뽑아 그려 놓은, 이 세상에서 가장 강력한 동물을 가리킨다. 동서양을 통틀어 사람들은 이런 '용'을 최고의 존재로 여겨 숭배하고 있는데 이는 '사단'을 상징하기도 한다. 12지지의 열 두 동물이란 자(쥐), 축(소), 인(호랑이), 묘(토끼), 진(용), 사(뱀), 오(말), 미(양), 신(원숭이), 유(닭), 술(개), 해(돼지)이다. 한편 토템 신앙에 의해 형성되는 사회 체제 및 종교 형태를 토테미즘(Totemism)이라고 한다. 토템 신앙 하에서는 '용'을 짐승의 왕이자 이 세상의 왕으로 상징하기도 한다. '등용문(登龍門)'이라는 말이 있다. '용문(龍門)에 오른다'는 뜻이다. 협곡으로 유명한 '용문'은 급류가 흐르는 여울목으로 황허(혹은 황하)강 상류에 있다. 전설에 의하면 잉어가 그 급류가 있는 용문으로 올라가다가 용으로 변하여 하늘로 승천했다고 한다. 결론적으로 '용'이라는 단어는 반 기독교적이라는 것이다.

10-11절에서 사도 요한은 반가운 하늘의 음성을 듣게 된다. 그 음성의 내용은 "하나님의 구원과 능력과 나라와 그리스도의 권세"가 이루었으니(테텔레스타이, 다 이루었다, 요 19:30) 그러므로 하나님 앞에서 우리 형제들을 "밤낮 참소하던 자"가 쫓겨나게 되었다라는 것이다. 또한 예수님 안에서 한 형제된 교회들이 어린양의 피와 복음의 진리를 증거하며 사단을 이기는 것을 사도 요한은 즐겁게 환상으로 보고 있다. 그들은 하나같이 "하나님의 은혜의 복음 증거 하는 일을 마치려 함에는 나의 생명조차도 조금도 귀한 것으로 여기지 않노라(행 20:24)"고 외치던 사도 바울처럼 죽음을 각오하며(마 10:28) 선한 싸움을 싸웠다. 즉 사단과의 영적 싸움에 맞서려면 "예수 믿음과 하나님의 계명"을 가지고(14:12) 인내하며 나아가되 죽기까지 순교하겠다는 각오가 있어야 한다는 것이다.

하나님의 능력은 구원을 가능케하며 그 구원을 통해 완성된 미래형 하나님나라로 들어가게 한다. 이는 예수 그리스도의 권세로만 가능하다. 결국 하나님께서 우리에게 주신 '소망(엘피스)'은 미래형 하나님나라에로의 입성과 영생을 가리킨다. 한편 사단은 하나님 앞에서 더 이상 교회(성도)들을 참소치 못하고 땅으로 쫓겨나게 된다. 여기서 '땅'을 '유황 불못'으로 해석해도 무방하다.

"우리 하나님의 '그' 구원($\sigma\omega\tau\eta\varrho\iota\alpha$, nf)과 '그' 능력($\delta\upsilon\nu\alpha\mu\iota\varsigma$, nf)과 '그' 나라($\beta\alpha\sigma\iota\lambda\epsilon\iota\alpha$, nf)와 또 그리스도의 '그' 권세($\dot\epsilon\xi\upsilon\sigma\iota\alpha$, nf)가 이루었으니"에서 주목할 것은 헬라어 호($\dot{o}$, $\dot\eta$, $\tau\acute{o}$)라는 정관사 '그(the)'가 각 단어 앞에 붙어있는 것이다. 이는 구약에서 약속한 '그' 나라인 '하나님 나라'가 이루었다라는 것이다. 즉 예수 그리스도의 초림으로 인해 현재형 하나님나라가 성취된 것과 장차 예수님의 재림으로 인해 미래형 하나님나라가 완성될 것을 가리킨다.

12 그러므로 하늘과 그 가운데 거하는 자들은 즐거워하라 그러나 땅과 바다는 화 있을찐저 이는 마귀가 자기의 때가 얼마 못된 줄을 알므로 크게 분 내어 너희에게 내려갔음이라 하더라

12절에는 "하늘과 그 가운데 거하는 자" 즉 이미 천국의 시민권을 확보한 '교회'는 상황과 환경에도 불구하고 기쁨을 누리게 될 것이요 "땅과 바다" 즉 온 세상에 남아 있는 '불신자들'에게는 화가 있을 것이라고 말씀하고 있다. 왜냐하면 "자기의 때"가 얼마 남지 않은 마귀가 땅으로 내려갔기 때문이다.

그 마귀를 예표하는 악한 세력은 종말 시대 동안에 한시적으로 교회를 힘들게 할 것이지만 그럼에도 불구하고 교회가 즐거워할 수 있는 것은 '소망'이 있기 때문이다. 다시 말하지만 '소망(엘피스)'이란 미래형 하나님나라에의 입성과 영생을 가리킨다. 반면에 악한 세력들은 불신자들이 그들의 편에서 이탈하지 않도록 겁을 주면서 더욱 괴롭힐 것이다.

13 용이 자기가 땅으로 내어 쫓긴 것을 보고 남자를 낳은 여자를 핍박하는지라

13절에는 계시록 12장 7-9절의 하늘 전쟁에서 패한 후 용이 땅으로 쫓겨나 남자를 낳은 교회인 '여자'를 핍박하는 것을 사도 요한이 보고 있다.

"낳았다"라는 것은 '품다, 모시다'라는 의미로 여자인 교회가 "남자"를 상징하고 있는 예수님을 주인으로 모셨다는 뜻이다. 결국 땅으로 쫓겨난 용이 하나님으로부터 한시적인 권세를 얻어 예수님을 주인으로 모신 교회를 핍박하고 있다라는 의미이다.

14 그 여자가 큰 독수리의 두 날개를 받아 광야 자기 곳으로 날아가 거기서 그 뱀의 낯을 피하여 한 때와 두 때와 반 때를 양육 받으매

14절에는 교회를 상징하는 그 여자가 "큰 독수리의 두 날개(출 19:4, 신 31:11, 32:10-14, 사 40:31, 시 103:5)"의 도움으로 광야 자기 곳으로 날아가 거기서 종말 시대를 의미하는 "한 때, 두 때, 반 때(12:6, 1,260일)를 양육 받게 된다. '양육'이란 "독수리의 두 날개"를 상징하는 '하나님의 보호와 인도하심'을 의미(Lenski)한다.

한편 "한 때, 두 때, 반 때(단 7:25, 12:7)"라는 것은 '1260일(11:3, 12:6), 42개월(11:2, 13:5), 삼일 반(11:11)'과 동일한 의미인데 이는 하나님이 정하신 '예수님의 초림 이후부터 재림 전'까지의 기간인 종말 시대를 가리킨다.

"광야"라는 것은 문자 그대로 '장소적 개념'으로 이해할 수도 있으나 앞서 6절에서 언급했듯이 나는 '광야 같은 인생'을 상징하는 것으로 해석한다. 즉 교회는 종말 시대를 살아가며 광야 같은 삶을 살게 되지만 성령님의 보호하심과 인도하심에 따른 양육까지도 받게 되는 것을 함의하고 있다.

15 여자의 뒤에서 뱀이 그 입으로 물을 강 같이 토하여 여자를 물에 떠내려 가게 하려 하되 **16** 땅이 여자를 도와 그 입을 벌려 용의 입에서 토한 강물을 삼키니

15-16절에는 교회를 상징하고 있는 "여자"의 뒤에서 사단을 상징하는 "뱀"이 예수님의 입술(말씀)의 검을 흉내내면서 그 입으로 "물(시 69:15)"을 강같이 토하여 여자를 "물"에 떠내려(미혹) 가게 하려 하되 땅이 여자를 도와 그 입을 벌려 용의 입에서 토한 "강물"을 '삼켜버렸다'라고 말씀하고 있다. 여기서 '물'은 거짓 진리, 왜곡된 복음, 가짜 복음, 문화, 풍조, 사조 등을 가리키며 '강'이란 재앙 또는 고난을 상징한다.

'땅'이란 일반적으로는 '악한 자 혹은 악한 자들이 거하는 곳(6:10,15, 7:2, 8:13, 9:3, 11:10, 16:1, 17:2,5,8, 20:11)'을 상징한다. 그러나 이 구절에서는 창세기 1장 9-10절의 말씀, "천하의 물이 한 곳으로 모이고 뭍이 드러나라"에서 뭍으로 드러나게 하셨던 '땅'을 가리킨다. 결국 당신의 백성을 구원하신 하나님의 도구로써의 '땅(민 16:30, 출 15:12)'을 의미한다.

17 용이 여자에게 분노하여 돌아가서 그 여자의 남은 자손 곧 하나님의 계명을

지키며 예수의 증거를 가진 자들로 더불어 싸우려고 바다 모래 위에 섰더라

17절에는 용이 여자에게 분노하여 돌아가서 "하나님의 계명을 지키며 예수 증거"를 가진 그 여자(교회)의 남은 자손들과 싸우려고 모래 위에 섰더라고 말씀하고 있다. 그러므로 "남은 자손" 곧 교회는 종말 시대 동안 사단과의 일전은 피할 수가 없다. 교회는 그 영적 싸움에서 계시록 14장 12절의 말씀대로 "예수 믿음과 하나님의 계명"을 붙들고 인내로 싸워 나가야 할 것이다.

사단인 용은 그리스도를 죽이려 하다가 실패(4-5)했고 교회 공동체를 제거하려고 하다가 실패(15-16)하자 이제는 남은 자손인 교회(성도)들을 공략하려는 계획을 세우고 있다(Hendriksen). 즉 공격의 방향이 그리스도에서 교회 공동체로, 교회 공동체에서 개개의 성도로 옮겨가고 있음을 볼 수 있다. 그러므로 교회인 우리가 해야 할 일은 자명하다.

"성도들의 인내가 여기 있나니 저희는 하나님의 계명과 예수 믿음을 지키는 자니라" _계 14:12

죽임을 당한 어린 양의 생명책에 창세 이후로 녹명되지 못하고 이 땅에 사는

자들은 다 짐승에게 경배하리라 _ 요한계시록 13:8

두 짐승 – 바다에서 나오는,
땅에서 올라오는 그리고 Satnic Trinity

계시록 전체의 핵심장이자 요약 부분은 12-14장이라고 했다. 특히 12장 5절의 경우는 중요한데 그냥 무심코 지나가면 아무 것도 얻지 못하는 그저 그렇고 그런 구절이다. 그러나 "낳으니"의 헬라어 겐나오($\gamma\varepsilon\nu\nu\acute{\alpha}\omega$)의 의미를 시편 2편 7절과 사도행전 13장 33절과 연관시켜 해석하면 그 단어에는 예수 그리스도의 '성육신, 십자가 수난과 죽음, 부활, 승천'의 내용이 전반적으로 함의(含意)되어 있음을 발견할 수 있다. 즉 이 한 구절에 '그리스도의 승귀(Ascension of Christ)'가 내재되어 있는 것이다. 그렇기에 "여자가 아들을 낳으니"라는 얼핏 단순해 보이는 이 구절에 예수님의 성육신과 십자가 수난과 죽음, 부활로 교회가 시작되고 그 교회가 예수를 그리스도 메시야로 믿고 주인으로 모시고 살아가는 현재형 하나님나라와 종국적으로 재림하실 예수님을 사모함은 물론이요, 이후 미래형 하나님나라에의 입성과 영생까지의 내용이 광범위하게 내재되어 있음을 알아야 한다.

한편 교회는 종말 시대를 살아가며 사단과 그의 추종 세력들 즉 두 짐승과 땅에 속한 자들에게 하나님의 허용 범위 안에서 제한적, 한시적으로 핍박을 받게 된다. 그때 교회는 "예수 믿음과 하나님의 계명"을 붙잡고 '소망'을 바라보며 나아가야 한다. 때가 되면 예수님은 반드시 재림하셔서 최후 심판을 하신다. 그날에 교회는 최종 승리를 얻게 되나 사단과 마귀, 그리고 악의 추종 세력은 처절한 최후 심판을 받게 될 것이다.

12장에서는 성부하나님을 모방한 "붉은 용(사단)"이 교회들을 핍박하지만 교회는 이에 굴하지 않고 "죽기까지 자기 생명을 아끼지 않고 어린 양의 피와 예수의 증거(11)"를 붙잡는다. 그런 교회를 향해 "하나님의 구원과 능력과 나라와 또 그의 그리스도의 권세(10)"가 교회(성도)로 하여금 그런 것들을 능히 감당하게 하기도 하며 때로는 피하게 하심도 보여주고 있다.

13장에는 성자 예수님을 모방한 "바다에서 나온 짐승(1-10)"과 성령하나님을 모방한 "땅에서 올라온 짐승(11-18)"의 교회에 대한 핍박을 보여주고 있다. 특히 그들은 교회들을 복속시키고(7) 미혹하고(14) 매매를 못하게 하고(17) 심지어는 죽이기까지(15) 한다. 그러면서 편가르기를 통해 "사람의 수(18), 짐승의 수(18), 짐승의 이름(17)"으로 상징된 '666'이라는 표(카라그마)를 받게 하여 사단나라에 속하게 만들어 버린다. 이들의 마지막은 "밤낮 쉼을 얻지 못할(14:11)"뿐 아니라 "세세토록 밤낮 괴로움을(20:10)" 당하게 될 것이다.

한편 "그 이마에나 오른 손에 표"를 받는다는 것은 문자적으로 베리칩

(verichip or verification chip, RFID)이나 마이크로칩 등의 어떤 인식표를 받는 것이 아니다. 이는 상징적으로 '하나님 나라에 속하지 않는', 즉 '불신 혹은 불법의 삶을 산다'라는 의미이다.

결국 12-13장을 통하여는 삼위일체 하나님을 흉내내는 '사단적 삼위일체(satanic trinity)'를 보게 되며 교회는 그들에게 하나님이 허용하신 범위 안에서 제한적이고도 한시적으로 핍박을 받게 된다. 교회가 종말 시대 동안에 안팎으로 마주하게 되는 일곱 재앙이나 곤고한 상태를 극복하는 데 필요한 것은 "인내(14:12)"이다. 그 인내의 근원적 힘은 "하나님의 계명과 예수 믿음(14:12)"이다.

또한 14장을 통하여는 12-13장에서의 그런 '사단적 삼위일체'의 집요한 핍박에도 불구하고 "그 이마에 어린양의 이름과 그 아버지의 이름"을 쓴 "십 사만 사천인(1)"은 "새 노래(2)"를 부르게 되는데 이들이 바로 "하나님과 어린양에게 속한 자들(4)"이다. 종국적으로 그들은 하나님의 은혜와 보호하심 속에 승리하게 될 것을 말씀하고 있다. 그런 교회의 마지막은 "복된 자들이라 칭함(14:13)"을 받을 뿐 아니라 "수고를 그치고 쉬게 되는(14:13)" 상을 얻게 될 것이다.

"땅과 바다(12:12)"는 열방(17:15)을 의미하며 "두 짐승"은 강한 권세를 가진 적 그리스도의 세력(요일 2:22, 마 24:24)을 가리킨다.

13장 1절에서는 "바다에서 나온 한 짐승(단 7:4-7)"을 사도 요한이 보았는데 "뿔이 열이요 머리가 일곱(12:3)"이었다. "그 뿔에는 열 면류관이 있고 그 머리들에는 참람한 이름들이" 적혀 있었다. 여기서 "10과 7"은 언약의 수, 완전수, 만수로 적 그리스도를 추종하는 세상의 세력들(17:10, 12)이 '많음'과 그들의 '강한 영향력'을 가리킨다.

"머리, 뿔, 면류관"이란 '통치권과 힘'을 의미하는 것으로 바다에서 나온 그 짐승은 한시적, 제한적으로 성도들을 핍박하게 될 것을 가리킨다.

"참람한 이름들"이라는 것은 하나님을 모독할 뿐 아니라 심지어는 자신을 신(神)으로 섬기게 하는 것 까지를 포함한다.

2절에서 사도 요한은 바다에서 나온 짐승을 보았는데 "표범(날쌔다)"과 비슷하고 그 발은 힘과 끈기를 상징하는 "곰(곰은 원 발이 강하다고 함)"의 발 같고 그 입은 용맹성과 지배력을 상징하는 "사자(사자는 입이 강함)"의 입 같은데 용이 자기의 능력과 보좌와 큰 권세를 "그 짐승"에게 주었다라고 말씀하고 있다. 이는 다니엘 7:3-8절을 인용한 것으로 적 그리스도 세력들의 무서운 권력과 거센 영향력, 폭력성, 광포성을 함의하고 있다.

3 그의 머리 하나가 상하여 죽게 된 것 같더니 그 죽게 되었던 상처가 나으매 온 땅이 이상히 여겨 짐승을 따르고

3절에서는 바다에서 나온 짐승의 머리 하나가 상하여 죽게 된 것 같더니 그 죽게 되었던 상처가 나으매 온 땅이 신비하게 여기며 그 짐승을 따르는 것을 사도 요한은 환상을 통해 보았다. "바다에서 나온 짐승"이란, 예수의 죽음과 부활을 모방하면서 술수를 부려 사람들을 미혹하는 세력을 말한다. 특히 '머리가 상했다'라고 한 것은 창세기 3장 15절의 말씀을 암시(allusion)한 것이다.

"내가 너로 여자와 원수가 되게 하고 너의 후손도 여자의 후손과 원수가 되게 하리니 여자의 후손은 네 머리를 상하게 할 것이요 너는 그의 발꿈치를 상하게 할 것이니라 하시고" _창 3:15

4 용이 짐승에게 권세를 주므로 용에게 경배하며 짐승에게 경배하여 가로되 누가 이 짐승과 같으뇨 누가 능히 이로 더불어 싸우리요 하더라

4절에는 용이 "바다에서 나온 짐승"에게 권세를 주었더니 사람들이 용과 짐승에게 경배하며 외치기를, "누가 감히 이 용과 짐승과 더불어 싸우겠는가"라고 말하는 것을 사도 요한은 보았다. 이는 마땅히 하나님께 올려야 할 찬양과 경배를 용과 짐승이 가로채고 있는 것을 가리킨다.

이 구절은 출애굽기 15장 10-18절, 시편 89편 6-7절에서 성도들이 하

나님의 위엄과 권능, 거룩함, 전쟁에 능하신 분임을 찬양했던 것을 인용하고 흉내 내면서 용과 짐승도 자기들에게 찬양할 것을 강요한 것이다.

5절에서는 사도 요한이 짐승이 "큰 말과 참람된 말" 하는 입을 받고 "42개월(한시적)" 일할 권세를 받게 되는 것을 보고 있다. 이는 다니엘 7장 8, 20, 25절, 11장 36절을 인용한 것이다. "큰 말" 이란 호언장담과 거짓말로 미혹하는 것을 말하며 "참람된 말"이란 하나님의 신성과 권능을 모독하는 말을 의미한다. "마흔 두 달(42개월)"이라는 것은 그 권세가 한시적 기간이라는 의미와 함께 그 권세가 제한적으로 종말 시대 동안에만 허용되었다라는 의미이다.

6절에서는 바다에서 나온 짐승이 입을 벌려 "하나님을 향하여 훼방하되 하나님의 이름과 그의 장막 곧 하늘에 거하는 자들(4:4, 7:9, 12:12)"을 총칭하는 모든 하나님의 백성을 훼방하는 것을 사도 요한은 보고 있다.

"훼방"의 헬라어는 블라스페미아[64]($B\lambda\alpha\sigma\varphi\eta\mu\iota\alpha$, nf)인데 이는 '중상, 모략, 헐뜯는 것, 악담, 비방, 참람, 모독(blasphemy)'이라는 의미이다.

7 또 권세를 받아 성도들과 싸워 이기게 되고 각 족속과 백성과 방언과 나라를 다스리는 권세를 받으니

7절에는 바다에서 나온 짐승이 또 "권세"를 받아 성도들과 싸워 한시적인 기간과 제한적인 능력으로 그들을 이기게 되고 각 족속과 백성과 방언과 나라를 다스리는 "권세"를 받게된 것을 말씀하고 있다.

한편 하나님께서 교회에게 환난을 겪도록 허락한 것은 교회들을 정금같이 연단하여 거룩함으로 살아가도록 하기 위함이다. 또한 힘들고 어려울 때마다 마라나타를 외치게 하기 위함이다. 더 나아가 미래형 하나님나라에의 입성과 영생, 즉 소망을 갖게 하기 위함이다.

8 죽임을 당한 어린 양의 생명책에 창세 이후로 녹명되지 못하고 이 땅에 사는 자들은 다 짐승에게 경배하리라

8절에서는 죽임을 당한 어린양의 "생명책"에 창세 이후로 녹명(錄名, 롬 3:23-26)되지 못하고 이 땅에 사는 자들은 다 짐승에게 경배하게 될 것을 말씀하고 있다.

64　훼방 혹은 참람은 신성모독을 뜻하는데 헬라어는 블라스페미아($B\lambda\alpha\sigma\varphi\eta\mu\iota\alpha$, nf)이다. 이는 slander, abusive or scurrilous language, blasphemy를 말한다.

"창세 이후로"의 헬라어는 '아포 카타볼레스 코스무($\dot{\alpha}\pi\dot{o}$ $\kappa\alpha\tau\alpha\beta o\lambda\tilde{\eta}\varsigma$ $\kappa\acute{o}\sigma\mu o\upsilon$)'인데 이는 '세상의 기초를 놓을 때부터'라는 의미이다. 이는 세상이 시작되는 시점, 곧 창세로부터 이미 생명책에 녹명되었다는 것으로 엄밀히 말하자면 창세 이전부터 구원자들을 택정하셨다는 말이다. 선택 교리와 유기 교리를 뒷받침하고 있다.

하나님의 때가 되매 역사 속으로 들어오신 초림주이신 예수님은 성육신(Incarnation)하셔서 메시야닉 비밀(Messianic Secret)을 통해 수동적 입장을 취하시고 공생애(公生涯) 후 십자가 보혈로 구속 사역을 성취하심으로 하나님의 백성인 교회를 사망(영적 죽음)에서 생명(영적 부활)의 자리로 옮겨 놓으셨다.

"땅에 사는 자들"은 6절의 "하늘에 거하는 자들"과 대조되는 말로 '생명책에 녹명되지 못한 자, 땅에 속한 자' 즉 불신자($\tauο\grave{\upsilon}\varsigma$ $\kappa\alpha\tauοι\kappaο\tilde{\upsilon}\nu\tau\alpha\varsigma$ $\dot{\epsilon}\pi\grave{\iota}$ $\tau\tilde{\eta}\varsigma$ $\gamma\tilde{\eta}\varsigma$)를 의미한다.

9 누구든지 귀가 있거든 들을찌어다

9절에서는 누구든지 영적으로 예민한 자들은 성령님의 음성에 귀를 기울여 들으라고 촉구하시고 있다. 즉 하나님께 지혜(레브 쇼메아)를 구하여 하나님의 음성을 잘 듣는 큰 귀, 바르게 분별하며 명확히 깨닫는 머리, 영적인 바른 분별을 하는 영안, 하나님의 말씀을 예민하게 받는 마음을 소유하라는 것이다. 믿음은 들음에서(롬 10:17) 나기 때문이다.

10 사로잡는 자는 사로잡힐 것이요 칼에 죽이는 자는 자기도 마땅히 칼에 죽으리니 성도들의 인내와 믿음이 여기 있느니라

이는 예레미야 15장 2-3절, 43장 11절을 인용한 것으로 다음의 두 가지 의미로 해석할 수 있다.

첫째는 '사로잡혀서 칼에 죽게 될 것'으로 해석하면 종말 시대에 당할 성도들의 '핍박'에 대한 것으로 성도들은 '사로잡혀서 칼에 죽게 될지라도' 그러한 핍박을 통과하면서 인내와 믿음으로 이겨내야(14:12) 한다라는 것을 가리킨다.

둘째는 '사로잡혀 갈 사람은 잡혀갈 것이며 칼에 맞아 죽을 사람은 칼에 맞아 죽을 것이다(공동 번역)'로 해석하면 종말 시대에 당할 성도들의 '핍박 양상'을 예고하는 것으로 '잡히기도 하며 심지어는 맞아 죽기도' 할 터인데 그러할지라도 담대하고 당당하게 환난과 순교를 감수하라는 말이 된다(Charles, Plummer, Moffatt). 학자들은 후자를 지지하나 나는 둘 다 무방하다고 생각한다.

11 내가 보매 또 다른 짐승이 땅에서 올라오니 새끼 양 같이 두 뿔이 있고 용처럼 말하더라 **12** 저가 먼저 나온 짐승의 모든 권세를 그 앞에서 행하고 땅과 땅에 거하는 자들로 처음 짐승에게 경배하게 하니 곧 죽게 되었던 상처가 나은 자니라 **13** 큰 이적을 행하되 심지어 사람들 앞에서 불이 하늘로부터 땅에 내려오게 하고 **14** 짐승 앞에서 받은 바 이적을 행함으로 땅에 거하는 자들을 미혹하며 땅에 거하는 자들에게 이르기를 칼에 상하였다가 살아난 짐승을 위하여

11-16절에서 사도 요한은 "또 다른 짐승이 땅에서 올라오는" 것을 보게 된다. 13장의 전반부(1-10)에서는 "바다에서 나오는 짐승"을 보았다면 후반부에서는 "땅에서 올라오는 짐승(거짓 선지자, 16:13, 19:20, 20:10, Hendriksen, 막 13:22)"을 보고 있는 것이다. 후자의 그 짐승은 "새끼 양처럼 두 뿔이 있고 용처럼 말하더라"고 말씀하고 있다. 이는 성령 하나님을 모방하고 있는(13:15) 것이다.

두 짐승의 차이를 가만히 보면, "땅에서 올라오는" 두 번째 짐승은 "바다에서 나오는" 첫 번째 짐승과 달리 세상 권력을 가지고 파괴(13:7, 10)하고 있는 것이 아니라 거짓 교훈으로 사람들을 속이고 미혹하고 위장하여 사람들을 타락시키고 부패케 하는 일을 하고 있다. 즉 "땅에서 올라오는" 두 번째 짐승은 특징적으로 거짓의 아비(요 8:44)라는 것을 드러내고 있다. 물론 종국적으로는 위해(危害)를 가하는 것을 넘어서서 죽이기까지도 한다. 더하여 그는 편가르기도 시도한다. '표'를 받든지 안 받든지 어느 편에 설 것인지 소속을 결정하라며 불이익을 주면서 하나님나라와 사단나라의 백성으로 나누는 일을 벌인다.

다시 12절을 보자. "땅에서 올라온" 두 번째 짐승이 "바다에서 나왔던" 첫 번째 짐승의 "모든 권세를" 받아 그 앞에서 행하고 땅과 땅에 거하는 자들로 "처음 바다에서 나왔던 짐승"에게 경배하게 했다.

바다에서 나온 처음 짐승은 자신이 "죽게 되었던 상처가 나은 자"라며 은근히 "예수님"을 지칭하면서 사람들을 속이고 있다. 거기에 장단을 맞추어 '땅에서 올라온 두 번째 짐승'이 '예수의 부활'을 은근히 암시하면서 역시 사람들을 속이고 있다. 마치 바다에서 나온 첫 번째 짐승이 부활하신 예수님이라도 되는 듯이……. 그리하여 두 번째 짐승은 그 첫 번째 짐승에게 경배하도록 강요하고 있는 것이다.

13-15절에서는 "땅에서 올라온 두 번째 짐승"이 큰 이적(마 24:24, 막 13:22)행하는 것을 요한은 보고 있다. 교회는 이런 기적들에 관심을 가질 필요도 없고 그것에 쏠릴 이유도 없다. 데살로니가 후서 2장 9-12절의 말씀에 의하면, 눈에 보이는 가시적인 기적들이란 "사단의 역사를 따라 악한 자에게 임하는 것으로 이것들을 믿고 따르게 되면 멸망에 이르게 될 것"을 경고하고 있다. 한편 하나님께서 이런 기적 유의 '유혹과 미혹'을 따르도록 허용하신 이유는 진리보다 이런 초자연적인 것들을 "좋아하는 모든 자로 심판을 받게 하려 하심(살후 2:12)"이라고 말씀하고 있다.

13-14절에서 특히 그 짐승은 큰 기적과 더불어 사람들 앞에서 가시적으로 불이 하늘로부터 땅에 내려오게(왕상 18:38, 엘리야의 기적)하는 등의 놀라운 초자연현상을 보여주고 있다. 그렇게 함으로 "땅에 거하는 자들을 미혹(살후 2:9-10)"하고 있는 것이다. 여기서 우리는 가시적인 현상이나 기적을 좇아갈 것이 아니라 '진리(말씀)'만을 좇아가야 할 것을 다시 결단해야 할 것이다.

요한삼서 2절에는 사도 요한이 가이오에게 편지하며 당부했던 말씀이 있다.

　"사랑하는 자여 네 영혼이 잘 됨같이 네가 범사에 잘되고 강건하기를 내가 간구하노라" _요삼 2

　이 문장의 헬라어 원문에는 "범사에($\pi\varepsilon\varrho\grave{\iota}\ \pi\acute{\alpha}\nu\tau\omega\nu$, concerning all things)"라는 단어가 가장 먼저 나온다. 여기서 '범사'라는 것은 '모든 것에서 진리를 찾고 알아가는 것'이라는 의미이다.

　"잘 됨같이 잘되고"의 헬라어는 유오도오($\varepsilon\grave{\upsilon}o\delta\acute{o}\omega$, v, (from 2095 / eú, "well, good" and 3598 /hodós, "a journey on a particular road") – properly, to go on a prosperous journey; (figuratively) to be on the right (profitable) path, i.e. leading to real success (good fortune) where someone truly "prospers, is prospered" (A-S))인데 이는 유($\varepsilon\grave{\upsilon}$, adv, well, well done, good)와 호도스($\acute{o}\delta\acute{o}\varsigma$, nf, a way, road, journey, path)의 합성어로 '바른 길이요 진리이신 예수를 좇아가는 것'을 말한다. 곧 '잘 됨같이'라는 것은 '진리이신 예수를 좇아가는 것'이라는 의미이다.

　"영혼"의 헬라어는 퓌쉬케($\psi\upsilon\chi\acute{\eta}$, nf, (a) the vital breath, breath of life, (b) the human soul, (c) the soul as the seat of affections and will, (d) the self, (e) a human person, an individual/(from psyxō, "to breathe, blow" which is the root of the English words "psyche," "psychology") – soul (psyche); a per-son's distinct identity (unique personhood), i.e. individual personality)인데 이는 죽을 육신을 가리킨다.

"강건하다"의 헬라어는 휘기아이노($ὑγιαίνω$, v, to be sound, healthy/(the root of the English term, "hy-giene") – properly, in good working order – hence, "healthy," in sound condition (in-balance))이다.

결국 이 구절(요삼 2절)은 사도 요한이 사랑하는 가이오에게 '모든 것에서 길이요 진리요 생명이신 예수'를 좇아갈 것을 권하면서 '너의 죽을 육신이 진리를 좇아가는 것'이야말로 진정한 '강건(强健)'임을 가르쳐주고 있는 것이다. 오늘의 교회 된 우리 또한 기적이나 가시적인 것을 좇아가기 보다는 말씀 곧 진리이신 예수만을 좇아가야 할 것이다.

더 나아가 14절에서 그 두 번째 짐승은 "칼에 상하였다가 살아난 바다에서 나왔던 첫 번째 짐승을 위하여 우상을 만들라"고까지 했다. 그런 후 15절에서 두 번째 짐승은 "땅에 거하는 자들"이 만든 그 첫 번째 짐승을 기념하기 위해 만든 "그 우상에게 생기를 주어 그 짐승의 우상으로 말하게 하고 또 짐승의 우상에게 경배하지 않으면 몇이든지 다 죽이게" 했다. 이는 사단의 무자비함을 적나라하게 보여주고 있는 것이다.

한편 우상에게 생기를 준 그 두 번째 짐승은 '성령 하나님을 모방'한 것일 뿐이며 그 '생기' 또한 진정한 프뉴마($πνεῦμα$, nn)가 아니다. 단지 그렇게 흉내내면서 사람들을 속임으로 우상을 절대적 존재로 만들어 섬기게 하려는 의도였을 뿐이다.

가만히 보면 재미있는 기독론적 패러디[65](parody)가 있는데 첫째는 죽

---

65 이필찬 교수의 〈요한계시록 어떻게 읽을 것인가〉, p227-229, 재인용

음과 부활이고 둘째는 통치에 관한 것이다.

먼저 '짐승의 죽음과 부활'은 13장의 3, 12, 14절에 3회 언급되어 있는데 이는 5장 6절의 '예수의 죽음과 부활'을 빗대고 있다. 팩트를 살펴보면 짐승은 완전히 죽었다가 살아난 것이 아니라 죽음에 이를 정도의 상처(13:3, 죽게 된 것 같더니)를 입었다가 살아난 것이다. 정확히 말하자면 '회복'된 것이다. 반면에 예수님은 완전한 죽음(5:6)후 다시 살아난, '부활'인 것이다. 즉 짐승의 부활이라는 것은 참된 부활이 아니라 부활을 흉내 낸 '거짓된 모방(deceitful imitation)'이라는 것이다.

둘째 '통치'에 관해서는 '사단나라에 속한 자들, 즉 땅에 거하는 자들'만이 짐승에게 경배(13:4, 8)를 하게 된다. 이는 어린양 예수 그리스도에 대한 교회들의 전 우주적인 경배(2:28, 3:21, 5:8-14)를 패러디한 것이다. 결국 짐승의 통치는 '제한된 시공간' 안에 머물지만, 예수님의 통치는 시공을 뛰어넘어 온 우주와 모든 사람에게 미치는 '전(全) 우주적이며 영속적'인 것으로 둘 사이에는 근본적인 차이가 있다.

한편 "땅에 거하는 자들"이라는 말이 계시록에서 여러 번 반복되어 나오는데 그 의미는 둘로 나누어 해석해야 한다.

이는 '거하다'라는 의미의 헬라어를 살펴보면 쉽게 구분이 된다. 13장 14절에서는 '거하다'의 헬라어를 '카토이케오(κατοικέω, v, I dwell in, settle in, am established in (permanently), inhabit)'를 사용하였는데 이는 '땅에 속한 자, 사단나라에 속한 자 즉 불신자(τοὺς κατοικοῦντας ἐπὶ τῆς γῆς)'라는 의미로 사용되었다. 반면에 14장 6절의 '거하다'라는 의미의 헬라어는 '카데마이(Κάθημαι, v, to be seated)'를 사용하였는데 이는 '지금은 땅에 거하고 있으나 창세 전에 성부하나님으로부터 택정된 자'이기에 '복음이 들려지면' 하나님께로 돌아올 자, 즉 택자(ἐπὶ τοὺς καθημένους ἐπὶ τῆς γῆς)라는 의미로 사용되었다. 그리하여 나는 불신자의 경우 '카토이케오'라고 간단하게 고유명사(固有名詞) 화(化) 하여 명명해왔고 교회의 경우 '카데마이'라고 했던 것이다.

16-17절에서는 땅에서 올라온 두 번째 짐승이 "모든 자 곧 작은 자, 큰 자, 부자, 빈궁한 자, 자유한 자, 종들"에게 "그 오른손(힘과 능력)에나 이마(전 인격적)에 표(짐승의 통제 아래서 활동, 죄의 종노릇, 롬 8:6, 12, 16)"를 받게 했다. 그리고는 누구든지 이 "표를 가진 자(땅에 속한 자, 사단나라에 속한 자)" 외에는 매매를 못 하게함으로 한시적, 제한적인 사회적, 경제적 제재와 핍박을 가했다. 이 표는 "짐승의 이름이나 그 이름의 수"인데 이름이란 '소속, 소유'를 의미한다. 곧 '사단나라에 속할 것인가 하나님나라에 속할 것인가' 라는 악한 세력들의 편가르기를 보여주고 있는 것이다.

앞에서도 언급했듯이 "표, 짐승의 이름, 이름의 수, 짐승의 수, 사람의 수, 666"등은 역사적인 특정 인물이나 베리칩(verichip or verification chip, RFID)이나 마이크로칩 등의 어떤 인식표를 받는 것이 아니라 '악한 세력을 총칭'하는 말이다. 즉 '표(카라그마, 창 4:15)를 가졌다라는 것은 '사단나라에 속한 자, 불신자 혹은 땅에 거하는(κατοικέω) 자'라는 것을 가리킨다.

참고로 '짐승의 표(인)'는 헬라어로 카라그마(χάραγμα, nn)라고 일컫는 반면에 '하나님의 인(표)'은 헬라어로 스프라기스(7:2-3, σφραγίς, nf)를 사용하고 있다. 동일하게 '표'라는 의미이기는 하나 헬라어로 이렇게 달리 표기함으로 '그' 차이[66]를 일부러 드러낸 것이다.

AD 10C 경 아라비아 숫자가 발명되기 전까지 로마인들은 문자로 수를 표시했다. 알파를 1로, 베타를 2로 사용하여 문자를 단어나 숫자로 병용(Johnson)했고 아라비아 문자가 발명된 후에도 헬라인이나 로마인들은 숫자를 문자로 표시한 후 해석하는 숫자놀이(이솝세피아, Aesopsepia)를 즐겼다. 때로는 두려움의 대상이나 그 인격의 신비성을 높이기 위해 인격체의 이름을 숫자로 바꾸어 부르기도 했다. 이는 마치 히브리어의 알파벳이 나타내는 숫자로 그 단어가 지닌 뜻을 풀어 성경을 해석하는 수비학[67](Numerology, Gematria)과 비슷하다.

히브리어 알파벳은 22개이다. 처음 10자의 음가(音價)는 1(알레프)-10(요오드)을 나타내며 다음의 여덟(8) 자(카프-짜데)의 음가(音價)는 20-90까지 10단위를 나타낸다. 나머지 네(4) 자(고프, 레쉬, 쉰, 타우 혹은 타브)의 음가(音價)는 100-400으로 백 단위를 나타낸다.

예를 들면, 창세기 15장 2절에 나오는 아브라함의 종 엘리에셀(אֱלִיעֶזֶר, God is help)의 경우 (200+7+70+10+30+1)으로 그 히브리어(אֱלִיעֶזֶר)를 다 합하면 318이 된다. 그러므로 창세기 14장 14절의 "집에서 길리고

연습한 자 318명"이란 '종'이라는 것이다. 이를 연결하여, '엘리에셀은 종'
이라고 해석한다.

그렇다면 18절의 짐승의 숫자인 "666"을 풀이해보자. 일부에서는 이
짐승의 정체를 네로 황제를 대표적 모델로 하는 '로마제국'으로 해석하기
도 한다. 이는 네로 황제의 헬라어 이름 Neron Kaisar의 히브리어 음역
이 네론 카사르(NRWN QSR)인데 그 철자의 숫자[68]를 합하면 666이 되
는 것을 두고 한 말이다. 나는 전혀 중요하다고 생각하지 않는다. 그냥 흥
밋거리로만 여기라.

18 지혜가 여기 있으니 총명 있는 자는 그 짐승의 수를 세어 보라 그 수는 사람
의 수니 육백 육십 육이니라

18절에서는 총명하고 지혜로운 자 즉 성령을 통해 주시는 '하나님의 지
혜(레브 쇼메아)'를 받은 자는 그 짐승의 수(상징적인 수, Lenski)가 바로
'사람의 수이며 666'임을 본능적으로 알 수 있다고 말씀하고 있다. 그렇
기에 다시 말하지만 '666'은 바코드나 마이크로칩 등등 특정한 그 무엇이
나 역사적 인물이 아니라 모두 다 '악한 세력을 총칭'하는 것이다.

결국 13장 16-18절의 표를 받은 자들은 '땅에 속한 자, 사단나라에 속
한 자, 불신자들'을 말하며 14장 1절의 "어린양과 아버지의 이름을 받은

---

68   네론(NRWN)은 그리이스어표기의 히브리어로 N(nun)=50, R(resh)=200, W(waw)=6,
N(nun)=50 카사르(QSR) Q(qof)=100, S(samekh)=60, R(resh)=200 즉 네론(NRWN) 카사르(QSR)는
666이된다(Smith, Charles).

자들"은 '하늘에 속한 자 즉 교회들'을 가리킨다. 소위 '인침'을 받은 자들을 말한다. 악한 세력들은 하늘에 속한 자 즉 교회에게는 매매를 못하게 하는 등 종말 시대에 한시적, 제한적으로 핍박을 가한다. 그러나 종국적으로는 교회가 반드시 승리한다. 교회는 구원을 통해 미래형 하나님나라에서 새 노래 즉 "모세의 노래, 어린양의 노래"를 부르게 될 것이다.

성도들의 인내가 여기 있나니 저희는 하나님의 계명과 예수 믿음을 지키는

자니라 _ 요한계시록 14:12

하나님과 어린양의 인($\sigma\varphi\rho\alpha\gamma\iota\varsigma$)과 짐승의 표($\chi\acute{\alpha}\rho\alpha\gamma\mu\alpha$) 그리고 14:12

앞서 13장에서도 언급했지만 계시록 전체의 요약장이자 핵심장은 12-14장이다. 석 장, 55구절이라는 비록 적은 분량이기는 하지만 '그리스도의 승귀(Ascension of Christ)'라는 기독교의 핵심을 담고 있어 창세기에서 계시록까지의 요약이기도 하다.

성부하나님의 구속계획에 따라 성자 예수님은 인간으로 이 땅에 오셨다. 3년 반 동안의 공생애 후 인간의 수치와 저주를 몽땅 안고 우리를 대신하여 십자가에 달려 돌아가심으로 모든 것을 다 이루셨다. 사흘 후 죽음을 이기시고 부활하셔서 40여 일간 이 땅에 계시다가 500여 형제가 보는 데서 구름 타고 승천하시면서 다시 오시마 약속하셨다. 예수님의 십자가 보혈과 죽음 이기시고 부활하심으로 말미암아 교회들에게는 소망이 주어졌다. 그 '소망' 가운데 교회와 교회공동체가 탄생되었다. 이른바 '초대교회'이다. 그리하여 오늘의 교회와 교회 공동체가 있게 된 것이다.

참고로 예수님의 십자가 보혈 위에 세워진 초대교회는 1,000여 년동안이나 든든히 서 갔다. 11C에 이르러 삼위일체 논쟁으로 안타깝게도 '삼위'를 강조하는 동방교회(Eastern Churches, Ecclesiae orientalis)와 '일체'를 강조하는 서방교회(Western Church, Latin Church)로 나뉘어 졌다. 동방교회는 콥틱교회(Coptic Church)와 정교회(Orthodox Church)가 되었다. 한편 서방교회는 로마카톨릭(Roman Catholic Church)과 프로테스탄트(Protestant)가 되었다. 그러므로 예수를 믿는 종교인 '기독교는 넷뿐'이다.

한편 모든 교회는 예외없이 종말 시대를 살아간다. 그 기간 동안에 12장의 사단과 그의 추종 세력들, 13장의 두 짐승과 땅에 속한 자들에게 하나님의 허용 범위 안에서 한시적으로 핍박을 받게 된다. 그때 교회는 인내로 견디어 나가야 한다. 그 '인내'의 근원적 힘은 "예수 믿음과 하나님의 계명(계 14:12)"이다. 동시에 '소망'을 붙들고 '소망'을 바라보며 나아가야 한다. '소망'이란 '미래형 하나님나라에의 입성과 영생'을 가리킨다.

그날이 되면 예수님은 반드시 재림하실 것인데 심판주, 승리주, 재림주, 만왕의 왕으로서 교회와 불신자, 악한 세력 모두를 심판하실 것이다. 그 백보좌 심판을 통해 교회는 '신원(vindication)'이라는 최종 승리를, 반면에 불신자, 사단과 마귀 그리고 악의 추종 세력들은 처절한 최후 심판 즉 둘째 사망, 유황 불못, 영원한 죽음을 받게 될 것이다.

12-13장에서는 삼위하나님을 흉내내는 '사단적 삼위일체(satanic trinity)'의 교회에 대한 핍박을 보았다. "땅과 바다(12:12)"는 열방

(17:15)을 의미하며 13장에 나오는 예수님과 성령님을 모방한 두 짐승은 강한 권세를 가진 적 그리스도 세력(요일 2:22, 마 24:24)을 가리킨다.

14장에서는 그런 '사단적 삼위일체'의 핍박에도 불구하고 하나님의 은혜와 보호하심 속에 하늘에 속한 자인 교회 즉 인 맞은 "땅에서 구속함을 얻은 144,000명(계 7:4, 14:1, 3)"은 종말의 끝에 반드시 승리하게 될 것을 말씀하셨다. 더 나아가 "새 노래(14:3)1 혹은 모세의 노래, 어린양의 노래(5:3)"를 부르게 될 것을 말씀하셨다.

14장의 전반부(1-13)에서는 교회의 승리를 보여주었다면 후반부인 14-20절에는 하나님께서 행하실 전 우주적이면서도 철저한 최후심판을 보여주고 있다. 그렇기에 14장은 전반부와 후반부의 대조를 잘 살펴야 한다.

1 또 내가 보니 어린 양이 시온 산에 섰고 그와 함께 십 사만 사천이 섰는데 그 이마에 어린 양의 이름과 그 아버지의 이름을 쓴 것이 있도다

14장 1절에서는 "어린양(5:6)"과 함께 "시온산에 선 144,000명(계 7:4)"이 있고 그들의 "이마에는 어린양의 이름과 아버지의 이름(인)이 쓰여" 있는 것을 사도 요한은 보고 있다. 다시 말하면 13장에서는 불신자들이

짐승의 표(카라그마, χάραγμα, 13:16) 즉 짐승의 이름을 받았다. 반면에 14장에서는 교회들이 "어린양의 이름과 그 아버지의 이름" 즉 '표 혹은 인(스프라기스, σφραγίς)'을 받은 것을 대조하여 보여주고 있다.

'이름'이란 '소속 혹은 소유'를 의미한다. 그렇기에 "어린양의 이름과 그 아버지의 이름"을 받았다는 것은 '교회는 하늘에 속한 자' 즉 '하나님께 속한 자'임을 의미하는 것으로 소위 '인침'을 받았다는 것을 가리킨다.

한편 "시온 산"이란 시내산과 대조되는 것으로 '거룩한 하나님의 산(시 2:6, 50:2, 사 24:23, 40:9-11, 59:20-21, 미 4:7,10,11)'을 의미하는 '축복의 산, 은혜의 산'을 가리킨다. 히브리서 12장 22절에는 이런 시온산을 미래형 하나님 나라인 "거룩한 성 새 예루살렘"으로 언급하고 있다. 그리고 시내산은 옛 언약인 율법(히 12:18-21)을 예표하기도 한다. 이에 대해 시온산은 새 언약인 복음(롬 11:26-27)을 예표한다.

시온산	시내산(호렙산)
거룩한 하나님의 산 축복의 산 은혜의 산	옛 언약 율법
거룩한 성 새 예루살렘	
복음, 언약	
모리아산	Mount Sinai (시나이 반도 혹은 미디안 광야)

'시온산'은 '모리아산'을 가리키는데 창세기 22장 2절에 나온다. 모리아 (מוֹרִיָּה)는 모르(מוֹר)와 야훼(יָה)의 합성어로 '여호와는 나의 스승이시다'라는 의미이다. 동시에 아마르(אָמַר, v, to utter, say)와 야훼(יָה)의 합성어로써 '야훼께서 친히 지시하셨다'라는 의미이기도 하다. 즉 '큰 스승 되신 야훼께서 친히 지시하신 거룩한 처소'가 바로 모리아산이라는 의미이다. 바로 그곳에 역사의 주관자이신 하나님은 아브라함을 위해 이삭을 대신할 희생 제물로 숫양(אַיִל, nm, a ram 창 22:8, 13)을 준비하셨다. '숫양'은 우리를 대신하여 희생 제물되신 예수님을 예표한 것이다.

'숫양(a ram, 창 22:13)'의 히브리어는 '아일(אַיִל)'인데 그 각각의 알파벳을 주목해보면 흥미로운 점이 관찰된다. 창세기 22장 8절에는 "하나님이 (אֱלֹהִים) 자기를 위하여(לוֹ) 친히 준비(יִרְאֶה) 하시리라(God will provide to himself. 창 22:8)"는 말씀이 나온다. 이 구절은 히브리어 세 단어로 구성되어 있다. 그 각각의 히브리어의 첫 알파벳을 주목하면서 단어로 만들어 연결해보라. 놀라움과 은혜가 동시에 생길 것이다,

즉 '하나님(א)이 자기를 위하여(ל) 미리 준비(י)해 두신 제물'이라는 문장에서 히브리어 첫 알파벳을 연결하면 '아일' 즉 숫양(אַיִל)이라는 히브리어 단어가 나온다. 이삭을 위해 대신 죽은 그 '숫양'은 바로 우리를 위해 희생 제물되신 '예수 그리스도'를 상징한다라는 것이다. 결론적으로 성부하나님께서 우리를 대신하여 희생 제물로 친히 준비하신 즉 성부하나님의 유일한 기름부음 받으신, 구원자이신 그 예수가 바로 그리스도 메시야라는 말이다. 역사의 주관자 하나님의 세미하심을 성경 곳곳에서 볼 수 있다.

그 사건 후 1,000년이 지났다. 그곳 '모리아산'에는 "야훼께서 친히 지

정하신 그 곳"이라는 이름의 의미 그대로 시온산(모리아산)에 솔로몬 성
전 곧 예루살렘 성전이 세워졌다. '성전'이란 하나님의 임재를 상징하기
도 하지만 동시에 성전의 실체이신 '예수'를 가리키기도 한다(요 2:21).

한편 창세기 22장의 행간을 살펴볼 때마다 아브라함은 당시에 만연했
던 풍습에 젖어 몰렉에게 인신공양을 드리듯 이삭을 바치려 했던 것이 아
닌가라는 생각이 든다. 즉 이삭을 기꺼이 바치려고 결심했을 때 아브라함
의 믿음은 과연 순전하고 온전한 믿음 그 자체였을까? 라는 의문이 들기
때문이다.

그렇다 할지라도 좋으신 하나님은 그런 수준의 아브라함에게 조차도
'숫양'을 미리 준비해 주심으로 당신을 드러내셨다. 이는 장차 우리를 위
해 희생 제물 되실 예수를 주시겠다는 언약의 증표이기도 하다.

당신의 언약을 따라 그곳 모리아산에 솔로몬 성전(재위 11년에 준공,
왕상 6:37-38)을 주신 1,000년 후 때가 되매 성전의 실체이신 예수가 오셔
서 우리를 위해 십자가에서 죽으심으로 예수 그리스도의 새 언약을 성취
하셨다. 장차 예수 그리스도 새 언약의 완성으로 성전 된 '하나님 곧 전능
하신 이'와 '어린양(계 21:22)'과 더불어 교회는 거룩한 성 새 예루살렘인
미래형 하나님나라에서 영생을 누릴 것이다.

"인 맞은 자 144,000명(계 7:4)"은 문자적인 의미의 숫자가 아니라 하나
님의 택정함을 입은, 하나님께 속한 모든 교회로 "아무라도 능히 셀 수 없
는 큰 무리(7:9)"인 영적 이스라엘을 말한다.

2 내가 하늘에서 나는 소리를 들으니 많은 물소리도 같고 큰 뇌성도 같은데 내게 들리는 소리는 거문고 타는 자들의 그 거문고 타는 것 같더라

2절에서는 많은 물소리도 같고 뇌성과도 같은 "하늘에서 나는 소리"를 사도 요한은 듣게 된다. 그때 그는 내게 들리는 소리는 "거문고(하프) 타는 자들의 거문고 타는 것"같았다 라고 했다. 이는 '구원받아 승리한 교회(성도)들의 찬양하는 소리'이다.

"많은 물소리"라는 것은 '예수님의 음성(1:15)'을, "뇌성"은 '하나님의 심판을 집행하는 천사들의 음성(6:1)'을 가리킨다.

3 저희가 보좌와 네 생물과 장로들 앞에서 새 노래를 부르니 땅에서 구속함을 얻은 십 사만 사천 인 밖에는 능히 이 노래를 배울 자가 없더라 4 이 사람들은 여자로 더불어 더럽히지 아니하고 정절이 있는 자라 어린 양이 어디로 인도하든지 따라가는 자며 사람 가운데서 구속을 받아 처음 익은 열매로 하나님과 어린 양에게 속한 자들이니 5 그 입에 거짓말이 없고 흠이 없는 자들이더라

3-5절에는 보좌(4:2)와 네 생물(4:6)과 장로들(4:4) 앞에서 땅에서 구속함을 얻은, 인 맞은 자 144,000명만이 "새 노래"를 불렀다라고 말씀하고 있다. "새 노래"란 구원과 관계된 것(시 96:1~3, 98:1~3)으로 "하나님의 영광과 기이한 행적"을 찬양하는 것을 말한다. 결국 '새 노래'란 하나님의 은혜와 예수 그리스도의 구속 사역으로 인해 구원을 받게 된 자만이 부르게 되는 노래로 '새로운 심령으로 부르는 하늘 찬양', 곧 재창조의 완성에 대한 찬양을 말한다. 여기서 '새롭다'의 헬라어로 쓰인 카이노

스(καινός, adj, new, fresh/properly, new in quality (innovation), fresh in development or opportunity – because "not found exactly like this before.")는 시간적으로 새롭다라는 것이 아니라 '질적인 새로움'을 의미한다. 계시록 21장 2절의 미래형 하나님나라를 의미하는 "거룩한 성 새 예루살렘"도 질적으로 완전히 다른 하나님나라를 가리킨다.

이를 계시록 15장 3절에는 "모세가 불렀던 노래, 어린양을 찬양하는 노래"라고 말씀하고 있다. 그들 만이 삼위하나님의 크신 은혜를 찬양할 수 있다는 의미에서 "새 노래"라고 한 것이다.

'인 맞은 자 144,000명'의 특징 세가지는 다음과 같다.

첫째, 이들은 여자(큰 음녀)로 더불어 더럽히지 아니하고 정절 곧 영적 순결을 지킨 음행이 없는 자들이다. 즉 우상숭배를 하지 않은, 우상을 배격했던 하나님나라의 백성이었다.

둘째, 어린양이 인도하는 대로 따라가는, 절대 순종했던 하나님의 자녀들(시 23:1-6, 히 11:8)로서 처음 익은 열매들인데 하나님과 어린양에게 속한 자들이다. 한편 구약에서의 첫 열매는 하나님의 소유를 의미한다(출 13:2, Hendriksen). 결국 '첫 열매'란 처음부터 선택된 자라는 의미이다.

셋째, 그들의 입에는 거짓말이 없고(시 15:1-2) 흠이 없었다(롬 8:8-9).

14장 1-5절에서는 교회의 승리와 찬양을 보여준다면 6-20절은 악한 세력에 대한 심판을 보여주고 있다. 특히 6-13절이 세 천사(6, 8, 9)를 통한 임박한 심판의 경고라면 14-20절은 '사람의 아들과 같은 이'를 통해 세 천사가 행하는 최후 심판의 극렬함을 보여주고 있다.

6 또 보니 다른 천사가 공중에 날아가는데 땅에 거하는 자들 곧 여러 나라와 족속과 방언과 백성에게 전할 영원한 복음을 가졌더라 **7** 그가 큰 음성으로 가로되 하나님을 두려워하며 그에게 영광을 돌리라 이는 그의 심판하실 시간이 이르렀음이니 하늘과 땅과 바다와 물들의 근원을 만드신 이를 경배하라 하더라 **8** 또 다른 천사 곧 둘째가 그 뒤를 따라 말하되 무너졌도다 무너졌도다 큰 성 바벨론이여 모든 나라를 그 음행으로 인하여 진노의 포도주로 먹이던 자로다 하더라

6-9절에서 사도 요한은 세 천사를 보게 된다. 6절에서는 공중에 날아가는 첫 번째 다른 천사가 "땅에 거하는 자들(ἐπὶ τοὺς καθημένους ἐπὶ τῆς γῆς) 곧 "여러 나라와 족속과 방언과 백성"에게 전할 영원한 복음을 가지고 있음을 사도 요한은 보고 있다. '땅에 거하는 자들'이란 복음을 듣지 못하여 아직은 땅에 거하고 있으나 복음을 통해 돌아오게 될 '만세 전에 택정된 자들' 곧 카데마이를 말한다. "영원한 복음"이란 그리스도로 말미암는 구원의 기쁜 소식을 가리킨다.

다시 설명하지만 "땅에 '거하는 자"에서의 '거하는'의 헬라어는 카데마이(4:2-3, 4, 9; 5:13, 14:6, Κάθημαι, v, to be seated)인데 이는 주로 보좌 위에 '앉다'라는 문구(4:2-3, 4, 9; 5:13)에 사용되지만 동시에 14장 6절의 땅에 '거주하다'에 사용되기도 한다. 이는 아직은 땅에 있으나 장차 하나님께로 오게 될 자들(ἐπὶ τοὺς καθημένους ἐπὶ τῆς γῆς)을 말한다.

한편 불신자를 의미하는 '땅에 사는 자 혹은 땅에 속한 자'로 쓰인 헬라어는 카토이케오(3:10; 6:10; 8:13; 11:10; 13:8, 12, 14; 17:2, 8, Κατοικέω, v, to inhabit, to settle)인데 이는 '땅에 속한 자'로서 τοὺς κατοικοῦντας ἐπὶ τῆς γῆς(투스 카토이쿤타스 에피 테스 게스)이다. 이들은 창세 이후로 생명책에 그 이름이 기록되지 못한 자들로서 하늘에 속한 자의 반대편에 있는 '사단 나라에 속한 자'들인데 그들의 특징은 다음과 같다.

첫째, 그들은 언제나 짐승을 따르며 짐승을 경배하며 짐승의 사역을 경이롭게 생각한다(13:8, 12, 17:8).

둘째, 그들은 하나님의 백성을 괴롭힌다(6:10).

셋째, 진실된 교회를 상징하는 두 증인의 죽음을 기뻐한다(11:10).

넷째, 짐승에 미혹 당하여 짐승의 우상을 만든다(13:14).

다섯째, 그들은 사단에 속한 자들로서 바벨론의 음행의 잔에 취해 있다(17:2).

결국 '땅에 거하기는 하나 장차 하나님께로 들어올 자(14:6)'를 가리킬 때에는 카데마이(Κάθημαι)를, 불신자를 의미하는 '땅에 속한 자(13:14)'의 경우에는 카토이케오(Κατοικέω)를 나는 의도적으로 사용하면서 주석을 써 왔음을 다시 밝히는 바이다.

교회 된 우리는 육신의 장막을 벗는 그날까지 그들이 듣든지 아니 듣든지, 때를 얻든지 못 얻든지 '카데마이'가 '하나님나라'로 돌아올 수 있도록 부지런히, 더 나아가 목숨 걸고 복음을 전해야 한다. 세상에 거하는 자 모두를 가리켜 '카토이케오'라고 치부해서는 안된다. 왜냐하면 구원의 주권은 전적으로 하나님께 있기 때문이다.

계시록 14장 4-5절에서는 하늘에 속한 자를 가리켜 ˝하나님과 어린양에게 속한 자들˝이라고 하였는데 그들은 "여자로 더불어 더럽히지 아니하고 정절이 있으며 어린양이 어디로 인도하든지 따라가는 자며 사람 가운데서 구속을 받아 처음 익은 열매로서 그 입에 거짓말이 없고 흠이 없는 자들"이라고 했다.

7절에는 그가 하늘의 권세와 위엄을 나타내는 큰 소리를 상징하는 "큰 음성"으로 심판의 때가 이르렀으니 인생의 본분인 하나님만 '경외'하고 하늘과 땅과 바다와 물들의 근원을 만드신 이를 '경배'하라고 말씀하는 것을 보고 있다. 이런 경고를 주신 이유는 최후 심판의 때가 가까웠기 때문이다.

한편 "속히(계 1:1, 22:7, 12, 20)오리니"라는 말을 두고 종종 임박한 종말론을 주장하곤 하는 데 이는 기간을 가리키는 것이라기보다는 "반드시($\tau\alpha\chi\acute{u}$) 오리니"라는 의미로 해석하는 것이 좋다.

8절에서 사도 요한은 또 다른 둘째 천사가 "무너졌도다 무너졌도다 큰 성 바벨론이여"라고 말하는 것을 보고 있다. "큰 성 바벨론"이란 경제적, 물질적으로 세력을 잡은(18장) 자를 가리키는데 이들 세력들은 모든 나라를 '사치와 음행'으로 더럽혀 하나님의 진노의 포도주 잔 즉 하나님의 진노의 심판(14:10)을 받게 하던 자들이다.

한편 "큰 성 바벨론"에 대하여는 많은 학자들이 지나간 역사에 있어 '소돔과 고모라, 애굽, 바벨론, 두로, 니느웨, 로마'라고 해석하기도 한다. 그러나 지난 역사의 특정 나라일 수도 있으나 나는 하나님의 도구로 사용된 모든 악한 세력들을 총칭(Lohmeyer)하는 것으로 생각한다.

9 또 다른 천사 곧 셋째가 그 뒤를 따라 큰 음성으로 가로되 만일 누구든지 짐승과 그의 우상에게 경배하고 이마에나 손에 표를 받으면 **10** 그도 하나님의 진노의 포도주를 마시리니 그 진노의 잔에 섞인 것이 없이 부은 포도주라 거룩한 천사들 앞과 어린 양 앞에서 불과 유황으로 고난을 받으리니 **11** 그 고난의 연기가 세세토록 올라가리로다 짐승과 그의 우상에게 경배하고 그 이름의 표를 받는 자는 누구든지 밤낮 쉼을 얻지 못하리라 하더라

9절에는 또 다른 셋째 천사가 짐승과 그의 우상에게 '경배'하고 이마에나 손에 '표(카라그마, $\chi\acute{\alpha}\rho\alpha\gamma\mu\alpha$, 13:16-18)'를 받으면 그도 하나님의 '진노의 포도주'를 받게 된다고 말하는 것을 사도 요한은 보고 있다.

10절에는 그런 자들은 거룩한 천사들 앞과 어린양 앞에서 '백보좌 심판'을 통해 "불과 유황"으로 타고 있는 유황 불못에서 영원한 죽음 즉 둘째 사망의 해를 받게 될 것이라고 경고하고 있다.

11절에서는 영원한 하나님의 형벌(20:10)을 상징하는 그 고난의 연기가 '세세토록' 올라갈 것이라고 말씀하고 있다. 그렇기에 그들은 밤낮 쉼을 얻지 못하고 괴로움을 받게 될 것이다.

10절에서는 진노의 포도주 잔에 '섞인 것이 없이 부은 포도주'를 마시게 될 것을 경고하고 있다. "섞인 것이 없이 부은 포도주"란 '독한' 포도주 원액을 가리키는 것으로 당시 독한 술은 물을 타서 연하게 하여 마셨다(Alford)고 한다. 한편 포도주 원액의 독함 그대로 마실 것이라는 말은

'극심한' 하나님의 진노가 있을 것을 가리킨다.

12 성도들의 인내가 여기 있나니 저희는 하나님의 계명과 예수 믿음을 지키는 자니라

이 구절은 요한 계시록의 가장 중요한 핵심 구절 중 하나이다. 우리가 살아가는 종말 시대 동안에 반드시 거쳐야만 하는 일곱 재앙을 극복하고 잘 통과하기 위해서는 '인내'가 필요하다. 그 인내의 원동력은 "예수 믿음(시 73:22-28, τὴν πίστιν Ἰησοῦ, the faith of Jesus)과 하나님의 계명(눅 2:23, τὰς ἐντολὰς τοῦ τοῦ, the commandments of God)"이다.

"인내"의 헬라어는 휘포모네(ὑπομονή, nf, endurance, steadfastness, patient waiting for/(from 5259 /hypó, "under" and 3306 /ménō, "remain, endure") – properly, remaining under, endurance; steadfastness, es-pecially as God enables the believer to "remain (endure) under" the challenges He allots in life)인데 이는 흔들리지 않고 끝까지 견고함으로 견디어 내는 것을 말한다.

교회는 하나님의 선하심과 신실하심을 확신하며 '오직 말씀(Sola Scriptura)'과 '오직 믿음(피스티스)'을 붙잡고 인내하며 나아가야 한다.

계시록 7장 14절의 말씀 묵상이 큰 힘이 될 수 있다. 그 구절에서는 "큰 환난에서 나오는 자"라는 말씀이 나오는데 그 헬라어는 에르코메노이 에크 테스 들립세오스 테스 메갈레스(ἐρχόμενοι ἐκ τῆς θλίψεως τῆς μεγάλης, out of the great tribulation)이다. 여기서 주목할 것은 'come from' great tribulation이 아니라 'come out of' great tribulation이라는 것이다. 이는 환난을 겪지 않고 그 환난을 피하게 된다라는 의미가 아니다. 일곱 재앙을 통한 환난을 겪기는 하되 '환난을 극복하고 돌파하여 이기고 나오는' 것을 가리킨다.

다시 말하지만 우리는 종말 시대 동안에 있게 될 일곱 재앙을 결코 피할 수 없다. 그러므로 재앙을 맞닥뜨리더라도 위축되지 말고 당당하게 뚜벅 뚜벅 돌파하며 나아가야 한다. 그러기 위하여는 "예수 믿음"과 "하나님의 계명"을 굳건히 붙들어야(τηρέω, (from tēros, "a guard") – properly, maintain (pre-serve); (figuratively) spiritually guard (watch), keep intact)만 할 것이다.

13 또 내가 들으니 하늘에서 음성이 나서 가로되 기록하라 지금 이후로 주 안에서 죽는 자들은 복이 있도다 하시매 성령이 가라사대 그러하다 저희 수고를 그치고 쉬리니 이는 저희의 행한 일이 따름이라 하시더라

13절에서는 사도 요한이 지금 이후로 '주 안에서 죽는 자들'은 복이 있도다라는 말씀을 "기록하라"는 하늘의 음성을 듣게 된다. 하나님께서 사도 요한에게 기록하여 남기라고 하신 이유는 분명하다. 그것은 하나님의 신실하고도 불변한 '언약'이기 때문이다. 그 언약에 따라 '주 안에서 죽은 자들'은 예수 믿음과 하나님의 계명을 붙들고 인내하였으므로 저희의 행한 일에 따라 "수고를 그치고 쉬게"될 것이다. 이를 '영원한 안식(히 4:8-

11)'에 들어간다 라고 한다.

14 또 내가 보니 흰 구름이 있고 구름 위에 사람의 아들과 같은 이가 앉았는데 그 머리에는 금 면류관이 있고 그 손에는 이한 낫을 가졌더라

14절에서는 사도 요한이 흰 구름이 있고 구름 위에 '사람의 아들과 같은 이'가 앉았는데 그 머리에는 금 면류관이 있고 그 손에는 이한 낫을 가지고 있는 자를 보고 있다. "흰 구름(마 24:30, 눅 21:27, 계 1:7)"이란 '그리스도의 거룩과 신적 영광'을 의미한다. "구름 위에 사람의 아들과 같은 이"라는 것은 예수 그리스도를 가리킨다. 다니엘서 7장 13절에는 "인자 같은 이가 하늘 구름을 타고 와서"라고 되어 있다.

"그 머리에는 금 면류관[69]이, 손에는 이한 낫(검, 욜 3:13, 하나님의 최후 심판)을 가졌더라"고 말씀하고 있다. 스가랴 5장 1절에는 낫(혹은 검) 대신 "날아가는 두루마리"로 기록되어 있다. 이는 '하나님의 말씀'을 의미한다.

참고로 스가랴 5장 1-2절의 '두루마리'는 헬라어 구약성경인 70인 역(LXX)에는 '낫'으로 번역하였으며 계시록 19장 15절에는 '검 혹은 말씀'으로 번역되었다. 즉 '두루마리, 낫, 검, 말씀'은 모두가 다 같은 의미이다.

---

69 승리의 관은 스테파노스($\Sigma\tau\acute{\epsilon}\varphi\alpha\nu o\varsigma$)이나 왕권을 상징하는 관은 디아데마($\delta\iota\acute{\alpha}\delta\eta\mu\alpha$)이다. 여기서는 전자로 쓰였다. 즉 예수는 승리 주 하나님이라는 의미이다.

15-16절에서 사도 요한은 "또 다른 천사가" 전능하신 하나님 자신을 나타내는 "성전(21:22, 나오스, ναός, nm)으로부터" 하나님의 보내심을 받아 나와서 "구름 위에 앉은 이" 곧 '예수님'을 향해 곡식이 다 익어 거둘 때[70](마24:36, 막 13:32-33, 행 1:7)가 이르렀으니 "네 낫을 휘둘러 거두라"고 말씀하는 장면을 보고 있다. 나는 "또 다른 천사"가 누구인가라는 것에 방점을 두기보다는 '하나님의 명령을 그리스도께 전달하는' 천사 정도로만 해석하고 넘어가는 것이 좋다라고 생각한다.

"구름 위에 앉으신 이가 낫을 땅에 휘두르매" 곡식이 거두어졌다(마 9:37-38, 요 4:35-36). 누가복음 3장 17절에는 알곡은 모아 곳간에(신원, vindication), 쭉정이는 꺼지지 않는 불인 유황 불못(저주와 심판)에 던져 태워버리겠다고 하신 그 장면이 연상된다.

뒤이어 연결되는 17-20절에서는 '악한 자에 대한 심판의 추수'를 보여주시고 있다. 결국 15-16절에서는 '성도를 불러 모으시는 구원(신원)의 추수[71]이자 하나님의 백성을 불러 모으시는 종말론적 사건'을 보여주고

---

70 '익다'라는 것은 이중적 함의로 '구원자의 수효가 찼다'라고도 해석할 수 있고 상반된 해석으로 '죄악이 관영했다, 죄악의 최 절정'이라는 의미이기도 하다.

71 Hendriksen, Ladd, Lenski, Charles, J. Roloff, R. H. Mounce, G. R. Osborne, 이필찬 교수의 〈요한계시록 어떻게 읽을 것인가〉, p252

있는 것이다.

한편 유대인은 일 년에 2번 추수하는데 '봄에는 곡식을 거두고 나서 그를 기념'하였고 '가을에는 포도를 거두고 난 후 절기'를 지냈다.

'거둘 때가 이르렀으니 낫을 휘둘라'는 표현은 묵시문학의 형태를 보여주는 것으로 이중적 함의가 들어있다. 즉 이는 '저주와 심판의 명령(욜 3:13, 슥 5:1~4)'이지만 동시에 '구속(신원)의 명령'이기도 하다. 전자는 불신자를 향한 것이고 후자는 교회를 향한 것이다.

종국적으로 예수의 사역을 예표하는 천사는 성부하나님의 명령의 말씀을 전하는 "또 다른 천사"의 말을 듣고 그 명령을 이행한다. 이는 마치 '최후 심판의 때와 시기'를 알고 있었던 예수님조차도 그 시기에 대한 권한과 결정을 아버지 하나님께 두는 것처럼(마 24:36, 막 13:32-33, 행 1:7) '심판' 또한 결코 자의로 앞서 가며 행하지 않으시고 아버지의 명령을 붙들고 있음을 보여주고 있다. 즉 성부하나님의 명령에 순종하며 따르는 것을 보여준 것이다.

17 또 다른 천사가 하늘에 있는 성전에서 나오는데 또한 이한 낫을 가졌더라

17절에서 사도 요한은 "또 다른 천사가 하늘에 있는 성전에서 나오는데 이한 낫(검)을 가졌다"라고 기록하고 있다. 이는 14절의 "그 손에는 이한 낫을 가졌더라"와 문자적으로는 비슷하나 14-16절의 경우 알곡을 거두어 들이려는 '구원의 심판(신원)'이지만 17절은 악한 자들을 '심판'하기 위해 보냄을 받은 또 다른 천사이다. 그렇기에 "너희는 낫을 쓰라 곡식이 익었도다"라고 했던 요엘서(3:13)의 말씀이 연상되기도 한다.

그렇기에 15절과 18절을 살펴보면 전반부인 14-16절은 예수님의 재림의 그날에 있을 추수 즉 하늘에 속한 자에 대한 구원(신원)에 관한 것이고 후반부인 17-20절은 심판 즉 땅에 속한 자에 대한 저주와 심판에 관한 것이다. 결국 14장의 전반부(1-13절)가 교회의 승리를 보여주었다면 후반부인 14-20절은 하나님께서 행하실 전 우주적이면서도 철저한 최후 심판(심판과 신원)을 보여주고 있다. 그렇기에 14장은 전반부와 후반부의 대조를 잘 살펴야 한다라고 했던 것이다.

18 또 불을 다스리는 다른 천사가 제단으로부터 나와 이한 낫 가진 자를 향하여 큰 음성으로 불러 가로되 네 이한 낫을 휘둘러 땅의 포도송이를 거두라 그 포도가 익었느니라 하더라

18절에서는 사도 요한이 "불을 다스리는 다른 천사가 제단(8:3-5, 향단)으로부터 나와 이한 낫을 가진 자를 향하여" 큰 음성으로 "네 이한 낫을 휘둘러" 땅의 익은 포도의 포도송이를 거두라고 외치는 것을 보고 있다. "땅의 포도송이를 거두라 그 포도가 익었느니라"는 구절은 "와서 밟을찌어다 포도주 틀이 가득히 차고 포도주 독이 넘치니 그들의 악이 큼이로다"라고 말씀하신 요엘서 3장 13절을 연상시킨다.

한편 성도들과 순교자들의 부르짖음(6:9-11)이 하늘에 상달되면 예수님은 아버지 하나님의 "때와 기한"에 맞추어 심판주, 승리주로 반드시 오실 것이다. 바야흐로 포도가 익어 포도송이를 거둘 때 즉 신원의 때라는

것이다. 예수께서 세상을 심판하실 그날에는 우리 또한 심판하는 권세를 가지게(20:4) 된다. 태초에 하나님은 인간 없이 세상을 창조하셨으나 마지막 날에는 교회와 더불어 세상을 심판하실 것을 말씀하신 것이다. "포도송이"란 하나님을 대적하던 악한 세력을 가리키는 것으로 교회를 핍박하던 자들을 말한다. "그 포도가 익었느니라"는 것은 '그들의 죄악이 극에 달하여 심판의 때가 이르렀다'라는 의미이다.

한편 바람(7:1)과 물(16:5)을 다스리는 천사와 달리 본문에는 "불을 다스리는 다른 천사(14:18)"가 나온다. 이는 '하나님의 진노의 심판'을 의미(Plummer)한다. 그러므로 18절의 "불을 다스리는 다른 천사'는 17절의 악한 자들을 심판하는 천사로 해석함이 맞다.

19 천사가 낫을 땅에 휘둘러 땅의 포도를 거두어 하나님의 진노의 큰 포도주 틀에 던지매 **20** 성 밖에서 그 틀이 밟히니 틀에서 피가 나서 말굴레까지 닿았고 일천 육백 스다디온에 퍼졌더라

19-20절에서는 사도 요한이 "천사가 낫을 땅에 휘둘러 땅의 포도를 거두어 하나님의 진노의 큰 포도주 틀에 던지매 성 밖에서 그 틀이 밟히니 틀에서 피가 나서 말 굴레 즉 말 재갈의 높이"에까지 닿았고 "1,600스다디온"에 퍼지는 것을 보게 된다. "1,600스다디온"이란 4x4x10x10=1600으로 전 우주적이고 철저한 심판의 범위(Kliefoth)를 나타내며 4x4는 세상 전체(동서남북, 사방)에 대한 상징(5:6의 네 생물; 7:1의 네 모퉁이)이고 10x10은 '많다'라는 것을 가리킨다. 결국 '심판의

완전성(completeness)'을 의미한다.

 "포도주 틀'은 포도를 넣은 후 발로 밟거나 압착기로 눌러 즙을 짜내는 도구로 '심판의 극렬함'을 가리킨다. 거기에다가 '큰 포도주 틀'이라고 표현한 것은 심판의 '크기, 강도, 범위, 세기'와 아울러 심판 받을 악한 세력들이 '많다'라는 것을 의미한다.

 20절의 "성"은 미래형 하나님나라인 '거룩한 성 새 예루살렘(21:2)'을 의미한다. 한편 "성 밖(22:15)"에 있게 된 그들이란 아예 '그 성'에 못 들어가고 유황 불못에서 벌을 받게 되는 '땅에 속한 자들 즉 심판 받을 악한 세력들'을 가리킨다.

 '포도주 틀에 던져 밟혀 심판을 받다'와 '피가 말굴레까지 닿았다'라는 어마무시한 표현은 이사야 63장 1-6절을 배경으로 한 것으로 그들의 최종적인 심판의 결과는 '완전한 피바다가 될 것'이라는 의미이다. 즉 하나님의 엄청난 진노의 심판을 형상화한 것이다.

 한편 1스다디온은 185m로, 1,600스다디온이란 약 300km를 말한다. 그러므로 문자적으로 해석하면 피가 반경 300Km에 퍼지게 되고 그 깊이는 말 굴레 즉 말 재갈의 높이인 1.5m의 피바다가 될 정도로 하나님의 완전한 형벌(Charles, Victorinus)이 있을 것을 말씀하고 있다.

하나님의 종 모세의 노래, 어린 양의 노래를 불러 가로되 주 하나님 곧 전능하신 이시여 하시는 일이 크고 기이하시도다 만국의 왕이시여 주의 길이 의롭고 참되시도다 _ 요한계시록 15:3

모세의 노래, 어린양의 노래

15장에서는 일곱째 나팔 재앙을 통해 '심판과 신원이 있게 될 것'을 말씀하고 있다. 15장은 7장, 10-11장에 이어 나오는 삽입장 중 하나이다. 이는 프롤로그에서 언급했지만 대접 재앙 전에 "유리바다 가에 서서 하나님의 거문고를 가지고 하나님의 종 모세의 노래, 어린양의 노래"를 부르며 삼위하나님을 찬양하는 미래형 하나님나라에 먼저 간 성도인 교회들의 모습을 보여주고 있다. 동시에 하늘의 증거장막 성전도 보여주고 있다.

뒤이어 16장은 일곱 재앙 중 종말 시대 동안에 교회가 겪을 범위, 강도, 크기, 세기등에 있어서 1/4의 재앙인 일곱 인 재앙과 1/3의 재앙인 일곱 나팔 재앙과는 비교도 할 수 없이 극심한 일곱 대접 재앙에 대해 말씀하고 있다.

인 재앙, 나팔 재앙, 대접 재앙은 종말 시대에 있게 될 반복적이고도 복합적인 다양한 일곱 재앙들을 장면의 전환을 통해 보여주는 것이다. 일곱 재앙은 전 지구적으로 일어나되 각 지역마다 재앙의 강도나 크기, 세기,

범위가 다를 뿐이다. 나는 시간적 순서로 해석하는 것을 지양(止揚)한다.

즉 교회는 종말 시대(교회 시대)를 살아가며 다양한 일곱 재앙을 복합적으로 겪게 되지만 그때 그 시점에 그 지역에서 일어나는 재앙이 인 재앙인지 나팔 재앙인지 혹은 대접 재앙인지는 정확히 구별이 어렵다. 구태여 구분할 필요도 없다. 왜냐하면 예수님은 반드시 재림하실 것이며 언제 오시더라도 상관없이 우리는 마치 내일이라도 오실 듯이 오늘을 '하나님의 뜻'을 따라 살아가면 되기 때문이다. 일곱 재앙을 허락하신 하나님의 뜻을 잘 알고 분명한 종말론적 세계관을 정립한 후 "예수 믿음과 하나님의 계명"을 붙들면 되는 것이다.

다시 강조하지만 사도 요한을 통해 일곱 재앙을 알려주신 것은, '하늘에 속한 자들'은 거룩함을 위한 훈련이요 '소망'을 주기 위함이지만 '땅에 속한 자들'은 최후 심판에 대한 경고인 것이다.

인 재앙이나 나팔 재앙의 서술과는 달리 대접 재앙은 서론(무대)인 15장 다음에 곧장 본론(공연)인 16장이 바로 나온다. 서론에서는 교회들이 '모세가 불렀던 노래, 어린양을 찬양하는 노래'를 하게 될 것을 보여주었다. 이는 대접 재앙에 대한 두려움보다는 그날에 있게 될 감격을 기다리는 모습이자 승리한 교회가 부르게 될 새 노래의 찬양 모습을 보여주신 것이다. 본론은 대접 재앙을 통해 마지막 심판이 어떻게 진행될지를 보여주고 있다[72].

72　〈요한계시록 어떻게 설교할 것인가〉, How주석, p371-375

1 또 하늘에 크고 이상한 다른 이적을 보매 일곱 천사가 일곱 재앙을 가졌으니 곧 마지막 재앙이라 하나님의 진노가 이것으로 마치리로다

15장 1절에서는 사도 요한이 "하늘에 크고 이상한 다른 이적"을 보았다. 곧 이어 "일곱 천사가 일곱 재앙($\epsilon\pi\tau\acute{\alpha}\ \pi\lambda\eta\gamma\acute{\eta}$, 7 blow, plague)"을 가진 것을 보았는데 그중 "마지막 재앙"인 대접 재앙을 가진 것을 보았다고 했다. 하나님의 진노는 이것으로 마치게 되고 이후 최후 심판이 있을 것을 내포하고 있다. 이는 대접 재앙 후에 최후 심판이 있을 것이라는 시간적 순서를 말하는 것이 아니라 일곱 재앙의 일곱째 재앙 후에 심판이 있을 것이나 그 시기는 성부하나님만 아신다라는 의미이다.

대접 재앙을 가리켜 특별히 '크고 이상한 다른 이적'이라고 표현한 것은 일곱 인, 일곱 나팔 재앙과는 차원이 다른 '전 세계적이고도 치명적인 파급력'이 있을 것임을 암시한 것이다.

1절의 '크고 이상한 다른 이적'은 3절의 '크고 기이한 이적'과 대조되어 나타나는데 전자가 일곱 재앙을 나타낸다면 후자는 교회의 구원에 관해 말씀하고 있는 것이다.

한편 인 재앙의 '일곱째 인 재앙' 속에는 '일곱 나팔 재앙'이 있음을 알 수 있다(8:1-2, 6). 마찬가지로 나팔 재앙의 '일곱째 나팔 재앙' 속에는 '일곱 대접 재앙'이 있다(11:14-15, 15:1,7). 이는 문자적으로만 볼 때 마치 일곱 재앙이 순서대로 일어날 것처럼 보이지만 인, 나팔, 대접 재앙이라는 강도나 범위, 크기, 세기가 다른 '일곱 재앙'이 종말 시대 동안에 반복적으로 있을 것이라는 의미이다. 분명한 것은 각각의 일곱째 재앙 후에는 예수님의 재림을 통한 심판이 있다라는 것이다.

또한 우리가 현재 처해있는 시점의 일곱 재앙은 전 지구적으로 일어나는데 각 지역이 처하고 있는 재앙이 인 재앙인지 나팔 재앙인지 대접 재앙인지는 상대적이기에 정확히 알 수 없다라는 것이다.

예를 들자면, 오늘 이 시점의 대한민국을 기준으로 하여 그것이 인 재앙이라면 중동은 나팔 재앙정도일 것이고 북한이나 아프칸의 경우에는 대접 재앙일 것이다. 그러면 각 지역의 세대주의를 따르는 그리스도인들은 예수 재림의 그 시간을 달리 계산할 수밖에 없다. 그렇게 해석해서도 안되지만 진실된 교회라면 그럴 필요가 없다.

바른 '성경적 종말관'은 '예수님은 반드시 재림하신다. 언제 오실 지는 아무도 모른다. 언제 오시더라도 상관없이 마치 내일이라도 오실 듯이 오늘을 알차게 살아간다'라는 것이다. 교회는 이것을 붙들어야 한다. 분명한 것은 일곱 재앙의 '일곱째' 재앙 후에는 그날이 도래할 것인데 그때에는 전 우주적, 역사적 종말인 예수 그리스도의 최후 심판(19-20장)이 있게 될 것이다.

2 또 내가 보니 불이 섞인 유리 바다 같은 것이 있고 짐승과 그의 우상과 그의 이름의 수를 이기고 벗어난 자들이 유리 바닷가에 서서 하나님의 거문고를 가지고 3 하나님의 종 모세의 노래, 어린 양의 노래를 불러 가로되 주 하나님 곧 전능하신 이시여 하시는 일이 크고 기이하시도다 만국의 왕이시여 주의 길이 의롭고 참되시도다 4 주여 누가 주의 이름을 두려워하지 아니하며 영화롭게 하지 아니하오리이까 오직 주만 거룩하시니이다 주의 의로우신 일이 나타났으매 만국이 와서 주께 경배하리이다 하더라

2절을 가만히 보면 전반부에는 "불이 섞인 유리바다 같은" 것을 묘사하고 있다. 반면에 후반부에는 짐승과 그의 우상과 그의 이름의 수를 이기고 벗어난 자들이 "유리 바닷가"에 서서 "하나님의 거문고"를 가지고 찬양을 하는 장면이 대조되어 있다.

"유리 바다"는 하나님의 '영광과 위엄'을, "불"은 심판의 '공의로움'을 상징한다. 2절에서는 "불이 섞인 유리 바다"와 "유리 바닷가"가 대조되고 있는데 '불이 섞인 유리바다'라는 것은 공의로운 하나님의 심판에 의해 하늘바다가 불타듯 일곱 대접 재앙이 극심할 것을 상징하는 것이다. 한편 '유리 바닷가에 선 자들'이란 정치권력을 예표하는 짐승(13:4, 6-7, 10), 종교권력을 예표하는 짐승의 우상(13:15), 경제권력을 예표하는 짐승의 이름의 수(표가 없으면 매매 불가, 13:17)의 압박을 '이기고 벗어난 자들'을 가리킨다. 그들은 하나님께서 주신 주권적 은혜를 상징하는 "거문고(하프)"를 들고 찬양하게 된다.

"모세의 노래"란 홍해 도하 후, 맞은 편 언덕에서 하나님이 베푸신 이스라엘을 향한 구원을 찬양했던, '모세가 불렀던 노래'를 가리킨다. '모세'는 예수의 예표이며 '홍해 도하'는 구속을 통한 구원의 모형(고전 10:2)이다. 또한 "어린양의 노래"라는 것은 '어린양을 찬양하는 노래'라는 의미로 구원자 예수의 영원한 승리를 찬양하는 것이다. 결국 "모세의 노래와 어린양의 노래"는 동일한 의미이나 전자는 모형을, 후자는 실재(실체)를 보여주신 것이다.

3-4절은 하나님을 찬양하는 노래이다. 그 내용을 정리하면 다음과 같다.

첫째, 전능하신 하나님의 하시는 일은 크고 신비하고 놀랍다.

둘째, 만국의 왕이신 하나님의 길은 의롭고 참되다.

셋째, 하나님의 이름은 두렵고 영화로우시다.

넷째, 하나님만 거룩하시며 하나님의 행위는 의로우시다.

4절 후반부에는 "그날"에 만국(교회)이 다 와서 하나님을 "경배"하게 될 것을 말씀하고 있다. 결국 거룩하신 하나님은 일곱 재앙을 통해 하나님의 하나님되심을 나타내신 후 최후 심판을 통해 미래형 하나님나라에서 교회가 삼위하나님과 더불어 영생을 누릴 것과 만국(교회)은 삼위하나님을 영원히 찬양하고 경배하게 될 것을 말씀하고 있다.

5 또 이 일 후에 내가 보니 하늘에 증거 장막의 성전이 열리며 **6** 일곱 재앙을 가진 일곱 천사가 성전으로부터 나와 맑고 빛난 세마포 옷을 입고 가슴에 금띠를 띠고 **7** 네 생물 중에 하나가 세세에 계신 하나님의 진노를 가득히 담은 금대접 일곱을 그 일곱 천사에게 주니

5-7절에서 사도 요한은 "이 일 후에" 하늘에 증거 장막'의' 성전이 열리는 것을 보고 있다. 여기서 '~의'는 동격으로 '증거장막은 곧 성전'이라는 의미이다.

모세 시대에 성막(tabernacle)은 증거의 장막[73]이라고 불렸다. 성막 안에는 법궤가 있었고 법궤 안에는 '증거 두 돌판(십계명 돌판)'이 있었기(민 17:7-10, 출 25:16, 21) 때문이다. 돌판(십계명)은 하나님의 율법이며 말씀이고

---

73 (출25:16,21, 38:21, 민1:50,53, 9:15, 10:11, 17:7, 행 7:44, tabernacle of testimony)

십계명 두 돌판이 들어있는 법궤는 하나님의 속성과 당신을 드러내시는 증거의 판이다. 이는 하나님의 공의(심판, 십계명 돌판)와 사랑(용서, 예수 보혈로 덮듯이 돌판을 담은 후 법궤 덮개로 덮은 것이며, 그 위의 공간은 시은좌 혹은 속죄소)을 상징하는 것이다. 즉 법궤는 인간의 실패, 악, 죄악을 덮어주신 하나님의 은혜(Atonement cover or Mercy seat)였다.

'하늘에 증거 장막 즉 성전이 있다'라고 했는데 구약시대의 "성막"이란 현재형 하나님나라를 의미하는 것으로 하늘에 있는 참된 성전(실체)의 '모형(히 8:5)'일 뿐이다. 또한 '참 하나님의 장막은 하늘(11:19)에 있다'라는 했는데 이는 미래형 하나님나라가 장소적 개념임을 다시 확인시켜주고 있는 것이다.

'하나님의 장막'에 대해 좀 더 부연(敷衍)하고자 한다. 요한복음 1장 14절에 "말씀이 육신이 되어 우리 가운데 거하시매"라는 구절이 있다. 이때 '거하다, 장막을 치다'라는 의미의 헬라어는 스케노(σκηνόω, v, to have one's tent, dwell, 암탉이 알을 품다)이다. 풀이하면, '말씀이 육신이 되신 예수를 믿음으로 우리 안에는 성령님이 거하게(내주하게) 된다'라는 의미이다. 이후 우리는 장막이신, 주인된 성령님을 모신 성전(고전 3:16-17)이 된다. 그 성전된 우리가 바로 현재형 하나님나라이다. 그런 우리는 미래형 하나님나라, 즉 참 하나님의 장막의 모형이 된 것이다.

또한 구약의 이스라엘 백성은 광야에서 생활할 때 모든 것이 '장막 즉 성막' 중심이었다. 성막은 '하나님의 임재(Presence)'를 의미한다. 그 장막으로 인해 이스라엘 백성들은 40년 동안 하나님의 인도하심, 함께하심, 동행하심을 누렸던 것이다.

한편 하늘에 증거 장막 즉 성전이 '열렸다'라는 것은 하나님의 약속대로 '심판과 구원의 시작'을 알리는 것이다. 그리하여 "일곱 재앙을 가진 일곱 천사가 성전으로부터" 나오게 된다. 그들은 "맑고 빛난 세마포 옷을 입고 가슴에 금띠를 띠고" 있었다. 네 생물 중의 하나가 "하나님의 진노를 가득 담은 금 대접 일곱"을 일곱 천사에게 주자 그 일곱 천사는 그것으로 공의로운 심판을 행하게 된다.

한편 5장 8절이나 8장 3-4절에서도 금 대접 안에 '성도의 기도'가 가득 담겨있었다. 그 기도의 내용은 6장 10절이다. 이와는 달리 15장 7절에는 '하나님의 진노'가 가득 담겨 있다. 이를 연결하면, 일곱 천사는 하늘 보좌로부터 나와 제사장적 역할을 감당하기위해 파송되었으며 성도의 기도에 대한 하나님의 응답으로 "진노"를 가득히 담은 금대접 일곱으로 종말론적인 심판의 명을 받들고 있는 것이다.

8 하나님의 영광과 능력을 인하여 성전에 연기가 차게 되매 일곱 천사의 일곱 재앙이 마치기까지는 성전에 능히 들어갈 자가 없더라

8절에서 사도 요한은 하나님의 "영광과 능력"을 인하여 성전에 "연기"가 가득 차매 일곱 천사의 일곱 재앙이 마치기까지는 성전에 능히 들어갈 자가 없음을 보고 있다. '일곱 재앙이 마치기까지는 성전에 능히 들어갈 자가 없다'라는 것은 그날에 반드시 '하나님의 진노'가 있을 것과 일곱 대접 재앙 후 예수님의 재림하셔서 백보좌 심판을 통해 거룩한 성 새 예루살렘인 미래형 하나님나라에 들어가게 될 것을 함의하고 있다.

한편 "연기"는 이중적 의미를 지니고 있는데 첫째는 '하나님의 임재와 영광(출 16:10, 24:16, 왕상 8:10-11)'을, 둘째는 '하나님의 심판과 재앙(시 18:8, 사 14:31, 겔 10:2-4, 계 14:11)'을 가리킨다.

저희가 성도들과 선지자들의 피를 흘렸으므로 저희로 피를 마시게 하신 것

이 합당하니이다 하더라 _ 요한계시록 16:6

레마이야기 16

일곱 재앙($\dot{\epsilon}\pi\tau\dot{\alpha}\ \pi\lambda\eta\gamma\acute{\eta}$)
-대접($\varphi\iota\dot{\alpha}\lambda\eta$) 재앙(all)

6장부터 16장까지는 12-14장의 핵심 요약장을 제외한다면 삽입장(7, 10-11, 15장)과 더불어 사도 요한을 통해 종말 시대에 있을 일곱 재앙(6, 8-9, 16장)에 관한 환상을 보여주셨다. 일곱 재앙($\dot{\epsilon}\pi\tau\dot{\alpha}\ \pi\lambda\eta\gamma\acute{\eta}$)이란 일곱 인 재앙, 일곱 나팔 재앙, 일곱 대접 재앙을 통칭하여 말하는 것으로 이들은 재앙의 강도, 크기, 세기, 범위만 다를 뿐 모두가 다 동일한 재앙이다. 이들은 전 지구적으로 점진적으로 강하게 반복되어 일어나며 각 지역마다 재앙이 다를 뿐이고 때로는 혼재되어 나타날 뿐이다.

즉 종말 시대 동안에 있는 모든 일곱 재앙은 점진적(漸進的), 점층적(漸層的), 점강적(漸强的), 반복적(反復的)이라는 것이다. 이를 progressive recapitulation or progressive repetition이라고 한다. 분명한 것은 종말 시대 동안에 교회든 불신자든 예외없이 모두에게 동일하게 일어난다(6:12-17, 11:15-18, 14:14-20, 16:17-20, 19:11, 19:19-21)는 것이다.

인(σφραγίς) 재앙의 경우 1/4의 환난 심판으로 대략적인 재앙의 개요를 나타낸다면 나팔(σάλπιγξ) 재앙은 1/3의 환난 심판으로 국부적이기는하나 보다 더 직접적인 심판을, 대접(φιάλη) 재앙은 전면적이고 철저한 심판으로 가장 '쎈' 재앙이다.

오해하지 말아야 할 것은 시간적 순서로 인 재앙, 나팔 재앙, 대접 재앙이 일어나는 것은 아니라는 점이다. 사실상 어느 지역에서 겪고 있는 '그' 재앙이 인 재앙인지 나팔 재앙인지 대접 재앙인지는 각 지역마다 상대적이기에 정확히 알 수가 없다. 예를 들어 세대주의자의 입장에서 볼 때 한국이 인 재앙정도라고 하여 아직은 예수님의 재림이 여유가 있다라고 한다면 아프칸의 그리스도인들은 그들이 당하는 재앙의 정도가 대접 재앙정도의 수준이라고 생각하여 곧 예수님의 재림이 있을 것이라고 믿을 수 있다. 그렇다면 이는 전 우주적 재림 혹은 가견적 재림에 모순되는 것이다. 또한 각 지역에 사는 그리스도인들이 예견하는 재림의 시기도 제각각일 것이다.

일반적으로 일곱 재앙 중 각 재앙의 첫째~넷째의 경우 세상에 임하는 재앙의 시작을 알리는 것이라면 다섯째~여섯째는 조금 더 강화되어 견디기 힘들어지는 재앙을, 마지막 일곱 번째는 다음 장면을 소개하면서 글의 연결고리 역할을 통해 좀 더 범위와 강도 면에서 '쎈' 그 다음 재앙을 보여주며 종국적으로는 재앙의 끝인 일곱째 재앙 후에는 예수의 재림이 있을 것을 예고하고 있다.

첫 번째에서 여섯 번째까지의 일곱 재앙은 '교회의 영적 성장과 거룩함'에로의 훈련을 위한 것이며, 일곱 번째 재앙은 이후 예수님의 재림을 통해 최종 목적지인 미래형 하나님나라에로의 입성과 영생을 예고하고 있다. 즉 '일곱 재앙'이란 불신자에게는 진노와 심판의 경고 메시지를 주는 것이나 교회인 그리스도인들에게는 종말 시대를 살아가며 거룩함에의 훈련과 '소망'을 주기 위함임을 잊어서는 안된다.

유진 보링[74](M. Eugene Boring)은 인 재앙과 나팔 재앙의 여섯째와 일곱째 사이에 있는 막간(삽입) 부분을 다음과 같이 설명한다. 먼저 첫째에서 여섯째까지의 인 재앙과 일곱째 인 재앙 사이에 들어가 있는 막간(삽입)부분인 계시록 7장에서는 이미 고난과 핍박을 통과하여 승리한, 천상에 있는 교회(24장로)들이 흰 옷을 입고 어린양과 더불어 찬양(새 노래)하는 것을 보여주시며 세상에 있는 교회들이 인 재앙의 과정을 통과할 때 '두려워하지 말며 담대함과 소망을 가지라'는 것으로 해석하고 있다.

또한 여섯 번째까지의 나팔 재앙과 일곱 번째 나팔 재앙 사이에 들어가 있는 막간(삽입)부분인 계시록 10-11장에서는 나팔 재앙에서 살아남은 2/3가 "회개치 않고 우상에게 절하며 전혀 회개치 않음"을 보고 먼저 10장에서는 복음의 내용이 기록된 "작은 책"을 주신다. 그리고는 사도 요한에게 네가 먼저 먹고 복음의 맛을 본 후 교회로 상징된 "두 증인, 두 감람나무, 두 촛대, 두 선지자"와 함께 복음 전파에 올인할 것을 명하고 있다.

그렇다면 왜? 대접 재앙 후에는 삽입(막간)장이 없을까? 유진 보링은 "대접 재앙은 하나님의 최종적인 진노와 재앙이기 때문"이라고 했다. '최

---

74 M. Eugene Boring은 Texas Christian Univ.의 I. Wylie Briscoe의 석좌교수이며 브라이트신학교 은퇴교수이다

종적'이라는 말이 나는 여전히 약간 부담스럽다. 왜냐하면 일곱 재앙이 시간적 순서인가라는 오해를 불러 일으킬 수 있기 때문이다. 아무튼 일곱째 대접 재앙 이후에는 예수님의 재림과 함께 백보좌 심판을 통해 교회인 그리스도인들은 새 하늘과 새 땅(미래형 하나님나라)에서 영생을, 불신자들은 유황 불못에서 영벌인 둘째 사망(영원한 죽음, 계 20:10)의 해를 받게 될 것(시 73:17-20)이다. 다시 강조하지만 유진 보링의 해석은 참고는 하되 너무 집중하다 보면 마치 인 재앙 다음에 나팔 재앙이, 그리고 대접 재앙 후에는 예수님의 재림이라는 시간적 순서로 오해할 수가 있음을 알아야 한다.

앞서 언급했지만 인 재앙이나 나팔 재앙의 서술과는 달리 대접 재앙은 서론(무대)인 15장 다음에 곧장 본론(공연)인 16장이 바로 나온다. 15장에서는 교회들이 '모세가 불렀던 노래, 어린양을 찬양하는 노래'를 하게 될 것을 보여주었다. 이는 16장의 대접 재앙에 대해 두려움을 갖기보다는 '그날'에 있게 될 감격과 함께 승리한 교회가 부르게 될 새 노래의 찬양 모습을 그리며 현실의 재앙에 담대하게 대처하라는 것을 말하고 있다.

한편 인 재앙의 '일곱째 인 재앙' 속에는 '일곱 나팔 재앙'이 들어있다(8:1-2, 6). 마찬가지로 나팔 재앙의 '일곱째 나팔 재앙' 속에는 '일곱 대접 재앙'이 들어있다(11:14-15, 15:1,7). 이는 순서대로 일어날 재앙을 가리키는 것이 아니라 인, 나팔, 대접 재앙이 크기나 세기, 강도나 범위가 다를 뿐 모두가 다 '일곱 재앙'임을 드러낸 것이다. 단 '일곱 번째' 재앙 후에는 전 우주적 종말이자 역사적 종말인 예수 그리스도의 최후 심판

(19-20장)이 있게 된다는 것이다.

결국 삽입(막간)된 부분을 통하여는 교회의 정체성과 사명을 새롭게 확인시켜주며 더 나아가 교회가 어떻게 영적 싸움에 대처할 것인지를 말해주고 있다. 게다가 각 일곱 번째 재앙(인, 나팔, 대접)은 재앙(심판)의 최종 종결인데 모두가 다 하나의 목적지인 미래형 하나님나라의 완성으로 향하고 있음을 알아야 한다.

이곳 16장을 가만히 살펴보면 일곱 대접 재앙 중 처음 네 재앙은 자연계에 대한 것이고 나머지 세 재앙은 사단의 보좌에 대한 직접적인 심판임을 알 수 있다. 다시 반복하지만 앞서 일곱 인 재앙(1/4), 일곱 나팔 재앙(1/3), 일곱 대접 재앙(all)은 공히 '일곱 재앙'이며 이는 모두 '하나님의 심판경고의 나팔'로, 종말 시대 동안에 전 지구적으로 반복적, 복합적으로 일어남을 기억해야 한다.

한편 일곱 나팔 재앙과 일곱 대접 재앙은 출애굽 전의 10가지 재앙과 많이 흡사하다. '애굽'은 악한 세력으로 '재앙'을 상징한다. 하나님은 그런 애굽으로부터 당신의 백성을 구원하신 구속사를 그림으로 표현한 것이 출애굽 전에 보여준 10가지 재앙이며 이를 자세히 설명해 주는 것이 계시록이다.

'일곱 재앙'은 종말(교회) 시대 동안에 교회든 불신자든 관계없이 누구나 겪게 되는 것으로 불신자들에게는 경고를, 교회들에게는 소망을 주기 위한 것임을 잊어서는 안된다. 그렇기에 교회는 종말 시대 동안에 하나님나라의 확장을 위해 예수 재림의 그날까지 '복음과 십자가로' 살아가고 '복음과 십자가를' 자랑해야 한다. 심판주, 승리주, 만왕의 왕이신 예수님께서 재림하시면 교회는 미래형 하나님나라에의 입성과 함께 영생을 누리게 되는데 이를 예수 그리스도 새 언약의 완성 즉 하나님나라의 완성이라고 한다.

1 또 내가 들으니 성전에서 큰 음성이 나서 일곱 천사에게 말하되 너희는 가서 하나님의 진노의 일곱 대접을 땅에 쏟으라 하더라 2 첫째가 가서 그 대접을 땅에 쏟으매 악하고 독한 헌데가 짐승의 표를 받은 사람들과 그 우상에게 경배하는 자들에게 나더라 3 둘째가 그 대접을 바다에 쏟으매 바다가 곧 죽은 자의 피 같이 되니 바다 가운데 모든 생물이 죽더라 4 셋째가 그 대접을 강과 물 근원에 쏟으매 피가 되더라 5 내가 들으니 물을 차지한 천사가 가로되 전에도 계셨고 시방도 계신 거룩하신 이여 이렇게 심판하시니 의로우시도다

1-5절에서는 하나님의 통치가 시작되는 좌소(座所, seat)인 성전에서 "큰 음성"이 나는 것을 사도 요한이 듣는 것으로 시작된다. 하나님은 당신의 확정된 일을 시작하시기 위해 "하나님의 진노의 일곱 대접을 땅에 쏟으라"고 하셨다. 일반적으로 '땅과 바다'는 '사단의 통치영역'을 가리킨다. "큰 음성"이란 이중적 의미를 지니고 있는데 첫째는 하나님의 '임재와 영광'이요 둘째는 하나님의 '심판'을 의미한다.

첫째 천사가 그 대접을 "땅"에 쏟으니 "짐승의 표[75]를 받은 사람들과 그 우상에게 경배하는 자들"인 사단 나라에 속한 사람들에게 "악하고 독한 종기 혹은 종양"이 생겼다고 했다. 이는 첫째 나팔 재앙과 흡사하다. 계시록 8장 7절에는 피 섞인 우박과 불이 나서 땅에 쏟아졌고 땅과 수목, 각종 푸른 풀의 1/3이 불탔다고 했다.

	인 재앙(1/4)	나팔 재앙(1/3)	대접 재앙(All)
첫째	백마, 활, 면류관 (6:2)	피 섞인 우박과 불 -땅, 수목, 푸른 풀 (8:7) 애굽에 내린 우박 재앙 (7, 출 9:13-25)	땅 -독한 종기(헌 데) (16:2) 애굽에 내린 독종 재앙 (6, 출 9:8-12)

둘째 천사가 그 대접을 "바다"에 쏟으니 "바다가 곧 죽은 자의 피같이" 되었고 "바다 가운데 모든 생물"이 죽었다. '모든' 생물이……. 이는 둘째 나팔 재앙과 흡사하다. 계시록 8장 8절에서는 불붙는 큰 산과 같은 것이 바다에 던져지니 바다의 1/3이 피가 되고 바다 가운데 생명 가진 피조물들의 1/3이 죽고 배들의 1/3이 깨어졌다고 했다.

75　계시록 13장 16-18절의 황제숭배에 굴복하여 세상의 일락과 타협한 것을 의미하는데 이들에게 악하고 독한 헌데가 나게 된다(16:2).

	인 재앙(1/4)	나팔 재앙(1/3)	대접 재앙(All)
둘째	붉은 말-전쟁 (6:3-4)	불붙는 큰 산과 같은 것 -바다가 피로, 생물, 배(8:8-9) 애굽에 내린 피 재앙 (1, 출 7:14-25)	바다가 피로 -모든 생물 폐사 (16:3) 애굽에 내린 피 재앙 (1, 출 7:14-25)

셋째 천사가 그 대접을 "강과 물 근원"에 쏟으니 피가 되었다. 여기서 '근원'이란 '원천적인 재앙'을 말함과 동시에 '전체'를 의미한다. 한편 바람(7:1)과 불(14:18)과 물(16:5)을 차지한 천사가 있었는데 16장 5절에는 "물"을 차지한 천사가 나오고 있다. 그 천사는 "전에도 계셨고 이제도 계신" 거룩하신 예수님의 심판을 '참되고 의롭다'라고 말하고 있다.

한편 셋째 대접 재앙은 셋째 나팔 재앙과 흡사하다. 계시록 8장 10절에서는 쑥이라고 이름하는 횃불같이 타는 큰 별이 하늘에서 떨어져 강들의 1/3과 여러 물 샘에 떨어지니 물들의 1/3이 쑥이 되어 쓰게 됨으로 많은 사람들이 죽게 되었다고 했다.

	인 재앙(1/4)	나팔 재앙(1/3)	대접 재앙(All)
셋째	검은 말-기근 (6:5-6)	횃불 같이 타는 큰 별 -강, 물샘, 물 1/3이 쑥이 됨 (8:10-11)	강과 물 근원 -피(16:4-7) 이유? 성도, 선지 자의 피 값 -하나님의 공의 애굽에 내린 피 재앙 (1, 출 7:14-25)

6-7절에서는 저들이 심판을 받게 된 이유를 밝히고 있다. 저들은 지금까지 "성도들과 선지자들의 피"를 흘리게 했다. 그 결과 하나님의 공의로운 심판이 주어진다. "제단"으로 상징된 '성도들과 선지자들'은 전능하신 하나님심판의 당위성과 공의로운 심판을 찬양하며 심판하시는 것이 "참되시고 의로우시도다"라고 화답하는 장면을 보여주고 있다.

8-9절에서 사도 요한은 넷째 천사가 그 대접을 "해"에 쏟는 것을 보고 있다. 그러자 "해가 권세를 받아 불로 사람들을 태우니 사람들이 크게 태움에" 태워지게 된다. 그럼에도 불구하고 그들은 이 재앙들을 행하는 권세를 가지신 하나님의 이름을 "훼방"하였다. 더 나아가 하나님께 회개는 고사하고 "영광"조차 돌리지 않았다.

8-9절의 말씀을 가만히 묵상해보면 사도 요한을 통해 일곱 재앙의 환상을 보여주신 이유는 분명해 보인다. 다시 반복하지만 종말 시대 동안에 일곱 재앙을 허락하신 목적은 다음과 같다. 불신자들에게는 향후 있을 최후 심판에 대한 경고요 교회에게는 거룩함의 훈련과정으로 주신 것이며

힘들고 어려울 때 '마라나타'를 외치라는 것이고 동시에 '소망(엘피스)'을 갖게 하기 위함이다.

한편 넷째 대접 재앙은 넷째 나팔 재앙과 흡사하다. 계시록 8장 12절에서는 해와 달과 별들의 1/3이 침을 받아 "그 삼분의 일이 어두워지니 낮 삼분의 일은 비췸이 없고 밤도 그러하더라"고 했다.

	인 재앙(1/4)	나팔 재앙(1/3)	대접 재앙(All)
넷째	청황색 말 -사망 -음부가 그 뒤를 따름 전쟁(검), 기근(흉년) 땅의 짐승(거짓 선지 자)(6:7-8)	해, 달, 별-1/3 어둠 낮, 밤 1/3 애굽에 내린 흑암 재앙 (9, 출 10:21-23)	해-사람을 불태움 (16:8-9) 하나님 이름 비방 회개X & 영광X(9)

10 또 다섯째가 그 대접을 짐승의 보좌에 쏟으니 그 나라가 곧 어두워지며 사람들이 아파서 자기 혀를 깨물고 **11** 아픈 것과 종기로 인하여 하늘의 하나님을 훼방하고 저희 행위를 회개치 아니하더라

10-11절에서 사도 요한은 다섯째 천사가 그 대접을 "짐승의 보좌"에 즉 사단에게 직접 쏟아버리니 "그 나라가 어두워졌다"라고 했다. 이는 사단의 나라가 혼돈과 흑암이라는 '어두움'으로 세상을 지배하게 되었다라는 것을 가리킨다. 그러자 사람들은 너무 아파서 "자기 혀"를 깨물었다. 그럼에도 불구하고 그들은 아픈 것과 종기로 인하여 하늘의 하나님을 "훼

방"할 뿐 저희 행위를 "회개치" 아니하였다. 하나님은 사람들의 회개를 기대하며 회복을 전제한 체벌인 '징계'로서의 '재앙'을 허락하신 것인데 그들의 반응은 회개는 고사하고 하나님을 훼방하기만 했던 것이다.

한편 다섯째 대접 재앙은 다섯째 나팔 재앙과 흡사하다. 계시록 8장 13-9장 12절에는 "공중에 날아가는 독수리가 큰 소리로 이르되 땅에 거하는 자들에게 화, 화, 화가 있으리로다 이 외에도 세 천사의 불 나팔소리를 인함이로다 하더라"고 하며 연이어 보다 더 범위나 강도가 큰 다섯, 여섯, 일곱째 나팔 재앙을 예고하고 있다. 왜냐하면 그들은 첫째 나팔 재앙에서 넷째 나팔 재앙에 이르기까지 하나님의 인도하심과 보호하심을 외면함은 물론이요 회개하라는 경고조차 무시했기 때문이다. 그런 그들에게 9장에서는 무저갱의 열쇠를 받은 땅에 "떨어진" 별 하나가 무저갱을 여니 그 구멍에서 "연기 같은 연기"가 올라오며 "그 연기 가운데로부터 황충이 땅 위"로 나오게 된다. 황충들은 "전갈의 권세와 같은 권세"를 받아 사람들을 괴롭히는데 그 고통이 얼마나 심했던지 마치 "전갈이 사람을 쏠 때에 괴롭게 함과 같더라"고 했다. 그러자 사람들은 너무 괴로워서 "죽기를 구하여도 얻지 못하고 죽고 싶으나 죽음이 저희를 피해가는" 최악의 상황을 맞게 된다.

	인 재앙(1/4)	나팔 재앙(1/3)	대접 재앙(All)
다섯째	순교자들의 기도 신원 위한 탄식 (6:9-11)	첫째 화-황충, 어둠 (9:1-11) 애굽에 내린 흑암 재앙 (9, 출 10:21-23) 애굽에 내린 메뚜기 재앙 (8, 출 10:12-20)	짐승의 보좌-어둠 애굽에 내린 흑암 재앙 (9, 출 10:21-23) 고통-혀 깨뭄 고통, 종기->Q을 훼방, 회개X(11) (16:10-11)

12-14절에서 사도 요한은 여섯째 천사가 그 대접을 "큰 강 유브라데"에 쏟으매 강물이 말라서 동방에서 오는 왕들의 "길"이 되는 것을 보고 있다. '동방[76]에서 오는 왕들의 길이 예비되더라'는 것은 '대적으로부터의 심판을 예고하는 전쟁'을 상징한다. 즉 강물이 마르고 그 강바닥이 '마른 땅(렘 51:36-37)'이 되자 적들이 쳐들어오는 길이 되어버린 것이다. 이는 교회들에게는 끔찍한 재앙의 통로가 되어버린 것이다.

다른 한편으로는 '피할 길'이 되어 그 길을 통해 대적의 끔찍한 재앙으로부터 벗어날 수가 있기에 안전한 구원의 통로가 되기도 한다. 이는 홍해 도하 사건(출 14:21-25)에서 볼 수 있다. '마른 땅'이 된 홍해는 이스라엘 백성에게는 '피할 길'이 되어 애굽의 전차부대를 따돌릴 수가 있었다. 요단강 도하(수 3:14-17) 역시 이스라엘 백성에게는 구원이요 여리고 성을 포함한 가나안에는 재앙이요 심판이었다. 즉 '유브라데'는 이중적 의미로 하나는 '재앙의 통로'요 다른 하나는 '구원의 통로'라는 것이다.

여섯 번째 대접 재앙 역시 유브라데를 언급하고 있는 여섯째 나팔 재앙과 흡사하다. 계시록 9장 13-21절에는 "큰 강 유브라데에 결박되어 있던 네 천사"가 놓임을 받게 되자 "사람 1/3"이 죽임을 당하게 되었다라고 했다.

한편 이런 재앙의 과정을 통과하다 보면 종국적으로는 두 부류로 나뉘

76　(창15:18) 가나안 땅의 동쪽 경계인 유브라데건너의 앗수르, 바벨론을 지칭

어지는 것을 목도할 수 있다. 한쪽은 "예수 믿음과 하나님의 계명"을 붙들고 인내로 싸워 나감은 물론이요 더 나아가 원치 않게 지었던 모든 죄는 철저한 회개를 통해 용서를 받는, 하나님 나라에 소속된 '은혜에 속한' 무리이다. 이와는 달리 다른 한쪽은 끝까지 '회개치 않을' 뿐 아니라 "오히려 여러 귀신과 또는 보거나 듣거나 다니거나 하지 못하는 금, 은, 동과 목석의 우상에게 절하고 또 그 살인과 복술과 음행과 도적질을 회개치 않는" 무리이다. 결국 후자들에겐 최후심판의 날에 '유황 불못'이라는 저주와 심판뿐이다.

	인 재앙(1/4)	나팔 재앙(1/3)	대접 재앙(All)
여섯째	우주(해, 달, 별) 및 세상(하늘, 산, 섬) -큰 지진 땅에 거하는 자 -일곱 (6:12-17) 누가 능히 서리요	둘째 화 -유브라데 결박 4천사 -사람 1/3 죽이기로 준비된 자 & 그들 입 ->불, 연기, 유황 유브라데(9:13-21) (9:12-21) 회개치 아니하고 오히려 우상에게 절하고 회개치 아니하더라	큰 강 유브라데 -말라붙음 -동방에서 오는 왕들의 길 유브라데 (16:12-16) 개구리 같은 세 더러운 영 (용, 짐승, 거짓 선지자의 입) 16:12-16 개구리(16:12-16, 2, 출 8:2-6, 2)

13 또 내가 보매 개구리 같은 세 더러운 영이 용의 입과 짐승의 입과 거짓 선지자의 입에서 나오니 14 저희는 귀신의 영이라 이적을 행하여 온 천하 임금들에

13-14절에서 사도 요한은 삼위하나님을 흉내내는 '사단적 삼위일체(Satanic trinity)'를 보고 있다.

"개구리(출 8:1-15, 레 11:9-12)" 같은 세 더러운 영이 용(붉은 용)의 입과 짐승(첫째, 바다에서 나오는 짐승)의 입과 거짓 선지자(둘째, 땅에서 올라오는 짐승)의 입에서 나오는 것을 보았다. 여기서 반복적으로 사용된 단어인 '입'은 거짓 메시지를 상징한다. 즉 거짓 메신저인 악한 세력들은 종말 시대 내내 말씀과 진리를 왜곡하려고 소위 '귀에 듣기 좋은 말들'인 거짓 진리, 유사 복음, 왜곡된 복음 등 온갖 방법을 동원할 것이라는 의미이다.

그때 교회는 '오직 말씀'을 붙들고 진리를 사수하며 영적으로 그들에게 당당히 맞서야 한다. 그것은 종말 시대 동안에 내내 맞닥뜨릴 영적 싸움이기 때문이다. 이때 거짓 메신저들(마 7:22-23)은 가시적인 이적(miracle)까지 행함(13:13-15, 16:14)으로 '드러내며 과시하며' 대단한 척하면서 믿음이 연약한 사람들을 속이고 유혹할 것이다.

달콤하게 포장된 거짓 메시지에 더하여 눈에 보이는 신비한 기적까지 행함으로…….

대게 이런 것들은 말씀으로 철저히 무장되지 못한 초신자들과 연약한 교회들에겐 치명적이다. 더 나아가 일반적으로 모든 인간들은 초현실적인 기적에다가 가시적인 것이 더해지면 '확' 치우치기 쉽다. 소위 '쏠림현상'이다. 교회는 또 다른 우상숭배인, 가치와 우선순위를 두는, '꽂히다(롬 8:5-7, φρονέω)'라는 것에 긴장하고 경계해야 한다. 진실된 교회는 기적을 따라갈 것이 아니다. 진실된 교회는 '오직 말씀, 오직 복음, 오직 예수'

만을 붙들고 나아가야 한다.

하나님 곧 전능하신 이의 "큰 날(16:14)"이란 '최후 심판의 날'을 가리킨다. '하나님의 큰 날'에서 '큰 날'이란 승리의 날로서 영적 전쟁에서 반드시 이길 것(겔 38-39, 슥 14장, 욜 2:11, 3:2)을 내포[77]하고 있다.

"개구리"에 대해 사족(蛇足, 畵蛇添足)을 달고자 한다. 계시록 16장 13절을 문자적으로 해석하여 '모든 개구리가 나쁘다거나 더럽다'라고 하는 것은 곤란하다. 한편 레위기 11장 9-12절에는 '비늘 없는 동물을 부정'한 것으로 여겼다. 그렇기에 개구리를 부정한 것으로 상징한 것이다. 그렇기에 상징적으로 우상이 된, 부정한 것으로 여겨지는 '개구리'를 가리켜 계시록 16장 13절은 '개구리 같은 더러운'이라고 기록함으로 '영적으로 더럽다'라는 것을 드러낸 것이다.

반면에 출애굽기 8장 1-15절에 의하면, 애굽인들은 개구리를 우상으로 모시기도 했다. 당시 고대 애굽인들은 개구리를 거룩한 동물로 여겨 개구리모양의 여신을 형상화하여 '헤카(Heka) 혹은 헤크트(Heqt)'라고 하며 신으로 숭배했다고 한다. 아이러니컬하게도 애굽인들은 우상으로 섬기던 그 '개구리'에게 출애굽 전 10가지 재앙 시 '개구리 재앙'으로 괴로움을 당하게 되었던 것을 우리는 잘 알고 있다.

15 보라 내가 도적같이 오리니 누구든지 깨어 자기 옷을 지켜 벌거벗고 다니지

---

77 이필찬 교수의 〈요한계시록 어떻게 읽을 것인가〉, p267-268 재인용

이 구절에서는 영적 근신과 각성을 통한 '영적 싸움'을 강조하고 있다. 왜냐하면 재림의 예수님께서 "도적같이 오리니"라고 말씀하셨기 때문이다. 이는 '돌발적 재림'으로 마태복음 24장 43절 등 신약의 여러 곳(눅 12:39, 살전 5:2, 벧후 3:10)에서 동일하게 언급되고 있다. 즉 예수 재림의 그날까지 교회는 영적 무기(엡 6:10-17, 전신갑주)를 잘 갖추어 매사 매 순간 '사마귀'를 경계하며 교묘한 속임수에 넘어가지 말고 그 악한 세력들을 대적하라는 말씀이다.

'사마귀'란 사단, 마귀, 귀신의 줄임말로 저자의 말장난(word play)이다. 교회는 사마귀에게 미혹되지 말고 언제 오실지는 모르나 반드시 오실, 그러나 '돌발적'으로 오실, 예수님을 기다리되 근신하며 깨어 준비하여야 한다(벧전 4:7-8, 5:8-10)라는 것이다.

그러므로 "깨어 자기 옷을 지켜(계 7:14) 벌거벗고 다니지 말라"고 하셨던 것이다. 또한 "자기의 부끄러움을 보이지 아니하는 자가 복이 있다"라고 하셨다. 혹시라도 지금 나의 모습이 라오디게아 교회의 부류(部類, category, 계 3:17)에 속하였다면 정신 차리고 얼른 돌아와야 할 것이다.

16 세 영이 히브리 음으로 아마겟돈이라 하는 곳으로 왕들을 모으더라

16절에서는 13-14절의 "세 더러운 영"이 히브리 음으로 "아마겟돈"[78]이라는 곳으로 전쟁을 위해 열왕들을 모으고 있는 것을 사도 요한이 보고 있다. "세 더러운 영"이란 악한 세력의 연합체를 말하며 "전쟁"이란 영적 싸움을 의미한다. 그 전쟁의 결과는 자명한데 시편 2편에 의하면, 악한 세력들은 "철장으로 깨뜨려지며 질그릇같이 부수어질 것(시 2:9)"이라고 했다.

"아마겟돈(Ἁρμαγεδών)"은 산 혹은 언덕이라는 '하르(הַר, nm, mountain, hill, hill country, Ἁρ)'와 주둔지라는 의미의 '므깃도(מְגִדּוֹן, 메깃돈, a tower, μαγεδών)'라는 두 단어의 합성어로 '므깃도 언덕 혹은 므깃도 산'이라는 의미이다. 즉 아마겟돈은 '므깃도 산'으로 '갈멜산'을 일컫는다[79]. 원래 언덕, 평원인 므깃도를 산으로 기록한 것은 에스겔 38장 8절, 39장 2, 17절 때문이다. 그 말씀에서는 심판의 때에 이스라엘의 '산'에서 심판하실 것이라고 하셨기에 '언덕'을 '산'으로 묘사한 것이다. '므깃도, 다아낙, 기손강, 갈멜산'은 모두 같은 의미의 다른 단어이다.

한편 아마겟돈 지역은 역사상 200여 회의 전쟁이 있었던 곳으로 유대인들은 '아마겟돈'이라고 하면 곧 '전쟁'이라는 개념을 가지고 있었다.

또한 이 지역은 앞서 언급했듯이 산이 아니라 실제로는 전쟁을 하기 좋은 평원(14x20 miles)이었다. 결국 '아마겟돈 전쟁'이란, 그 시기는 잘

---

78 아마겟돈 전쟁은 마지막 날에 일어날 3차 대전 같은 무시무시한 전쟁일 수도 있으나 나는 묵시적 관점에서 최후의 심판을 상징(벧후 3:12)하는 것으로 보기에 백 보좌 심판을 의미한다고 생각한다.

79 아마겟돈은 므깃도 산으로 갈멜산을 일컫는다. 한편 므깃도 물가 다아낙인 기손강은 다볼산과 길보아산(삼상 31:1)에서 발원한다. 다볼산은 므깃도보다는 북쪽에 있는 산이며 시스라의 군대와 싸우기 위해 군대장관 바락이 납달리 자손과 스불론 자손을 집결시킨 곳이다(삿 4-5장). 라이프성경사전, 위키백과, 네이버 지식백과

모르기는 하나, 미래에 일어날 실제적인 3차 대전일 수도 있다. 그러나 실상은 종말 시대 동안에 매일의 삶에서 맞닥뜨리는 '악한 세력과의 영적 싸움'으로 해석하는 것이 더 타당하다라고 생각된다.

종국적으로는 최후 심판의 날에 있게 될, 극히 일방적인 영적 싸움이기에 '싸움'이라기 보다는 '백보좌 심판(계 20:11)'으로 나는 해석한다. 감사한 점은, 교회는 그 모든 영적 전쟁에서 '성령님의 능력으로' 항상 승리한다라는 것이다.

구약 성경은 전쟁의 격전지(삿 5:19, 수 12:21, 대하 35:22)였던 므깃도에서 일어난 3가지 역사적 사건을 통해 '아마겟돈'의 교훈을 주고 있다. 그것은 교회가 비록 '일촉즉발(一觸卽發)의 위기'에 맞닥뜨린다 할지라도 궁극적으로는 반드시 승리하게 된다라는 것이다. 역사적 사건은 다음과 같다.

첫째, 사사기 4-5장에는 가나안 왕 야빈이 군대장관 시스라를 보내 이스라엘을 침공하는 장면이 나온다. 당시 이스라엘로서는 일촉즉발의 위기였다. 그 찰나에 여호와께서는 그 싸움에 직접 개입하셨다. 그 결과 이스라엘은 당연히 엄청난 승리를 거두었는데 그 승리의 장소가 바로 '므깃도 물가 다아낙'이었고 '기손강'이었다.

한편 가나안의 군대장관 시스라는 용감한 여인이 살고 있던, 겐 사람 헤벨의 아내 야엘의 장막으로 피하였다가 그녀의 손에 관자놀이에 말뚝이 박혀 개죽음을 당하고 말았다. 즉 이스라엘은 일촉즉발의 영적 싸움에서 위기를 맞는 듯하였으나 하나님은 인간이 전혀 상상치 못할 다른 방법으로 멋진 승리를 안겨주었음을 상징하는 사건이 바로 '아마겟돈 전쟁'이 주는 교훈이다.

둘째는 열왕기상 18장에 나오는 갈멜산상의 단 한 명의 선지자 엘리야와 바알과 아세라 선지자 850인과의 대결이다. 그 상황은 누가 보아도 긴박한 위기였다. 그러나 전능하신 하나님은 초자연적인 방법으로 보기 좋게 엘리야의 손을 들어주셨다. 이후 엘리야는 므깃도 기손 시내에서 850인을 몽땅 죽였다. "악은 모든 모양이라도 버리라(살전 5:22)"고 하신 말씀에 충실히 순종한 것이다. 바로 그 "기손 시내(왕상 18:40)'를 '므깃도 시내'라고 일컫는다. 이 사건 역시 절대적으로 불리한 상황에서의 엘리야를 승리로 이끄심을 보여주신 것이다. 즉 영적 싸움에서 인간적으로 볼 때 아무리 열세에 놓인다 할지라도 야훼 하나님은 반드시 승리로 이끄심을 보여주는 교훈이다.

셋째는 열왕기하 23장과 스가랴 12장에 나오는, 20명의 유다왕 중 이스라엘의 성군이었던 16대 유대 왕 요시야가 이해하기 어려운 죽음(BC 609)을 당한 곳이 바로 '므깃도'이다. 당시 애굽의 바로느고는 나날이 그 세력이 커져가고 있던 신흥 바벨론을 치고자 먼저 노쇠해진 앗수르를 치려고(BC 605년 갈그미스 전투, 대하 35:20) 북진을 했다. 바로 그 통과지점이 므깃도였다. 그런데 그곳은 이스라엘의 영토이다. 그렇기에 애굽 왕이 므깃도를 지나려면 유대 왕의 허가를 얻어야 한다. 상식으로 보면, 당시에 최강대국이었던 애굽이 일방적으로 통과하는 것은 당연지사(當然之事)이다. 그런데 약소국의 왕 요시야는 이상하게도 그 지역의 통과를 막는다. 심지어 나중에는 애굽 왕이 통사정(대하 35:21)까지 한다. 그럼에도 불구하고 유대 왕 요시야는 변장(대하 35:22)을 하면서까지 막아섰다가 상대 군대의 활 쏘는 자의 화살에 맞아 죽게 된다. 얼핏 개죽음처럼 보이나 역대하 34장 28절은 그의 죽음의 이유를 이렇게 설명한다.

"그러므로 내가 너로 너의 열조에게 돌아가서 평안히 묘실로 들어가게 하리니 내가 이곳과 그 거민에게 내리는 모든 재앙을 네가 눈으로 보지 못하리라 하셨느니라" _대하 34:28

즉 교회가 종말 시대를 살아가며 때로 전혀 이해할 수 없는 돌발 상황을 맞게 될 수도 있지만, 그것은 장차 있게 될 험한 '꼴'을 보지 않게 하시려는 하나님의 크신 배려요 은혜임을 보여주신 것이다.

실제로 16대 왕 요시야의 경우는 그랬다. 요시야에게는 4명의 아들이 있었는데 첫째는 유약하여 일찍 죽었다. 17대 왕은 차서(次序)를 따르지 않고 요시야 급사(39세) 후 웬일인지 넷째 아들인 여호아하스가 왕이 되었다. 그러나 겨우 3개월 치리하다가 애굽의 바로느고에 의해 폐위되고 애굽으로 끌려가 황당한 죽음을 당하고 말았다. 이후 둘째 아들인 엘리야김이 바로느고에 의해 여호야김으로 개명된 후 18대 왕이 되어 11년을 치리했다. 하박국 선지자도 탄식할 만큼 악했던 여호야김은 세력이 커진 애굽의 반대파 바벨론에 의해 폐위되고 요시야의 손자 여호야긴이 19대 왕이 되었다. 겨우 3개월을 치리했다. 이후 유다의 마지막 왕이 된 시드기야(20대)는 11년을 치리했는데 그가 바로 요시야의 셋째 아들이었다. 17대에서 20대까지 3개월, 11년, 3개월, 11년을 치리했던 반복되고 있는 숫자가 흥미롭다. 이들의 공통점은 모두가 다 하나님 보시기에 악한 왕이라는 점이다. 결국 18대 왕 여호야김 때 바벨론의 1차 포로로 다니엘과 세 친구(사드락, 메삭, 아벳느고)가 바벨론으로 붙들려가고 2차 포로 때인 19대 왕 여호야긴 때는 예루살렘의 쓸 만한 사람들(방백, 용사, 공장과 대장장이들 10,000명)과 에스겔 선지자를 잡아갔다.

역사를 되돌이켜보면 우리는 좋으신 하나님을 금방 느낄 수 있다. 하나님은 요시야를 인간들의 이해불가한 방법으로 일찍 데려가시기는 했으나 이 모든 험한 '꼴'을 보지 않게(대하 34:28) 하시려는 배려였던 것이다.

결론적으로 위의 3가지 역사적 사건을 통한 하나님의 마음은, 매사 매 순간 영적 전쟁을 통과할 때 힘들고 어려운 것은 사실이나 종국적으로는 반드시 승리하게 될 것을 말씀하신 것이다. 할렐루야!

17 일곱째가 그 대접을 공기 가운데 쏟으매 큰 음성이 성전에서 보좌로부터 나서 가로되 되었다 하니 **18** 번개와 음성들과 뇌성이 있고 또 지진이 있어 어찌 큰지 사람이 땅에 있어 옴으로 이같이 큰 지진이 없었더라 **19** 큰 성이 세 갈래로 갈라지고 만국의 성들도 무너지니 큰 성 바벨론이 하나님 앞에 기억하신 바 되어 그의 맹렬한 진노의 포도주 잔을 받으매 **20** 각 섬도 없어지고 산악도 간데 없더라 **21** 또 중수가 한 달란트나 되는 큰 우박이 하늘로부터 사람들에게 내리매 사람들이 그 박재로 인하여 하나님을 훼방하니 그 재앙이 심히 큼이러라

17-21절에서 사도 요한은 일곱째 천사가 그 대접을 "공기" 가운데 쏟아버리는 것을 보고 있다. 이미 14장 8-11절에서 예고되었던 것이다. 여기서 '공기'란 악한 세력 혹은 마귀를 상징하는, 공중의 권세 잡은 자가 지배하는 영역인 '공중 혹은 높음이나 깊음(롬 8:39)'을 의미한다. 그 '공중의 권세 잡은 자 혹은 권세자들(롬 8:38)'이란 "불순종의 아들들 가운데 역사하는 영(엡 2:2)"을 말한다.

"공기 가운데 쏟으매"라는 것은 '심판의 총체성과 완결성'을 의미하는

데 이는 "되었다(게고넨, Γέγονεν, It is done, 요 19:30)"라는 말과 연결하여 해석하면 심판의 완결성이 금방 이해가 된다. 즉 일곱 재앙의 '일곱째 재앙' 후에는 예수님의 재림으로 인한 최후 심판, 곧 백보좌 심판이 있게 된다라는 것이다. 모든 교회는 종말 시대 동안에 일곱 재앙(인, 나팔, 대접)을 겪게 된다. 어떤 이는 인 재앙(1/4)으로, 어떤 이는 나팔 재앙(1/3)으로, 어떤 이는 대접 재앙(all)을 겪겠지만 교회 시대(종말 시대)를 살아가며 교회는 끝까지 "예수 믿음과 하나님의 계명"을 붙들고 인내하며 나아가야 할 것이다. 예수 재림의 때(일곱째 재앙 후)는 우리가 정확히 알 수 없지만 '반드시 오실' 예수님을 확신하며 핍박을 넘어 순교에 이르더라도 꿋꿋하게 걸어가야 할 것이다.

"우리가 살아도 주를 위하여 살고 죽어도 주를 위하여 죽나니 그러므로 사나 죽으나 우리가 주의 것이로다" _롬 14:8

"나는 부활이요 생명이니 나를 믿는 자는 죽어도 살겠고 무릇 살아서 나를 믿는 자는 영원히 죽지 아니하리니" _요 11:25-26

진실로 아멘이다. 우리는 당장 죽어도 곧장 '변화된 몸' 부활체가 되어 미래형 하나님나라에 들어가게 된다. 그러므로 언제 죽더라도 우리는 그다지 상관이 없다. 오늘 내가 죽으면 곧장 부활체로 변하여 '소망(엘피스)'을 누리게 된다. 내가 죽은 뒤 재림의 예수님이 천 년, 만 년 뒤에 오신다 할지라도 우리의 죽음 이후에는 시공(時空)이 초월되기에 나의 죽음과 동시에 부활이 일어나는 것을 잊지 말아야 한다. 그렇기에 진실된 교회는 세상에 살더라도 세상에 '속하지 않으며' 세상과 '타협하지 않고' 세상 속에서 '당당하고 담대하게' 살아가야 하는 것이다.

18 번개와 음성들과 뇌성이 있고 또 지진이 있어 어찌 큰지 사람이 땅에 있어
옴으로 이같이 큰 지진이 없었더라

18절에서 사도 요한은 하나님의 현현(빛과 소리, 행 9:3-4, 출 19:16, 계 8:5,
11:19)을 상징하는 "번개와 음성과 뇌성"을 보고 있다. 또한 하나님의 심
판을 상징하는 '큰 지진(학 2:6, 히 12:26-27)'으로 큰 성, 만국의 성, 바벨론
이 '진노의 포도주 잔'을 받게 될 것(계 14:9-11)을 보고 있다. 그리하여 최
후 심판의 날에는 "큰 성이 세 갈래로 갈라지고 만국의 성들도" 무너지게
된다. 또한 "각 섬"도 없어지고 "산악"도 온데간데가 없어지게 된다. 그리
하여 종국적으로는 미래형 하나님나라인 신천신지(新天新地)가 도래하게
되는 것이다.

"바벨론"은 바벨탑에서 나온 단어이다. 바벨(בָּבֶל)이란 발랄(בָּלַל, v, to
mingle, mix, confuse, confound)에서 파생된 것으로 '혼란, 불경건,
교만, 하나님 대적' 등을 의미한다. 즉 "바벨론"은 악한 세력을 총칭하는
것으로 이사야 14장 12절에는 "아침의 아들, 계명성, 금성, 샛별"이라고
도 했다.

한편 '아침의 아들'이란 히브리어로 '벤(בֶּן) 샤하르(שַׁחַר)'이며 헬라어로
는 '휘오스(υἱός) 프로이(πρωΐ)'이고 라틴어로는 '루키페르(Lucifer)' 즉 '
루시퍼'이다. 루시퍼라는 단어는 성경에는 나오지 않는다. 존 밀턴의 〈실
낙원〉에서 인용된 것이다. '루시퍼'는 미카엘이나 가브리엘처럼 고유명사
인 이름이 아니라 '밝게 빛나는 자' 혹은 '밤하늘의 밝은 별'이라는 뜻의 보

통명사이다. 루시퍼는 히브리어 헬렐(הֵילֵל, nm, a shining one)을 라틴어로 번역한 루키페르가 그 어원이다.

19 큰 성이 세 갈래로 갈라지고 만국의 성들도 무너지니 큰 성 바벨론이 하나님 앞에 기억하신 바 되어 그의 맹렬한 진노의 포도주 잔을 받으매 **20** 각 섬도 없어지고 산악도 간 데 없더라

19절에서의 "큰 성"은 특정한 나라를 지칭하는 것이 아니라 사단의 통치 하에 있는 악한 세력을 가리킨다. 특히 경제적, 물질적 세력을 의미하는 "큰 성 바벨론(18:2)"과 정치적, 종교적 세력을 의미하는 "큰 음녀(17:1)"를 말한다. 한편 "기억하다(계 18:5)"라는 말 속에는 '심판하시고 보수, 보복하시는 하나님'이라는 의미가 내포되어 있다.

20절에서는 "각 섬"도 없어지고 "산악"도 간 데 없더라고 했다. 이는 계시록 21장 1절의 "처음 하늘과 처음 땅이 없어졌고 바다도 다시 있지 않더라"는 말씀으로 새 창조로 인해 '새 하늘과 새 땅 즉 신천 신지가 도래'될 것이기 때문이다. 이를 종말에 대한 묵시적 표징[80](apocalyptic sign)이라고 한다.

21 또 중수가 한 달란트나 되는 큰 우박이 하늘로부터 사람들에게 내리매 사람

---

[80]　이필찬 교수의 〈요한계시록 어떻게 읽을 것인가〉, p274 재인용

21절에는 심판의 도구를 상징(겔 38:22, 수 10:11)하는 중수가 한 달란트나 되는 "큰 우박"이 등장한다. '중수가 한 달란트'라는 것은 구약에서는 34Kg를, 바벨론에서는 60Kg를, 신약(헬라)에서는 20Kg 정도의 무게를 말한다. 이런 우박은 에스겔 38장 22절의 마곡 땅에 있는 곡을 물리치는 도구로도 사용되었고 여호수아 10장에는 아모리 다섯 왕을 칠 때에도 사용되었다.

사람들이 "큰 우박"이라는 엄청난 재앙을 목격하고도 여전히 회개하지 않는 것은 출애굽기 9장 13-26절의 바로 왕과 애굽 사람들의 모습과 흡사하며 오늘을 살아가고 있는 교회 된 우리들의 모습과도 별반 다르지 않다.

한편 계시록 11장 15-19절에서도 '일곱째' 나팔 재앙을 불자 하나님의 현현을 통해 세상 나라가 심판을 받아 멸망하게 됨을 묘사하고 있다. 이는 16장 후반절(17-21)에서의 '일곱째' 대접 재앙 심판과도 유사하다. 즉 상기의 모든 일곱 대접 재앙들은 일곱 나팔 재앙과 거의 흡사한데 이는 '일곱 재앙(인, 나팔, 대접 재앙)'은 동일한 것임을 나타내는 것이고 다만 그 범위나 크기, 세기, 강도가 다를 뿐임을 드러내고 있는 것이다.

저희가 어린 양으로 더불어 싸우려니와 어린 양은 만주의 주시요 만왕의 왕

이시므로 저희를 이기실 터이요 또 그와 함께 있는 자들 곧 부르심을 입고

빼내심을 얻고 진실한 자들은 이기리로다 _ 요한계시록 17:14

큰 음녀 심판
-정치적, 종교적 세력

16장의 대접 재앙을 마지막으로 '일곱 재앙(6장의 인 재앙, 8-9장의 나팔 재앙)'의 일곱째 대접 재앙까지 사도 요한이 환상을 통해 본 것을 다 기술했다. 다시 반복하지만 '일곱 재앙'은 모두 다 동일한 것이며 전 지구적으로 반복되어 점강적으로 나타나며 복합적으로 일어난다. 단 그 범위와 세기, 크기, 강도가 다를 뿐이다. '일곱 재앙'의 내용(contents)에 관해 굳이 개념을 세우기 원한다면 인 재앙의 첫째에서 여섯째 까지를 기억하면 도움이 된다. 특히 여섯째 인 재앙은 전체와 자연계의 대 격변으로 나팔 재앙과 대접 재앙을 아우르는 것은 물론이요 출애굽 전의 10가지 재앙과 상통한다. 이것은 저자의 팁(TIP)이다.

17장 1절에서 19장 10절까지는 다시 대접 재앙(17:1)을 보여주시며 '특정 세력'에 대한 심판을 반복하여 말씀하시면서 교회에는 구원의 복음을, 악한 영의 세력들에게는 저주와 심판을 경고하고 있다.

한편 계시록에는 같은 단어 다른 의미를 가진 '세 여인'이 나온다. 12장에는 "해를 입은 한 여자(12:1)"가, 17장에는 "큰 음녀(17:1)"가, 21장에는 "신부 곧 어린양의 아내(21:9)"이다. 이는 각각 '교회 공동체', '악한 영의 세력', 예수를 믿은 후 거룩히 구별된 교회인 '어린양 그리스도의 신부'를 가리킨다.

17-20장은 최후의 심판에 관한 기록이다.

17장 1절-19장 10절까지는 큰 음녀 즉 큰 성 바벨론에 대한 하나님의 심판으로 정치적, 종교적인 악한 세력과 경제적, 물질적인 악한 세력을 심판하실 것을 말씀하고 있다. 물론 종말 시대 동안에는 하나님의 허용 하에서 그들은 한시적, 제한적으로 권세를 부리며 교회들을 핍박할 것이다. 그러나 "부르심을 입고 빼내심을 얻고 진실한 자들(17:14)"은 종국적으로 반드시 승리할 것이다.

19:11-21절은 13장의 두 짐승 즉 예수를 흉내 낸 바다에서 나온 짐승과 성령님을 모방한 땅에서 올라온 짐승에 관한 심판을, 20장 1절-10절은 용, 옛 뱀, 마귀, 사단에 관한 심판을, 그리고 20장 11-15절은 죽은 자들 즉 사단나라에 속한 모든 악한 세력의 추종자들을 향한 최종 심판을 묘사하고 있다.

다시 세부적으로 나누면 17장이 정치적, 종교적 세력을 의미하는 자기 파괴적인 모습의 "큰 음녀"에 대한 심판과 멸망을 기술하였다면 18장은 경제적, 물질적 세력을 의미하는 "큰 성 바벨론"의 멸망과 심판을 경고하고 있다.

1 또 일곱 대접을 가진 일곱 천사 중 하나가 와서 내게 말하여 가로되 이리 오라 많은 물 위에 앉은 큰 음녀의 받을 심판을 네게 보이리라 **2** 땅의 임금들도 그로 더불어 음행하였고 땅에 거하는 자들도 그 음행의 포도주에 취하였다 하고

17장 1절에서는 "일곱 대접을 가진 일곱 천사 중 하나가" 사도 요한에게 말하여 가로되 "이리 오라 많은 물 위에 앉은 큰 음녀의 받을 심판을 네게 보여주리라"고 말씀하고 있다. 여기서 "앉은" 이란 영향, 통치, 지배를 말하며 "물"이란 세상, 저주, 어둠, 심판, 죄악을 상징한다. "많은 물 위에 앉은 큰 음녀"란 '큰 성 바벨론'을 가리키는데 이는 악한 영적 세력의 우두머리로서 12장 9절에서는 "사단, 큰 용, 옛 뱀 곧 마귀, 온 천하를 꾀는 자"라고 했다. 17장 5절에는 "땅의 음녀들과 가증한 것들의 어미"라고도 했다. 이들은 예수님의 재림 후 백보좌 심판에서 유황 불못의 심판을 받게 될 것(계 20:10)이라며 사도 요한에게 들려주셨다.

3 곧 성령으로 나를 데리고 광야로 가니라 내가 보니 여자가 붉은 빛 짐승을 탔는데 그 짐승의 몸에 참람된 이름들이 가득하고 일곱 머리와 열 뿔이 있으며

큰 음녀가 "붉은 빛 짐승을 탔는데"라는 것은 "땅의 임금들"과 "땅에 거하는 자들"을 음행의 포도주에 취하게 하여 미치게 만들고 있음을 상징한다. '포도주'란 세상의 풍조, 가치에 취해 있다는 것을 의미한다. 결국 '큰 음녀가 붉은 빛 짐승을 타고 있다'라는 것은 짐승과 큰 음녀는 운명 공동체라는 의미이다. 그렇기에 그들은 종국적으로는 함께 멸망을 당할 것이다.

사도 요한은 성령의 인도하심으로 사단의 활동 영역인 "광야"로 갔다. 그곳에서 "여자가 붉은빛 짐승"을 타고 있는 것을 보았다. '짐승'이란 13 장에서 언급했던 두 짐승으로서 제한적이고도 일시적인 권세를 가지고 하늘에 속한 자들인 교회(성도)를 훼방하고 핍박하던 첫째 짐승과 가짜 복음, 왜곡된 복음으로 교회들을 미혹하던 둘째 짐승인 악한 세력 혹은 거짓 선지자들을 말한다. 그 짐승의 몸에는 "참람된 이름들"이 가득하고 "일곱 머리와 열 뿔"이 있었다. 계시록 5장 6절의 "일곱 뿔과 일곱 눈"과 의 차이를 상기해 보라.

4 그 여자는 자주빛과 붉은빛 옷을 입고 금과 보석과 진주로 꾸미고 손에 금잔을 가졌는데 가증한 물건과 그의 음행의 더러운 것들이 가득하더라

3절에 이어 4절에서도 '붉은색'이 자주 등장한다. '붉은 색'은 죄를 상징하는 색깔이다. 큰 음녀는 "자줏빛 옷과 붉은빛 옷"을 입었으며 '사치와 향락'을 의미하는 "금과 보석과 진주"로 꾸미고 손에 "금잔"을 가졌다. 그 속에는 "가증한 물건과 그의 음행의 더러운 것들"로 가득했다. 정리해 보면, 큰 음녀는 지독스러운 사치와 함께 그 옷차림이 대단했음을 알 수 있다. 이는 디모데전서 2장 9-15절에서 말씀하고 있는 "염치와 정절이 있는, 아담한 옷을 입은 여자"의 모습과는 완전히 상반되는 것이다.

한편 '가증함, 더러움, 음행'이라는 단어들은 '우상숭배'와 관계가 있다. 히브리어로는 토에바(신 18:9-14, nf, תּוֹעֵבָה)라고 하는데 말 그대로 '토(vomiting)할 정도로 가증하고 더러운 것'을 가리킨다. 헬라어로는 부델

뤼그마(Βδέλυγμα, nn, 가증함) 혹은 아카달토스(ἀκάθαρτος, adj, 더러움)라고 한다.[81]

5 그 이마에 이름이 기록되었으니 비밀이라, 큰 바벨론이라, 땅의 음녀들과 가증한 것들의 어미라 하였더라 6 또 내가 보매 이 여자가 성도들의 피와 예수의 증인들의 피에 취한지라 내가 그 여자를 보고 기이히 여기고 크게 기이히여기니

4절에 이어 5절에서는 그 이마에 "비밀, 큰 바벨론, 땅의 음녀들과 가증한 것들의 어미"라고 기록되어 있는 큰 음녀가 성도들의 "피"와 예수의 증인들의 "피"에 취해 있는 것을 밧모섬의 사도 요한이 보게 된다. 그녀가 천연덕스럽게 너무나도 끔찍스러운 죄를 아무렇지도 않게 저지르는 것을 본 사도 요한은 이런 야릇한 상황에 대해 참으로 황당하고 기이하게 여겼다. 이는 그녀가 교회의 '빛 바랜 복음' 앞에서 마음껏 '조롱과 모욕'을 했다라는 것을 의미한다. 한편 사도 요한은 교회가 깊은 한숨만 쉬는 것을 보며 당황스러워하고 있다.

7 천사가 가로되 왜 기이히 여기느냐 내가 여자와 그의 탄 바 일곱 머리와 열 뿔 가진 짐승의 비밀을 네게 이르리라

---

81 가증함, 더러움, 음행은 우상숭배를 말하는 것으로 히브리어로는 토에바(신 18:9-14, nf, תּוֹעֵבָה)라고 하며 헬라어로는 부델뤼그마(Βδέλυγμα, nn, a detestable thing, an abominable thing, an accursed thing) 혹은 아카달토스(ἀκάθαρτος, adj, unclean, impure)이다.

7절에서는 천사가 사도 요한에게 비밀(μυστήϱιον, mystery, not secret)을 알려주겠다고 말씀하고 있다. 특히 여자와 그의 탄 바 "일곱 머리와 열 뿔" 가진 짐승의 비밀(mystery, 뮤스테리온, μυστήϱιον)에 관한 것이었다. 9-10절에서는 "일곱 머리"란 일곱 산으로 일곱 왕을 가리킨다. 즉 '열왕들'이라는 말이다. "뿔"은 권세를 의미하는데 "열 뿔"이란 큰 권세, 힘 있는 권력을 가진 악한 영의 세력을 말한다. 즉 "일곱 머리와 열 뿔"이란, 계시록 5장 6절의 "일곱 뿔과 일곱 눈"을 상징하는 예수 그리스도를 흉내 내고 있는, 온 세상의 강력한 힘을 가진 악한 영의 세력이라는 의미이다.

8 네가 본 짐승은 전에 있었다가 시방 없으나 장차 무저갱으로부터 올라와 멸망으로 들어갈 자니 땅에 거하는 자들로서 창세 이후로 생명책에 녹명되지 못한 자들이 이전에 있었다가 시방 없으나 장차 나올 짐승을 보고 기이히 여기리라 **9** 지혜 있는 뜻이 여기 있으니 그 일곱 머리는 여자가 앉은 일곱 산이요 **10** 또 일곱 왕이라 다섯은 망하였고 하나는 있고 다른 이는 아직 이르지 아니하였으나 이르면 반드시 잠간 동안 계속하리라

8-10절에서 사도 요한이 본 그 짐승은 "전에 있었다가 지금은 없으나 장차 무저갱으로부터 올라와" 최후 심판을 통해 멸망으로 들어갈 20장의 "용(2-3)"을 가리키는데 이는 역시 '악한 세력의 우두머리'의 총칭이다.

한편 예수님께서 초림하신 후 십자가 보혈로 그 머리가 상하여 무저갱에 갇힌 바 되었던 용은, 예수님께서 재림하시는 그날에 다시 풀려나 백

보좌 심판이라는 최후 심판을 거쳐 영원히 유황 불못(영원한 죽음, 둘째 사망, 20:10)으로 떨어지게 된다. 또한 사단 나라에 속한 자들 즉 땅에 거하는 자들(카토이케오)과 창세 이후로 생명책에 녹명되지 못한 자들, 악한 세력의 총칭이었던 짐승 역시 모두가 다 함께 최후 심판(유황 불못, 20:15)을 받게 될 것이다.

'사단이 무저갱에 던져져 결박되었다'라는 것은 초림의 예수께서 십자가 보혈로 다 이루신 후 죽음 이기시고 부활하심으로 승리를 이룬 것을 가리켜 사단은 '무저갱'에 결박되었다라고 한 것이다. 이는 십자가 사건 이후 그 꼬리는 살았으나(계 12:4) 이미 사단의 머리는 깨어진, 무저갱에 결박된 상태라는 말이다. 곧 Already~not yet의 상태를 가리킨다.

그렇게 머리가 깨진, 악한 세력을 상징하는 다섯은 망하여 세력이 약해졌다(already). 그러나 성도들의 거룩함의 훈련을 위한 도구로 사용된 꼬리는 살아있기에(계 12:4) "하나는 있고"라는 표현을 쓰고 있다. 중요한 사실은 비록 not yet이기는 하나 already를 통과했기에, 꼬리는 살아있다 할지라도 그 힘은 미미할 뿐(계 12:4)이라는 점이다. "아직 하나가 이르지 아니했다"라는 것은 역시 성도의 거룩함을 위해 미미한(not yet) 세력이기는 하나 한시적으로 종말 시대에 제한적 허용 범위 내에서는 힘이 있을 것(계 12:4)이라는 의미이다.

성경에서 "산, 왕"이란 왕국 혹은 나라를 가리키는 것으로 시편 30편 7절에는 "산"을 나라 혹은 왕국으로, 예레미야 51장 25절은 바벨론을 "불탄 산"으로 말씀하셨다. 9절에서의 '일곱 산(septimountain)'이 가리키는 것은, 문자적으로 본다면, '로마제국'을 상징한다. 당시 로마제국은

‘일곱 산(언덕) 위에 세워진 도시’였기에 그렇게 불렸다. 그리하여 당시 로마는 ‘칠산절(septimontium)’을 지키기도 했다.

11 전에 있었다가 시방 없어진 짐승은 여덟째 왕이니 일곱 중에 속한 자라 저가 멸망으로 들어가리라

11절에서의 “전에 있었다가 시방 없어진 짐승”인 여덟째 왕은 “일곱 중에 속한 자”인데 역시 동일한 악한 세력을 말한다. 여기서 ‘8(여덟째)’은 숫자로서의 문자적인 의미가 있는 것이 아니라 문학적 표현일 뿐이다. 그 ‘일곱 머리’는 종국적으로 최후 심판을 통해 멸망으로 들어가게 될 것이다.

7-13절의 구절들을 문자적으로 해석하여 역사적 사건이나 나라, 역사적인 특정 인물로 해석하는 사람들이 정말 많으나 나는 관심이 없다.

12 네가 보던 열 뿔은 열 왕이니 아직 나라를 얻지 못하였으나 다만 짐승으로 더불어 임금처럼 권세를 일시 동안 받으리라 13 저희가 한 뜻을 가지고 자기의 능력과 권세를 짐승에게 주더라

12-13절에는 ‘열 뿔’을 가진 ‘열 왕’이 나오는데 이는 교회를 대적하는 아주 강한 힘 즉 사마귀(사단, 마귀, 귀신의 줄임말)에 속한 세력을 가리킨다. 사단나라에 속한 이들은 짐승으로 상징된 악한 세력들과 더불어 일시 동안 받은 제한적인 권세를 가지고 교회들을 핍박할 것이다.

“한 뜻”의 헬라어는 미안 그노멘(μίαν γνώμην, one mind)인데 이는 '굳은 결속 가운데'라는 의미이다.

14절에서는 "저희가 어린양으로 더불어 싸울" 것이라고 했다. 그렇다고 하여 이것이 사단과 예수님의 영적인 한판 싸움을 의미하는 것은 아니다. 피조물인 사단은 아예 창조주이신 예수님의 대적이 되지 못하기 때문이다. 즉 사단은 예수님의 싸움 상대가 아님을 알아야 한다. 결국 '영적 싸움'이란 유월절 어린양 되신 예수님으로 인해 구원받은 교회, 즉 하나님의 자녀들과 사단과의 한판 싸움을 상징적으로 말한 것이다. 이런 영적 싸움이 16장 13-16절에는 아마겟돈 전쟁으로 상징되었고 이런 싸움은 종말 시대 동안에 내내 때로는 크게, 때로는 작게 계속될 것이다.

"만주의 주시요 만왕의 왕(19:16)"이신 어린양 예수님은 야훼 하나님으로서 사단의 궤계를 확실하게 물리치신다. 그렇기에 어린양과 더불어 함께 있는 자들인 교회들 곧 "부르심을 입고 빼내심을 얻은 진실한 자들"은 사단과의 싸움에서 당연히 이기게 된다. '만왕의 왕, 만주의 주'라는 의미의 '야훼 엘로힘'은 신명기 10장 17절, 다니엘 2장 47절, 디모데전서 6장 15절, 계시록 19장 16절에 동일하게 반복하여 묘사하고 있다.

"부르심을 입고"라는 것은 성부하나님의 만세 전의 '선택(택정)'하심을, "빼내심을 얻고"라는 것은 예수 그리스도의 '구속 사역'을, "진실한 자"라는 것은 성령 하나님에 의한 거룩함으로의 '성화(sanctification)'를 의미하고 있다. 이는 서로 충돌이 없는 완벽한 합력 사역으로써의 '삼위하나님의 공동 사역'을 드러내고 있는 것이다.

15 또 천사가 내게 말하되 네가 본 바 음녀의 앉은 물은 백성과 무리와 열국과 방언들이니라 16 네가 본 바 이 열 뿔과 짐승이 음녀를 미워하여 망하게 하고 벌거벗게 하고 그 살을 먹고 불로 아주 사르리라 17 하나님이 자기 뜻대로 할 마음을 저희에게 주사 한 뜻을 이루게 하시고 저희 나라를 그 짐승에게 주게 하시되 하나님 말씀이 응하기까지 하심이니라 18 또 내가 본 바 여자는 땅의 임금들을 다스리는 큰 성이라 하더라

15-18절에는 "백성과 무리와 열국과 방언들"이라는 말이 나온다. 이는 '온 세상'을 상징하는 관용구이다. 열 뿔과 짐승이 열방을 다스리는 큰 음녀인 여자를 "미워하여 망하게 하고 벌거벗게 하고 그 살을 먹고 불로" 아주 사르는 등 저희들끼리 자중지란(自中之亂)을 벌인다. 이에 하나님은 그들의 "뜻대로 할 마음을(마 10:29, 시 105:16-19, 창 45:5, 7-8) 저희에게 주사 한 뜻을 이루게 하시고 저희 나라를 그 짐승에게 주게 하시되 하나님 말씀이 응하기까지" 하셨다라고 말씀하고 있다. 그렇다. 이 세상의 크고 작은 모든 일들은 하나님의 섭리(providence) 가운데 그분의 허락 하에서만(마 10:29) 일어난다.

한편 16절의 "열 뿔과 짐승이 음녀를 미워하여 망하게 하고 벌거벗게 하고 그 살을 먹고 불로 아주 사르리라"는 것은 그림 언어로 표현한 것인

데 이는 열왕기하 9장 36-37절에서 이세벨의 최후를 보는 듯하다. 또한 18장 2절의 "각종 더러운 영의 모이는 곳, 각종 더럽고 가증한 새의 모이는 곳, 귀신의 처소"를 설명한 것이기도 하다. 한편 '처소, 곳'의 헬라어는 퓌라케[82]($\Phi \upsilon \lambda \alpha \kappa \acute{\eta}$, nf)인데 소굴, 감옥(prison)이라는 의미로 '스스로를 가두고 옭아맴으로 안으로 폭망하게 된다'라는 뜻이다.

17절의 "자기 뜻대로 할 마음"이라는 것을 '하나님의 뜻을 이루게 할 마음'으로 해석하면 '악한 세력은 하나님의 도구'로 사용되었다라는 의미가 된다. 반면에 '그들의 뜻대로 할 마음'으로 해석하면 '하나님의 허락하에서 그들의 나쁜 뜻대로 하나님의 말씀이 응하기까지 이루어질 것'이라는 의미가 된다. 둘 다 가능한 해석이다.

이는 하나님께서 악의 자기파멸적[83](self-destructive) 성격을 통해 악을 심판하는 방법으로 사용하시겠다라는 의미이다. 이에 대해 로마서 1장 28-32절에는 "합당치 못한 일을 하게 하셨다"라고 말씀하고 있다.

18절의 "여자"는 큰 음녀를 의미하는데 특히 정치적, 종교적 세력을 말한다. 동일한 의미의 "큰 성"은 바벨론으로 경제적, 물질적 세력을 말한다. 그러나 '큰 음녀'와 '큰 성 바벨론'은 같은 말(계 17:5)이다.

---

82 '곳, 처소'의 헬라어는 퓌라케($\Phi \upsilon \lambda \alpha \kappa \acute{\eta}$, nf, a watching, keeping guard; a guard, prison; imprisonment)는 소굴, 감옥(prison)이라는 의미이다.

83 이필찬 교수의 〈요한계시록 어떻게 읽을 것인가〉의 p295-296 재인용

또 내가 들으니 하늘로서 다른 음성이 나서 가로되 내 백성아, 거기서 나와

그의 죄에 참예하지 말고 그의 받을 재앙들을 받지 말라 그 죄는 하늘에 사

무쳤으며 하나님은 그의 불의한 일을 기억하신지라 _ 요한계시록 18:4,5

큰 성 바벨론
-경제적, 물질적 세력

17장이 정치적, 종교적 악한 영의 세력들에 관한 심판이라면 18장은 경제적, 물질적인 악한 영의 세력들을 향한 심판이다. 그런 17장에서는 음녀(harlot)의 자기 파괴적인 모습을 보여주면서 동시에 정치적, 종교적 세력을 상징하는 '큰 음녀'에 대한 심판과 멸망을 기술하였다면 18장에는 경제적, 물질적 세력을 상징하는 '큰 성 바벨론'의 멸망과 심판을 묘사한 것이다.

17장 1절에서 19장 10절까지는 '특정 세력'에 대한 심판을 반복하여 말씀하시면서(17:1) 교회에는 구원의 복음을, 악한 영의 세력들에게는 저주와 심판을 경고하고 있다.

이제 시작하려는 18장은 큰 성 바벨론에 관한 경고이다.

한편 계시록에는 같은 단어 다른 의미를 가진 '세 여인'을 잘 구분해야 한다. 12장에는 "해를 입은 한 여자(12:1)"가, 17장에는 "큰 음녀(17:1)"

가, 21장에는 "신부 곧 어린양의 아내(21:9)"이다. 이는 각각 '교회 공동체', '악한 영의 세력', 예수를 믿은 후 거룩히 구별된 교회인 '어린양 그리스도의 신부'를 가리킨다.

17-20장은 최후의 심판에 관한 기록이다.

17장 1절-19장 10절까지는 큰 음녀 즉 큰 성 바벨론에 대한 하나님의 심판으로서 정치적, 종교적인 악한 세력과 경제적, 물질적인 악한 세력을 심판하실 것을 말씀하고 있다. 물론 종말 시대 동안에는 하나님의 허용 하에서 그들은 한시적, 제한적으로 권세를 부리며 교회들을 핍박할 것이다. 그러나 "부르심을 입고 빼내심을 얻고 진실한 자들(17:14)"은 종국적으로 반드시 승리할 것이다.

19:11-21절은 13장의 두 짐승 즉 예수를 흉내낸 바다에서 나온 짐승과 성령님을 모방한 땅에서 올라온 짐승에 관한 심판을, 20장 1절-10절은 용, 옛 뱀, 마귀, 사단에 관한 심판을, 그리고 20장 11-15절은 죽은 자들 즉 사단나라에 속한 모든 악한 세력의 추종자들을 향한 최종 심판을 묘사하고 있다.

다시 세부적으로 나누면 17장이 정치적, 종교적 세력을 의미하는 자기 파괴적인 모습의 "큰 음녀"에 대한 심판과 멸망을 기술하였다면 18장은 경제적, 물질적 세력을 의미하는 "큰 성 바벨론"의 멸망과 심판을 경고하고 있다.

1 이 일 후에 다른 천사가 하늘에서 내려오는 것을 보니 큰 권세를 가졌는데 그의 영광으로 땅이 환하여지더라

1절에는 계시록에서 계속 반복되어 나타나는 '이 일 후에($\mu\varepsilon\tau\acute{\alpha}$ $\tau\alpha\hat{v}\tau\alpha$, 메타 타우타)'라는 구절이 나온다. 다시 강조하지만 이는 시간의 순서가 아닌 '장면의 전환'을 의미한다. 즉 계시록은 시간적 순서로 기록된 것이 아니라 종말에 있을 여러 가지 장면을 다각도로 복합적으로 점진적으로 강하게 반복적으로 사도 요한에게 보여주신 후 성령님의 감동[84]으로 기록하게 한 것이다.

"이 일 후에"와 함께 붙어 다니는 구절이 "또 내가 보니"라는 헬라어 카이 에이돈[85]($K\alpha\grave{\iota}$ $\varepsilon\hat{\iota}\delta o\nu$)이다. 이는 확실히 장면의 전환임을 보여주는 구절이다. 큰 권세를 가진 다른 천사가 하늘에서 땅으로 내려왔는데 그 영광이 땅의 권세를 압도했다. 그렇기에 "그의 영광으로 땅이 환하여지더라"고 말씀하고 있다.

에스겔 43장1-5절에도 동일하게 "하나님의 영광이 동편에서부터 오는데 하나님의 음성이 많은 물소리 같고 땅은 그 영광으로 인하여 빛나니(겔 43:2)"라고 말씀하고 있다.

여기서 '내려오다'의 헬라어는 20장 1절과 동일한 카타바이노($K\alpha\tau\alpha\beta\alpha\acute{\iota}\nu\omega$)이다. 즉 9장 1절의 하늘에서 내려오지 않고 '떨어진'의

---

84 유기영감, 완전영감, 축자영감등 3대 영감을 말한다. 〈복음은 삶을 단순하게 한다〉, 이선일, 더 메이커, 2018

85 에이돈($\varepsilon\hat{\iota}\delta o\nu$)의 원시동사(a primitive verb)는 호라오($\acute{o}\rho\acute{\alpha}\omega$, I see, look upon, experience, perceive, discern, beware)이다.

헬라어 핍토($\Pi\acute{\iota}\pi\tau\omega$)와 비교[86]하면 각 천사들의 사역의 차이를 알 수 있게 된다.

2 힘센 음성으로 외쳐 가로되 무너졌도다 무너졌도다 큰 성 바벨론이여 귀신의 처소와 각종 더러운 영의 모이는 곳과 각종 더럽고 가증한 새의 모이는 곳이 되었도다

2절에서는 "귀신의 처소, 각종 더러운 영의 모이는 곳, 각종 더럽고 가증한 새의 모이는 곳"의 무너짐, 즉 악한 영의 세력을 상징하는 "큰 성 바벨론"의 멸망(14:8)을 힘센 음성으로 경고하고 있음을 보여주고 있다. 이는 마치 지난 역사상 이스라엘을 괴롭혔던 열강이 어떻게 멸망했는지를 보여주며 경고하는 것과 같다. 이사야 13장 19-22절에서는 바벨론을, 34장 8-15절에서는 에돔을, 스바냐 2장 13-15절에서는 앗수르의 멸망을 예로 들고 있다.

'곳, 처소'는 소굴, 감옥(prison)이라는 의미로 그 헬라어는 퀴라케[87]($\Phi\upsilon\lambda\alpha\kappa\acute{\eta}$, nf)인데 이는 '스스로를 가두고 옭아맴으로 안으로 폭망하게 된다'라는 뜻을 내포하고 있다고 앞서 언급했다. 17장 16절에서는 이런 감옥의 의미를 "열 뿔과 짐승이 음녀를 미워하여 망하게 하고 벌거벗

---

86 '내려오다'의 헬라어는 카타바이노($\Kappa\alpha\tau\alpha\beta\alpha\acute{\iota}\nu\omega$, I go down, come down, either from the sky or from higher land, descend)이며 '떨어지다'는 핍토($\Pi\acute{\iota}\pi\tau\omega$, I fall, fall under (as under condemnation), fall prostrate, '떨어진')이다.

87 '곳, 처소'의 헬라어는 퀴라케($\Phi\upsilon\lambda\alpha\kappa\acute{\eta}$, nf, a watching, keeping guard; a guard, prison; imprisonment)인데 이는 소굴, 감옥(prison)이라는 의미이다.

게 하고 그 살을 먹고 불로 아주 사르리라"고 표현하면서 '감옥'의 실상을 그림 언어로 묘사하고 있다. 한편 바벨론의 최후 심판은 미래에 있을 것임에도 불구하고 '무너졌도다'라고 과거형으로 기술되어 있다. 이는 '반드시 그렇게 될 미래'를 예견하는 것으로 힘센 천사가 반드시 그렇게 심판하겠다라는 것을 경고하는 말이다.

3-6절에는 큰 음녀이자 큰 성 바벨론이 온 세상에 퍼뜨려 놓아 만연하게 된 우상숭배와 사치를 "음행의 진노의 포도주"를 마신 결과라고 기술하고 있다. 이로 인해 미쳐 날뛰게 된 "만국과 땅의 왕들과 땅의 상고들"은 처절한 심판을 받게 될 것을 경고하고 있다. 동시에 하나님의 자녀들은 그런 죄에 참여하지 말고 거기서 박차고 나와야(come out of my people) 한다 라고 촉구하고 있다.

그들의 죄(렘 51:7-9)가 하늘에까지 사무치게 되면(닿으면) 불의한 일을 '반드시' 기억하시는 하나님께서 그들의 행위대로 '반드시' 갚을 것이라고 말씀하고 있다. 돌이켜 보면, 역사 이래로 하나님은 언제나 당신의 백성들을 향해 죄악의 도성에서 나올 것을 촉구하셨다. 아브람에게 우르를 떠나라고 하신 것(창 12:1)이나 아브라함을 통해 조카 롯에게 소돔과 고모라를 떠나라고 하신 것(창 19:12-16) 등이다. 계시록 18장 4절에는 "그의 죄에 참예하지 말고 그의 받을 재앙들을 받지 말라"고 하시며 경고하고 있다. 이를 무시했던 롯의 아내는 소금 기둥이(창 19:24-26) 되었다.

한편 음행은 우상숭배를 말한다. '사치'라는 것은 '쾌락을 즐기다'라는 의미인데 이는 헬라어로 스트레니아오($\sigma\tau\rho\eta\nu\iota\acute{\alpha}\omega$, to run riot)라고 한다. 이는 잘못된 방향을 향해 '절제하지 않고 끝까지 뻗어 나가는 것'을 말한다. 즉 사치란 일종의 '우상숭배'로서 자신을 치장함으로 신적 권위를 드러내는 것이며 더 나아가 절제하지 않고 하나님의 영광을 가로채려는 것을 말한다. 그러므로 '음행과 사치'는 거의 함께 간다.

5절에서는 "죄가 하늘에 사무쳤다"라고 했다. '사무치다'라는 것은 '쌓다'라는 의미로 헬라어로는 콜라오($\kappa o\lambda\lambda\acute{\alpha}\omega$, v)이다. 로마서 2장 5절에도 동일하게 '콜라오(쌓는도다)'라는 말씀이 있다. 이를 곱씹어 보면 마치 창세기 11장의 바벨탑 '쌓는' 것을 보는 듯하다.

'하늘에까지, 하나님을 대적하기라도 하듯'

한편 "그의 불의한 일을 기억하신지라(계 16:19, 18:5)"에 함의(含意)된 뜻은 '하나님의 심판은 참되고 의롭다'라는 것이다. 그렇기에 백보좌 심판에서 반드시 심판(보수, 복수, 계 16:19, 18:5)하시는 것이다. 그러나 공의와 사랑의 하나님은 교회들을 향하여는 '다시 기억지 아니하리라(히 10:17, 렘 31:34)'고 말씀하셨다.

6절의 "갑절을 갚아주고~갑절이나"라는 의미는 문자적으로의 2배를 의미하지 않는다. 하나님의 심판은 '정확하고 완전하다'라는 것(갈 6:7, 마 7:1-2)을 가리킨다.

7 그가 어떻게 자기를 영화롭게 하였으며 사치하였든지 그만큼 고난과 애통으로 갚아 주라 그가 마음에 말하기를 나는 여왕으로 앉은 자요 과부가 아니라 결단코 애통을 당하지 아니하리라 하니 **8** 그러므로 하루 동안에 그 재앙들이 이르리니 곧 사망과 애통과 흉년이라 그가 또한 불에 살라지리니 그를 심판하신 주 하나님은 강하신 자이심이니라 **9** 그와 함께 음행하고 사치하던 땅의 왕들이 그 불붙는 연기를 보고 위하여 울고 가슴을 치며

7-9절에서는 강한 자이신 심판주 하나님은 큰 음녀인 큰 성 바벨론을 향해 '자기를 영화롭게 했다, 사치했다'라고 지적하고 있다. '사치'란 앞서 언급했지만 자신을 치장함으로 신적인 권위를 드러내고 하나님의 영광을 가로채는 교만의 극치 즉 우상숭배를 가리킨다. "교만은 패망의 선봉이요 거만한 마음은 넘어짐의 앞잡이(잠 16:18)"일 뿐이다.

'교만'이란 하나님의 은혜를 구하지 않고, 하나님의 구원을 바라지 않고, 하나님의 영광을 가로채고(자기를 영화롭게 하며), 하나님의 지혜를 구하지 않겠다는, 즉 하나님 없이 살겠다는 고집스러운 선언이다. 하나님과의 관계를 깨고 하나님과 같이 되려 하는(창 3:5, 사치하는) 독립선언이다. 이런 지적에 정확히 들어맞았던 큰 성 바벨론은 '나는 여왕으로 앉은 자요 과부가 아니라 결단코 애통을 당하지 아니하리라'는 교만을 부리고 반복적으로 허세를 행하며 고집스럽게 나아갔다.

그 결과 "하루 동안에 사망, 애통, 흉년"이 덮치게 되었을 뿐 아니라 "불에 살라지기까지'에 이를 것이다. 더 나아가 하나님은 "고난과 애통으로" 갚아주겠다고 말씀하셨다. "하루 동안에($\mu\iota\alpha$ $\eta\mu\epsilon\rho\alpha$, a day, the period from sunrise to sunset)"라는 것은 '일시간에 혹은 삽시간에, 순식간에($\mu\iota\alpha$ $\omega\rho\alpha$, a time or period, an hour)'라는 것으로 눈 깜짝할 사이에 반드시 재앙들을 쏟아붓되 사망, 애통, 흉년과 함께 그들이 불에 타서 살라지게 될 것을 경고하신 것이다.

바벨론은 바벨탑(창 11:9)에서 나온 말로 바벨(בָּבֶל)은 발랄(בָּלַל, to mingle, mix, confuse, confound)에서 파생되었다. 이는 하나님의 통치 질서를 '흩어버릴' 뿐 아니라 진리를 '혼합'시키는 것으로 하나님의 권위를 대적하는 모든 것을 말한다.[88]

9 그와 함께 음행하고 사치하던 땅의 왕들이 그 불붙는 연기를 보고 위하여 울고 가슴을 치며 10 그 고난을 무서워하여 멀리 서서 가로되 화 있도다 화 있도다 큰 성, 견고한 성 바벨론이여 일시간에 네 심판이 이르렀다 하리로다 11 땅의 상고들이 그를 위하여 울고 애통하는 것은 다시 그 상품을 사는 자가 없음이라

이리하여 9-11절에는 하나님의 심판은 악한 영의 세력을 총칭하는 '큰

---

88 미아 헤메라($\mu\iota\alpha$ $\eta\mu\epsilon\rho\alpha$, a day, the period from sunrise to sunset)는 하루 동안에, 미아 호라($\mu\iota\alpha$ $\omega\rho\alpha$, a time or period, an hour)는 '일시간에, 삽시간에, 순식간에'를 나타내는 짧은 시간을 말한다.

음녀인 큰 성 바벨론'에 속한 땅의 왕들(18:9), 땅의 상고들(19:11), 배 부리는 모든 자들(18:19)에게 미치게 된다고 말씀하고 있다. 이는 과거, 현재, 미래 등 전 역사를 통틀어 심판을 받게 될 것을 의미한다. 그로 인해 그들은 울며 가슴을 치고 무서워 떨며 두려워하게 될 것이라고 하셨다.

12 그 상품은 금과 은과 보석과 진주와 세마포와 자주 옷감과 비단과 붉은 옷감이요 각종 향목과 각종 상아 기명이요 값진 나무와 진유와 철과 옥석으로 만든 각종 기명이요 **13** 계피와 향료와 향과 향유와 유향과 포도주와 감람유와 고운 밀가루와 밀과 소와 양과 말과 수레와 종들과 사람의 영혼들이라

12-13절에는 세상에서 매매하면서 통용되던 7가지 상품들을 소개하고 있다. 보석류, 고급 옷감류들, 향목과 상아 기명으로 만든 테이블 다리, 향품들, 최고급 식자재들, 살진 최고급 고기들, 심지어는 노예 매매 등 사람의 영혼까지도 상품처럼 팔고 사고하는 것을 보게 된다. '하나님의 형상인 사람'을 매매했다는 것은 이미 '하나님은 안중에도 없다'라는 의미로 '돈이면 다(Money talks)'라는 맘몬이즘(Mammonism)의 전형을 보여주고 있다.

14 바벨론아 네 영혼의 탐하던 과실이 네게서 떠났으며 맛있는 것들과 빛난 것들이 다 없어졌으니 사람들이 결코 이것들을 다시 보지 못하리로다 **15** 바벨론을 인하여 치부한 이 상품의 상고들이 그 고난을 무서워하여 멀리 서서 울고 애통하여 **16** 가로되 화 있도다 화 있도다 큰 성이여 세마포와 자주와 붉은 옷

14-19절에서는 그런 바벨론을 향해 미아 헤메라(하루, μία ἡμέρα)가 아니라 그보다 훨씬 짧은 시간인 미아 호라(한 시간, μία ὥρα)에 망하게 될 것을 단호하게 경고하고 있다.

14절에서 "네 영혼의 탐하던 과실"이란 바벨론이 탐욕스럽게 손에 쥐고 있던, 최고의 가치라고 생각하던 '세상의 물질과 부'를 가리킨다. 한편 '탐심'은 우상숭배임(골 3:5)을 잊지 말아야 한다.

16절의 "세마포와 자주와 붉은 옷을 입고 금과 은과 보석과 진주로 꾸민 것"은 17장 4절의 "그 여자"가 치장했던 모습이다. 그것들은 자신의 영광과 권력, 부를 드러내는 것으로 그 자체는 우상을 숭배하는 또 다른 얼굴에 부과하다. 한편 "그 여자"란 17장 5절의 "큰 성 바벨론, 땅의 음녀들과 가증한 것들의 어미"를 가리킨다.

17절에서의 "각 선장과 각처를 다니는 선객들과 선인들과 바다에서 일하는 자"는 해운업에 종사하는 자들로서 상고(商賈)들(18:11)과 연계하여 치부하던 자들이다. 이들은 큰 성 바벨론의 그늘 아래서 권세를 잡고 그녀와 더불어 음행하였고 우상을 숭배하며 사치하던 세상의 왕들(18:9)과 함께 종국적으로 울며 애통하게 된다.

18절의 "이 큰 성과 같은 성이 어디 있느뇨"라는 것은 두로의 멸망에 대한 애가(겔 27:1-36)를 반영하고 있다.

19절의 "티끌을 자기 머리에" 뿌리는 행위는 히브리인들의 상징적 행위로 수치나 슬픔이 극에 달했을 때 하는 행동이다. 때로 그들은 옷을 찢기도 했다(창 37:29, 수 7:6, 삼상 4:12, 겔 27:30).

20 하늘과 성도들과 사도들과 선지자들아 그를 인하여 즐거워하라 하나님이 너희를 신원하시는 심판을 그에게 하셨음이라 하더라 21 이에 한 힘센 천사가 큰 맷돌 같은 돌을 들어 바다에 던져 가로되 큰 성 바벨론이 이같이 몹시 떨어져 결코 다시 보이지 아니하리로다 22 또 거문고 타는 자와 풍류하는 자와 퉁소 부는 자와 나팔 부는 자들의 소리가 결코 다시 네 가운데서 들리지 아니하고 물론 어떠한 세공업자든지 결코 다시 네 가운데서 보이지 아니하고 또 맷돌 소리가 다시 네 가운데서 들리지 아니하고 23 등불 빛이 결코 다시 네 가운데서 비취지 아니하고 신랑과 신부의 음성이 결코 다시 네 가운데서 들리지 아니하리로다 너의 상고들은 땅의 왕족들이라 네 복술을 인하여 만국이 미혹되었도다 24 선지자들과 성도들과 및 땅 위에서 죽임을 당한 모든 자의 피가 이 성 중에서 보였느니라 하더라

20절과 24절에서는 부르짖는 교회들, 사도들, 선지자들의 '그' 부르짖음에 하나님은 신원(vindication)'으로 삽시간(미아 호라, 한 시간, $\mu\iota\alpha$ $\ddot{\omega}\varrho\alpha$)에 응답하실 것을 말씀하고 있다. 6장 10절의 '땅에 거하는 자들(카토이케오, 불신자)' 즉 17-18장에서의 "각 선장과 각처를 다니는 선객들과 선인들과 바다에서 일하는 자"인 해운업에 종사하는 자들과 상고(商

賈)들(18:11)과 큰 성 바벨론의 그늘 아래서 권세를 잡고 그녀와 더불어 음행하고 우상을 숭배하며 사치하던 세상의 왕들(18:9)을 향하여는 심판 하실 것을 말씀하고 있다.

"신원"이 교회들에게 주어지는 심판이라면 유황 불못 심판은 불신자들에게 주어질 심판이다. 한편 '성도들, 사도들, 선지자들'과 '해운업자들, 상고들, 왕들'의 두 그룹이 대조되고 있는데 이는 하늘에 속한 자들과 땅에 속한 자들을 의도적으로 나누고 있는 것이다. 종말 시대 동안에는 교회는 '땅에 거하는 자들(땅에 속한 자들, 불신자들, 카토이케오, 13:14)'로부터 핍박과 조롱, 비웃음을 당했으나(11:10) 하나님의 신원으로 인해 '하늘에 속한 자들'인 교회는 하나님의 최종 심판을 보며 즐거워하게 된다.

20절의 "하늘과"에서의 '하늘'은 하나님의 보좌가 있는 곳을 가리킨다.

21-23절은 예레미야 51장 60-64절을 인용하여 '하나님의 심판으로 인한 결과'와 함께 하나님께서 바벨론을 '망하게 하신 이유'를 말씀해 주고 있다.

21절에서는 큰 성 바벨론으로 비유된 "큰 맷돌 같은 돌"을 바다에 던지는 장면이 있다. 이는 바벨론의 심판에 관한 내용을 기록한 책을 돌에 매어 유브라데강에 던졌던 예레미야 선지자의 상징적 행동(렘 51:63)을 연상케 한다. 한편 그 강에 던져진 '그' 책은 다시 떠오르지 못했는데 이는 "결코 다시 보이지 아니하리로다"의 선명한 해석으로 볼 수 있다. 즉 '큰 맷돌 같은 돌'인 바벨론은 하나님의 심판을 피할 수 없으며 다시는 보이지 않게 될 정도로 완전히 철저하게 망하게 된다라는 의미이다.

한편 상기의 바벨론으로 상징된 '큰 맷돌 같은 돌'과 달리 일반적으로 성경에서는 '돌(모퉁이 돌), 반석 즉 부딪히는 돌, 거치는 반석'은 예수 그리스도를 의미하기도(마 21:42, 막 12:10, 눅 20:17, 행 4:11, 벧전 2:7, 고전 10:4)한다. 참고로 다니엘 2장 34절에는 "뜨인 돌(단 2:34, 떠낸 돌)"이 나오는데 이는 뜨인 돌이신 예수 그리스도께서 신상(바벨론, 세상)을 철저하게 부숴버리는 심판을 보여주고 있는 것이다. 그 예수님이 바로 심판주, 만왕의 왕이시다.

22절에서는 하나님의 심판은 먼저 문화와 예술 분야를 황폐케 할 것이라고 경고하고 있다. 그런 후 산업 분야에서 일상생활에 이르기까지 모든 것을 철저하게 심판할 것을 경고하고 있다. 즉 생산, 소비, 문화 활동의 전반적인 붕괴를 예고하고 있는 것이다.

한편 "맷돌 소리가 다시 네 가운데서 들리지 아니하고"라는 말은 당시 맷돌은 곡식을 가는 필수품으로 아예 일상마저 무너지게 될 것을 경고하고 있다.

23절에서는 등불 빛이 사라져 어둠 가운데 있게 되고 황폐해질 것과, 아울러 신랑과 신부의 음성이 그쳐짐으로 가정과 공동체의 붕괴가 초래될 것을 경고하고 있다. 그런 하나님의 심판 이유는 분명하다.

첫째는 물질만능주의, 배금주의, 맘몬이즘(마 6:24)때문이다. 둘째로는 복술(卜術, the art of divination, fortunetelling, soothsaying)이나 사술(邪術, witchcraft, black arts, sorcery, black magic, an evil trick)로 인한 만국의 미혹함 때문이다. 셋째는 성도들의 신원(vindication, 눅 18:8) 때문이다. 그러므로 하나님의 심판은 '참되고 의롭다'라고 19장 2절은 말씀하고 있는 것이다.

그의 입에서 이한 검이 나오니 그것으로 만국을 치겠고 친히 저희를 철장으로 다스리며 또 친히 하나님 곧 전능하신 이의 맹렬한 진노의 포도주 틀을 밟겠고 _ 요한계시록 19:15

삼위하나님 찬양,
그리고 재림예수의 4가지 이름

일곱 재앙에 관하여는 6장에서 인 재앙을, 8-9장에는 나팔 재앙을, 16장에는 대접 재앙을 앞서 보았다. 또한 17-18장에서는 하나님의 큰 음녀에 대한 심판과 큰 성 바벨론에 대한 심판을 경고하셨다. 다시 반복하지만 '큰 음녀란 정치적, 종교적 악한 영의 세력을, '큰 성 바벨론'이란 경제적, 물질적 악한 영의 세력을 가리킨다.

앞서 18장에서는 "결코~, 다시, 결단코, 일시간에~, 하루 동안에~"라는 단어가 20여 번이나 반복되어 나온다. 이를 가만히 묵상하다 보면 이 18장은 슬픈 '애가(哀歌)'라는 생각이 들기도 한다.

19장은 크게 3부분으로 나누어 해석하면 쉽게 이해할 수가 있다. 전반부가 1-10절까지라면 중반부는 11-16절까지이며 후반부는 17-21절까지이다. 전반부인 19장 1-10절까지는 참되고 의로우신 하나님의 '그' 심판에 대해 '그 하나님'은 심판주 하나님, 역사의 주관자 하나님, 구속주 하나님이라며 "할렐루야"를 네 번(1, 3, 4, 6)이나 외치면서 찬양하고 있는 것을 밧모섬의 사도 요한은 듣고 보고 있다.

19장 2절에서는 "음행으로 땅을 더럽게 한 큰 음녀를 심판하사 자기 종들의 피를 그의 손에 갚으시는" '심판주 하나님'을 찬양하고 있다. "그 연기가 세세토록 올라가더라(19:3)"는 것은 바벨론이 불타 멸망할 때 나는 연기(17:16, 18:9, 18)로서 이사야 34장 9-10절의 말씀을 연상케 한다. 즉 '완전한 멸망'을 의미하고 있다.

또 "우리 주 하나님 곧 전능하신 이가 통치하시도다(19:6)", "구원과 영광과 능력이 우리 하나님께 있도다"라는 것은 역사를 주관하시며 당신의 통치와 섭리로 이끌어 가시는 '역사의 주관자 하나님'을 찬양하는 것이다. 또한 "어린양의 혼인 기약이 이르렀고 그 아내가 예비하였으니 그에게 허락하사 빛나고 깨끗한 세마포를 입게 하심"으로 어린양의 혼인 잔치에 참여케 해 주신 '구속주 예수님'을 찬양하고 있다.

중반부인 19장 11-16절까지에는 예수님의 4가지 이름이 묘사되어 있는데 "충신과 진실(11), 자기 밖에 모르는 이름(12), 하나님의 말씀(13), 만왕의 왕이요 만주의 주(16)"이다. 이는 모두 다 예수님의 '속성'을 의미하는 것이다.

첫째, "충신과 진실"이란 예수님은 신실하시며 길이요 진리요 생명이시다라는 의미이다. '신실(피스토스)'이란 '미쁘심, 믿음직스러움(Faithful, trustworthy)'이라는 의미인데 당신의 언약은 반드시 실행하심을 가리킨다. '진실(알레데이아)'이란 진리 그 자체를 가리킨다.

둘째, 자기 밖에 모르는 이름"이란 하나님의 섭리와 경륜은 무궁무진하셔서 당신만 아신다라는 의미이다. 성숙한 그리스도인이라면 섭리(providence), 경륜(dispensation, administration), 예정(predestination), 작정(decree)이라는 개념을 잘 정립하고 살아가야 한다.

간단하게 설명하면, '섭리'란 작정과 예정이 성취되기 위한 하나님의 간섭과 열심(왕하 19:31, 사 9:7, 37:32)을 말하며 경륜이란 섭리보다 작은 개념으로 목적이 있는 특별한 섭리 즉 섭리를 이루기 위해 방향과 의도를 가지고 끌어 가는 것을 가리킨다. 작정이란 기독교 세계관의 4기둥인 창조, 타락, 구속, 완성의 전체 청사진이며 예정이란 하나님의 작정 속에 택정된 하나님의 백성들의 구원이 성취되는 것을 가리킨다.

셋째, "하나님의 말씀"이란 '하나님 곧 말씀'이라는 의미로 "이 말씀은 곧 하나님이시니라(요 1:1)"는 것으로 장차 입술의 검, 말씀의 검으로 심판하신다라는 의미이다. 그렇기에 히브리서 4장 12절은 "하나님의 말씀"은 살았고 운동력이 있는 좌우에 날 선 어떤 검보다 예리하다라고 말씀하고 있는 것이다.

넷째, "만왕의 왕이요 만주의 주"라는 것은 계시록 1장 5절에서 이미 말씀하신 대로 예수님은 "땅의 임금들의 머리"라고 하시며 그 재림의 예수님만이 승리주, 심판주로서 최후 심판의 그날에 심판하실 것이라는 의미이다.

후반부인 19장 17-21절까지는 "두 짐승과 땅의 임금들과 그 군대들이 그 말 탄 자와 그의 군대로 더불어 전쟁을 일으켜" 그 전쟁에서 패배한 후

유황 불붙는 못에 던지우게 됨을 사도 요한은 보게 된다. "그 말 탄 자와
그의 군대(19:19)"란 그리스도와 하늘 군대를 가리킨다.

**1 이 일 후에 내가 들으니 하늘에 허다한 무리의 큰 음성 같은 것이 있어 가로
되 할렐루야 구원과 영광과 능력이 우리 하나님께 있도다**

19장 1절에서는 "이 일 후에"라는 말을 통해 또 다른 장면에로의 전환
을 사도 요한에게 보여주고 있다. 즉 16장의 대접 재앙의 일곱째 대접 재
앙 후 "맹렬한 진노의 포도주 잔(16:19)"으로 상징하는 극렬한 심판을 보
여주신 후, 연이어 17-18장에서도 동일하게 "큰 음녀와 큰 성 바벨론"을
심판하시는 장면을 보여주셨다.

계시록에는 '이 일 후에'라는 헬라어 메타 타우타(Μετὰ ταῦτα)가 여
러 번 반복되어 나온다. 이는 계시록은 시간이나 역사적 사건의 순서가
아니라 종말에 있을 여러 가지 복합적인 일들을 장면의 변화를 통해 점진
적으로 강하게 반복하여 설명하고 있음을 드러내는 것이다.

한편 미래형 하나님나라에서는 구원받은 성도들과 천사들을 지칭하는
하나님나라의 "허다한 무리들(교회들)"이 큰 음성으로 "구원과 영광과 능
력"의 하나님을 찬양하고 있음을 보여준다. "할렐루야"를 의미하는 '찬
양'의 헬라어와 히브리어는 음역이 동일하다(Ἀλληλούϊα, hallelujah,

alleluia, an adoring exclama-tion/הַלְלוּיָהּ).

할렐루야는 할랄(הָלַל, v, to shine)과 야훼(יְהוָה, יָהּ)의 합성어로 '너의 하나님을 찬양하라(Praise the Lord, 시 111:1), 하나님께만 영광을 돌리라 (Glory to God)'는 의미이다. 즉 '할렐루야'는 '구속의 은혜에 감사, 하나님의 공의의 심판에 대한 감사, 하나님의 신실하심에 감사, 정확한 하나님의 섭리 하의 경륜으로 인도하심에 대한 감사'를 모두 함의(含意)하고 있는 단어이다.

이런 "할렐루야"가 19장 초반부에는 '네 번(1, 3, 4, 6)'이나 반복되고 있다. 성경에서 '두 번'은 강조이다. '세 번'은 '더 이상은 없다'라는 최상급(best)의 의미이다.

2 그의 심판은 참되고 의로운지라 음행으로 땅을 더럽게 한 큰 음녀를 심판하사 자기 종들의 피를 그의 손에 갚으셨도다 하고 3 두번째 가로되 할렐루야 하더니 그 연기가 세세토록 올라가더라

19장 2-3절에서는 하나님께서 행하신 모든 심판은 "참되고 의롭다"라며 거짓과 불의가 없는 심판에 대해 찬양하는 것을 사도 요한은 듣고 있다. 모든 세속 도시의 어미인 큰 성 바벨론(17:1, 5) 즉 큰 음녀는 "음행"으로 땅을 더럽게 하였고 더 나아가 예수 믿는 자들의 피를 "금잔"에 부어 마시기도 했다(17:6). 이 구절에서는 그런 큰 음녀에 대한 심판을 '정당하다(왕하 9:7)'라고 하면서 찬양하고 있는 것이다.

그 심판을 "세세토록 올라가는 연기"에 비유하며 '끊임없는 저주'를 상

징하는 있는 바 이는 이사야 34장 8-15절의 말씀과 상통한다.

4 또 이십사 장로와 네 생물이 엎드려 보좌에 앉으신 하나님께 경배하여 가로되 아멘 할렐루야 하니 **5** 보좌에서 음성이 나서 가로되 하나님의 종들 곧 그를 경외하는 너희들아 무론대소하고 다 우리 하나님께 찬송하라 **6** 또 내가 들으니 허다한 무리의 음성도 같고 많은 물소리도 같고 큰 뇌성도 같아서 가로되 할렐루야 주 우리 하나님 곧 전능하신 이가 통치하시도다

4절의 "보좌에 앉으신 하나님께 경배하여 가로되"에서 '보좌'란 하나님이 앉아 계신 곳(4:2)으로 영광, 통치, 심판, 권위, 위엄을 가리킨다. 결국 4-6절은 역사의 주관자(야훼 엘로힘)이시며 전능하신(omni-potent) 하나님(엘로힘)의 통치에 관한 찬양으로 하나님의 "종들", 곧 하나님을 경외하는 "무리들(교회들)"을 상징하고 있는 "이십사 장로"와 "천사"를 상징하는 네 생물의 찬양을 보여주고 있다. 그렇다. 하나님만이 찬양받기 합당하시다.

6절의 "또 내가 들으니"라는 것은 이 구절을 기점으로 전후를 의도적으로 나누고 있음을 알 수 있다. 앞부분이 하나님의 공의로운 심판과 그 승리에 관한 것이라면, 뒷부분은 승리로 인한 어린양의 혼인잔치를 나타내고 있다.

"전능하신 이가 통치하시도다"라는 것은 그리스도의 재림과 백보좌 심판 후 하나님나라의 완성을 보며 찬양하고 있는 것이다.

7-9절은 '어린양의 혼인 잔치'에 관한 찬양으로 그 혼인 잔치에 참여케 하신 구속주 예수님을 찬양하고 있다.

7절에서는 어린양이신 예수께서 그 신부인 교회에게 약속했던 '혼인 기약의 날'이 다가왔다라고 말씀하고 있다. 이는 신랑 되신 예수께서 이 땅의 신부인 우리를 데리러 오시는 '재림의 그날'이 임박했다라는 의미이다. 그러므로 신부인 우리는 의의 병기로서 믿음의 정절을 지키며 의로운 행실 곧 거룩함에 이르는 열매(롬 6:22)라는 풍성한 열매를 준비하면서 '반드시' 다시 오실 신랑을 기다려야 할 것이다.

분명한 것은 교회인 신부가 어린양의 혼인 잔치에 참석하여 찬양할 수 있게 된 것은 우리의 행실 혹은 행위 때문이 아니라는 점이다. 즉 율법이나 자기의 의가 아니라 '하나님의 전적인 은혜'인 것이다. 즉 그분께서 '당신의 보혈로' 우리에게 빛나고 깨끗한 세마포 옷을 입게(19:8) 하셨기 때문이라는 것이다. 마태복음 22장 1-14절에는 '예복을 입지 않은 사람'의 최후를 보여주고 있다. 여기서 '예복'이란 예수 그리스도의 십자가 보혈을 가리킨다. 예복을 입지 않은 결과는 수족이 결박을 당한 채 바깥 어두움에 내어 던져짐을 당하게 되고 만다.

한편 "그 아내가 예비하였으니"라는 것은 21장 2절에 의거하여 해석하면 신부인 교회가 신랑 되신 어린양을 위해 '준비 혹은 단장했다'라는 의미이다. 이는 유대인의 결혼 풍습을 연상하면 더욱 쉽게 이해할 수 있다.

유대인은 결혼 전에 먼저 정혼(pledge to be married)을 한다. 정혼(定婚) 후 결혼을 약속한 신부는 장차 가게 될 신랑집의 가풍을 배우고 잘 훈련된 신부로 철저한 준비를 하며 정혼했던 신랑을 학수고대하며 기다린다. 이는 마치 신부인 교회가 신랑 되신 예수님의 재림의 때를 기다리며 준비하는 것과 같다.

8절에서는 하나님나라의 혼인 잔치에 참여하기 위하여는 "빛나고 깨끗한 세마포" 즉 '그리스도의 의의 옷'을 입어야 한다고 말씀하고 있다. '흰옷, 빛의 갑옷, 빛나고 깨끗한 세마포'는 어린양의 혼인 잔치에 참석하려면 반드시 갖추어야 할 예복으로써 '예복'이란 예수 그리스도의 십자가 보혈이다. 그렇기에 빛나고 깨끗한 세마포를 입지 않으면 '그' 잔치에 결코 참여할 수가 없다(마 22:1-14). 이는 17장 4절의 큰 음녀가 입었던 '음행과 사치로 가득한 옷'과는 극명하게 대조되고 있다.

한편 8절의 후반부에 나오는 "성도들의 옳은 행실"이 의미하는 것은 '행위 구원'을 가리키는 것이 아니다. 그것은 믿음과 행함의 '균형과 조화'를 말하며 동시에 하나님의 자녀로서 하나님께 인정받는 '그리스도인의 삶'을 의미한다. 결국 "성도들의 옳은 행실"이란 '성령님께서 인도하시는 대로(주권, 통치, 질서, 지배 하에 들어가) 살아가는 삶 혹은 그리스도 안(in Christ)에서 그리스도와 연합(Union with Christ)하여 하나되어 살아가는 삶'을 말한다. 즉 '성령 충만의 삶'이다.

나는 신앙생활에 대한 정의를 다음과 같이 내리고 있다. '신앙생활'이란 하나님의 은혜로 허락된 선물 즉 명사인 주신 믿음(피스티스)의 동사(피스튜오, 페이도, Peitho)화 과정이라고 정의하고 있다. 믿음(명사, 피스티스)의 결과 나타난 믿음, 즉 행실(동사, 피스튜오)이란, 삶의 원리나 습관이 성경적일 뿐 아니라 기독교적 세계관, 기독교적 가치관에 입각한 삶의 모습까지도 포함하는 것을 말한다.

9 천사가 내게 말하기를 기록하라 어린 양의 혼인 잔치에 청함을 입은 자들이 복이 있도다 하고 또 내게 말하되 이것은 하나님의 참되신 말씀이라 하기로

9절에서는 천사가 사도 요한에게 "어린양의 혼인 잔치에 청함을 입은 자들이 복이 있도다"라는 말씀을 기록하라고 하셨다. 이는 "하나님의 참되신 말씀"이라고 하셨다. 이 또한 핵심 구절 중의 하나이다.

한편 요한계시록에는 '일곱 번의 복'이 언급되어 있다는 사실에 우리는 주목해야 한다.

첫째는 "이 예언의 말씀을 읽는 자와 듣는 자들과 그 가운데 기록한 것을 지키는 자들이 복(1:3)"이 있다.

둘째는 "지금 이후로 주 안에서 죽는 자들은 복(14:13)"이 있다.

셋째는 "누구든지 깨어 자기 옷을 지켜 벌거벗고 다니지 아니하며 자기의 부끄러움을 보이지 아니하는 자가 복(16:15)"이 있다.

넷째는 "어린양의 혼인 잔치에 청함을 입은 자들이 복(19:9)"이 있다.

다섯째는 "첫째 부활에 참여하는 자가 복(20:6)"이 있다.

여섯째는 "이 책의 예언의 말씀을 지키는 자가 복(22:7)"이 있다.

일곱째는 "두루마기를 빠는 자들은 복(22:14)"이 있다.

복의 결과는 "저희 수고를 그치고 쉬리니(14:13)", "둘째 사망이 그들을 다스리는 권세가 없고 도리어 그들이 하나님과 그리스도의 제사장이 되어 천년 동안 그리스도로 더불어 왕노릇하리라(20:6)", "생명나무에 나아가며 문들을 통하여 성에 들어갈 권세(22;14)"를 얻게되는 것이다.

10 내가 그 발 앞에 엎드려 경배하려 하니 그가 나더러 말하기를 나는 너와 및 예수의 증거를 받은 네 형제들과 같이 된 종이니 삼가 그리하지 말고 오직 하나님께 경배하라 예수의 증거는 대언의 영이라 하더라

10절에서 사도 요한은 어린양의 혼인 잔치에 청함을 입은 자가 하나님께 진정 '복을 받은' 사람이라고 알려준 천사에게 경배하려 한다. 소위 그 일을 행하신 하나님을 찬양하는 것이 아니라 그 일의 도구로 사용된 대상을 찬양하는 우스꽝스러운 짓을 하고 있는 것이다. 오늘날 우리 주변에서 심심찮게 보이는 장면들이다. 우리는 '기적 그 자체'에 집중할 것이 아니라 그 기적을 베푸시는 '예수'를 바라보아야 한다.

자신을 경배하려는 사도 요한을 천사는 급히 말리면서 손사래를 친다. "나는 너와 및 예수의 증거를 받은 네 형제들과 같이 된 종"이라며 자신을 분명히 밝힌 후 "오직 하나님께 경배하라"고 잘라 말하고 있다. 이는 계시록 22장 9절과 사도행전 10장, 14장에서도 동일하게 목격했던 일이다.

앞서 언급했지만, 일반적으로 인간 군상들은 기적이나 기이한 일을 보면 그 일을 행하신 하나님을 찬양하기보다는 실제 일어난 현상에 집중하는 경향이 있다. 즉 그 일을 행하신 하나님보다는 그 일을 전하러 온 천사를 경배하는 모습에서 우리는 보다 더 '긴장하고 각성하고 근신'해야 할 것이다.

10절 말미에는 천사가 "예수의 증거는 대언의 영"이라는 모호한 표현을 쓰고 있다. 이를 풀이하면 '예수를 그리스도 메시야로 증거하는 이는 대언의 영이신 성령님'이라는 의미이다. 그렇기에 "성령으로 아니하고는 누구든지 예수를 주시라 할 수 없느니라"라고 고린도전서 12장 3절은 말씀하셨다.

우리가 구원을 얻은 것은 물과 성령으로 '거듭남' 때문이다. '물'은 '말씀'을 상징하며 '말씀'은 육신이 되신 예수 그리스도(요 1:14)를 의미한다. 즉 교회는 '예수와 성령'으로 구원받아 거듭난 것이다. 또 다른 보혜사(요 14:16)이신 진리의 영, 예수의 영이신 성령님은 그 예수님만이 그리스도, 메시야임을 가르쳐주시고 우리에게 믿음(피스티스, 명사)을 선물로 주셨다. 그리하여 만세 전에 택정된 우리가 그 믿음(명사, 선물)으로 믿게 되어(동사) 성령님에 의해 하나님의 자녀로(요 1:12-13) 인침을 받게 되었다. 그렇기에 요한복음 3장 5절의 "물과 성령으로 나지 아니하면 하나님 나라에 들어갈 수 없느니라"는 말씀에 대해 너무나 많은 해석이 분분하나 나는 '물과 성령'을 '예수 그리스도와 성령님'으로 해석하였다. 물론 다른 해석들도 가능하다고 생각한다.

11-16절에서는 사도 요한이 재림의 예수님에 대한 이름 네 가지를 보았다. 교회는 그 '이름'에 담긴 의미를 통해 '승리주이시요 심판주'이신 만왕의 왕, 재림하실 예수님의 '속성'에 대해 알아야 한다.

특히 11절은 사도 요한이 "하늘이 열린 것"을 보는 장면으로 시작된다. 즉 그리스도의 재림의 그날, 최후 심판의 날이 다가옴을 함의(含意)하는 말씀이다. 4장 1절에서도 "하늘 문이 열린 것"을 보았고 11장 19절과 15장 5절에서도 "하늘 성전이 열린 것"을 보았다. 사도 요한은 '그날'에 오실 승리주이신 '예수'께서 '백마'를 타고 계신 것도 보았다.

"백마 혹은 흰 말"은 승리자, 정복자가 타는 말을 가리킨다. 그 이름은 "충신과 진실"이었다 예수의 이름이 '충신과 진실'이라는 것은 예수님만이 신실(충신, 믿음직, 피스토스, πιστός, adj, rustworthy, faithful, relia-ble/신실한 자, 충성된 자)하시고 예수님만이 길이요 생명이요 진리(진실, 알레데이아/ἀληθινός, adj, true (lit: made of truth), real, genuine, 참된 자, 진정한 자)이심을 가리킨다. 결국 신실하고 참되신 분, 진리이신 승리주시요 심판주이신 예수님께서 마지막 날에 "공의로 심판"하실 것을 묘사한 것이다. 한편 많은 이단 교주들은 이런 예수님을 모방하여 마치 자신이 예수님이라도 되듯 종종 흰 말을 타고 있는 모습의 퍼포먼스를 즐기곤 한다.

12 그 눈이 불꽃 같고 그 머리에 많은 면류관이 있고 또 이름 쓴 것이 하나가 있으니 자기 밖에 아는 자가 없고

12절에서는 그 눈이 '불꽃' 같고라고 했는데 이는 '통찰력(Sight 관(觀): Hindsight; 온고이지신, Insight; 통찰력, Foresight; 선견지명)과 전지성(全知性, Omniscience, Infinite knowledge)'을 가진 예수님을 의미한다. 머리에 "많은 면류관"이 있다라는 것은 예수님만이 '왕중 왕'이시며 '완전한 승리주 하나님'이심을 가리킨다.

면류관에는 "이름 쓴 것이 하나가" 있는데 "자기 밖에 아는 자가 없고"라고 했다. 이는 예수님만 아는 것으로 아마 '그리스도의 새 이름'으로서 '새 하늘과 새 땅의 절대적 주권자'로서의 이름일 듯하다. 그 이름의 의미와 그 이름 안에 담겨있는 내용(섭리)은 예수님 재림 후, '그날'에 확실히 알게 될 것이다.

한편 '자기 밖에 아는 자가 없는 이름'이라는 것에는 고개가 갸우뚱해진다. 왜냐하면, 성경에서는 여러 번(창 4:26, 출 6:3, 렘 33:2) 당신의 이름을 가르쳐 주셨기에 얼핏 보면 서로 대치되는 듯 보이기 때문이다. 그러므로 '자기 밖에 알 수 없는 이름'은 문자적으로 해석할 것이 아니라 '하나님의 섭리와 경륜은 다 알 수 없다'라는 상징의 의미로 해석함이 마땅하다. 동시에 '그 예수님을 신뢰하고 그 하나님 앞에서는 순종과 충성으로 일관되라'는 말씀이기도 하다. 사족을 붙이자면 하나님은 원래 이름이 필요 없는 분(출 3:14)이시다. 성경에 나오는 모든 이름은 '하나님의 속성'을 의미한다.

13절의 "피 뿌린 옷을 입었다"라는 것은 예수님이 입은 옷에 '피'가 묻어 있다라는 의미이다. 이는 이사야 66장 3절의 "그들의 선혈이 내 옷에 튀어 내 의복을 다 더럽혔으니"라는 부분을 찬찬히 묵상하면 고개를 끄덕일 수 있다. 즉 예수님이 입은 옷에 피가 묻어 있는 것은 십자가에서 흘리신 그리스도의 피가 아니라 '원수들의 피'를 가리키는 것이다. 즉 그 이름이 '하나님의 말씀'이신 예수께서 그 입술의 '검'으로 철저하게 심판하신 것을 드러내려고 마치 치열한 전투에서 옷에 묻은 원수의 피를 묘사하듯 피 뿌린 옷을 입었다라고 하신 것이라 생각된다. 예수의 이름이 '하나님의 말씀(로고스)'이라는 것은 "말씀이 육신이 되신" 분이 바로 예수님(요 1:14)이라는 의미이다.

14절에는 예수를 따르는 무리들, 즉 "하늘에 있는 군대들"이 희고 깨끗한 세마포를 입고 백마를 타고 예수를 따르더라고 했는데 이들은 18장 20절의 교회들(성도들)과 사도들과 선지자들을 가리킨다.

한편 "희고 깨끗한 세마포"라는 것은 계시록 7장 9절에는 "흰 옷"으로 되어있다. 이를 계시록 7장 14절에서는 "어린양의 피에 그 옷을 씻어 희게 된 것"이라고 선명하게 말씀하고 있다. 그 어린양의 피가 바로 '십자가 보혈'이다. '흰 옷, 희고 깨끗한 세마포'와 동일한 의미가 '빛의 갑옷(롬 13:12), 예수 그리스도의 의의 옷(롬 13:14, 갈 3:27)'이다.

또한 흰 옷을 입은 하늘 군대인 교회들의 특성은 계시록 14장 4-5절에 잘 묘사되어 있다.

"이 사람들은 여자로 더불어 더럽히지 아니하고 정절이 있는 자라 어린 양이 어디로 인도하든지 따라가는 자며 사람 가운데서 구속을 받아 처음 익은 열매로 하나님과 어린양에게 속한 자들이니 그 입에 거짓말이 없고 흠이 없는 자들이더라" _계 14:4-5

15 그의 입에서 이한 검이 나오니 그것으로 만국을 치겠고 친히 저희를 철장으로 다스리며 또 친히 하나님 곧 전능하신 이의 맹렬한 진노의 포도주 틀을 밟겠고

15절에는 예수님의 입에서 예리한 말씀의 검(요 12:48)이 나와 "만국"을 치겠고(심판하며, 사 11:3, 요 12:48) 친히 저희를 "철장"으로 다스리며(시 2:9) 또 친히 하나님 곧 전능하신 이의 "맹렬한 진노의 포도주 틀"을 밟겠다(사 63:1-6)라고 말씀하고 있다. 이는 심판주이신 예수 그리스도를 통한 최후 심판의 '극렬함, 철저함, 완전함'을 가리킨다.

한편 "그의 입에서 이한 검이 나오니"에서 '이한 검'이란 이사야 11장 4절에서는 "입술의 기운"이라고 말씀하셨고 데살로니가 후서 2장 8절에는 "그 입의 기운"이라고 하셨다. 결국 하나님은 말씀으로 세상을 창조하시고 말씀으로 세상을 주관하시며 말씀으로 세상을 심판하실 것이다.

16 그 옷과 그 다리에 이름 쓴 것이 있으니 만왕의 왕이요 만주의 주라 하였더라

16절에서 사도 요한은 "그 옷과 다리에 이름 쓴 것"이 있음을 보았다. 이는 마치 승마복이 외투와 다리를 덮는 덮개로 되어있는 것을 묘사한 것으로 그곳에 이름이 새겨져 있었는데 "만왕의 왕이요 만주의 주"라고 되어 있었다. 이는 승리주, 심판주이신 재림의 예수께서 말씀으로 철저하게 심판하실 것을 예고하고 있는 것이다.

요한복음 12장 48절에서도 예수 그리스도는 동일하게 '말씀 곧 나의 한 그 말'로써 세상을 심판하실 것을 밝히셨다. 이런 예수님은 '하늘에서 내려온 자(요 3:13), 만유의 주(행 10:36), 교회의 머리(엡 4:15)'이시다.

17 또 내가 보니 한 천사가 해에 서서 공중에 나는 모든 새를 향하여 큰 음성으로 외쳐 가로되 와서 하나님의 큰 잔치에 모여 **18** 왕들의 고기와 장군들의 고기와 장사들의 고기와 말들과 그 탄 자들의 고기와 자유한 자들이나 종들이나 무론대소하고 모든 자의 고기를 먹으라 하더라 **19** 또 내가 보매 그 짐승과 땅의 임금들과 그 군대들이 모여 그 말 탄 자와 그의 군대로 더불어 전쟁을 일으키다가 **20** 짐승이 잡히고 그 앞에서 이적을 행하던 거짓 선지자도 함께 잡혔으니 이는 짐승의 표를 받고 그의 우상에게 경배하던 자들을 이적으로 미혹하던 자라 이 둘이 산 채로 유황불 붙는 못에 던지우고 **21** 그 나머지는 말 탄 자의 입으로 나오는 검에 죽으매 모든 새가 그 고기로 배불리우더라

17-21절에는 사도 요한이 한 천사가 공중에서 '전쟁'의 선포를 알리고 있는 것을 보게 된다. 전쟁(19)의 헬라어는 톤 폴레몬(τὸν πόλεμον, the war)인데 16장의 아마겟돈 전쟁(τὸν πόλεμον)이나 17-18장, 20장 8절의 곡과 마곡의 전쟁(τὸν πόλεμον)에서 사용된 '그' 헬라어와 동일하다. 결국 '전쟁'이란 종말 시대(교회 시대)에 일어나게 될 '모든 종류의 크고 작은 영적 싸움'을 가리킨다.

마귀(계 12:9)와 악한 세력의 총칭인 두 짐승(13장)과 그의 추종 세력인 땅의 임금과 군대들이 그 말 탄 자와 그의 군대들 즉 그리스도와 하늘의 군대로 더불어 전쟁(16:16)을 벌여 완패를 당한 후 붙잡히게 된다. 이후 사마귀(사단, 마귀, 귀신의 줄임말)와 악한 세력인 두 짐승과 추종자들은 유황불 붙는 불 못에 던져지고(계 20:10) 모든 악의 추종 세력들도 말씀(입술)의 검으로 심판을 받아 "세세토록 밤낮 괴로움을 당하는" '영원한 죽음(둘째 사망, 계 20:14, 10)'에 이르게 된다. '영원한 죽음(둘째 사망)'이란 "죽기를 구하여도 얻지 못하고 죽고 싶으나 죽음이 저희를 피하게 되는(계 9:7)" 상태로 19장 20절에서 "산 채로 유황불 붙는 못에 던져짐"과 20장 10절의 "세세토록 밤낮 괴로움을 당하는 것"을 말한다.

한편 17절의 "하나님의 큰 잔치"라는 것은 19절의 그 "전쟁"을 가리킨다. 그런데 그렇게 "잔치"라고 한 이유는, 한쪽의 경우는 최후 심판이지만 다른 쪽은 최후 승리이기에 '교회의 관점'에서는 '잔치'인 것이 맞다. 결국, '그날' 즉 최후 심판의 날, 예수 재림의 날이 되면 교회는 '신원의 날'이요 불신자는 '심판의 날'이기에 '그날'이 의미하는 것은, 한 손(one hand)의 각각 다른 면인 손바닥(palm)과 손등(dorsum of hand)의 관계로 이해해야 한다.

성경은 '지옥'을 영원히 꺼지지 않는 불타는 곳으로 묘사(마 5:22, 18:9, 막 9:43)하고 있으며 특별히 하나님의 심판의 도구로 사용되는 지옥을 가리켜 '극렬히 타는 유황불 혹은 유황불 붙는 못(14:10, 20:10, 14-15)'이라고 말씀하고 있다.

한편 '지옥'은 '하나님나라'와 마찬가지로 현재형과 미래형이 있다. 둘 다 동일하게 현재형이란 장소 개념이 아닌 '주권, 통치, 질서, 지배' 개념이며 미래형이란 지금은 볼 수 없지만 반드시 존재하는 '장소' 개념이다. 즉 '현재형 지옥'이란 성령님께 주권을 드리지 않고 성령님의 통치, 질서, 지배를 거부하는 '곳과 그런 사람'은 그 어디에 있든지 현재형 지옥을 살아가고 있는 것이라는 말이다.

다시 말하면 '하나님과의 관계 단절' 그 자체가 바로 '지옥'이라는 것이다. 그러므로 불신자들은 이 땅에서도 이미 지옥을 살아가고 있는 것이다. 다만 그들이 모르고 있을 뿐이다.

모든 사람은 누구나 다 예외없이 단 한 번은 피할 수 없는(히 9:27) 육신적 죽음을 맞게 된다. 이 후에 교회는 '장소' 개념의 미래형 하나님나라로 들어가게 되지만 불신자들은 반드시 존재하는 '장소' 개념인 미래형 지옥으로 떨어지게 될 것이다.

'교회의 부활체'에 대하여는 고린도전서 15장 42-44절에 말씀하셨으나 '악인의 부활체'에 대하여는 성경이 말하지 않았기에 어떤 모습으로 '미래형 지옥'에서 살아갈 것인가에 대하여는 나도 딱히 언급할 것이 없다. 분명한 것은 미래형 지옥에서 "세세토록 밤낮 괴로움(계 20:10, 9:6)"을 당한다는 것이다. 또한 부활체로 '영원한 죽음 혹은 둘째 사망'을 맞게 될 그들의 '장소' 개념인 미래형 지옥도 지금 육신을 가지고 한번의 유한된 삶을 살아가고 있는 '현재의 장소'처럼 생각하는 것은 무리이다. 분명한 것은 '미래형 지옥'은 장소 개념으로서 반드시 존재한다라는 것이다.

17-18절과 19-21절은 사도 요한에게 각각 두 가지 사건을 보여주신 것이지만 서로 다른 것이 아니라 동일한 것이다.

전자는 일곱 부류로서 "왕들, 장군들, 장사들, 말들과 탄 자들, 자유자들, 종들, 무론대소하고 모든 자들"을 지칭하는 '7'이라는 숫자 '일곱'을 가리키는 '악한 세력(불신자들) 전부(전체)'를 말하며 그들을 '전부 심판하시겠다'라는 의미이다.

후자는 그들을 미혹했던 "두 짐승, 즉 바다에서 나온 큰 세력을 가진 짐승과 땅에서 올라온 거짓 선지자를 예표한 짐승"을 심판하겠다는 것이다. "그 나머지"란 두 짐승을 제외한 짐승의 '추종 세력', 곧 19절의 '악의 세력을 추종했던 땅의 임금들과 백성들'을 가리킨다.

또 내가 크고 흰 보좌와 그 위에 앉으신 자를 보니 땅과 하늘이 그 앞에서 피

하여 간데없더라 _ 요한계시록 20:11

백보좌 심판($\theta\varrho\acute{o}\nu o\nu$ $\mu\acute{\varepsilon}\gamma\alpha\nu$ $\lambda\varepsilon\nu\kappa\grave{o}\nu$)

앞서 19장은 크게 3부분으로 나누어 해석함으로 쉽게 이해할 수 있었다.

한 번 더 반복하자면 전반부(1-10)에서는 역사의 주관자 하나님, 심판주 하나님, 구속주 하나님이신 재림의 예수님을 "할렐루야"로 4번(1, 3, 4, 6)이나 찬양하고 있음을 사도 요한은 보았다.

중반부(11-16)에서는 장차 백마를 타고 오실, 공의로 심판하실, 재림의 예수님의 네 가지 이름을 통해 예수님의 '속성' 네 가지를 알게 되었다. 그 예수님은 "충신과 진실"이며 "하나님의 말씀"이고 "만왕의 왕, 만주의 주"이시며 "자기 밖에 아는 자가 없는 이름"이었다. 묵상하면 묵상할수록 재림의 예수님이 기다려지고 살갑게 다가온다.

후반부(17-21)에서는 '그날'에 있게 될 악한 영의 세력들에 대한 심판주 하나님의 처절한 최후 심판을 보여주고 있다.

20장에서는 사도 요한이 재림의 예수님과 함께 보좌에 앉아 심판하는 권세를 갖게 된(20:4, 3:21) 교회들이 예수님의 백보좌 심판에 참여하는 것을 보게 된다. 영광의 순간이다. 할렐루야이다. 그저 감사이다.

더 나아가 교회는 "하나님과 그리스도의 제사장이 되어" 영원토록(천년 동안) 왕노릇하며 보좌에 앉은 것도 보게 된다(1-6).

한편 보좌에 앉은 교회와 예수 그리스도의 보좌 즉 "크고 흰 보좌(20:11)" 곧 백보좌 심판대에서 심판을 하는 권세를 받아 '사마귀'와 모든 악한 세력들, 심지어는 사망과 음부조차도 불 못으로 던져버린다(7-15).

예수님의 재림 후 있게 될 백보좌 심판은 계시록 20장 1절에서의 "무저갱 열쇠와 큰 쇠사슬을 그 손에 가지고 하늘로서" 내려오는, 예수님의 사역을 예표하는 천사를 통해 상징적으로 보여주고 있다.

1 또 내가 보매 천사가 무저갱의 열쇠와 큰 쇠사슬을 그 손에 가지고 하늘로서 내려와서

이곳과 달리 9장 1절에는 하늘에서 땅에 "떨어진('내려온'이 아니라)" 별 하나(눅 10:18)가 무저갱의 열쇠를 "받았다('가졌다'가 아니라)"라는 말씀이 나온다. 이는 사단이 땅에서 예수님의 재림 전까지인 종말 시대 동안에는 제한적인 범위 안에서 일시적으로 활동할 수 있게 허용(already~not yet)되었다라는 의미이다.

반면에 이곳 20장 1절은 "무저갱의 열쇠와 큰 쇠사슬을 '가지고'('받았다'가 아니라)" 하늘로서 "내려와('떨어진'이 아니라)"라고 되어 있다. 이 천사는 예수 그리스도의 사역을 예표하고 상징하는 천사이다. 그러므로 계시록 9장 1절과 20장 1절은 엇비슷해 보이나 결정적인 차이가 두 가지[89] 있다. 하나는 무저갱의 열쇠를 '받았다'와 '가졌다'의 차이이고 다른 하나는 하늘로서 '떨어지다'와 '내려오다'의 차이이다. '떨어지다'의 헬라어는 핍토(Πίπτω, v)인데 반하여 '내려오다'는 헬라어 카타바이노(καταβαίνω, v)이다. 결국 '떨어지다, 받았다'라는 것은 종말 시대 동안에 있게 될 사단의 제한적이고 일시적인 권세를 가리키는 것이라면 '내려오다, 가졌다'라는 것은 예수 그리스도의 사역을 상징하고 있는 것이다.

2 용을 잡으니 곧 옛 뱀이요 마귀요 사단이라 잡아 일천년 동안 결박하여

2절에는 예수님의 사역을 예표하는 그 천사가 내려와 "용, 옛 뱀, 마귀"로 불리는 "사단(계 12:9)"을 잡아 결박한다. "결박"이란 '심판권, 통치권의 결박'을 가리키는 것으로 하나님이 사단으로 상징되는 뱀에게 창세기(창 3:15, 최초의 원시 복음) 때부터 '벌'로 정하신 '그것(창 3:14-15)'이다. 즉 그때에 머리가 깨진 사단은 이미(already) '결박'당한 상태로 '사단의 참소권은 박탈당했다'라는 것을 가리킨다. 그러므로 "결박"이란 예수님의 초림 후 십자가 죽음과 부활을 통해 '다 이루신' 후 승리하신 것(창 3:15)을 통

---

89 27 '떨어지다'라는 헬라어는 핍토(Πίπτω, v, fall under (as under condemnation), fall prostrate)인데 이는 '타락하다'라는 뜻으로 부정적 의미가 내포되어 있다. '내려오다'는 헬라어 카타바이노(καταβαίνω, v, I go down, come down, either from the sky or from higher land, descend)이다.

해 '사단을 잡아서 묶어 두었다'라는 것을 포함하여 태초부터 계셨던 예수님께서 그때 이미 승리하셨음을 말한다.

이를 베드로전서 1장 20절에서는 '창세 전'부터 구속을 '알리셨으며' 2,000년 전 초림의 예수님이 십자가로 '나타내신 바 되었다'라고 말씀하고 있다. 또한 이사야 46장 10절에서는 "종말을 처음(창세, 태초)부터 고하며 아직 이루지 아니한 일(예수 그리스도의 십자가 죽음)을 옛적부터 보이고 이르기를 나의 모략(작정과 예정, 섭리와 경륜)이 설 것이니 내가 나의 모든 기뻐하는 것(인간의 구속 계획)을 이루리라 하였느니라"고 하셨다. '다 이루었다'라는 것은 성육신하신 초림의 예수 그리스도의 십자가 보혈과 부활의 승리로 인한 인간의 구속 성취를 가리킨다.

여기서 '처음부터, 옛적부터'는 태초 혹은 시초(창세)를 의미하고 '종말, 아직 이루지 아니한 일, 나의 모든 기뻐하는 일'은 '예수님의 구속 사역'을 의미한다. 즉 창세 전부터 예수의 구속을 '알리셨으며' 구속주이신 초림의 예수님이 성육신하셔서 십자가로 '나타내신' 바 되었다는 것이다.

십자가 보혈이라는 구속 즉 예수 그리스도의 피 흘림으로 인한 대가 지불을 '알리신' 것은 창세기 3장 21절에 동물(어린 양)을 죽여 피를 흘려 "가죽옷을 지어 입히시니라"는 말씀에서부터 이미 암시하셨다. 하나님은 아담과 하와의 죄와 수치를 감추기 위해 짐승을 죽여 피를 흘리게 하셨다. 그 피로 인해 죄사함을 허락(히 9:22)하셨고 그 가죽으로 인하여는 인간의 수치를 덮어주셨던 것이다.

창세기 22장에도 숫양을 대신 죽여 피를 흘리게 함으로 이삭을 살리시는 장면이 있다. 하나님은 이삭 대신 숫양이 죽어 피 흘리는 것을 보여주심으로 인간의 대속을 향한 예수의 십자가 보혈을 예표하신 것이다.

출애굽기 12장 5절에는 출애굽 시 어린양을 죽여 그 피를 문 인방(引枋, lintel)과 좌우 설주(a side post, a pillar)에 발라 장자의 죽음을 피하게 하셨다.

상기의 모든 예들은 '유월절 어린양'이신 예수의 '죽음'을 예표하는, 즉 예수 그리스도를 통한 구속을 알리신 구약의 사건들이다.

요한복음 8장 56절에는 예수님 오시기 2,000년 전 즉 지금으로부터 4,000년 전의 아브라함이 "예수님 볼 것을 즐거워하다가 예수님을 보고 기뻐하였다"라고 말씀하고 있다. 이를 가리켜 히브리서 11장에서는 믿음의 선진들이 '예수를 보고 믿음으로' 구원 얻은 것이라고 하셨다. 결국 그 초림의 예수님은 태초부터 계셨기 때문에 '믿음의 선진들도 그리고 아브라함도 모두가 다 예수를 보았고 그 구원자 예수를 믿어 구원받았다'라는 것을 가리킨다. 그야말로 '신비(mystery, 뮤스테리온)'이다.

이를 논리적으로 어느 정도 선명하게 이해하려면 먼저 예수님의 재림 후에는 시공(時空)의 의미가 없음을 염두에 두어야 한다. 동시에 인간의 육신적 죽음 이후에도 역시 시공의 의미가 없다. 그렇기에 BC 2,000년에 살았던 아브라함이 그때 죽었다 하더라도 초림 후 부활 승천하신 예수님은 시공을 초월하여 아브라함에게 나타나셨고 아브라함은 예수를 본 것이다.

우리의 죽음과 예수님의 재림, 그리고 그 간격에 대해 조금 더 설명하려고 한다. 만약 우리의 죽음이 오늘이고 예수님의 재림이 100년 뒤라고 한다면 그 간격 동안에 우리는 어떤 상태로 어디에 있게 될까? 이런 간극을 메우기 위해 꾀를 낸 인간들은 너무나 많은 얄팍하고 달콤한, 진리를 혼잡케 하는 교리들을 만들어 놓았다. 마치 무한(無限)을 유한(有限)에 담기라도 하려는 듯이…….

나는 확신을 가지고 분명하게 답할 수 있는 것이 있다. 만약 내가 오늘 죽게 된다면 나는 곧 바로 부활체로 변화하여 미래형 하나님나라에 들어가 영생을 누리게 된다는 것이다. 비록 예수님이 100년 뒤에 재림하시더라도……. 왜냐하면 그 간격은 육신적 죽음 이후에는 이미 의미가 없기 때문이다. 1,000년(만수)이 하루(하나) 같기 때문(벧후 3:8)이다.

그러므로 육신적 삶과 육신적 죽음은 실상은 하나이다. 죽음(다나토스)이란 영생으로 향하는, 영원을 향하는 첫 관문이요 첫 발자국일 뿐이다. 사도 바울은 육신적 죽음을 현재형 하나님나라에서 미래형 하나님나라에로의 '이동($\tau\tilde{\eta}\varsigma$ $\dot{\alpha}\nu\alpha\lambda\acute{\upsilon}\sigma\epsilon\acute{\omega}\varsigma$, the departure, 옮김, 딤후 4:6, 아나뤼오, $\dot{\alpha}\nu\alpha\lambda\acute{\upsilon}\omega$, v)'이라고 했다. 상기의 사실들을 깊이 묵상해보면 앞서간 신앙 선배들 중 순교했던 분들의 삶과 죽음에 대한 태도들을 좀 더 쉽게 이해할 수 있다. 더 나아가 이런 확신을 가지게 되면 '순교'라는 한번 인생의 외통수를 만나게 되더라도 죽음이 좀 더 가까워지고 더 나아가 기꺼이 순교를 감수하게 될 것이다.

다시 말하지만 앞서간 선진들의 죽음, 아니 모든 인간의 죽음과 예수의 재림 사이의 시간적 간격은 아무런 의미가 없음을 알아야 한다. 그 기간이 얼마이든 간에.

그러므로 예수님의 재림 전, 하나님의 택정하심과 하나님의 섭리 하에 그분의 경륜을 따라 살다가 예수를 믿고 육적으로 죽은(순교한) 모든 교회들은 예수 재림과의 그 간격이 수백 년이든 수천 년이든 간에 그들이 죽었던 바로 그 순간 즉시 부활체로 살아나 미래형 하나님나라에 들어간 것이다. 즉 예수를 믿고 죽게 되면 그때가 언제이든 상관없이 그 즉시 부활체로 살아나 삼위하나님과 더불어 영생을 누리게 된다는 것이다.

우리가 흔히 오해하듯 지금 나의 죽음과 예수님의 재림 사이의 간격인 그 기간 동안에 다른 어느 곳에서 대기를 한다라든지 그곳에서 잠자고 있다가 예수님의 재림 때 에야 비로소 부활체로 변하여 그때부터 천국에서 영생을 누린다고 생각하는 것은 지독한 난센스(nonsense)이다.

다시 말하지만 우리는 예수님의 재림 후 곧장 부활하여 부활체로 미래형 하나님나라에서 영생을 누리며 살아가는 것이다. 그렇게 살아가는 미래형 하나님나라에는 '시공의 의미'가 없다. 그러므로 2,000년이라든지 4,000년이라든지 하는, 지금 육신으로 있을 때 느끼는 시공은 우리의 죽음 이후에는 순식간에 거슬러 올라가 버림을 알아야 한다. 곧 바로 하나로 붙어버린다. 그러므로 유한된 시공 속에서 살아가며 제한된 인간의 논리나 지식 속에 무한하신 하나님의 섭리와 경륜을 묶어 두려 해서는 안 된다.

3 무저갱에 던져 잠그고 그 위에 인봉하여 천년이 차도록 다시는 만국을 미혹하지 못하게 하였다가 그 후에는 반드시 잠간 놓이리라

한편 3절에서는 무저갱에 던져진 사단이 "다시는 만국을 미혹하지 못하게 된다"라고 하셨다. 즉 교회의 구원을 흔드는 일에 하등의 영향을 미

칠 수 없다라는 것이다. 왜냐하면, 이미 사단은 예수님께 머리가 깨짐으로 참소권이 박탈되어 더 이상 우리를 참소할 수 없기 때문이다. 다만 '그' 꼬리를 살려 두셨는데 이는 교회의 거룩을 위해 잠시(종말 시대) 동안 하나님의 도구로 쓰이는 것을 허용 받았기 때문이다.

"무저갱에 던져 잠그고"에서 '던지다'의 헬라어는 발로(βάλλω, v, to throw, cast)인데 이는 요한복음 12장 31절의 '쫓겨나다'의 헬라어인 에크발로(ἐκβάλλω, v, I throw (cast, put) out; I banish; I bring forth, produce)와 동일한 의미이다. 그러므로 "무저갱에 던져졌다"라는 것은 '무저갱으로 쫓겨났다'라는 의미로, 초림의 예수님으로부터 '심판을 받았다'라는 것이며 사단의 '머리가 깨어졌다'는 것을 가리킨다.

"천 년이 차도록 다시는 만국을 미혹하지 못하게 하였다가"라는 것은 무천년설에 의거한 천년왕국인 '종말 시대 동안'에 교회를 참소하지 못할 뿐 아니라 교회의 구원을 흔드는 일에 전혀 영향을 미치지 못한다라는 의미이다.

"그 후에는 반드시 잠간 놓이리라"는 것은 예수님의 재림 후 백보좌 심판을 받아야 하므로 그때에는 놓이게 될 것이라는 의미이다. 그때에는 꼬리는 물론이요 사단은 아예 유황 불못으로 떨어지게 될 것(계 20:10)이다.

4 또 내가 보좌들을 보니 거기 앉은 자들이 있어 심판하는 권세를 받았더라 또 내가 보니 예수의 증거와 하나님의 말씀을 인하여 목 베임을 받은 자의 영혼들과 또 짐승과 그의 우상에게 경배하지도 아니하고 이마와 손에 그의 표를 받지도 아니한 자들이 살아서 그리스도로 더불어 천년 동안 왕노릇하니 5 (그 나머

4-5절에서는 이중적 함의를 잘 구분하여 이해해야 문맥을 놓치지 않게 된다. 이중적 함의 중 하나는 사도 요한이 하늘의 보좌들을 보았더니 그 보좌에는 구원받은 백성, 즉 먼저 간 교회들(A)이 앉아있었는데 그들도 보좌에 앉아서 심판에 참여하는 권세를 받았음을 목도했다는 것이다. 그들(A)은 이전에 "예수의 증거와 하나님의 말씀을 인하여 목 베임을 받은 자의 영혼들"이다. 즉 "짐승과 그의 우상에 경배하지도 않고 이마와 손에 짐승의 표를 거절함으로 순교 당한 무리들(A)"이다. 사도 요한은 이들이 미래형 하나님나라에서 '부활체로 살아서(살아있어서)' 그리스도로 더불어 천 년 동안(영원히) 왕 노릇하는 것을 보았다.

이중적 함의 중 또 다른 하나는 "짐승과 그의 우상에 경배하지도 않고 이마와 손에 그의 표를 받지도 아니한 자들" 중에 지금도 육신적으로 살아있어 현재형 하나님나라에 살고 있는 무리들(B)을 사도 요한은 환상을 통해 보게 되었다. 이들은 '하늘에 속한 자들(14:1)'로서 '하나님의 장막(13:6)에 거하는 자들, 하늘에서 내려오는 거룩한 성 예루살렘(3:12), 하늘과 그 가운데 거하는 자들(12:12), 짐승과 우상에게 경배하지 않고 이마와 손에 표를 받지 않은 자들(20:4)'을 가리킨다.[90] 즉 '하늘에 속했으나 아직은 이 땅에 육신을 가지고 살아가는 순교 당하지 않은 자들'이다. 이들은 예수를 믿어 첫째(영적) 부활에 참여함으로 다시 살아난, 즉 영적 죽음에서 살아나게 된 자들이다. 이들은 예수를 왕으로 모시고 종말 시

---

90 이필찬 교수의 〈요한계시록 어떻게 읽을 것인가〉, p317-319 재인용

대(교회 시대)를 상징하는 무천년설의 천년 왕국(현재형 하나님나라) 동안에 그리스도로 더불어 왕 노릇하는 거룩한 나라요 왕 같은 제사장(벧전 2:9)들이다.

무천년설에서 천년 왕국의 '천년'이란 예수님의 초림에서 재림 전까지의 전 기간인 '종말 시대'를 가리킨다. 종말 시대(교회 시대)를 상징하는 '천년'동안 예수를 믿은 후 영적 죽음(영적 사망)에서 '살아서(살아나서)' 영적 부활(첫째 부활)에 참예한 자들은 주인 되신 성령님을 모시고(내주 성령) '그리스도와 더불어 천 년(영원) 동안 왕 노릇(20:4)'하는 것이다. 즉 왕이신 예수님을 모시고 그분의 통치 하에서 왕 같은 제사장으로 현재형 하나님나라를 살아가고 또한 육신적 죽음 후에는 미래형 하나님나라에서 영원히 왕 노릇하게 된다는 것이다.

결론적으로 예수를 믿어 영적 죽음으로부터 살아난, 그러나 아직까지는 순교 당하지 않은 자들(B)은 성령님을 주인으로 모시고 현재형 하나님나라에서 그리스도와 더불어 천 년(종말 시대) 동안 왕 노릇을 하게 된다. 동시에 예수 믿음과 하나님의 계명을 끝까지 붙들다가 순교 당하여 먼저 하늘의 보좌에 앉은 자들(A)은 그리스도와 더불어 미래형 하나님나라에서 영원히(천년 동안) 왕 노릇하는 것이다.

그러므로 영적 죽음에서 살아나 영적 부활(첫째 부활)이 된 그들(A+B) 모두는 육체적으로 살아있을 때인 현재형 하나님나라에서도 그리스도와 더불어 왕 노릇하고 육적 죽음 이후인 미래형 하나님나라에서도 그리스도와 더불어 천 년(영원) 동안 왕 노릇하게 된다라는 말이다.

그러므로 예수를 믿어 영적 부활된 교회는 그리스도와 더불어 지금부터 앞으로도 영원히 왕 노릇하며 영생을 누리는 것이라는 의미이다. 예수로 인해 구원받은 교회가 '육체적으로 살아있을 때인 현재형 하나님나라'에서 왕 노릇하는 것은 첫째(영적) 부활에 참여한 자가 누리는 복이다.

"그 나머지 죽은 자들은 천 년이 차기까지 살지 못하더라(20:5)"에서 '그 나머지 죽은 자들"이란 불신자들을 가리키며 "천 년이 차기까지 살지 못하더라"고 한 것은 무천년설에 기반한 천년왕국인 '종말 시대'의 끝날까지는 영적 죽음 상태에 있다는 것을 말씀한 것이다.

불신자들은 영적 죽음 상태로 태어난다. 그들은 예수 그리스도를 영접하지 않았기에 계속 영적 죽음 상태로 있다가 누구나 한 번은 죽게 되는 육적 죽음을 맞이하게 된다. 이후에 다시 살아나(악인의 부활) 백보좌 심판 후 영원한 죽음 즉 둘째 사망으로 들어가게 된다. 즉 예수님의 재림 후에 부활(요 5:29, 행 24:15)하여 백보좌 심판을 거쳐 둘째 사망(영원한 죽음)의 해를 받게 되는 것이다.

행여 죽음 상태나 다른 상태로 1,000년 동안 '어느 곳'에 있다가 예수님 재림 시에 백보좌 심판을 통해 그때서야 유황 불못에 들어가게 된다라는 엉뚱한 해석은 곤란하다.

한편 예수로 인해 영적 죽음에서 살아난 것을 영절 부활(첫째 부활)이라고 한다. 당연히 예수를 믿지 않은 자들은 예수님의 재림 전까지를 의미하는 천년 왕국 동안은 죽음(영적 죽음, 육적 죽음) 상태로 있는 것이다.

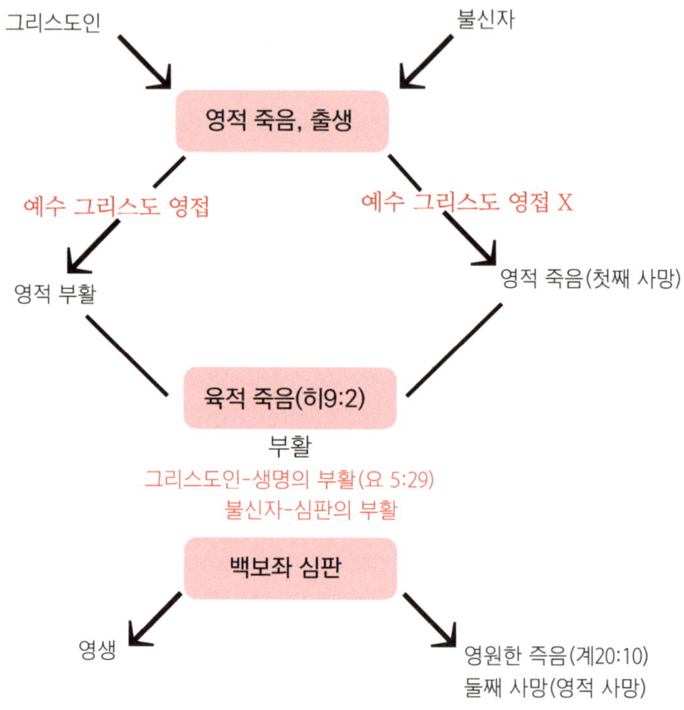

6 이 첫째 부활에 참여하는 자들은 복이 있고 거룩하도다 둘째 사망이 그들을 다스리는 권세가 없고 도리어 그들이 하나님과 그리스도의 제사장이 되어 천 년 동안 그리스도로 더불어 왕노릇하리라

6절에서는 "이 첫째(영적) 부활에 참여하는 자들은 복이 있고"라고 말씀하고 있다. 그런 그들을 가리켜 '거룩한 성도 즉 교회'라고 한다. 그들은 당연히 '둘째 사망의 해'를 받지 않게 된다. 그들은 '하나님과 그리스도의 왕 같은(벧전 2:9) 제사장'으로, '영적으로 살아서(살아있어서, 영적 부활 상태)' 천 년 동안(영원히) 그리스도로 더불어 "왕 노릇"한다. 이때의

"천 년"이란 문자적인 천 년(1,000년)이 아니다. 좁은 의미에서는 예수님의 '초림과 재림 전'까지의 '종말 시대'를 가리킨다.

'살아서(살아나서, 살아있어서)'라는 것은 태초부터 종말의 끝, 아니 영원까지를 의미한다. '그' 천 년 동안(영원히) 그리스도로 더불어 하나님나라(현재형과 미래형 하나님나라)에서 왕 노릇할 것을 의미한다. 하나님나라에서의 '왕노릇'이란 그곳에서 영생을 누리며 삼위하나님 안에 거하며, 삼위하나님과 함께하며, 그분과의 바른 관계와 친밀한 교제를 가지며, 그분께만 찬양과 경배를 올리는 것을 말한다(요 17:3).

앞서 언급했지만, 이사야 46장 10절은 이런 사실을 디테일하게 뒷받침해 주고 있다. 더하여 교회는 하나님과 그리스도의 '왕 같은 제사장'이 되는데 그 의미는 세상적인 권세(파워)를 부리며 군림한다는 것이 아니라 '세상을 하나님과 화목하게 하는 직책'을 의미한다(고후 5:17-21).

7 천년이 차매 사단이 그 옥에서 놓여 **8** 나와서 땅의 사방 백성 곧 곡과 마곡을 미혹하고 모아 싸움을 붙이리니 그 수가 바다 모래 같으리라 **9** 저희가 지면에 널리 퍼져 성도들의 진과 사랑하시는 성을 두르매 하늘에서 불이 내려와 저희를 소멸하고

7-9절에는 "천 년이 차매" 사단이 그 옥에서 놓여 나와서 땅의 사방 백성인 "곡과 마곡"[91]을 미혹하고 모은 후 교회들에게 싸움을 건다. 그 수가

---

91 마곡 왕국의 통치자인 곡(겔 38:2)은 땅의 사방 백성을 지칭하며 마곡은 노아의 손자로서 야벳의 둘째 아들(창 10:2)이다. 곡과 마곡은 땅의 사방 백성을 지칭한다.

"바다 모래"같이 많은 그들은 지면에 널리 퍼져 "성도들의 진과 사랑하시
는 성"을 포위하게 되자 교회들은 백척간두(百尺竿頭)에 서게 된다. 그러
나 즉각적인 하나님의 개입으로 전쟁이 시작되기도 전에 하늘에서 "불"
이 내려와 저희를 "소멸"시켜 버린다. 영화 '정오의 결투(high noon,
1952, 미국)'를 보는 듯하다.

여기서 '전쟁'이란 구체적으로 '종말의 끝에 있게 될 전쟁'으로 해석할
수도 있으나 나는 우리 인생에서 일어나는 '크고 작은 모든 영적 싸움'으
로 해석한다. 물론 '전쟁 혹은 싸움'이라는 것을 문자 그대로 종말의 끝에
실제로 있게 될 전쟁으로 해석할 수도 있다.

일정 부분 그럴 수도 있겠다 싶지만 나는 종말 시대 동안에 있는 '모든
다양한 영적 싸움'으로 해석하는 쪽에 줄을 섰다. 그렇기에 나는 아마겟
돈전쟁(16:16)이나 19장 19절의 전쟁이나 이곳 20장 8절의 곡과 마곡의
전쟁 등등은 모두 다 동일한 전쟁으로 종말 시대 동안에 일어나는 크고
작은 다양한 영적 전쟁으로 해석한다.

"천 년이 차매"라는 말은 미래형 하나님나라가 도래되어 예수 그리스도
새 언약이 '완성'되는 예수 재림의 그날을 말한다. 사단이 "그 옥에서 놓
여 나와서"라는 의미는 종말 시대 동안 머리는 깨어진 채 꼬리만 꿈틀거
리는 상태 즉 '무저갱에 갇혀 있던' 사단이 예수님의 백보좌 심판대에서
영원한 불 못에 던져지기 위해 백보좌 심판을 받으러 나오게 됨을 의미한
다. 또한 "옥"이란 특정한 장소적인 개념이라기 보다는 종말 시대 동안에
교회의 거룩함을 위해 교회를 핍박하는 그 일에 하나님께로부터 '한시적,
제한적 권세'로 허락을 받은 '기간'을 상징하는 단어로 나는 해석한다.

10절에는 마귀와 짐승(13:1)과 거짓 선지자들(13:11)이 "산 채로 유황 불 붙는 못(19:20)"에 던져져 영원한 죽음인 둘째 사망의 해 즉 "밤낮 세세토록 괴로움"을 당하게 되는 것을 보여주고 있다. 여기서 "세세토록 밤낮 괴로움을 받으리라"는 것이 바로 '둘째 사망'이요 '영원한 죽음'이다. 이는 죽지도 않고 죽지도 못하면서(막 9:48) 영원히 '죽음 같은, 죽음 보다 더한 괴로움'을 받는 것을 가리킨다.

11절에서 사도 요한은 교회와 불신자들, 그리고 사마귀(사단, 마귀, 귀신)와 짐승과 거짓 선지자들, 악의 추종 세력들 즉 곡과 마곡의 무리들 등 모든 악한 세력들을 최종 심판하기 위해 "크고 흰 보좌(백보좌 심판대)"에 앉으신 심판주인 예수님을 보고 있다.

이때에는 예수님의 재림 이후이므로 당연히 이전 하늘과 땅이 온데간데없어질 것이다. 옛 세상과 옛 창조질서는 폐하여지며 완전한 새 창조가 이루어질 것이다. 베드로후서 3장 10절과 고린도전서 7장 31절은 이러한 사실을 강력하게 뒷받침하고 있다.

잠시 창세기의 하늘과 땅이 인간으로 인해 오염되었다가 계시록의 새 하늘과 새 땅으로 회복됨과 완성으로의 변한 모습을 대조하며 살펴보자.

	창세기	계시록
1	하늘과 땅 창조	새 하늘과 새 땅으로 재 창조 (21:1)
2	빛 창조	하나님의 영광이 비취고 어린 양이 등불(21:23)
3	사단의 미혹	미혹하는 마귀가 유황 불못으로 (20:10)
4	에덴의 상실 생명나무 접근 차단 땅이 가시덤불과 엉겅퀴를 냄	에덴의 회복 생수와 생명나무 과실로 누림 달마다 실과를 맺히고 잎사귀가 무성함
5	에덴동산에 선악을 알게 하는 나무를 두심 하나님과 같이 되어 성령이 떠남으로 죽은 자(영적 죽음)가 됨 하나님과 관계와 교제 끊김	'선악과'가 필요 없음 하나님안에서 하나님과의 하나 됨 신과 방불한 자로 영생을 누림 하나님과의 바른 관계와 친밀한 교제회복
6	인간의 만물 통치 실패 심판을 받게 됨	영원히 왕 노릇하며 만물을 다스리게 됨 심판하는 권세를 받음

"크고 흰 보좌"라는 말에서 '크다'라는 것은 '하나님의 권위의 장엄함'을 의미하고 '희다'라는 것은 '하나님판단의 절대적 공정성'을 의미[92]한다.

12 또 내가 보니 죽은 자들이 무론 대소하고 그 보좌 앞에 섰는데 책들이 펴 있고 또 다른 책이 펴졌으니 곧 생명책이라 죽은 자들이 자기 행위를 따라 책들에 기록된 대로 심판을 받으니 13 바다가 그 가운데서 죽은 자들을 내어주고 또 사망과 음부도 그 가운데서 죽은 자들을 내어주매 각 사람이 자기의 행위대로 심판을 받고

12-13절에서는 사도 요한에게 예수님의 백보좌 심판대를 보여주고 있다. 또한 교회와 불신자들 등 모든 사람들이 그 보좌 앞에 선 것을 보여주고 있다. 교회는 생명책에 자기 이름이 기록되어 있기에 영생(신원)으로, 불신자는 생명책에 자기 이름이 없기에 유황 불못(심판)으로 떨어져 둘째 사망의 해를 받게 된다. 로마서 14장 10절에도 '모두가 예수님의 심판대에 서리라'고 말씀하고 있으며 요한복음 5장 24, 29절에도 교회는 생명의 부활을 통해 영생으로, 불신자는 심판의 부활로 둘째 사망에 이를 것을 말씀하고 있다.

보좌 앞에 "책들"이 펴져 있고 또 "다른 책"이 펴져 있었다. 이때 '다른 책'은 생명책을 말한다. 한편 '책들'이란 믿지 않는 자들(죽은 자들, 땅에 속한 자들)의 행위 즉 '불신과 불순종'을 적어 놓은 책들이다. 일단의 학자들은 교회들의 행위(deed)도 적혀 있어 그에 따라 상급을 받는다고 한

---

92   이필찬 교수의 〈요한계시록 어떻게 읽을 것인가〉, p326 재인용

다. 나는 하나님나라에서의 상급은 '삼위하나님과 영원히 함께하며 그 하나님을 찬양하는 것'이라고 생각하기에 '상급' 운운하는 것에는 그다지 관심이 없다.

한편 "바다가 그 가운데서 죽은 자들을 내어주고(20:13)"라는 것은 20장 11절, 21장 1절의 말씀과 대조하여 보면 문자적으로만 볼 때 뭔가 황당한 느낌이 있다. 없어졌다고 한 바다가 '내어준다'라니…….

'없어졌는데……, 그 가운데서 죽은 자를 내어준다?'

어떻게?

결국 "바다"라는 것은 죽은 자들을 삼키고 있던 '사망이나 음부'를 상징하는 것으로 생각된다. 아마 "바다, 사망, 음부"는 반복된 같은 의미, 다른 단어일 것이다. 분명한 것은 무엇이든 간에 "각 사람이 자기 행위대로 심판을(20:13-14)" 받게 된다는 것이다. 여기서 '자기 행위'란 예수를 믿지 않은 것, 복음을 배척한 것, 즉 불신과 불순종(롬 1:18, 히 3:18-19)을 말한다.

14 사망과 음부도 불못에 던지우니 이것은 둘째 사망 곧 불못이라 **15** 누구든지 생명책에 기록되지 못한 자는 불못에 던지우리라

14-15절은 "둘째 사망" 곧 "불못"에 사망도, 음부도, 불신자도, 사마귀도, 짐승과 거짓 선지자도 모두 다 던져지게 됨을 말씀하고 있다.

"누구든지" 생명책에 기록되지 못한 자는 모두 다 유황 불못이다. 즉 "자기의 행위"대로 심판을 받게 되는 것이다. 심지어는 죽음을 의인화한 "사망과 음부"도 불 못에 던져지게 됨으로 더 이상 죽음은 없게(21:4)됨

을 말씀하고 있다. 결국 하나님나라에도 지옥에도 '죽음은 없다'라는 것
으로 하나님나라는 영생이지만 지옥은 영벌인 것이다.

그 성은 해나 달의 비침이 쓸데없으니 이는 하나님의 영광이 비취고 어린 양

이 그 등이 되심이라 _ 요한계시록 21:23

거룩한 성 새 예루살렘
(τὴν πόλιν τὴν ἁγίαν, Ἰερουσαλὴμ καινὴν)

거룩한 성 예루살렘
(τὴν πόλιν τὴν ἁγίαν Ἰερουσαλὴμ)

미래형 하나님나라(장소)와 신부인 교회

최후 심판의 날에 예수님의 백보좌 심판대(20:11)를 통과한 교회 즉 '거룩한 성 예루살렘(21:10)'들은 미래형 하나님나라인 새 하늘과 새 땅 곧 '거룩한 성 새 예루살렘(21:2)'에서 "하나님의 영광의 빛을 받아 "지극히 귀한 보석 같고 벽옥과 수정 같이 맑게(21:11)" 되어 삼위하나님과 더불어 교제하고 찬양하며 경배하며 영생을 누리게 된다. 미래형 하나님나라에서 교회들은 신의 본체는 아니나 신과 방불한 부활체(신령한 몸, 고전 15:44)로 살아가게 된다. 그곳에서 살아가는 교회들의 모습을 21장(11-21)은 살짝 보여주고 있다.

'거룩한 성 예루살렘'인 교회는 "맑은 유리 같은 정금(21:18)이며 성곽은 벽옥으로 쌓였고(21:18) 그 성의 성곽의 기초석은 각색 보석으로 꾸몄는데(21:19) 다양하고도 다채로운 12가지 보석(21:19-20)"으로 되어 있었다. 이는 12가지 보석 같은 다양한 모습과 각종 달란트를 가진 교회들이 삼위하나님을 중심으로 최고로 아름답게, 절제와 균형과 조화를 이루며 살아가게 됨을 보여주신 것이다.

'거룩한 성 새 예루살렘'인 미래형 하나님나라에서 사도 요한은 "성전(ναός, nm, divine dwelling-place); a temple (sacred abode))은 보지 못했다"라고 했다. 왜냐하면 "주 하나님 곧 전능하신 이와 어린양이 그 성전(21:22)"이시기 때문이다. 또한 그 성은 "해나 달의 비침"이 쓸데없으니 이는 "하나님의 영광이 비취고 어린양이 그 등(21:23)"이 되시기 때문이다. 교회는 그 성에 "영광과 존귀"를 가지고 들어오고 "그 빛 가운데(21:24, 26)"서 살아가게 된다. 성문들은 "낮에 도무지 닫지 아니하리니 거기는 밤이 없기(25)" 때문이다.

21-22장에서는 '거룩한 성 예루살렘(10)'과 '거룩한 성 새 예루살렘(2)'으로 표기한 부분의 미묘한 차이를 분별하는 것이 중요하다.

21장 2-3절에는 새 하늘과 새 땅인 거룩한 성 '새' 예루살렘(2)이 나온다. 이는 분명한 '장소 개념'인 '미래형 하나님나라를 가리키는 것으로 '하나님의 장막(21:3)'이라고도 부른다. 그 나라는 마치 "신부가 남편을 위하여 단장한 것 같더라"는 표현에서 보듯 최고로 단장한, 눈부시게 아름답다는 것을 사도 요한은 강조하고 있다.

아더 핑크는 그의 저서 〈요한복음 강해〉 p.773-774에서 미래형 하나님나라는 '교회가 사랑(환영)받는 곳, 삼위하나님과 연합되어 영생을 누리게 될 곳, 지체들과의 교제가 있게 될 곳'이라고 했다. 그는 '나라'란 광대함을, '왕국(Kingdom)'이란 하나님나라의 질서정연함을, '성'이란 거주자가 많음을, '낙원'이란 하나님나라의 기쁨 충만을, '아버지 집'이란 하나님나라의 영원함을 의미한다고 했다.

한편 21장 9-10절은 어린양의 아내 곧 신랑 되신 예수님의 신부인 교회, 즉 '거룩한 성 예루살렘'의 모습을 보여주고 있다. 구원받은 성도인 '교회'는 21장 11-21절까지 언급되고 있는 상징적인 숫자(12,000스다디온, 144규빗, 12지파, 12사도, 12문 등등)에 나타나듯 '완벽함' 그 자체임을 보여주고 있다. 더 나아가 미래형 하나님나라 즉 거룩한 성 '새' 예루살렘에서 살아갈 '거룩한 성 예루살렘'인 교회는 성, 길, 성곽, 기초석, 진주문 등 온갖 종류의 아름다운 보석으로 치장된 그렇게 완전하고도 다양한 상태의 모습으로 그곳에서 보석처럼 살아가게 될 것을 묵시문학적으로 표현하고 있다.

그 후 21장 22-26절에는 다시 거룩한 성 '새' 예루살렘인 미래형 하나님나라의 모습(22-25)과 '거룩한 성 예루살렘'인 교회(26-27)의 모습을 번갈아 보여주고 있다. 즉 21장 1절에서 22장 5절까지는 일곱 재앙 심판 후 도래하게 될 미래형 하나님나라와 그곳에서 살아갈 교회들에 관한 묘사이다. 특히 21장 1-8절은 새 하늘과 새 땅인 미래형 하나님나라 즉 거룩한 성 '새' 예루살렘에 관해, 21장 9-27절은 거룩한 성 예루살렘인 교회가 미래형 하나님나라인 거룩한 성 '새' 예루살렘에서 살아가게 될 복된 삶에 관한 내용이다.

다시 말하지만 22장 1-5절은 새 하늘과 새 땅인 미래형 하나님나라 즉 거룩한 성 '새' 예루살렘에서 살아갈 교회 즉 거룩한 성 예루살렘의 삶을 최종적으로 말씀하고 있다. 결국 에덴의 완전한 회복이요 재창조를 보여주고 있는 것이다.

1 또 내가 새 하늘과 새 땅을 보니 처음 하늘과 처음 땅이 없어졌고 바다도 다시 있지 않더라

21장 1절에서는 사도 요한이 "새 하늘과 새 땅"을 보았다라고 하면서 신천 신지인 미래형 하나님나라는 "처음 하늘과 처음 땅"이 아니었다고 말하고 있다. 그렇기에 "땅과 하늘이 그 앞에서 피하여 간 데 없더라(20:11)", "처음 하늘과 처음 땅이 없어졌고 바다도 다시 있지 않더라(21:1)"고 했다.

나는 환상을 통해 이런 것들을 보았던 사도 요한을 생각할 때마다 부럽다. 한편으로는 '많이 아쉬웠겠다'라는 엉뚱한 생각이 들곤 한다. 나 같으면 이왕 하나님나라를 보았다면 그 나라에 머물게 해달라고 떼를 쓰며 요구했을 것 같은데…….

한편 "없어진 바다"는 15장 2절의 "불이 섞인 유리 바다"로 '세상'을 의

미한다. 즉 '바다도 다시 있지 않다'라는 것은 '이전 세상은 온데간데없이 사라졌다'라는 것이다. 반면에 "유리바다"로 상징된 미래형 하나님나라는 분명한 장소 개념으로 거룩한 성 새 예루살렘을 가리킨다.

한편 '새 하늘과 새 땅'에 관한 두 가지 설(theory)이 있다. 전 지구적 소멸설(창조설)과 갱신설(갱신설)이다.

루터교 계통의 학자들이 전자를 지지한다면 개혁주의 학자들은 후자를 지지한다. 나는 둘 다에 일정 부분 고개를 끄덕이기는 하나 둘 다에 별로 관심이 없다. 오직 나의 관심은 새 하늘과 새 땅인 미래형 하나님나라에서 삼위하나님과 영원히 함께하며 교제하며 삼위하나님께 경배드리는 것을 소망할 뿐이다. 사실 여부는 그때 가서 보면 될 일이다. 그렇기에 부활체로 살아가는 그 장소가 '갱신이 되든 창조가 되든' 삼위하나님과 함께하기만 하면 '오케이(O.K)'인 것이다 그리고 그때 가보면 '갱신인지 창조인지를' 명확히 알게 될 것으로 기대하고 있다.

그날에 여러 가지로 여러 면에서 '아하, 그것이었구나'를 연발하게 될지도 모르겠다. 그렇기에 나는 이 땅에서 꼭 알아야 할 것은 힘을 다해 알아가고 반드시 지켜야 할 본질적인 것은 목숨 걸고 지키려 한다.

본질적인 것이 아님에도 구태여…….

그래서 나는 본질에 더 집중한다. 본질이 아닌 것에는 절제한다.

'본질에는 목숨을, 비 본질에는 포용과 여유를.'

오늘 내게 가장 중요한 것은, 만세 전에 성부하나님의 은혜로 택정함을 입어 구원받은 자로서 미래형 하나님나라에 가기까지 지금 현재형 하나님나라를 알차게 살아가며 그 나라를 확장해가고 나를 향한 '하나님의 뜻

(델레마 데우)'을 잘 분별하며 그 뜻을 따라 그분의 기쁨으로 살아가는 것이다.

한편 "새 하늘과 새 땅"은 '장소' 개념으로 '미래형 하나님나라와 미래형 지옥'을 모두 다 포함하는 삼위하나님이 다스리는 새로운 세계를 말한다. 노파심에서 다시 말하지만 '장소' 개념인 미래형 하나님나라의 '장소'란 우리가 그곳에서 살아갈 때에는 지금의 육신과 달리 부활체(고전 15:42-44)이기에 현재 우리가 육신을 갖고 살아가는 지금의 장소처럼 생각하여서는 안 된다는 점이다. 동시에 '미래형 지옥'은 '새 하늘과 새 땅'에서의 '새'라는 말이 얼핏 어울리지 않아 보이지만 그래도 불신자들이 들어가 '세세토록 밤낮 괴로움(계 20:10)"을 당하게 될 새로운 장소를 의미한다라고 나는 해석하고 있다.

2 또 내가 보매 거룩한 성 새 예루살렘이 하나님께로부터 하늘에서 내려오니 그 예비한 것이 신부가 남편을 위하여 단장한 것 같더라

2절에서 사도 요한은 "거룩한 성 새 예루살렘($\tau\grave{\eta}\nu$ $\pi\acute{o}\lambda\iota\nu$ $\tau\grave{\eta}\nu$ $\acute{\alpha}\gamma\acute{\iota}\alpha\nu$ $'I\varepsilon\varrho o\upsilon\sigma\alpha\lambda\grave{\eta}\mu$ $\kappa\alpha\iota\nu\grave{\eta}\nu$)"이 하나님께로부터 "하늘에서" 내려오는 것을 보게 된다. 다시 강조하지만 "거룩한 성 새($\kappa\alpha\iota\nu\grave{\eta}\nu$) 예루살렘"이란 우리가 영원히 살게 될 처소(요 14:2-4, 엡 2:20-22, 겔 43:7)인 '장소' 개념의 미래형 하나님나라를 말한다. 더 나아가 여기서 '새롭다'의 헬라어로 쓰인 카이노스($\kappa\alpha\iota\nu\acute{o}\varsigma$, adj, new, fresh/properly, new in quality (innovation), fresh in development or opportunity – because "not found exactly like this before.")는 '시간적으로 새롭다'라는 것이 아니라 '질적인 새로움'을 의미한다. 그러므로 장소 개념의 미래형 하나님나라인 "거룩한 성 새 예루살렘"은 질적으로 완전히 다른, 재창조의 완성인 하나님나라를 가리킨다.

굳이 2절의 "거룩한 성 새 예루살렘"과 10절의 "거룩한 성 예루살렘"을 구분하려는 것은 전자의 경우 분명한 '장소' 개념인 미래형 하나님나라인 처소(하나님의 장막)임을 강조하고 싶픈 나의 마음이다. 반면에 후자는 어린양의 신부인 '교회 된 성도'를 가리키는 것으로 나는 해석하고 있기 때문이다.

"그 예비한 것이 신부가 남편을 위하여 단장한 것 같더라"는 것은 '장소'를 의미하는 미래형 하나님나라인 거룩한 성 새 예루살렘의 '극한 아름다움'을 상징하고 있다. 이는 신랑 되신 예수께서 거룩함으로 단장한 보석 같은 신부인 교회(거룩한 성 예루살렘)를 지극히 아름다운 새 처소인 미래형 하나님나라, 즉 거룩한 성 새 예루살렘으로 인도하실 것을 알려주고 있는 것이다. 마치 신랑이 오랫동안 멋지게 가꾸고 잘 준비한 '신혼 처소'로 신부를 데려오기 위해 그 '때'를 기다리는 모습이 상상된다.

결국 교회(거룩한 성 예루살렘)인 신부가 미래형 하나님나라(거룩한 성 새 예루살렘)에서 살아갈 때 온갖 종류의 다양한 보석처럼, 다양한 지체들이 거룩함으로 완벽하게 영생을 누리게 될 것을 21장 11-21절에서는 묵시문학의 형태로 묘사하고 있는 것이다. 반면에 2절은 마치 신부가 신랑을 위해 '단장'한 것 같이 최고로 아름다운 장소인 미래형 하나님나라, 즉 거룩한 성 새 예루살렘을 묘사한 것이다.

한편 "하나님께로부터 하늘로서 내려왔다"라는 것은 신적인 기원 (origin)을 말하는 것이다.

3절의 "보좌"에서 "큰 음성"이 들렸다는 것은 '권위 있는 하나님의 말씀'이 들렸다는 것으로 '하나님의 말씀은 신실하고 참되시다(21:5)'라는 의미이다.

이 구절에는 7절과 마찬가지로 '성부하나님의 교회를 향한 마음'을 슬쩍 드러내고 계신다. 우리를 향한 아버지 하나님의 마음은, "너희는 나의 백성이며 나의 아들"이고 그런 너희와 나는 "영원히 함께"할 것이라는 마음을 드러내신 것이다.

'하나님의 장막'은 2절의 "거룩한 성 새 예루살렘"인 미래형 하나님나라를 가리키는데 이는 하나님의 임재가 있는 새 처소를 말한다. 그곳에는 당연히 하나님의 보호하심이 있다. 한편 '교회'란 하나님의 백성 즉 하나님의 자녀(레 26:11-12)들을 가리키며 그 장막에 거하는 사람들이 바로 '교회'이다. 결국 2-7절은 교회를 향한 아버지 하나님의 언약 내용(창 17:7-8, 출 19:5-6, 렘 24:7)으로, 미래형 하나님나라에서 영원히 삼위하나님과의 바른 관계와 친밀한 교제를 누리게 될 것을 의미한다. 하나님의 언약은 그렇게 완전하게 성취될 것이다.

4 모든 눈물을 그 눈에서 씻기시매 다시 사망이 없고 애통하는 것이나 곡하는 것이나 아픈 것이 다시 있지 아니하리니 처음 것들이 다 지나갔음이러라

4절에서의 "모든 눈물을 그 눈에서 씻기시매"라는 것은 '고통, 죽음, 불행, 슬픔으로부터의 눈물을 말끔히 제거해 주실 것을 가리킨다. '눈물이 없어진다'라는 것은 눈물의 원인이 되는 사망(사 25:8), 애통(사 35:10, 51:11), 곡(사 65:19)하는 것, 아픈 것(사 21:2)도 사라질 것이라는 의미이다. 즉 죄의 결과로 나타나는 모든 것들은 미래형 하나님나라에서는 죄가 없어지기에 모두 다 사라지게 될 것이다.

"처음 것들이 다 지나갔음이러라"는 것은 불완전한 옛 피조 세계가 없어지고 완전한 새 세계에로의 재 창조 즉 완성된 미래형 하나님나라가 도래 될 것을 함의하고 있다.

5 보좌에 앉으신 이가 가라사대 보라 내가 만물을 새롭게 하노라 하시고 또 가라사대 이 말은 신실하고 참되니 기록하라 하시고

5절은 "만물을 새롭게" 재 창조하시는 "보좌에 앉으신 이"의 "신실하고 참되신" 말씀을 사도 요한은 듣고 있다. 민수기 23장 19절은 하나님의 말씀이 반드시 성취됨을 힘 있게 확인해 주고 있다. 그렇기에 당신의 말씀은 '신실(피스토스, $\pi\iota\sigma\tau\acute{o}\varsigma$, faithful)하고 참(알레데이아, $\alpha\lambda\eta\theta\epsilon\iota\alpha$/알레디노스, $\alpha\lambda\eta\theta\iota\nu\acute{o}\varsigma$, true)되다(19:11)'라고 하시며 당신의 말씀을

기록하라고 하시고 있다.

6 또 내게 말씀하시되 이루었도다 나는 알파와 오메가요 처음과 나중이라 내가 생명수 샘물로 목 마른 자에게 값없이 주리니

6절에서의 "이루었도다(테텔레스타이, $T\varepsilon\tau\acute{\varepsilon}\lambda\varepsilon\sigma\tau\alpha\iota$, It has been finished.)"라는 말은 가상 7언 중 6번째 말과 동일(요 19:30)한 것이다. '초림'이란 예수 그리스도 새 언약의 '성취'를 말하며 '재림'이란 예수 그리스도 새 언약의 '완성'을 말한다. 성부하나님의 인간을 향한 구속 계획은 초림의 예수 그리스도의 십자가 보혈로 성취되었다. 이후 예수님의 재림을 통해 새 언약이 완성되면 우리는 새 하늘과 새 땅 즉 미래형 하나님 나라에서 영생을 누리게 될 것이다. 이 구절은 그런 당신의 섭리와 경륜을 처음부터 끝까지 완전하게 '신실함과 참됨'으로 이끌어 갈 것을 말씀하고 있다.

"알파와 오메가요 처음과 나중이라"는 것은 역사의 주관자 하나님께서 시작과 과정을 인도하시고 끝 곧 결과를 반드시 이루실 것이라는 의미이다. 그 하나님은 영존하시는 자존자시요 창조주이시며 역사의 주관자 하나님이시다. 종국적으로 재림의 예수는 승리주로 오셔서 최후 심판자가 되시는 하나님으로 만유의 대주재가 되신다. 그는 우리에게 아무 대가 없이, 아무 공로 없이 은혜로 '값없이' 생명수 샘물(요 7:37-38)을 주셔서 구원을 허락하셨다. 그리하여 우리는 영생을 누리게 되었다.

'값없이.'

'은혜로.'

이는 마치 목마른 사슴이 시냇물을 찾아 헤매다가 갈증을 해갈함으로 다시 살아나는 것과 같다. 거기에 더하여 좋으신 하나님은 달마다 맺히는 생명 실과와 함께 생명수 샘물로 영생을 누리게 될 것도 말씀하셨다.

천지창조는 태초(창 1:1, 베레쉬트)에 부활의 첫 열매(레쉬트, 고전 15:20, 골 1:16-18)이신 예수로 말미암아(베이트, 비분리 전치사, ~안에 (in), ~로 말미암아, ~에 의하여(by), ~와 함께(with)) 시작(요 1:3, 창 1:1) 되었다. 기독교 세계관의 4기둥인 창조, 타락, 구속, 완성은 예수로 말미 암아 성취(초림)되고 예수로 말미암아 완성(재림)된다(20:11). 예수를 믿 어 구원받게 된 우리는 미래형 하나님나라인 "거룩한 성 새 예루살렘에서 (21:5)" 삼위하나님과 함께 영생을 누리게 될 것이다.

7 이기는 자는 이것들을 유업으로 얻으리니 나는 저희 하나님이 되고 그는 내 아들이 되리라

7절에서는 "이기는 자는 유업"을 얻게 되는데 하나님과는 '부자 관계' 로 하나님의 자녀로서 영존하게 될 것을 말씀하고 있다. 이는 우리를 향 한 아버지 하나님의 속마음이다. 그러므로 4-5장에서 천상의 교회 즉 미 래형 하나님나라의 예배 모습을 보여줄 때 나는 동심원상에서 삼위하나 님의 보좌 주위에 24장로(교회, 성도들)가 가장 지근거리에 있다고 한 것 이다. 그렇다 보니 우리를 섬기기 위해 창조된 천사장도 천군천사도 하나 님의 자녀 된 우리(교회)를 흠모하는 것이다. 전제할 것은 장차 미래형 하나님나라에서는 부활체로 살아가기에 개념상 천상의 완성된 교회의 모습을 동심원상으로 이해는 할 수 있지만 동시에 그곳에서는 시간과 공간은 아무 의미가 없다 라는 사실도 염두에 두어야 한다.

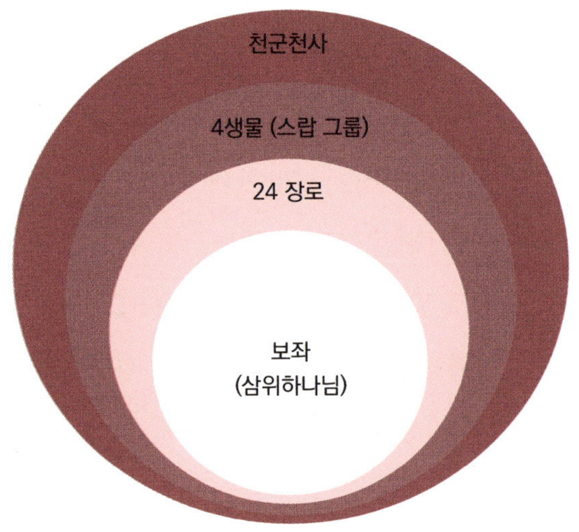

8 그러나 두려워하는 자들과 믿지 아니하는 자들과 흉악한 자들과 살인자들과 행음자들과 술객들과 우상숭배자들과 모든 거짓말하는 자들은 불과 유황으로 타는 못에 참예하리니 이것이 둘째 사망이라

8절에서 "두려워하는 자들"이란 종말 시대 동안에 맞닥뜨린 환난과 핍박을 견디지 못해 신앙을 저버린 자들을 가리키며 "믿지 아니하는 자들"이란 불신자를 가리킨다. 한편 "흉악한 자들"이란 가증한 자라는 의미로 우상숭배자(출 20:4-5)나 사단을 적극적으로 추종한 자를, "살인자들과 행

음자들"이란 인간에게 금하신 윤리 덕목 중 가장 큰 덕목을 위반한 자들로 생명을 강탈하고(창 9:6) 몸으로 죄를 짓는(고전 6:18) 것을 가리킨다. "술객들과 우상숭배자들(출 20:4-5)"은 마술, 점술, 복술, 사술로 혹세무민(惑世誣民)하고 미혹(9:21, 13:13-14, 18:23, 신 18:10)하는 사람들을 가리킨다. 마지막으로 "모든 거짓말하는 자들"이란 진리를 거스려 이단 사상을 유포하는 거짓 선지자들을 가리킨다. 이들 모두는 하나도 빠짐없이 "불과 유황으로 타는 못 즉 둘째 사망에 참예'하게 될 것이라고 경고하고 있다.

21장 27절에서도 두려워하는 것과 믿지 아니하는 것을 가리켜 "속된 것"이라고 하셨고 흉악자, 살인자, 행음자. 술객, 우상숭배자들을 가리켜 "가증한 일"을 행하는 자라고 하셨다. 또한 "거짓말하는 자"를 콕 집어 언급하셨다. 이들 모두는 반드시 둘째 사망에 들어가게 될 것을 경고하고 있다.

22장 15절에는 "개들"을 속된 것으로, "술객들과 행음자들과 살인자들과 우상숭배자들"을 가증한 것으로, "거짓말을 좋아하며 지어내는 자들"을 거짓 선지자라고 지적하며 이들 또한 불과 유황으로 타는 못 즉 둘째 사망의 해를 받게 된다고 하셨다.

그 결과 그들은 성 안(22:14)이 아닌 '성 밖(22:15)'에 있게 될 것이라고 말씀하고 있다. "성"이란 장소 개념인 미래형 하나님나라 즉 '거룩한 성 새 예루살렘'을 말한다.

9 일곱 대접을 가지고 마지막 일곱 재앙을 담은 일곱 천사 중 하나가 나아와서

9절에서는 일곱 천사 중 하나가 '마지막 재앙인 일곱째 대접 재앙'
을 사도 요한에게 보여주었다. 그 천사는 17장 1절과 동일한 천사이
다. 한편 17-18장에서는 큰 성 바벨론 즉 큰 음녀를 등장시켜 그들이 받
게 될 처절한 '심판'을 보여주었는데 반해 21-22장에는 교회들의 '신원
(vindication)'을 보여주고 있다. '신원'이란 교회들이 "거룩한 성 새 예
루살렘(21:2)"에서 12가지 보석으로 상징된 다양하고도 최고로 아름다운
균형(delicate balance)과 조화(harmony)를 갖춘 "거룩한 성 예루살렘
(21:10)"으로 살아가는 것을 의미한다.

즉 21장 1절에서 22장 5절까지는 분명한 장소 개념인 "하나님께로부
터 하늘로서 내려오는" 마치 신부가 남편을 위하여 "단장"한 것 같은 거
룩한 성 새 예루살렘(21:2) 즉 미래형 하나님나라에 관한 것과 12가지 보
석 같은 "신부", "어린양의 아내(21:9)" 곧 "거룩한 성 예루살렘"인 성도
(교회)들이 삼위하나님의 영광을 받아 "지극히 귀한 보석 같고 벽옥과 수
정 같이(21:11)" 맑게 살아가게 될 것을 환상으로 보여주고 있다.

10절에서 사도 요한은 성령에 감동되어 "크고 높은 산"으로 올라가게
된다. 17장 3절에서는 사도 요한을 사단의 활동 공간인 "광야"로 데려가

셨던 적이 있다. '광야'가 죄악, 향락, 사치를 의미한다면 22장의 '산'은 하나님의 기지가 있는 성산(聖山, 시 87:1)을 가리킨다. 그런 성산에서 사도 요한은 하나님께로부터 "하늘에서 내려오는" 거룩한 성 예루살렘(τὴν πόλιν τὴν ἁγίαν Ἰερουσαλήμ) 즉 어린양의 아내(신부)인 먼저 간 성도(교회)를 보고 있다.

2절의 "거룩한 성 새 예루살렘(ἁγίαν Ἰερουσαλήμ καινὴν)"과 10절의 "거룩한 성 예루살렘(ἁγίαν Ἰερουσαλὴμ)"을 나는 구분하여 해석한다. 전자가 장소 개념인 미래형 하나님나라인 '처소'를 말한다면 후자는 교회인 '어린양의 신부' 즉 '성도'를 가리키는 것이다. 그렇기에 미래형 하나님나라 즉 '거룩한 성 새 예루살렘'에서 살아갈 '거룩한 성 예루살렘'인 교회는 12가지 보석같이 찬란하고 아름다운 조화와 균형을 이루어 완벽하게 살 것을 21장 11-21절까지에서 묵시문학적으로 묘사하고 있는 것이다. 반면에 21장 2, 22-27절, 22장 1-5절에서는 마치 신부가 신랑을 위해 단장한 것 같은 최고의 처소인 '거룩한 성 새 예루살렘'인 미래형 하나님나라를 묘사하고 있다.

11 하나님의 영광이 있으매 그 성의 빛이 지극히 귀한 보석 같고 벽옥과 수정 같이 맑더라

11절은 "하나님의 영광이 있으매"로 시작하는데 이는 하나님의 '임재'를 상징하는 것으로 구약시대의 지성소에 임하던 하나님의 영광인 쉐키나를 말한다. '쉐키나'는 '거주'라는 의미로 '속죄소(atonement cover,

시은좌, mercy seat)에 나타난 하나님의 영광에 찬 모습'을 가리킨다. 즉 영광의 하나님이 자기 백성(거룩한 성 예루살렘)에게 당신의 영광을 비추실 것과 그로 인해 교회는 "지극히 귀한 보석 같고 벽옥과 수정 같이" 맑게 살아갈 것을 말씀하고 있다.

"그 성의 빛이 지극히 귀한 보석 같고 벽옥과 수정같이 맑더라"에서 "그 성"이란 거룩한 성 예루살렘인 교회를 가리킨다. "빛"[93]이란 빛 자체를 의미하는 포스(φῶς, nn)가 아닌 하나님의 영광의 빛을 받아 반짝이는 물체(성)의 빛(포스테르, Φωστήρ, nm)을 의미한다. 즉 어린양의 신부인 교회 즉 '거룩한 성 예루살렘'의 빛은 삼위하나님의 영광의 빛을 투영한(21:23) 빛이라는 의미이다. 그러므로 교회인 우리는 하나님께서 영화롭게 해 주셨음을 알고 "나의 나 된 것은(고전 15:10) 오직 하나님의 은혜"임을 지금도 앞으로도 영원히 삼위하나님을 주로 고백하며 감사, 찬양해야 할 것이다. 하나님의 빛을 받은 우리(거룩한 성 예루살렘인 교회)는 12가지 아름다운 보석으로 미래형 하나님나라(거룩한 성 새 예루살렘, 처소)에서 그렇게 영원히 살아가게 될 것이다.

21장 11-21절은 미래형 하나님나라에서 교회인 우리가 보석으로 살아갈 것에 대한 그 아름답고 찬란함을 묵시문학적으로 묘사한 것이다.

---

93 빛은 빛 그 자체를 의미하는 포스(φῶς, nn, a source of light / properly, light (especially in terms of its results, what it manifests); in the NT, the manifestation of God's self-existent life; divine illumination to reveal and impart life, through Christ)가 아니라 빛을 받아 반짝이는 물체의 빛(포스테르, Φωστήρ, nm, a light, an illuminator, perhaps the sun; a star; brilliancy)을 말한다.

12-14절에는 '열 둘(12)'이라는 숫자가 일곱 번(13절의 동서남북을 합하면 12인데 이것을 포함하여)이나 반복되어 나온다. 즉 "열두 문, 열두 천사, 열두 지파, 동서남북 열두 문, 열두 기초석, 십이 사도, 열두 이름" 등이다. 한편 '열둘(12=3x4)'은 하나님의 택정하심을 따라 구원받은 교회 즉 어린양의 신부인 '거룩한 성 예루살렘'을 가리킨다. 그리고 '일곱(7=3+4)'은 하나님의 언약, 맹세, 약속의 수이다. 결국 하나님의 택정하심을 따라 구원받게 될, 구원의 주권자이신 하나님만이 아시는 어린양의 신부(교회)들 즉 7장 9절의 "아무라도 능히 셀 수 없는 큰 무리"를 가리킨다.

한편 12-14절에는 "이름들"이 기록되어 있는데 이는 13장 1절과 17장 3절의 참람된 이름과 대조되고 있다. '12기초석 위에 12사도'의 이름이, '12문들 위에 12지파'의 이름이 있었다. 이는 구약과 신약의 구원받은 모든 성도를 상징하는 것으로 '이름'이란 그 나라에 '속한(소속, 소유)' 사람이라는 의미로 반드시 미래형 하나님나라에 들어가게 될 하나님의 자녀(교회)를 의미한다.

'동서남북으로 3개씩 문'(겔 48:30-35)이 '열둘'로 나 있는데 역시 3x4=12라는 약속의 수, 언약의 수, 맹세의 수로 이는 양의 문(요10:7, 9)이신 예수 그리스도로만 온 세상 만민(요 3:16)이 구원을 얻게 됨을 상징하고 있다.

12절의 "크고 높은 성곽"은 교회(성도)들에 대한 하나님의 완벽한 보호와 인도하심을 상징한다. 결국 21장 12-14절은 '거룩한 성 예루살렘인 교회'를 묘사하고 있는 것이지 장소 개념인 미래형 하나님나라 즉 거룩한 성 새 예루살렘을 묘사하는 것이 아님을 알 수 있다.

15 내게 말하는 자가 그 성과 그 문들과 성곽을 척량하려고 금 갈대를 가졌더라

15절에는 그 성과 그 문들과 성곽을 "척량"하려는 '금 갈대'를 가진 천사가 등장한다. '금 갈대'를 가지고 척량한다라는 것은 그 성(교회)에 대한 하나님의 의도와 계획의 '만족스러움과 완벽함'을 가리킨다.

"그 성과 그 문들과 성곽"이란 어린양의 신부인 교회 즉 '거룩한 성 예루살렘'을 가리키는 것으로 하나님은 당신의 마음에 합한, 진실된 교회에 대한 만족함과 흡족함을 보여주고 있는 것이다. 그 천사의 손에는 "금 갈대"가 있었는데 그것으로 교회를 '척량'하려고 한다라는 것은 진실된 교회를 향한 아버지 하나님의 '완벽한 안전과 보호'를 의미하기도 한다.

"척량"에는 '파괴와 보호'라는 이중적인 의미가 내포되어 있다. 이 구절에서는 '보존과 보호, 완성'됨을 가리키는데 교회의 아름다운 완성과 완벽함, 확실한 보호를 뜻하고 있다. 그러므로 예수 그리스도 새 언약의 완성, 즉 예수님의 재림을 통해 미래형 하나님나라에서 살게 될 교회(성도)의 '영광과 복'을 알게 해 주시려고 척량하고 있는 것이다.

16 그 성은 네모가 반듯하여 장광이 같은지라 그 갈대로 그 성을 척량하니 일만 이천 스다디온이요 장과 광과 고가 같더라

16절에는 "그 성" 즉 어린양의 신부인 '거룩한 성 예루살렘'은 "네모가 반듯"하여 "장과 광과 고"가 같더라고 묘사되어 있다. 그리고는 다시 연이어 "그 갈대로 그 성을 척량하니 일만 이천 스다디온이요 장과 광과 고가 같더라"고 반복하여 기술하고 있다. 여기에서 "12,000"이란 12X10X10X10으로 하나님의 택정하심에 따른 구원받게 될 셀 수 없는 많은 교회를 가리킨다. 왜냐하면 3x4=12로 약속의 수, 언약의 수, 맹세의 수이며 10x10x10=1,000으로 만수이기 때문이다.

한편 "장과 광과 고가 같더라"가 의미하는 것은 장과 광과 고가 같은 정육면체인 구약의 지성소 즉 삼위하나님의 임재와 현현을 가리키는 것으로 '거룩한 성 새 예루살렘'에서 살아갈 교회 즉 거룩한 성 예루살렘은 그곳에서 삼위하나님과 함께 거하기에 그 자체가 구약 성전의 지성소라는 의미이다. 결국 교회인 우리는 미래형 하나님나라에서 구약의 지성소가 하나님의 임재를 의미하듯 하나님과 '함께, 더불어' 영생을 누리게 될 것을 말씀하고 있다. 3x4x10x10x10=12,000은 하나님의 은혜로 구원받게 되는 허다한 무리인 교회의 수이다.

16-17절의 장(길이), 광(넓이), 고(높이)가 같은 정육면체인 성은 12,000스다디온이요 성곽(성의 두께)은 144규빗이었다. 이는 '지성소'를 가리키는 것으로 '균형과 안정'에 있어서 흠이 없는 '완벽함'을 의미한다. 즉 부활체로 변한 교회들(거룩한 성 예루살렘)의 보석 같은 완벽한 모습을 가리키는 것이다.

앞서 언급했듯이 3x4x10x10x10=12,000은 하나님께 구원받은 허다한 무리인 '교회의 수'이며 144는 12x12를 말하는 것으로 '열둘'이란 하나님의 택정하심을 따라 구원받게 될 교회의 완전수, 언약의 수이다. 결국 구원받은 교회인 우리는 흠이 없으며 최고의 균형과 안정 속에서 보석같은 모습으로 삼위하나님과 더불어 미래형 하나님나라에서 영생을 누리게 될 것을 말한다.

"사람의 척량" 곧 "천사의 척량"이라는 것은 '사람의 척량과 천사의 척량이 동일하다'라는 의미인데 이는 에스겔 40-42장의 모습을 반영한 것이다. 즉 '천사가 사용한 척량이 사람들이 사용하고 있는 척량을 따른 것'이라는 의미이다(Plummer). 한편 '척량'이란 앞서 11장에서 언급했듯이 교회의 '아름다운 완성과 완벽함, 확실한 보호'를 함의하고 있다. 그렇기에 교회에 대한 '천사의 척량'은 사도 요한이 본 그대로이며 모든 사람의 관점에서도 거룩한 성 예루살렘인 교회가 최고로 아름다운 12가지 보석들의 모습으로 완벽하게 균형과 조화를 갖추고 있다라는 의미이다. 결국 교회에 대한 천사의 관점도 사람의 관점도 모두 다 동일한 것으로 '아름답고 완벽하다'라는 것을 가리킨다.

18-21절에는 성곽과 성, 기초석, 문들, 성의 길에 관해 자세히 묘사하고 있다. 이는 출애굽기 28장 17-20절을 인용한 것으로 구약의 제사장들이 입던 에봇의 판결 흉패의 12가지 보석을 동일하게 계시록 21장에서

묘사함으로 구원을 받은 교회인 우리가 바로 왕 같은 제사장임을 가리키고 있다.

"그 성곽"은 벽옥으로 쌓였고 "그 성"은 정금이라고 했는데 이는 미래형 하나님나라에서 살게 될 교회의 아름다움, 순수성, 불변성, 고귀함을 상징하고 있다. 그 성에 있는 성곽의 "기초석"은 "각색 보석"으로 꾸몄는데 "그 기초석 위"에는 어린양의 십이 사도의 "이름(21:14)"이 새겨져 있었다. 기초석은 12가지 보석들로 이루어져 있었는데 제각각인 듯하나 실제로는 하나(Unity)에로의 통일성을 보여주고 있다.

'통일성(Unity)'이란 예수님 안에서의 하나됨을 가리키며 '12가지 보석'이란 구약의 제사장 판결 흉패에 있던 12가지 보석으로, 이는 예수 그리스도 안에서 12가지 보석 같이 아름답고 다양한, 예수님 안에서 한 지체된 교회들이 머리이신 예수님 안에서의 하나된 통일성을 보여주고 있는 것이다.

성의 '문'은 '진주'요 성의 '길'은 맑은 유리 같은 '정금'이라고 했는데 이 역시 '아름다운 보석 같은 교회의 모습'을 묵시문학적으로 묘사하고 있는 것이다.

참고로 계시록에서 언급한 12가지 보석을 소개하고자 한다. 첫째가 벽옥(Jasper, translucent stone)인데 이는 '점 혹은 반점으로 된 돌'을 가리킨다.

둘째 남보석(Sapphire)은 여섯째 홍보석(Sardius, Carnelian, Ruby, 홍옥)과 동일한 강옥(Corundum, 연마제)으로 빨간색은 루비이고 그 외의 색은 사파이어라고 한다. 이는 보석의 왕으로 색과 강도에 있어서 다이아몬드 다음으로 두 번째로 좋은 보석이다.

셋째는 옥수(Chalcedony, a smallstone of various colors)인데 '동물 뼛속의 단면과 같은 무늬를 가진 옥'이다.

넷째는 녹보석(Emeraldgreen, 녹색의 보석)이요 다섯째는 홍마노(Sardonyx, white streaked with red)인데 여섯째 홍보석에 흰 줄무늬가 들어가 있는 것이다.

일곱째는 황옥(Chrysolite, Topaz, a gem with a bright yellow color)인데 그중 암청색(London blue Topaz)을 띄는 것이 아름답고 가장 비싸다.

아홉째 담황옥(Topaz)은 엷은 노란색을 띄는 보석이다. 여덟째는 녹옥(Beryl, the best known being sea-green)이요 열째는 비취옥(Chrysoprase, a gem of a golden-greenish color)이요 열한째는 청옥(Jacinth, Hy-acinth)이요 열두째는 자정(Amethyst, 자수정)이다.

다시 21장 22-27절에서는 미래형 하나님나라인 거룩한 성 새 예루살렘을 묘사하고 있는 바 이는 마치 신부가 신랑을 위해 단장한 것 같은 지극히 아름답고 영화로운 장소임을 묘사하고 있다.

22 성 안에 성전을 내가 보지 못하였으니 이는 주 하나님 곧 전능하신 이와 및 어린 양이 그 성전이심이라

22절에서 "성 안에 성전을 내가 보지 못하였으니"라는 것은 미래형 하나님나라인 "거룩한 성 새 예루살렘" 안에는 '성전이 없다'라는 의미이다. 그 이유는 미래형 하나님나라인 천국은 죄가 없는 곳이기에 죄를 대속하는 역할을 하던 '구약적 성전'은 더 이상 필요가 없기 때문이다. 또한 천국에는 주 하나님 곧 전능하신 이와 및 어린양이 "그 성전"이시기에 친히 '성전되신 삼위하나님'과 함께 살아가는데 무슨 성전이 필요하겠는가? 그러므로 하나님 임재의 상징이었던 성전은 하나님나라에서는 더 이상 필요가 없는 것이다.

23 그 성은 해나 달의 비췸이 쓸데없으니 이는 하나님의 영광이 비취고 어린 양이 그 등이 되심이라

23절에서는 미래형 하나님나라인 거룩한 성 새 예루살렘에는 "해나 달의 비췸이 쓸데없다" 라고 했다. 왜냐하면, "하나님의 영광이 비취고 어린양이 그 등"이 되심이라고 하셨기 때문이다. 즉 빛 자체이신 하나님(요 1:5)께서 자기 영광으로 "그 성"을 비추시며 빛이신(요 1:4) 예수께서 비추시기에 해와 달의 비췸은 아예 필요가 없는 것이다. 그렇기에 이사야 60

장 19절에는 "다시는 낮에 해가 네 빛이 되지 아니하며 달도 네게 빛을 비취지 않을 것이요 오직 여호와가 네게 영영한 빛이 되며 네 하나님이 네 영광이 되리니"라고 하셨던 것이다. 계시록 22장 5절에도 "다시 밤이 없겠고 등불과 햇빛이 쓸데없으니 이는 주 하나님이 저에게 비춰심이라"고 하셨다.

24 만국이 그 빛 가운데로 다니고 땅의 왕들이 자기 영광을 가지고 그리로 들어오리라

24절에서의 "만국"은 교회를 상징한다. 한편 그 교회는 빛이신 하나님의 영광 가운데 영생을 누리게 될 것이라고 말씀하고 있다. 그리고 이 구절에서 언급하고 있는 "땅의 왕들"이란 왕 같은 제사장인 '교회들'을 가리킨다. 결국 "만국"이나 "땅의 왕들"은 같은 의미이다. 그들은 이 땅에서 받았던 의의 면류관(딤후 4:8)인 "자기 영광을 가지고" 천국 즉 거룩한 성 새 예루살렘인 미래형 하나님나라에 들어가게 될 것을 말씀하고 있다. 물론 계시록 4장 10-11절의 말씀대로 '그' 면류관조차 나의 힘이 아닌 전적인 하나님의 힘으로 된 것이기에 다시 하나님께 돌려드리면서 "영광과 존귀와 능력"을 삼위하나님께만 세세토록 올려돌리게 된다.

25 성문들은 낮에 도무지 닫지 아니하리니 거기는 밤이 없음이라

25절에서는 "성문들은 낮에 도무지 닫지 아니하리니"라고 했다. 이는

삼위하나님께서 장막으로 보호하시고 늘 함께하셔서 우리로 자유롭게 다니게 하시며 그분의 날개 그늘 아래 교회를 '안전하게 보호'해 주실 것이기에 성문들을 '닫을 필요가 도무지 없다'라고 한 것이다.

"거기는 밤이 없음이라(22:5)"가 상징하고 있는 바는 미래형 하나님나라에서는 '눈물과 애통, 곡하는 것, 사망, 고통과 저주가 없다(21:4)'라는 의미이다.

26 사람들이 만국의 영광과 존귀를 가지고 그리로 들어오겠고

26절은 24절의 반복으로 교회들(성도들)이 미래형 하나님나라인 거룩한 성 새 예루살렘에서는 신의 본체로 영생을 누리며 하나님의 영광의 빛을 받아 영광과 존귀로 살아가게 될 것을 말씀하고 있다.

27 무엇이든지 속된 것이나 가증한 일 또는 거짓말하는 자는 결코 그리로 들어오지 못하되 오직 어린 양의 생명책에 기록된 자들뿐이라

27절은 8절에서 이미 경고한 것으로 특히 예수님의 피 공로를 입지 않은 사람과 우상숭배자, 거짓 선지자들은 영원한 유황 불못 행(行)임을 다시 경고하고 있다. 20장 12, 15절과 마찬가지로 오직 생명책에 기록된 자만 미래형 하나님나라에 들어가 영생을 누리게 될 것이다.

이것들을 증거하신 이가 가라사대 내가 진실로 속히 오리라 하시거늘 아멘

주 예수여 오시옵소서 _ 요한계시록 22:10

마라나타($\mu\alpha\rho\grave{\alpha}\nu\ \grave{\alpha}\theta\acute{\alpha}$)
아멘 주 예수여 오시옵소서

이제 예수님의 백보좌 심판대(20:11)를 통과한 '교회' 즉 그리스도인, 거룩한 성 예루살렘(21:10)들은 새 하늘과 새 땅 곧 거룩한 성 새 예루살렘(21:2)에서 영생을 누리게 된다. 신의 본체는 아니나 신과 방불한 부활체(고전 15:44, 신령한 몸)로 삼위하나님을 찬양하며 경배하며 '함께, 더불어' 살아가게 된다.

미래형 하나님나라에서 교회가 영생을 누리며 살아가게 되는 21-22장에서는 거룩한 성 '예루살렘(21:10)'과 거룩한 성 '새 예루살렘(21:2)'이라는 미묘한 용어의 차이와 이 둘을 묘사하고 있는 부분을 주의 깊게 살피는 것이 필요하다. 그렇게 개념이 정립된 후 다시 21-22장을 찬찬히 읽으면 하나님나라가 왜 좋은지, 하나님나라가 어떠한 지를 확실히 알게 될 것이다.

21장 2-3절의 새 하늘과 새 땅인 "거룩한 성 새 예루살렘(2)"은 분명한 장소 개념인 '미래형 하나님나라'로 "하나님의 장막(3)"을 가리키고 있다. 그 "거룩한 성 새 예루살렘"은 마치 신부가 신랑을 위해 최고로 단장한 듯 눈부시고 아름다운 곳이라고 사도 요한은 말하고 있다.

　반면에 21장 9-10절에서는 "신부 곧 어린양의 아내를 네게 보이리라(21:9)"고 하셨다. '어린양의 아내'란 '신랑' 되신 예수님의 신부인 교회로서 "거룩한 성 예루살렘(21:10)"을 가리킨다. '구원받은 성도인 교회'에 대해 21장 11-21절까지 언급되고 있는 숫자 '열둘'(12,000스다디온, 144규빗, 12지파, 12사도, 12문 등등)을 통해 거룩한 성 예루살렘이 '교회'임을 거듭 말씀해주고 있다.

　한편 하늘의 수 '3'과 땅의 수 '4'가 더해진 7(3+4)과 곱해진 12(3x4)는 둘 다 맹세의 수, 언약의 수, 약속의 수, 완전수로서 하나님께서 행하실 교회의 완벽한 모습과 각종 보석으로 꾸민 성, 길, 성곽, 기초석, 진주문 등 온갖 종류의 아름다운 보석처럼 그렇게 '완전한 상태, 완벽한 모습'으로 미래형 하나님나라에서 살아가게 될 '교회'를 묵시문학적으로 표현한 것이다.

　결국, 계시록 21장 22-27절에서는 미래형 하나님나라인 거룩한 성 새 예루살렘의 모습(22-25)과 그 나라에서 영원히 살아갈 거룩한 성 예루살렘인 교회(26-27)를 보여주고 있는 것이다.

　21장 1절에서 22장 5절까지는 종말 시대 동안에 있었던 일곱 재앙 후 예수님의 재림과 더불어 최종적인 백보좌 심판을 통해 영생을 누릴 곳, 미래형 하나님나라인 거룩한 성 새 예루살렘에서 거룩한 성 예루살렘인 교회가 보석처럼 살아가는 것을 사도 요한은 환상을 통해 보았던 것이다.

특히 21장 1-8절은 새 하늘과 새 땅인 "거룩한 성 새 예루살렘(미래형 하나님나라)"에 관해, 21장 9-21절은 미래형 하나님나라에서 살아갈 찬란하고 다양한 각종 보석 같은 "거룩한 성 예루살렘(교회)"들의 복된 삶에 관한 내용이다.

결론적으로 21장 1절에서 22장 5절까지는 미래형 하나님나라(거룩한 성 새 예루살렘)와 그곳에서 살아갈 교회(거룩한 성 예루살렘)의 삶을 최종적으로 말씀하고 있는 것이다. 즉 에덴의 완전한 회복, 새 창조를 보여주고 있다.

1 또 저가 수정같이 맑은 생명수의 강을 내게 보이니 하나님과 및 어린 양의 보좌로부터 나서

계시록의 마지막 장인 22장 1절에서는 하나님과 어린양의 "보좌"로부터 나오는 수정같이 맑은 "생명수의 강"을 사도 요한에게 보여주고 있다. 이는 창세기 2장 10-15절과 에스겔 47장 1-12절, 요한복음 7장 37-39절의 말씀을 연상시킨다.

창세기 2장 10절은 "강이 에덴에서 발원하여 동산을 적시고 거기서부터 갈라져 네 근원 즉 비손, 기혼, 힛데겔(티그리스), 유브라데"가 되었다라고 했다.

에스겔서 47장에서는 "어린양과 하나님의 보좌"로 상징된 "성전 문지방" 밑에서 물이 나와(1) 흘러 흘러서 "발목"까지, 그리고 "무릎, 허리"까지(3-4), 종국적으로는 "창일하여 헤엄할 물이요 사람이 능히 건너지 못할 강(5)"이 되었다라고 했다. 그 물로 인해 "강 좌우편에 나무가(7)" 심히 많아지고 "아라바로 내려가 바다에 이른(8)" 물은 그 죽은 바다로 하여금 다시 "소성함"을 얻게 했다. 그러자 그 물이 이르는 곳 마다 "고기를 포함한 모든 생물이" 살 뿐 아니라 번성하기까지 했다. 한편 물이 흘러 강이 된 곳의 "강 좌우 가에는 각종 먹을 실과가 자라서 그 잎이 시들지 아니하며 실과가 끊어지지 아니하고 달마다 새 실과(12)"를 맺었다. "그 실과는 먹을 만하고 그 잎사귀는 약 재료(12)"가 되었다. 그 물은 "성소로 말미암아(12)" 나왔다고 했다.

요한복음 7장에서는 예수를 믿는 자는 그 배에서 "생수의 강"이 흘러 나리라(요 7:38)고 하셨다. 결국, 미래형 하나님나라인 "거룩한 성 새 예루살렘"에서는 요한복음 7장 38절에서 언급된 "생수의 강(생명수의 강)"에서 나오는 '생수'를 통해 영생을 누리게 된다라는 것이다.

2 길 가운데로 흐르더라 강 좌우에 생명나무가 있어 열 두가지 실과를 맺히되 달마다 그 실과를 맺히고 그 나무 잎사귀들은 만국을 소성하기 위하여 있더라

2절에서는 그 생명수의 강이 "길 가운데"로 흐르고 강 좌우에 위치한 "생명나무"가 달마다 열두가지 실과를 맺고 만국을 소성하기 위한 무성한 나무 잎사귀들(겔 47:7, 12)을 사도 요한은 환상으로 보고 있다. "달마다"와 "12가지 실과"라는 단어는 둘 다 '12'라는 수를 품고 있다. 이는 언약의 수, 약속의 수, 맹세의 수, 완전수로서 미래형 하나님나라에는 끊이지 않는 풍성한 생명나무 실과가 있다라는 의미를 담고 있다. 또한 '만국 즉 교회들'을 치료하는 나무 잎사귀들이 있음도 말씀하고 있다.

아담과 하와가 범죄한 후 인간은 에덴동산을 상실하게 되었고 더 나아가 '생명나무에의 접근마저 차단(창 3:22-24)'되었으나 미래형 하나님나라에서는 에덴 즉 거룩한 성 새 예루살렘의 회복과 함께 달마다 맺히는 생명나무의 실과를 마음껏 누리게 될 것을 보여주신 것이다.

그 생명나무 잎사귀들은 "만국(교회)을 소성"시킴으로 교회의 상한 심령과 육체를 완전케 해주는 치료제임을 말씀하고 있다. '소성'의 헬라어는 데라페이아($\Theta\varepsilon\rho\alpha\pi\varepsilon\acute{\iota}\alpha$, nf, therapy)인데 여기에서 의학용어 therapy(치료)가 나왔다. 생명수의 강에서 흘러나온 물이 나무의 실과를 맺히고 무성한 잎사귀를 내었다라는 것은 '생수가 생명의 근원'임을 알려주는 것이다. 앞서 22장 1절에서 언급했듯이 이 구절에 대해 에스겔 47장 9-12절에서는 훨씬 더 자세하게 묘사하고 있다.

결국 2절을 통하여는 미래형 하나님나라에서 교회가 누리게 될 영원한 삶, 즉 영생을 누리며 얻게 되는 교회의 3가지 특권은 다음과 같다.

첫째, 교회는 영생의 근원된 생수와 생명나무의 실과를 영원히 누리게 될 것이다.

둘째, 교회는 영육 간의 완전한 회복(새 창조)과 함께 교회는 풍성한 기쁨을 누리며 영생을 누리게 될 것이다.

셋째, 교회는 존귀한 지위를 누림은 물론이요 더 나아가 심판하는 권세
와 함께 영원히 왕 노릇할 것이다.

3 다시 저주가 없으며 하나님과 그 어린 양의 보좌가 그 가운데 있으리니 그의
종들이 그를 섬기며

3절에서는 다시는 하나님의 진노인 "저주"가 없다라고 말씀하고 있다.
그도 그럴 것은 당연히 미래형 하나님나라에는 진노의 대상인 죄가 없기
때문이다.

한편 22장 3절에는 "하나님과 그 어린양의 보좌가 그 가운데 있으리
니"라고 하셨고 21장 3절에는 "하나님의 장막(미래형 하나님나라)이 사
람들과 함께 있으매"라고 하셨다. 이는 천상에서 영원히 살아갈 완전한
교회(성도)와 새 처소(미래형 하나님나라)가 영원토록 함께할 뿐 아니라
삼위하나님과 더불어 그리고 함께 영생을 누릴 것이라는 의미이다.

"그의 종들이 그를 섬기며"에서 '섬기다'의 헬라어는 라트류슈신
(λατρεύσουσιν)으로 그 동사는 라트류오(λατρεύω, I serve,
especially God, perhaps simply: I worship)이다. 이는 '예배하다, 경
배하다(행 26:7, 롬 9:4, 빌 3:3, 히 9:1)'라는 의미로 결국 교회(성도)들은 미래형
하나님나라에서 삼위하나님을 영원히 찬양하고 경배하며 삼위하나님과
더불어, 함께 영생을 누릴 것이라는 말이다.

4 그의 얼굴을 볼 터이요 그의 이름도 저희 이마에 있으리라

4절에서는 직접 "하나님의 얼굴"을 볼 것이라고 했다. 출애굽기 33장 20절에서는 "네가 내 얼굴을 보지 못하리니 나를 보고 살 자가 없음이니라"고 하셨다. 즉 죄인 된 인간이 영광의 하나님을 보게 되면 죽는다라고 경고하고 있는 것이다. 그러나 미래형 하나님나라에서는 삼위하나님과 마음껏 교제하며 그분을 뵈면서 '함께 더불어' 영생을 누리게 된다. 오매불망(寤寐不忘)의 소원이 이루어지는 순간이다.

"그의 이름도 저희 이마에 있으리라"는 것에서 그의 이름은 '하나님의 이름'을, 저희 이마라는 것은 '교회의 이마'를 가리킨다. 여기서 '이름'이란 '~의 소유'라는 의미에 더하여 '하나님과의 전인격적 연합과 교제, 하나됨(Union with Christ), 하나님 안에서(in Christ)'라는 것을 가리킨다.

5 다시 밤이 없겠고 등불과 햇빛이 쓸데없으니 이는 주 하나님이 저희에게 비취심이라 저희가 세세토록 왕노릇하리로다

5절은 21장 23, 25절의 반복적인 묘사이다. "다시 밤이 없겠고 등불과 햇빛이 쓸데없으니"라는 것은 21장 23, 25절에서 "하나님의 영광이 비취고 어린양이 그 등불(23)"이 되심이라 "거기는 밤이 없음(25)"이라고 하셨기 때문이다. 이 구절에서도 "다시 밤이 없겠고" "주 하나님이 저희에게 비취심이라"고 하셨으니 그 어떤 등불이 대신하겠으며 광명한 햇빛

인들 대신할 수 있으랴…….

요한계시록의 끝부분인 22장 6-21절까지는 계시 혹은 묵시의 결론이자 신구약 정경 66권 전체의 결론이기도 하다.

1장에서 요한계시록은 "예수 그리스도의 계시"라는 말씀으로 시작하면서 '복음을 드러내는 정경'이라고 천명함으로 시작하고 있다. 더하여 기능론적 종속성과 존재론적 동질성을 기반한 '다른 하나님, 한 분 하나님'이신 삼위일체 하나님의 개념을 말씀하셨다. 삼위일체 하나님에 대해 인간의 논리와 상식, 지식으로 어떻게 다 설명할 수 있으랴마는…….

2-3장에서는 온 세상의 불완전한 모든 교회를 상징하는 소아시아 "일곱 교회"를 향한 아버지 하나님의 칭찬과 권면, 책망의 말씀이 있었다. 칭찬은 계속 그렇게 가라는 격려이고 책망은 다시 돌아오라는 교회를 향한 아버지 하나님의 마음이다.

4-5장에서는 천상의 회복된, 완벽하고도 완전한 교회의 일부분을 보여주시며 불완전한 교회들에게 소망을 갖게 하셨다. 미래형 하나님나라에서의 회복된 '완전한, 완성된 교회'는, 교회인 우리의 궁극적 종착역이요 지극한 소망이다.

6-16장에서는 사도 요한에게 보여주신 환상을 통해 교회(종말) 시대 동안에 겪게 될 6장의 일곱 인, 8-9장의 일곱 나팔, 16장의 일곱 대접 재앙인 "일곱 재앙"에 관해 말씀하셨다. 그 내우외환(內憂外患)인 환난을 통과해야만 하는 교회는 "예수 믿음과 하나님의 계명"을 붙들고 인내로 이겨 나가야 함(14:12)을 말씀해 주셨다. "일곱 재앙"이 각각 '무엇인지, 언제 어디에서 어떻게 일어날 것인지'에 집중할 것이 아니라 종말 시대 동

안에 "일곱 재앙"을 허락하신 '아버지의 마음'에 집중해야 함을 가르쳐 주셨다.

특히 7장, 10-11장, 15장에서는 삽입장을 허락하셔서 일곱 재앙을 겪는 교회들에게 위로와 격려를 통해 용기를 북돋워 주셨다. 더 나아가 거룩한 성 새 예루살렘에의 입성과 영생 즉 '소망(엘피스)'을 허락하시며 "예수 믿음"을 견고케 하셨고 "하나님의 계명"을 단단히 붙들게 하셨다.

12-14장에서는 '그리스도의 승귀(Ascension of Christ)'를 붙잡고 종말 시대 동안에 사단적 삼위일체인 "붉은 용, 바다에서 나온 짐승, 땅에서 올라온 짐승"과 그 하수세력들의 핍박을 '이겨 나가라'고 하셨다.

더하여 "666"이라는 표(카라그마)가 상징하는 멸망으로 들어갈 사단의 나라에 속하지 말고 하나님나라의 백성으로 그 이마에 "하나님과 어린 양의 이름"이라는 표(스프라기스)를 받으라고 하셨다. 사단의 나라에 속한 그들은 장차 최후 심판을 통해 처절한 심판을 받게 될 것을, 하나님나라에 속한 "땅에서 구속함을 얻은 십 사만 사천 인"은 "시온산" 즉 거룩한 성 새 예루살렘에서 "새 노래"를 부르게 될 것을 말씀하셨다.

17-18장에서는 다시 대접 재앙 심판을 보여주시며 특히 정치적, 종교적, 경제적, 물질적 세력을 가지고 하나님과 교회들을 어렵게 했던 악한 세력을 심판하심으로 장차 처절하게 심판하실 것을 보여주셨다.

19장 전반부에서는 재림의 예수님을 "할렐루야"로 거듭 거듭 찬양하게 될 것을 보여주고 있다. 19장의 중반부에서는 재림 예수의 네 가지 이름을 통해 심판주이신 예수님의 4가지 속성을 드러내셨다. 예수님은 그날에 재림하셔서 백보좌 심판으로 처절하게 심판하실 것을 말씀하고 있다.

후반부에서는 다시 악한 세력들을 심판하실 것을 말씀하셨다.

20장에서는 교회와 '사마귀' 즉 사단, 마귀, 귀신과 악한 세력들 등등 모두가 다 재림의 예수님의 백보좌 심판대에 설 것을 말씀하셨다. 사마귀와 악한 세력들은 최후 심판을 통해 유황 불못, 즉 둘째 사망(영원한 죽음, 20:10)에 던져지게 된다. 반면에 교회들은 최후 심판(신원)을 통해 "새 하늘과 새 땅, 즉 거룩한 성 새 예루살렘"에서 삼위하나님과 함께 더불어 "천년 동안(영원히)" 영생을 누리게 될 것을 말씀하셨다.

21장 1절에서 22장 5절까지는 최후 심판 이후 '교회(거룩한 성 예루살렘)'가 들어가서 영생을 누리게 될 '거룩한 성 새 예루살렘(미래형 하나님 나라)'에 대해 말씀하고 있다.

22장 6절부터 21절까지는 '재림의 예수님이 반드시 오실 것'과 이 모든 것을 환상으로 다 보았던 사도 요한은 거침없이 "아멘 주 예수여 오시옵소서"라는 '마라나타'를 외치게 된다.

6 또 그가 내게 말하기를 이 말은 신실하고 참된지라 주 곧 선지자들의 영의 하나님이 그의 종들에게 결코 속히 될 일을 보이시려고 그의 천사를 보내셨도다 **7** 보라 내가 속히 오리니 이 책의 예언의 말씀을 지키는 자가 복이 있으리라 하더라

6-7절에는 "신실하고 참되신" 하나님께서 "속히" 곧 반드시, 돌발적으로 재림(돌발적 재림)하실 것을 말씀하시며 진리의 말씀을 "지키는" 자가 복이 있다라고 말씀하고 있다.

"속히"의 헬라어는 타코스(Τάχος, nn, quickness, speed; hastily, immediately)인데 이는 시간을 의미하기보다는 당신의 말씀이 '반드시, 돌발적으로' 이루어질 것이라는 말이다. 그러므로 "내가 속히 오리니"라는 말은 내가 '반드시 재림할 것'이라는 말이다.

8 이것들을 보고 들은 자는 나 요한이니 내가 듣고 볼 때에 이 일을 내게 보이던 천사의 발 앞에 경배하려고 엎드렸더니 **9** 저가 내게 말하기를 나는 너와 네 형제 선지자들과 또 이 책의 말을 지키는 자들과 함께 된 종이니 그리하지 말고 오직 하나님께 경배하라 하더라

8-9절에서는 피조물인 천사에게 경배하려는 요한에게 '그' 천사는 창조주이신 "오직 하나님께"만 경배하라고 가르치는 장면을 보여주고 있다. 이런 모습은 오늘을 살아가는 교회인 우리가 흔히 저지르는 실수 중 하나이다. 우리는 현실에서 일어난 '초 현실적인 기적(supernatural miracle or powers)'을 보며 하나님을 대신하여 '그 기적을 대행한 사람'에게 집중하는 경향이 있다.

정작 그 기적을 허락하신 '하나님'은 외면한 채…….

기적을 쫓아다니지 말라.

그 기적을 주변에서 보게 되더라도 그 기적을 행하신 하나님을 바라보라.

'굳센' 믿음으로 기적을 이루고 성취하기보다는 '진실된' 믿음으로, 기적을 보여주시든 아니든 간에 하나님만을 굳게 붙들고 "그리 아니하실지라도, 그럼에도 불구하고" 하나님을 신뢰하며 나아가는 것이 '바른' 믿음

이자 진정한 '굳센' 믿음이다.

10 또 내게 말하되 이 책의 예언의 말씀을 인봉하지 말라 때가 가까우니라

10절에서는 "이 책의 예언의 말씀을 인봉하지 말라"고 하시며 그 책의 말씀을 "지키는" 자가 복(2:7)이 있다라고 하셨다. 또한 1장 3절에는 그 책의 말씀을 "읽는 자, 듣는 자, 지키는 자"가 복이 있다라고 하셨다. 한편 다니엘 12장 4, 9절에서는 "이 말을 간수하고 이 글을 봉함하라, 이 말은 마지막 때까지 간수하고 봉함할 것임이니라"고 했다.

얼핏 충돌되는 듯 보인다. 그러나 다니엘서와 계시록 사이에 무슨 일이 일어났는지를 묵상해보면 금방 이해가 될 수 있다. 바로 그 사이에는 '그리스도 새 언약의 성취인 예수님의 초림 즉 십자가 사건'이 있었음을 고려해야 한다.

즉 예수님의 십자가 사건 이후에는 말씀이 성취되었기에 굳이 말씀을 인봉할 이유가 없다. 그러므로 '인봉하지 않은' 그래서 '주어진' 특별계시인 '성경 말씀'을 읽고 듣고 지키어 복을 받으라는 것이다. 동시에 복 있는 사람은 '오직 말씀'이어야 함을 강조하고 있는 것이다.

장차 그 말씀을 따라 '말씀의 완성' 즉 '새 언약의 완성'인 새 창조 혹은 재 창조가 있게 될 것이다. 다시 말하면 새 언약의 완성인 예수님의 재림이 반드시 있을 것이라는 말이다. 그러므로 하루하루를 예수님 오시기 바로 전날처럼 살라고 하시며 '때가 가까우니라'라고 우리의 주의를 상기시키고 있으신 것이다.

 불의를 하는 자는 그대로 불의를 하고 더러운 자는 그대로 더럽고 의로운 자는 그대로 의를 행하고 거룩한 자는 그대로 거룩되게 하라

11-15절에서는 종말의 끝(마지막 날, 그날, 예수 재림의 날, 최후 심판의 날)이 다가왔음을 경고(10, 12)하고 있다. 특히 11절은 묵시문학적 표현으로 되어있다. 그렇기에 죄인들에게 회개를 촉구하는 역설적인 묘사를 말씀해주고 계신다. "불의를 하는 자는 그대로 불의를 하고 더러운 자는 그대로 더럽고"라는 구절의 의미는 악한 무리들에게 복음을 전하지 말라는 것이 아니다. 오히려 예수 재림의 때가 가까웠으므로(10,12) 회개의 기회가 촉박하니 빨리 회개하여 하나님께로 돌아오라(벧후 3:8-9)는 역설적인 촉구의 메세지이다.

12 보라 내가 속히 오리니 내가 줄 상이 내게 있어 각 사람에게 그의 일한대로 갚아주리라

12절은 오해가 많은 구절로, 각 사람에게 그의 "일한대로" 갚아주리라고 하신 것 때문에 은혜로 믿음으로 구원받은 것을 마치 '행위를 따라 심판을 받는' 것처럼 착각하기가 쉽다. '행위 구원'이란 있을 수도 없고 있어서도 안된다. 행위(行爲) 운운하다 보면 예수 그리스도의 은혜가 빛이 바래질 수가 있음에 긴장해야 한다.

그럼에도 굳이 "그의 일한대로"를 문자적으로 해석하여 행위를 따라 심

판을 받는다라고 한다면 그 행위라는 것은 '불법과 불순종 즉 예수를 믿지 않은 행위'를 가리킨다.

마태복음 7장 24-27절(눅 6:48-49)에는 "모래 위에 지은 집과 반석 위에 지은 집"에 관한 예화가 나온다. 이 예화는 누가복음 6장 48절 하반절에 나오는 "잘 지은 연고로 능히 요동케 못하였거니와"라는 구절 때문에 오해가 조금 더 생기게 되었다.

소위 '잘 지어야 한다'는 것에 방점을 두는 해석이다.

이런 유의 해석에 줄을 서는 사람은 그렇게 신앙생활을 해야만 복이 있다라고 주장한다. 즉 한번 인생의 사역과 행위에 있어서 잘 짓고 크게 짓고 많이 짓는 것이 중요하다라고 강조한다. 그러나 이 비유는 잘 지은 것에 방점이 있지 않다.

그 '기초'가 무엇인가에 초점이 있다.

반석이신 '예수님이 기초냐 아니냐'에 방점이 있는 것이다. 그렇기에 마태복음 7장 21절에서는 사역을 많이 하여 멋지게 지은 집을 가진 자를 향해 예수님은 '다만 하늘에 계신 내 아버지의 뜻대로 행하지 않은 것들'은 나의 관심이 아니라고 놀라운 말씀을 하셨던 것이다. 또한 7장 22-23절에서 예수님은 그런 그들을 향해 "내가 너희를 도무지 알지 못하니 불법을 행하는 자들아 내게서 떠나가라"고 맑은 하늘에 날벼락이 치듯 청천벽력(靑天霹靂)의 말씀을 하셨던 것이다.

13 나는 알파와 오메가요 처음과 나중이요 시작과 끝이라

13절은 1장 8절과 21장 6절에서도 반복하여 말씀하셨던 구절로 '하나님의 속성'을 드러낸 것인데 이는 '반드시 이룰 것'이라는 의미이다. 특히 이 구절의 "나"는 '예수'를 지칭하고 있다. 즉 삼위일체 하나님은 '다른 하나님, 한 분 하나님'으로 삼위하나님은 창조주 하나님이요 역사의 주관자이자 심판주 하나님이라는 의미이다.

14 그 두루마기를 빠는 자들은 복이 있으니 이는 저희가 생명나무에 나아가며 문들을 통하여 성에 들어갈 권세를 얻으려 함이로다

이 구절에서는 "그 두루마기를 빠는 자들"은 복이 있으니라고 했다. 그들은 7장 14절에 의하면, 예수 십자가 보혈의 피로 두루마기를 빨아 희게 한 옷 곧 그리스도의 의의 옷, 빛의 갑옷(롬 13:12, 14, 갈 3:27)을 입은 자들이다.

그들은 예수의 피로 속죄함을 입은 자들로 진정 복이 있는 자들이다. 그들만이 진정한 '문'이신 예수를 통해 "생명나무에 나아가며 거룩한 성 새 예루살렘에 들어갈 권세"를 얻게 된 자들이다. 태초에 인간은 에덴동산에서 죄를 지어 그곳에서 쫓겨났을 뿐만 아니라 생명나무에의 접근마저 차단(창 3:22-24)되어 버렸다. 그러나 예수 그리스도 새 언약의 완성인 예수님의 재림 후에는 생명나무로 마음껏 나아가게 된다. 결국 거룩한 성 새 예루살렘에 들어갈 권세를 얻은 교회들 만이 생명나무의 과실(2:7, 22:2)을 먹으며 생명수를 마시며 영생을 누릴 수 있게 된다.

15절의 "개들과 술객들과 행음자들과 살인자들과 우상숭배자들과 및 거짓말을 좋아하며 지어내는 자"라는 것은 21장 8절의 "두려워하는 자들과 믿지 아니하는 자들과 흉악한 자들과 살인자들과 행음자들과 술객들과 우상숭배자들과 모든 거짓말하는 자들"을 가리키며 동시에 21장 27절의 속된 것이나 가증한 일 또는 거짓말하는 자를 가리킨다.

이들 모두는 예수님의 피 공로를 입지 않은 자들로서 "그 두루마기를" 빨지 못한 자들이다. 특히 "개들과"에서의 '개'는 부정의 상징으로 잠언 26장 11절에서는 "토한 것을 도로 먹는 동물'로, 베드로후서 2장 22절에서는 "그 토하였던 곳에 도로 돌아가는 동물"로, 마태복음 7장 6절에서는 "거룩한 것을 주어도 발로 밟고 돌이켜 너희를 찢어 상하게 하는 동물'로 모두 다 부정적 의미로 기술되어 있다. 상기 언급된 모두는 거룩한 성 새 예루살렘 즉 그 성의 '밖'에 있게 되는데 '유황 불못 즉 지옥으로 떨어지게 된다'라는 의미이다.

16절은 요한계시록이 "예수 그리스도의 계시 곧 복음의 계시(계 1:1, 요 20:31, 예수, 그리스도, 생명 혹은 영생)"이며 6대 속성(무 오류성, 완전성, 충분성, 명료성, 권위성, 최종성), 3대 영감(완전영감, 유기영감, 축자영감, 벧후 1:20, 딤후 3:16)을 온전히 만족하는 '하나님의 말씀'이라는 사실을 그 전달 경로를 통해 분명히 보여주고 있다. 계시록 1장 1절을 시작하면서 성부하나님은 그리스도에게 계시하셨고 이후 그리스도는 천사라는 당신의 도구인 사자에게, 그리고 사도 요한에게, 종국적으로는 교회(성도)들에게 말씀해 주셨다.

"다윗의 뿌리"라는 것은 예수님이 '다윗과 그 조상을 태동한 뿌리'임을 가리키는 것이다. 즉 '근원이신 하나님이다'라는 것을 의미한다. 반면에 '다윗의 자손'이라는 것은 육적으로는(롬 9:5) 다윗의 혈통으로 오셨음을 의미한다.

"광명한 새벽별"이라는 것은 '샛별, 메시야, 그리스도'이신 예수님을 지칭(계 2:28, 벧후 1:19, 민 24:17)하는 것으로 그분은 온 우주를 통치하시는 역사의 주관자 하나님이라는 의미이다.

17 성령과 신부가 말씀하시기를 오라 하시는도다 듣는 자도 오라 할 것이요 목마른 자도 올 것이요 또 원하는 자는 값없이 생명수를 받으라 하시더라

17절에서 "성령과 신부가 말씀하시기를"에서 '성령과 신부'란 보혜사 성령님과 교회를 가리킨다. "오라 하시는도다"에서 "오라"는 것은 '오시기를 간절히 열망합니다' 즉 "아멘 주 예수여 오시옵소서(22:20)"라고 외치는 교회와 보혜사 성령님의 반응으로, 승리주시요 심판주되신 예수 그리스도의 신속한 재림에 대한 갈망을 드러낸 것이다.

그렇기에 예수의 재림을 갈망하는 자, 즉 "듣는 자도 오라 할 것이요 목

마른 자도 올 것이요 또 원하는 자는 값없이 생명수를 받으라"고 하셨던 것이다. 결국 초림의 예수님이 새 언약을 성취하셨기에 새 언약을 완성하실 재림의 예수님을 너 나 없이 모두(듣는 자, 목마른 자, 원하는 자)가 열망하는 것은 지극히 당연한 것이다.

18-19절에서는 절대적인 하나님의 계시의 말씀은 엄중하기에 왜곡해서도, 사사로이 풀어서도(벤후 1:20, 3:16) 안 된다라고 말씀하고 있다. 그러나 "무식한 자들과 굳세지 못한 자들이 억지로 풀다가 스스로 멸망"에 이르기도 한다. 더 나아가 일점 일획도 함부로 첨삭(添削)하면 안된다(잠 30:6, 마 5:18, 눅 16:17). 이사야서는 "여기서도 조금, 저기서도 조금 하다가 뒤로 넘어져 부러지며 걸리며 잡히게(28:10, 13)"된다 라고 말씀하셨다. 잠언은 "그 말씀에 더하면 하나님의 책망과 아울러 거짓말하는 자가 된다(30:6)"라고 말씀하셨다.

마태복음(5:18)에서는 "율법의 일점 일획"도 반드시 이루어지기에 첨삭(添削)은 금하신다고 말씀하셨다. 누가복음(16:17)은 "율법의 한 획이 떨어짐보다 천지의 없어짐이 쉬우리라"고 하셨다. 여기서 "일점"이란 히브리어 요오드(yod, ')와 헬라어 이오타(iota, ι)를 가리키며 "일획"이란 히브리어 달렛(dalet, ד)과 레쉬(resh, ר)을 가리킨다.

결국 일점 일획이라도 더하면 일곱 재앙을 더할 것이요 일점 일획이라도 빼면 생명책에서 제하여 버릴 것 곧 "생명나무와 및 거룩한 성에 참여함을 제하여 버릴 것"이라고 하셨다. 일점이나 일획을 더하거나 뺌으로 인해 하나님의 말씀을 왜곡하는 것은 하나님의 권위에 도전하는 것으로 용서받지 못할 지극한 교만이요 불경인 것이다.

20 이것들을 증거하신 이가 가라사대 내가 진실로 속히 오리라 하시거늘 아멘 주 예수여 오시옵소서

20절의 "진실로 속히 오리라(22:7, 12, 20)"는 말씀은 당신께서 세 번이나 반복하여 말씀하셨던 구절로 반드시(돌발적으로) 오실 것이라는 의미이며 임박한 그리스도의 재림에 관한 확증이기도 하다. 2(two)가 강조라면 3(three)은 최상급을 의미한다. 그렇기에 3번이나 말씀하신 것이다. 헬라어로는 에르코마이 타퀴(ἔρχομαι ταχύ, I am coming quickly)라고 한다.

"아멘 주 예수여 오시옵소서"라는 말씀은 이곳과 더불어 고린도전서 16장 22절에 단 한 번 나오는데 2개의 아람어 '마란(מרן) 아타(אתא)'가 합쳐진 단어[94]로 '주께서 임하시느니라'는 의미이다. 우리는 예수님의 재림을 갈망하며 잘 준비함으로 언제 어디에서나 '마라나타' 신앙으로 살아가야

---

94 마라나타(Maranatha, an Aramaic term derived from two roots which literally mean, "Our Lord has come", μαϱὰν ἀθά)는 '주께서 임하시느니라(Our Lord has come)'는 의미이다.

할 것이다.

21 주 예수의 은혜가 모든 자들(성도들)에게 있을찌어다

21절은 묵시문학에서는 다소 파격적인 것으로 '축도'라는 공식적인 메시지로 끝이 난다. 특히 신약 정경인 요한계시록의 마지막 22장 21절의 헬라어 구절은 10개의 단어로 구성되어 있으며 아주 중요하다. 곧 모든 교회(성도)는 우리의 주님(주인)되신 예수 그리스도의 은혜로 구원을 얻었고 그 은혜로만 살아가야함을 말씀하고 있다.

더하여 구약 정경의 첫 부분인 창세기 1장 1절은 히브리어 7개 단어로 구성되어 있는데 이 역시 아주 중요하다. 태초부터 계셨던 삼위하나님은 역사의 시작점 태초(창세)에 만물과 사람을 공동으로 창조하셨다. 그 창조주 하나님, 역사의 주관자이신 하나님은 예수 그리스도를 이 땅에 보내셨다. 예수님의 십자가 보혈로 구원을 허락하시고 미래형 하나님나라에로의 입성과 영생이라는 소망을 허락하셨다. 이것을 믿는 우리에게 주 예수의 은혜가 세세토록 있게 되는 것이다.

나는 두 구절의 두 문장(헬라어 10단어, 히브리어 7단어) 만큼은 암기할 것을 적극 권한다.

Ἡ χάρις τοῦ Κυρίου Ἰησοῦ (Χριστοῦ) μετὰ πάντων {ἁγίων Ἀμήν}

The grace of the Lord Jesus Christ {be} with all the saints Amen.

드디어 지난 6개월 동안 삼위하나님과 함께했던 또 하나의 '감칠맛 나는' 여행이 끝났다. 돌이켜보면 그 짧은 기간에도 여러 번이나 아슬아슬한 위기를 만났다. 그러나 신실하신 하나님은 여전히 변함이 없으셨고 매번 그 자리에 계셨다.

매사 매 순간 필자를 향해 자상한 눈길을 돌리지 않으셨다.

매번 문제는 약하고 어리석은 필자인 '나' 자신이었다. 매 순간 매사에 투덜거렸고 심지어는 반동으로 하나님으로부터 멀어져 갈 때도 있었다. 아예 곤두박질을 친 후 한동안 일어나지 않았던 적도 있었다. 바로 그때 좋으신 하나님은 나의 큰 아들을 생각나게 하셨다. BAM(Business As Mission)의 CEO로, 성경교사이자 청년 사역자인 이성진 전도사이다. 그는 나보다 훨씬 포용력이 크고 공감능력이 깊으며 학문적 통찰력이 넓은 미래의 지도자이다. 그는 언제나 나를 지지해주는 든든한 우군이다.

마치 번개에 감전되기라도 한 듯 정신이 번쩍 들었다.

그래서…….

그리고는 조금의 망설임도 없이 그는 합본판(개정판 2쇄)의 공저자가 되어 세세한 부분을 다듬어 주었고 내용을 추가했으며 귀찮은 일을 도맡아 했다. 결국 〈예수 그리스도 새 언약의 성취와 완성, 합본판〉은 아들과 함께 세 번째 판으로 매듭을 짓게 하셨다. 첫 번째는 2020년 8월 14일이 있는데 '좌충우돌' 그야말로 어설펐다. 두 번째는 2020년 10월 28일이 있는데 여전히 디테일이 약했다. 이번에는 흐름도 디테일도 많이 보강되었다. 생각보다 첨삭(添削)을 많이 했다. 물론 전반적으로 이전의 책과 흐름은 동일하다. 그러나 달라진 것이 있다면 좀 더 계시록의 구절 구절을 강해했으며 보다 더 또렷하게 내가 이해한 바를 명료하게 표현하였다. 이제는 전체 흐름과 디테일이 관통하는 듯한 벅찬 감정이 자주 자주 더 많이 다가오고 있다.

그동안 나는 계속하여 성경공부모임을 인도했다. 얼핏 내가 열심인 듯 보였으나 실상은 나의 주인이신 성령님께서 나의 손을 붙드시고 이끌고 가셨다.

주인되신 성령님의 강력한 이끄심에…….

진료를 마친 후, 고단한 몸이지만 일주일에 네 번 곧 화, 수, 목, 금요일 저녁에 병원 6층에서 목회자와 전문인들과 성경공부 모임을 계속했다. 그때마다 성령님께서는 세미하게 말씀 한 구절 한 구절을 풀어주셨다. 그리하여 나는 점점 더 뜨거워져 갔다. 그리고 조금씩 깊어지고 더 넓어져 갔다.

그러다가 다시 성령님의 한 방 '훅'이 들어왔다. 얼른 깨달았다. 그리고는 세 번째로 〈예수 그리스도 새 언약의 성취와 완성〉 합본판(개정판 2쇄)의 원고를 이성진 전도사의 절대적인 도움으로 마칠 수 있게 된 것이다. 이번에는 곧장 출간하지 않고 묵상하고 또 묵상했다. 몇 번이고 반복

했다. 그럴수록 달고 오묘한 진리의 말씀에 푹 빠져 들어갔고 삼위하나님
께 감사하지 않을 수 없었고 찬양하지 않을 수 없었다.

지금까지 앞서가시며 인도하셨던 나하흐($\grave{\epsilon}\xi\acute{\alpha}\gamma\omega$, נָחָה)의 성부하나님을
찬양한다. 실력은 부족하고 몸은 지치고 힘들어 몇 번이고 포기하려 할 때
마다 함께하셨던 에트(אֵת)의 성자 하나님을 찬양한다. 간혹 나의 고집대
로 가려 할 때마다 뒤에서 밀어주시며 당신의 의도대로 가게 하신 할라크
(הָלַךְ)의 성령 하나님을 찬양한다.

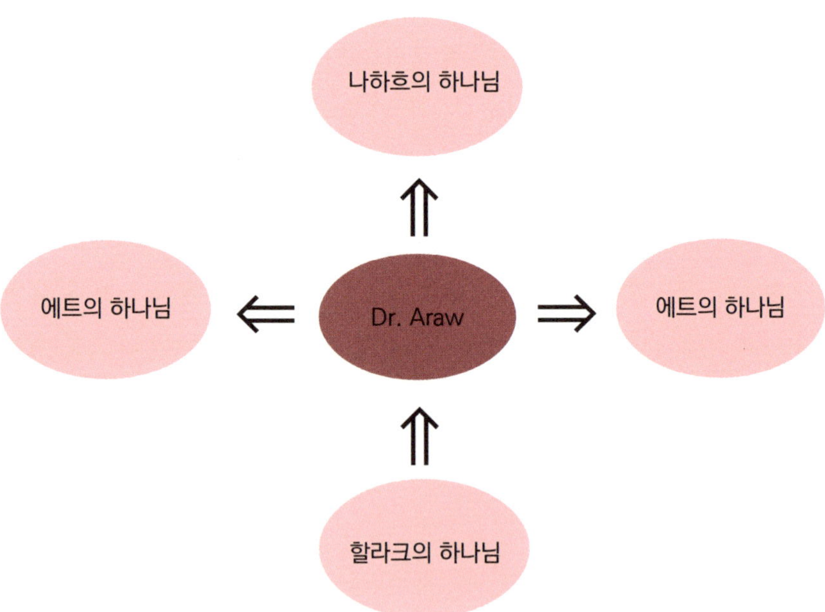

이제부터는 에필로그의 사족으로 그간의 나의 일상에 관한 이야기이다.

지난 날, 처음 요한계시록 장편(掌篇)주석을 쓰려고 마음먹었을 때 나의 상황은 그리 녹록치 않았다. 전편의 프롤로그에서도 밝혔지만, 2019년 여름, 아내의 암 발견과 수술, 항암치료, 방사선 치료, 발목 골절, 대상포진, 그리고 지금까지 호르몬치료, 면역치료 등등…….

그렇게 2년 여가 흐르며 나는 변해갔고 내 주변의 모든 것은 변했다. 내 삶을 둘러싼 모든 것에 엄청난 안팎으로의 변화가 있었다. 병원의 모든 시스템을 '확' 바꾸고 '확' 줄였다. 수요일은 아예 휴진을 결정했다. 두 번의 주말을 보내기 위해서이다.

월, 화요일에는 열심히 환자를 진료하고 수술하고 시술하며 바쁘게 보낸다. 그러면 어느 새 '첫째 주말'이 오곤 했다. 목, 금요일에도 역시 바쁘게 동시에 알차게 보내다 보면 어느새 토요일이 되는데 오전만 지나면 다시 '두 번째 주말'이 된다. 나의 삶에 새로운 역동성이 생기기 시작했다.

수요일과 토요일, 그리고 주일에는 성경공부 모임 시간을 제외하고는 아내와 함께 예배를 드리고 성경을 연구하고 함께 손을 잡고 산으로 시골로 갔다. 걷고 또 걸었다. 참으로 많이 걸었다. 산이나 길가의 온갖 종류의 이름 모를 나무들에 관심을 가지며 작은 풀 하나 들꽃 하나에도 하나님의 손길을 느끼며 감격하곤 했다.

자연이 이토록 아름다울 줄이야…….

코로나로 인해 강의와 집회가 많이 축소되었으나 대전의 신대원 전도사들과의 성경공부는 줌 강의로 이어갔다. 40대, 50대, 60대 목회자 그룹, 전문인 그룹, 의과대학의 교수그룹 등등과 8개의 소그룹 성경공부 모임을 만들었다. 그들은 나의 유한된 한번 인생에서 하나같이 소중한 동역자들이다. 내가 성경공부를 인도하는가하면 그들이 리드하기도 하며 서로를 깨우친다. 종국적으로는 주인되신 성령님이 앞서가시며 우리들에게 진리를 가르치시고 진리의 말씀을 생각나게 하셨다.

이제 화, 수, 목, 금요일 저녁은 루틴(routine)이 되었고, 주말에도 비정기적으로 집회와 성경공부 모임을 갖게 되었다. 주말이라 함은 집회를 제외하고는 1박 2일간 우리 집을 방문하는 전 세계에 살고 있는 부부들을 대상으로 하는 성경공부 모임이다. 그들은 우리 집의 게스트 룸에 머물면서 우리 부부와 교제하며 성경말씀을 나누며 은혜를 나눈다. 그들은 대부분 목회자들, 학자들, 선교사들, 전문인들, 우리 부부의 멘티들로 거의 커플들이다. 아니 아예 '부부'로 제한하여 집에 머물도록 허용한다.

나는 이런 생활이 좋다. 즐기기도 한다. 즐겁다. 이런 노년의 행복을 주신 하나님께 감사드리며 매 순간은 아니지만 늘 찬양과 경배를 드린다.

이제는 요한계시록을 '용감무식'하게라도 쓰게 되었던 첫 시작을 대략 밝히고자 한다. 나는 학자가 아니었다. 나는 성경을 좋아하고 성경을 연구하며 성경을 쉽게 가르치는 성경교사이다. 정확하게는 청년사역자이자 나는 정형외과 의사이다. 어설프게나마 신대원(M.Div)을 두 번이나 다녔다. 물론 결과는 '꽝'이지만······.

2019년!

전자현미경에만 보이는, 지독히 작은, 보잘 것조차 없어 보이기까지 하는 COVID-19로 인해 전 세계가 무너지는 가운데 대한민국도 예외가 아니었다. 무엇보다도 물질적, 경제적인 피해는 상당히 컸다. 정치적, 종교적으로도 그 피해가 만만치 않았다. 알게 모르게 정치적이고 종교적 거대 세력인 큰 음녀와 경제적이고 물질적 거대 세력인 큰 성 바벨론의 횡포를 보았다. 그 와중에 이단 사이비의 기승이 대한민국을 더 무너뜨렸다. 아예 짓밟힌 듯하다. 이단 사이비 '신천지 증거장막성전'은 요한계시록을 자의적으로 해석하여 약한 영혼을 미혹해 왔고 아직도 미혹하고 있다. 그것은 진리를 호도하는 또 하나의 "암세포"이다.

어느 날 성령님은 말씀하셨다.

'암세포를 보고도 그냥 지나치려고 하니?'

'네가 의사가 맞니?'

나는 그냥 흘려버렸다. 어느 날 밤, 번쩍거리는 번개에 뒤이어 천둥과 벼락 같은 소리로 다시 들려왔다. 그리하여 얼른 알아듣고는 곧장 요한계시록의 요약 주석을 썼던 것이 정확하게 2년 전이다. 그때의 책은 나만의 저술이 아니라 정확하게 말하자면 많은 책들을 묶어서 좀 더 쉽게 나의 말로 개념정리(conceptualization)를 한 것이었다. 몇 번이고 곤두박질 쳤으나 그때마다 곁에서 그런 나를 안쓰럽게 바라보는 암 투병 중인 아내가 격려했다.

"당신은 영적 싸움을, 나는 암과의 싸움을……"

조직신학은 크게 총론을 비롯하여 신론, 인간론, 기독론, 구원론, 교회론, 종말론을 체계적으로 잘 설명하고 있다. 그렇다고 하여 완벽한 것은 아니다. 왜냐하면, 교리는 진리가 아니기 때문이다. 그러나 교리는 성경 해석의 길라잡이이므로 경시하는 것은 더 위험하다.

나는 신론, 인간론을 좀 더 디테일하게 보려면 창세기를 깊이 묵상하라고 권해왔다. 구원론의 경우는 '믿음 삼총사'인 갈라디아서, 로마서, 히브리서를 권했고 기독론, 교회론, 종말론의 경우 계시록을 권해왔다.

일반적으로 계시록은 예배당에서 메신저들도 잘 다루려고 하지 않는다. 정확한 이유는 잘 모르겠다. 한국의 기독교도 마찬가지인 듯 보이지만 전 세계의 기독교도 복음과 십자가에만 대부분의 시간을 할애하는 듯 보여왔고 지금도 그런 듯하다.

이 말은 복음과 십자가가 중요치 않다는 의미가 결코 아니다. 복음과 십자가는 아무리 강조해도 지나치지 않다. 나 또한 복음과 십자가로 살아가려고 몸부림쳐 왔고 지금도 복음과 십자가만 자랑하려고 몸부림치는 중이다. 복음과 십자가 외에는 아무것도 자랑치 않으려고 결단하며 살아왔고 살고 있다.

나의 요지는 이렇다. 복음과 십자가는 중요하나 거기에만 머물러서는 곤란하다는 말이다. 우리가 예수를 믿는 궁극적인 이유는 구원이 최종 목적이 아니다. 구원 이후 미래형 하나님나라에서 삼위하나님과 영생을 누리고자 함이다. 당연히 그 나라에 들어가려면 반드시 예수를 믿어 구원을 얻어야 한다.

"보혈을 지나 하나님 품으로, 보혈을 지나 아버지 품으로……."

더 이상 십자가에만 머물려고 하지 말라. 〈Passion of Christ〉류의 영화에 마음을 뺏기지 말고 신파조의 눈물에만 머물지 말았으면 한다.

예수님과 함께 십자가에서 죽었으면 이후 부활하신 예수님과 함께 주인 되신 성령님을 모시고 종말 시대를 당당하게 살아가며 그 천년왕국(현재형 하나님나라)과 오는 천년왕국(미래형 하나님나라)에서 왕 같은 제사장으로 왕노릇하며 누리며 살아야 하는 것이다. 왕 같은 제사장으로 "세상을 하나님과 화목하게 하는 직책(고후 5:18)"을 받았으니 그 일에 있어서 "맡은 자들에게 구할 것은 충성(고전 4:2)"인 것이다.

결국 복음과 십자가로 살아가며 복음과 십자가를 자랑함으로 현재형 하나님나라를 확장하고, 예수님 재림하시면 미래형 하나님나라에서 영생을 누려야 할 것이다. 즉 지금 현재형 하나님나라를 알차게 살고, 향후 미래형 하나님나라에서 찬양하며 경배하며 영생을 누리자는 말이다.

'지금'이란 장소가 아닌 주권, 통치, 질서, 지배 개념인 현재형 하나님나라를 말하며 '향후'란 지금은 볼 수 없지만, 반드시 존재하는 장소적 개념인 미래형 하나님나라를 말한다.

계시록은 22장, 404구절로 이루어진 정경으로 구약과 신약의 모든 것을 총망라하고 있다. 그러다 보니 역사상 거의 대부분의 이단 사이비들이 계시록을 가지고 끊임없이 장난질을 쳤다. 바라기는 계시록을 묵시적 관점에서 해석하되 예언적 관점을 무시하거나 경시하지는 말았으면 한다. 먼저는 전체의 흐름을 살피고 디테일하게 세미한 연구를 통한 묵상을 즐기고 누리길 바란다.

"이 책과 더불어"

나의 생각은 이렇다.

나는 개혁주의를 온전히 지향한다. 그렇기에 무천년설을 지지한다. 그렇다고 하여 전천년설을 폄하하거나 세대주의자를 이단시하는 것까지는 반대하는 입장임을 분명하게 밝힌다.

먼저는 문자를 잘 살피라. 이후 전후 맥락을 잘 살펴 왜 지금 이 사건을 그 부분에 기록했는지를 고민하라. 그리고는 말씀이 상징(symbolic)하는 바나 예표(typological)하는 바가 무엇인지를 성령님께 간절히 구하라. 그런 다음 역사적 배경이나 문화적 배경, 계시록의 문학적 특징(계시, 예언, 서신), 인용한 구약의 성경들을 통해 말씀하는 바를 정확하게 해석하라. 이렇게 하는 것이 유기 영감을 인정하는 올바른 태도이다.

성령님은 사도 요한의 성격, 언어습관, 사고방식, 세계관, 지식 등을 통해 하나님의 초자연적 환상 계시(visionary revelations)를 기록하게 하셨다. 종국적으로는 성경의 원저자이신 성령님께 무릎을 꿇고 간구하여 지혜를 구하고 말씀의 단맛, 꿀과 송이 꿀보다 더한 말씀을 '맛보아' 알게 되기를…….

성령님은 공저자인 이성진 전도사와 함께 이번의 합본판 계시록 22장 404구절을 재 해석해 주시며 감칠나는 맛을 엄청 많이 추가해 주셨다. 합본판 개정 2쇄를 통해 나와 공저자는 더 깊고 넓게 계시록을 보게 되었다. 자세히 가르쳐주시고 인도해 주신 그런 삼위하나님을 찬양한다.

할렐루야! 오직 하나님께만 영광!

"여호와의 율법은 완전하여 영혼을 소성케하고

여호와의 증거는 확실하여 우둔한 자로 지혜롭게 하며

여호와의 교훈은 정직하여 마음을 기쁘게 하고

여호와의 계명은 순결하여 눈을 밝게 하도다

여호와를 경외하는 도는 정결하여 영원까지 이르고

여호와의 규례는 확실하여 다 의로우니

금 곧 많은 정금보다 더 사모할 것이며 꿀과 송이 꿀보다 더 달도다"

_시 19:7-10

참고 도서와 문헌

1. 〈그랜드 종합주석〉, 성서교재간행사(1-16권 / 16권), 1993. P653-840

2. 목회와 신학 편집부 〈두란노 HOW주석 50 〉, 두란노 아카데미, 2012(11쇄). p11-346

3. 라처드보쿰 〈요한계시록 신학〉, 이필찬 옮김, 한들 출판사, 2013(7쇄). P15-133

4. 이필찬 〈요한계시록 어떻게 읽을 것인가〉, 성서유니온, 2019(개정 2판 2쇄). P7-198

5. 이필찬 〈요한계시록 40일 묵상 여행〉, 이레서원, 2018(4쇄)

6. 이필찬 〈신천지 요한계시록 해석 무엇이 문제인가? 〉, 새물결플러스, 2020(5쇄)

7. 이필찬 〈내가 속히 오리라〉, 이레서원, 2006

8. 양형주 〈평신도를 위한 쉬운 요한계시록 1〉, 브니엘, 2020. P12-382

9. 〈게제니우스 히브리어 아람어 사전〉, 이정의 옮김, 생명의 말씀사, 2007

10. 〈스트롱코드 헬라어 사전〉, 로고스 편찬위원회, 로고스, 2009

11. 〈로고스 스트롱코드 히브리어 헬라어 사전〉(개혁개정 4판), 로고스 편찬위원회, 2011

12. 김진섭, 황선우 〈핵심 성경 히브리어〉,크리스챤출판사 , 2012

13. 김진섭, 황선우 〈핵심 성경 히브리어〉, 크리스챤출판사, 2013

14. 박철현 〈직독직해를 위한 히브리어 400 단어장〉, 솔로몬, 2016

15. 박철현 〈직독직해를 위한 히브리어 400 단어장〉, 솔로몬, 2017

16. PAGE H. KELLEY 〈성경 히브리어〉, 류근상, 허민순 옮김, 크리스챤출판사, 1998

17. S. M. BAUGH 〈신약성경 헬라어 문법〉, 김경진 옮김, 크리스챤출판사, 2003

18. 유진 보링 〈요한계시록 Interpretation〉, 한국장로교출판사, 2011

19. 이달 〈요한계시록〉, 한국장로교출판사, 2008

20. 〈Oxford Learner's THESAURUS, A dictionary of synonyms〉, OXFORD, 2008

21. 〈아가페 성경사전〉, 아가페성경사전편찬위원회, 아가페 출판사, 1991

22. 네이버 지식백과(라이프 성경사전)

23. 구글(위키백과)

24. Bible Hub app

25. 존 파이퍼 〈복음과 하나님의 의(로마서 강해1)〉, 주지현 옮김, 좋은 씨앗, 2013

26. 존 파이퍼 〈복음과 하나님의 은혜(로마서 강해2)〉, 주지현 옮김, 좋은 씨앗, 2013

27. 존 파이퍼 〈복음과 하나님의 구원(로마서 강해3)〉, 주지현 옮김, 좋은 씨앗, 2013

28. 존 파이퍼 〈복음과 하나님의 사랑(로마서 강해4)〉, 주지현 옮김, 좋은 씨앗, 2013

29. 존 파이퍼 〈복음과 하나님의 주권(로마서 강해5)〉, 주지현 옮김, 좋은 씨앗, 2013

30. 존 파이퍼 〈복음과 하나님의 백성(로마서 강해6)〉, 주지현 옮김, 좋은 씨앗, 2013

31. 존 파이퍼 〈복음과 하나님의 나라(로마서 강해7)〉, 주지현 옮김, 좋은 씨앗, 2013

32. 그레엄 골즈워디 〈복음과 하나님의 나라〉, 김영철 옮김, 성서유니온, 1988

33. 그레엄 골즈워디 〈복음과 하나님의 계획〉, 김영철 옮김, 성서유니온, 1994

34. 김성수 〈바이블 키(구약의 키)〉, 생명의 양식, 2015

35. 송영목 〈바이블 키(신약의 키)〉, 생명의 양식, 2015

36. 트렘퍼 롱맨,레이몬드 딜러드 〈최신 구약 개론(제2판)〉, 박철현 옮김, 크리스챤다이제스트, 2009

37. 찰스 H. 다이어 & 유진 H. 메릴 〈구약 탐험〉,마영례 옮김, 디모데, 2001

38. 크레이그 키너 〈성경 배경주석(신약)〉, 정옥배 외 옮김, IVP, 1998

39. 존 월튼, 빅터 매튜스 〈성경배경주석(창세기-신명기)〉, 정옥배 옮김, IVP, 2000

40. 앨리스터 맥그래스 〈한 권으로 읽는 기독교〉,황을호, 전의우 옮김, 생명의 말씀사, 2017

41. 스코트 듀발-J.다니엘 헤이즈 〈성경해석〉,류호영 옮김, 성서유니온, 2009

42. 고든 D 피-더글라스 스튜어트 〈성경을 어떻게 읽을 것인가?〉,오광만, 박대영 옮김, 성서유니온, 2014

43. 고든 D 피-더글라스 스튜어트 〈책별로 성경을 어떻게 읽을 것인가?〉,길성남 옮김, 성서유니온, 2016

44. 테리 홀 〈성경 파노라마〉, 배응준 옮김, 규장, 2008

45. 토마스A. 넬슨 〈넬슨 성경 개관〉, 김창환 옮김, 죠이선교회, 2012

예수 그리스도 새 언약의 성취와 완성(합본판)

2021년 7월 30일 1판 1쇄 발행

지은이 이선일
펴낸이 조금현
펴낸곳 도서출판 산지
전화 02-6954-1272
팩스 0504-134-1294
이메일 sanjibook@hanmail.net
등록번호 제018-000148호

©이선일, 2021
ISBN 979-11-91714-01-2 13230